續資治通鑑

第六册

宋徽宗宣和五年癸卯四月起
宋高宗紹興二年壬子止

卷九十五至
卷一百十一

中華書局

續資治通鑑卷第九十五

賜進士及第兵部尚書兼都察院右都御史總督湖北湖南等處地方軍務兼理糧餉世襲二等輕車都尉　畢　沅　編集

宋紀九十五 起昭陽單閼（癸卯）四月，盡旃蒙大荒落（乙巳）十二月，凡二年有奇。

徽宗體神合道駿烈遜功聖文仁德憲慈顯孝皇帝

宣和五年 遼保大三年。金天輔七年，九月後爲天會元年。（癸卯、一一二三）

1 夏，四月，丁亥，金主遣宗望、鄂囉（舊作斡魯。）襲遼主于陰山。壬辰，使楊樸（璞）齎誓書，以燕京及涿、易、檀、順、景、薊六州來歸。【考異】繫年要錄作檀、順、景、薊四州。按涿、易二州，宋人自取，此云六州者，金人夸大其詞，意在多得歲幣耳。

2 遼耶律達實舊作大石，今改。壓龍門東，金都統鄂囉遣洛索舊作婁室，今改。等攻之，生擒達實。耶律紏堅舊作九斤，今改。聚衆興中府，亦爲金人所破，紏堅自殺。宗望、鄂囉聞遼主留輜重于青塚，以兵萬人圍之。戊戌，遼太保特默格舊作特毋哥，今改。竊梁王雅里以遁。秦王、許王、諸妃、公主、從臣俱陷于金。【考異】金史宗望傳作寧王雅里，今從遼本紀作梁王。

3庚子，童貫、蔡攸入燕山府。燕之金帛、子女、職官、民戶，爲金人席卷而東，損歲幣數百萬，所得者空城而已。

或告燕人曰：「汝之東遷，非金人意也，南朝留常勝軍，利汝田宅，給之耳。」燕人皆怨，因說宗翰不當與南朝全燕。宗翰因欲止割涿、易兩州，金主曰：「海上之盟，不可忘也。異日汝等自圖之。」

壬寅，金宗望（校者按：宗望爲薩魯謨之誤。薩魯謨舊譯撒盧母。）押燕山地圖至。初欲令童貫、蔡攸拜受，馬擴、姚平仲共曉之，乃已。貫、攸厚賂之而還。

4乙巳，童貫奏撫定燕城。丙午，王黼等上表稱賀。

5戊申，金使楊璞同盧益、趙良嗣等至，齎國書并誓書以進。良嗣私語人曰：「只可保三年爾。」時上下皆知金必渝盟而莫敢言。

6庚戌，曲赦河北、河東、燕、雲路。

時雲中路地尚未得也，而赦乃先及。其後頗得武、朔、蔚三州，尋復失之，兵端蓋自此始。

7辛亥，童貫、蔡攸自燕山班師。

8金人遣人招遼主歸附，遼主答書請和。既而金人部送遼之族屬、輜重東行，遼主憤舉族見俘，以兵五千餘決戰于白水濼，宗望以千兵擊敗之。遼主相去百步，遁去，獲其子趙王實訥埒（舊作習泥烈，今改。）及遼主璽。追二十餘里，盡得其從馬，獻璽于行在，【考異】金史本紀及宗望傳俱作傳國璽，辨見前。金主大錄諸帥功，加賞焉。遼主遣人送龜紐金印僞降，宗望受之，視其文，乃元帥燕國王之印也。宗望復以書招之，諭以石晉、北燕故事。

遼主遁入雲內，徒御單弱，特默格挾梁王雅里馳赴之，從者千餘人。遼主慮特默格爲變，欲誅之，責以不能盡救諸王，將訊之，杖劍召雅里，問曰：「特默格教汝何爲？」雅里對曰：「無他言。」乃釋之。

9 五月，己未，以收復燕、雲，賜王黼玉帶；（庚申）進太傅，總治三省事。鄭居中爲太保，進宰執官二等。（癸亥）童貫落節鉞，進封徐豫國公，蔡攸爲少師，趙良嗣爲延康殿學士。居中自陳無功，不拜。

10 夏國主乾順遣使請遼主臨其國，遼主從之，中軍都統蕭迪里（舊作敵烈。）等切諫，不聽。遂渡河，次于金肅軍北，遣使封乾順爲夏國皇帝。人情惶懼，不知所爲。迪里陰謂耶律元直曰：「事勢如此，億兆離心，正我輩效節之秋。不早爲計，柰社稷何！」乃共劫梁王雅里走西北部，三日，遂立爲帝，改元神曆，以迪里爲樞密使，特默格副之。

雅里性寬大，惡誅殺，獲亡者，笞之而已，自歸者卽官之。

金宗望趨天德，聞夏人迎護遼主。遼主已渡河，乃遣書于夏，使執送遼主，且許割地。

11左企弓等爲金部燕人東徙，流離道路，不勝其苦，過平州，遂入城言于張瑴曰：「左企弓不能守燕，致吾民如是。公今臨巨鎭，握強兵，盡忠于遼，免我遷者，非公而誰！」瑴遂召官屬議，皆曰：「聞天祚兵勢復振，出沒漠南，公若仗義勤王，奉迎天祚以圖恢復，先責左企弓等叛國之罪而誅之，盡歸燕民，使復其業，而以平州歸宋，則宋無不接納，平州遂爲藩鎭矣。卽後日金人加兵，內用營、平之軍，外籍宋人之援，又何懼焉！」瑴曰：「此大事也，當審晝。」以翰林學士李石明智，召而問之。石以爲然。遂拘兩府左企弓、虞仲文、曹義勇（勇義）、康公弼，至灤河西，數其罪曰：「天祚播遷夾山，不卽奉迎，一也；勸皇叔秦晉王僭號，二也；詆訐君父，降封湘陰，三也；天祚遣官來議事而殺之，四也；檄書始至，有迎秦拒湘之議，五也；不守燕而降，六也；臣事于金，七也；括燕財以悅金，八也；使燕人遷徙失業，九也；敎金人先下平州，十也。爾有十罪，所不容誅。」企弓等無以對，皆縊殺之。仍稱保大三年，晝天祚像，朝夕謁事，必告而後行，稱遼官秩。旋以榜諭燕人，令各安堵如故，田宅爲常勝軍所占者，悉還之。燕人大悅，往往南來至京師。

石改名安弼，與三司使高履改名黨者，詣燕說王安中曰：「平州形勝之地，張瑴文武全才，足以禦金人，安燕境，幸速招致，毋令西迎天祚，北合蕭幹也。」安中深納之，令安弼、黨

赴闕以聞 帝以手札付詹度，第令羈縻之。而度促瑴內附，瑴乃遣人持書來請降。王黼勸帝納之，趙良嗣諫曰：「國家新與金盟，如此必失其歡，後不可悔。」不聽，良嗣坐削五階。朝廷又聞遷民得歸，亟詔安中、度加卹錄士大夫之可用者，復百姓田租三年。瑴聞之，大喜，遂決策納款焉。【考異】張瑴以平州歸，宋史在宣和五年，即遼之保大三年也。遼史繫於保大四年，又云瑴自稱保大三年，則作四年者誤也。金史與宋史同，今從之。

12 乙丑，詔：「正位三公立本班，帶節鉞若領他職者仍舊班。著爲令。」

13 癸酉，祭地于方澤。

14 和勒博舊作回禽〔离〕保，今改。南寇燕地，敗於景、薊間，其衆奔潰，耶律裕古澤舊作與古哲，今改。等殺之。奚人以次附屬於金，金各置明安、舊作猛安，今改。穆昆舊作謀克，今改。領之。（校者按：卷九十四，宣和五年正月書和勒博稱帝，至此書被殺，下文又云蕭幹爲其下所殺，蕭幹即和勒博，一事重出。）

15 六月，壬午朔，金主次鴛鴦濼。

16 丙戌，張瑴遣人詣安撫司納土。金人聞瑴叛，遣揀摩舊作闍母，今改。將騎二千來討，瑴率兵迎拒于營州。金人以兵少，不交鋒而歸，大書州門，有「今冬復來」之語，瑴即妄以大捷聞宣撫司。

17 乙未，詔：「今後內外宗室，並不稱姓。」

18 丙申，金主有疾，還上京，命宗翰爲都統，昱及幹（斡）魯副之，駐兵雲中以備邊。旋召皇弟安班貝勒舊作諳班勃極烈，今改。晟前赴行在。

19 戊申，領樞密院鄭居中卒。（辛亥），以蔡攸領樞密院。

20 秋，七月，戊午，以梁師成爲少保。

21 童貫、蔡攸歸自燕山，頗失帝意，王黼、梁師成遂薦譚稹爲宣撫。是日，起復稹爲河東、燕山府路兼河北路宣撫使，令駐河東，交割金人所許山後之地。己未，詔童貫依前太師、神霄宮使，致仕。

22 己酉，金主次牛山；宗翰還于軍中。

23 庚午，王黼等上尊號曰繼天興道敷文成武睿明皇帝，不允。

24 八月，辛巳朔，日有食之。【考異】宋史作日當食不見，遼史不書，今從金史。

25 乙未，郭藥師大敗蕭幹于峯山。

燕京既陷，幹就奚王府自立爲神聖皇帝，國號大奚，改元天嗣。時奚人飢，幹出盧龍嶺，攻破景州，又敗常勝軍張令徽、劉舜臣于石門鎮，陷蘇（薊）州，寇掠燕城，其鋒鋭甚，有涉河犯京師之意，人情洶洶，頗有謀棄燕者，童貫自京師移文王安中、詹度、郭藥師等切責之。已而安中命藥師擊破其衆，乘勝窮追，過盧龍嶺，殺傷大半。從軍之家，悉爲常勝軍所得，招降奚、渤海五千餘人，生擒阿嚕，獲遼太宗尊號寶檢、契丹塗金印等。斡遁去，尋爲其部下巴爾達喀（舊作白底哥。）所殺，傳首河間府，詹度上之。

26 乙未，金主次渾河北，皇弟安班貝勒晟率宗室百官上謁。

27 辛丑，命王安中作復燕雲碑。

28 壬寅，太白晝見。

29 戊申，金主殂于行宮，年五十六。後上尊謚曰武元皇帝，廟號太祖。

太祖豁達大度，知人善任，人樂爲用，舉兵數年，算無遺策，遂成大業。【考異】宋史徽宗紀：宣和五年五月，金主阿古達（舊作阿骨打。）殂；長編亦云。遼史天祚紀又竄入明年，皆誤也。今從金太祖、太宗紀。

九月，癸丑，太祖喪至上京，葬宮城西南寧神殿。貝勒（舊作勃極烈。）杲、鄆王昂及宗峻、宗幹率宗親百官請安班貝勒晟正帝位，不許；固請，亦不許。宗幹率諸弟以赭袍被晟體，置璽懷中。丙辰，卽皇帝位。己未，告祀天地。

30 辛酉，大饗明堂。

31 丙寅，金大赦中外，改天輔七年爲天會元年。

32 癸酉，金主命發春州粟，賑降人之徙于上京者。戊寅，詔諸明安賑內地匱乏。

33 遼耶律達實既爲金人所擒，臨戰，輒以繩繫其背，使爲前導。是月，達實復亡歸于遼。

34 冬，十月，乙酉，雨木冰。

35 壬辰，金主以空名宣頭百道給都統宗翰，許以便宜從事。

36 己亥，金上京僧獻佛骨，金主卻之。

37 壬寅，罷諸路提舉常平之不職者。

38 是月，京師地震。

39 詔建平州爲泰寧軍，以張瑴爲節度使，世襲平州，其屬衞甫、趙仁彥、張敦固皆擢徽猷閣待制；令李安弼齎詔還平州，仍以金花牋御筆付瑴弟，令面授之。

40 遼雅里初自立，好取貞觀政要及林牙耶律資忠所作治國詩，令侍從讀之。嘗命薄徵於民，曰：「民有卽我有，否則民何以堪！」一時翕然稱之。統軍托卜嘉舊作撻不也，今改。等率衆來附，自諸部繼至。而雅里日漸荒怠，好擊鞠，以特默格切諫而止。尋以出獵過勞病死，蕭迪里爲亂兵所殺，特默格附于金。

41 十一月，乙卯，以鄭紳爲太師。

42 癸亥，詔國子監刊印御注沖虛至德眞經，頒之學者，從祭酒蔣在誠等奏請也。

43 丙寅，幸王黼第觀芝。帝由便門過梁師成家，復來黼第，因大醉，不能語。夜，漏上五刻，乃開龍德宮複道小門以過，內侍十餘人執兵接擁。是夜，諸班禁從皆集教場，備不虞，幾至生變。翼日，猶不御殿。半日，人心少安。

44諸路漕臣坐上供錢物不足，貶秩者二十二人。

45丁卯，王安中、譚稹加檢校少傅，郭藥師爲太尉。

壬申，王黼子弟親屬推恩有差。

46是月，金遣宗望督揀摩攻平州。會張瑴聞朝命將至，大喜，率官吏郊迎。金人諜知之，以千騎襲破平州，得朝廷所賜詔旨。瑴挺身走，欲間道歸京師。其弟懷御筆將奔燕山，以其母爲金人所得，復往投之，而瑴母及妻已爲金人所戮，幷得瑴弟所懷御筆，金人大怒。瑴遁燕山，郭藥師留之，匿姓名，寄常勝軍中。金人累檄宣撫司取瑴，宣撫司具奏，朝廷初不欲發遣。金人索之益急，王安中取貌類瑴者，斬其首與之，金人曰：「非瑴也。」遂欲以兵攻燕。安中言：「必不發遣，恐啓兵端。」朝廷不得已，令安中縊殺之，函其首，幷瑴二子送于金，燕降將及常勝軍士皆泣下。郭藥師曰：「金人欲瑴卽與，若求藥師，亦與之乎？」安中懼，因力求罷，召爲玉清寶籙宮使，以蔡靖知燕山府。張令徽等由是切齒，而常勝軍亦解體矣。

47十二月，辛巳，金蠲民間貸息。詔以咸州以南，蘇、復州以北，年穀不登，其應輸南京軍糧，免之。

48 甲午，金主詔曰：「比聞民間乏食，至有自鬻其子者，其聽以丁力等者贖之。」是日，以古論貝勒（舊作國論勃極烈。）杲爲安班貝勒，以宗幹爲國論貝勒。遣李靖來告哀。

49 乙巳，金使高居慶、楊意來賀正旦。時以山後諸州請于金，金主新立，將許之。宗翰自雲中至，言于金主曰：「先帝初圖宋協力攻遼，故許以燕地。宋人既盟之後，復請加幣以求山西諸鎮，先帝辭其幣而復與之盟曰：『無匿逋逃，無擾邊民。』今宋數路招納叛亡，累疏姓名索之而不肯遣。盟未期年，今已如此，萬世守約，其可望乎！且西鄙未寧，割付山西諸郡，則諸軍失屯據之所，將有經略，或難持久，請勿與之。」金主遂遣使，止以武、朔二州來歸。

50 是歲，秦、鳳旱，河北、京東、淮南饑，遣官賑濟。

六年遼保大四年，金天會二年。（甲辰、一一二四）

1 春，正月，癸丑，遣太常少卿連南夫伴送金使歸國，尋兼祭奠弔慰使。

2 甲寅，金主以空名宣頭五十、銀牌十給宗望。

3 戊午，置書藝所。

4 癸亥，藏蕭斡首于太社。

5 金以東京比歲不登，詔減田租、市租之半。

6 庚午，勒停人蔡絛復朝奉郎，提舉明道宮。

7 癸酉，御內東門，爲金主晏成服。

8 甲戌，夏國稱藩于金，金以下寨以北，陰山以南，伊實伊喇舊作乙室邪刺，今改。圖嚕灤舊作吐祿濼，今改。西之地與之。

9 丁丑，金始自其京師至南京，五十里置驛。

10 遼主趨都統瑪格（舊作馬哥。）軍，金人來攻，棄營北遁，瑪格被執。瑪克實（舊作謨葛失。）來迎，贐馬駝羊，又率部人防衞。時侍從乏糧數日，以衣易羊。至烏古迪里（舊作敵烈。）部，以都點檢蕭伊蘇（舊作乙薛。）知北院樞密使事，封瑪克實爲神裕悅（舊作于越。）王。

11 二月，金詔護遼帝諸陵，有盜發者罪死。庚寅，給宗翰馬，命賑新附之民。

12 己亥，躬耕籍田

13 丙午，詔：「自今非歷臺閣、寺監、監司、郡守、開封府曹官者，不得爲郎官、卿、監。著爲令。」

14 尙書左丞李邦彥，以父憂去位。

15 金宗翰乞濟師，詔有司選精兵五千給之。

16 丁未，金主諭宗望曰：「凡南京留守及諸闕員，可選勳賢有人望者就注擬之，具姓名官階以聞。」

17 遼耶律約索舊作遙設，今改。等十人謀叛，伏誅。

18 三月，己酉朔，以錢景臻爲少師。

19 金遣使詣宣撫司，索趙良嗣所許糧二十萬石，譚稹曰：「二十萬石不易致，良嗣所許，豈足憑也！」遂不與。金人大怒，及舉兵，亦以此爲辭。

20 庚戌，金宗望請選良吏招撫遷、潤、來、隰之民保山砦者，從之。

21 己未，宗望以南京反覆，凡攻取之計，乞與知樞密院事劉彥宗裁決之。

22 辛未，夏國王李乾順進誓表於金。

閏月，戊寅朔，金賜夏國誓詔。

23 辛巳，皇后親蠶。

24 京師、河東、陝西地震，宮殿門皆搖動有聲，河東、陝西尤甚。蘭州諸山草木悉沒入地，而山下麥苗皆在山上。詔右司郎中黃潛善按視，潛善不以實聞，帝意乃安。遷潛善爲戶部侍郎。

25 夏，四月，己酉，(金)賑上京路、西北路之降者及新徙嶺東之人。

26 癸丑，賜禮部奏名進士及第、出身八百五人。

27 丁巳，起復李邦彥爲尙書左丞。

28 戊午，金以所築上京新城名會平州。

29 五月，癸卯，金使來告嗣位。

30 癸未，金主詔曰：「新降之民，訴訟者衆，今方農時，或失田業，可俟農隙聽決。」

31 金人既建平州爲南京，未幾，州人擁都統張敦固據城抗拒。是月，揀摩克南京，殺敦固。

32 自得燕地，悉出河北、河東、山東之力以往饋官軍，率十數石致一石，纔一年，三路皆困。六月，壬子，詔西京、淮、浙、江、湖、四川、閩、廣措置調夫各數十萬，並約免夫錢，每夫三十貫，委漕臣限督之，違者從軍法，用王黼言也。尋又詔宗室、戚里、宰執之家及宮觀、寺院，一例均敷，於是徧率天下，所得纔二千萬緡，而結怨四海矣。

33 秋，七月，壬午，金皇子宗峻卒，太祖之嫡子也。

34 丙戌，金禁外方使介冗從多者。

35 戊子，遣著作佐郎許亢宗等如金賀嗣位。

36 丁酉，詔：「應係御筆斷罪，不許詣尙書省陳訴改正。」

37 王黼言：「頃得方士璣衡之書，足以察七政。」甲辰，詔置璣衡所，以黼及梁師成領之。

38 遼主既得耶律達實兵，及居烏〔古〕迪里部，又得瑪克實之兵，自謂有天助，再謀出兵收復燕、雲。達實諫曰：「向以全師不謀戰備，使舉國皆爲金有。國勢至此，而方求戰，非計也。當養兵待時而動，不可輕舉。」遼主不從。達實遂殺知北院樞密事蕭伊實及博勒果（舊作坡里括。），自立爲王，率鐵騎二百宵遁。

39 遣校書郎衛膚敏如金賀生辰。膚敏言：「金生辰後天寧節五日，今未聞彼遣使而吾反先之，於威重已闕。萬一金使不至，爲朝廷羞。請至燕而候之，脫若不來，則以幣置諸境上。」帝以爲然。洎至燕山，金使果不來，遂置幣而返。

40 遼主在夾山，金人欲取之，以力不能入夾山爲恨。遼主畏宗翰在西京扼其前，久不敢出。俄聞宗翰還上京，洛索代領軍事，遂率諸軍出夾山，下瀧陽嶺，取天德、東勝軍、寧邊、雲內等州，南下五〔武〕州，如履無人之境。洛索忽以大兵扼其歸路，急擊之，遼衆大潰。

41 夏人舉兵侵武、朔二州地界，宣撫使譚稹遣李嗣本禦之。兵數交，夏人未即退，聽〔而〕金人怨朝廷納張瑴，又以稹不給糧，遂攻蔚州，殺守臣陳詡〔翊〕，陷飛狐、靈丘兩縣，逐應州守臣蘇京等，絕山後交割意。朝廷咎稹措置乖方，童貫、蔡攸又共排稹；八月，乙卯，責授稹順昌軍節度副使，致仕，以童貫領樞密院，代其任。

42 遼主之在夾山也，帝欲誘致之，始遣一番僧齎御筆絹書通意。及遼主許允，遂易書爲詔，許待以皇弟之禮，位燕、越二王上，築第千間，女樂三百人，遼主大喜。貫是行出太原，名爲代積交割山後地土，實以密約遼主來降，自往迎之也。遼主欲來奔，慮南朝不足恃，遂直趨山陰。

國舅詳袞舊作詳穩，今改。蕭托卜嘉舊作撻不也，今改。降于金。

43 壬戌，以復燕、雲，赦天下。

44 九月，乙亥，以白時中爲特進、太宰兼門下侍郎，李邦彥爲少宰兼中書侍郎。

45 辛巳，大饗明堂。

46 丁亥，以趙野爲尚書左丞，翰林學士承旨宇文粹中爲尚書左〔右〕丞，開封府尹蔡懋同知樞密院。

47 庚子〔寅〕，遣校書郎賀允中等如金賀正旦。

48 庚寅〔子〕，金使布密古（舊作富謨古。）等來致遺留物。

49 冬，十月，甲子，金以泰州秋潦，發寧江州粟以賑之。丙寅，命運米五萬石于廣寧，以給南京、潤州戍卒。

50 庚午，金使來賀正旦。

51 御筆：「道官可自大夫以上共帶職人並令封至朝官，許蔭贖私罪爲官戶。」

52 詔：「有收藏習用蘇、黃之文者，並令焚毀，犯者以大不恭論。」

53 癸酉，詔：「內外官並以三年爲任，治績著聞者再任。」

54 遼主在陰山，從者不過四千戶，步騎纔萬餘，猶納圖魯卜（舊作突不呂，今改。）部人額格（舊作訛哥。）之妻，以額格爲本部節度使。

55 十一月，丙子，太傅王黼致仕。

黼位元宰，每陪曲宴，親爲俳優鄙賤之役以獻笑取悅，太子聞而惡之。黼以鄆王楷有寵，陰爲畫奪宗之計，未成。會帝幸其第觀芝，而黼第與梁師成連牆，穿便門往來，帝始悟其與師成交結狀，還宮，眷待頓衰。李邦彥素與黼不協，陰結蔡攸共毀之。會中丞何㮚奏黼姦邪專橫十五事，遂命致仕，其黨胡松年等並免官。

56 太白晝見。

57 自蔡京以豐亨豫大之說勸帝，窮極侈靡，久而帑藏空竭，言利之臣，殆析秋毫。宣和以來，王黼專主應奉，括剝橫賦，以羨爲功，所入雖多，國用日匱。至是宇文粹中上言：「祖宗之時，國計所仰，皆有實數，量入爲出，沛然有餘。近年諸局務、應奉司，妄耗百出，若非痛行裁減，慮智者無以善後。」帝然其言。丙戌，詔蔡攸就尚書省置講議財利司，除茶法已有定制，餘並講究條上。攸請內侍職掌，事干宮禁，應裁省者，委童貫取旨。由是不急之物，無名之費，頗議裁省。

58 壬辰，詔：「監司擇縣令有治績者保奏，召赴都堂審察錄用，毋過三人。」

59 童貫遣馬擴、知保州辛興宗使宗翰軍，（乙未），擴等至雲中府。會宗翰已歸國，留洛索權元帥，遣人來論（諭）庭參。擴辭以見人臣無此儀，洛索曰：「譚宣撫時使人庭參我。」擴曰：「譚稹以凡庸不知故常，爲朝廷所黜。」數往返辨論。最後，洛索遣高慶裔來曰：「二觀察既執舊儀，此亦暫權元帥，不敢輒見。所言交山後事，以國相詣闕，不敢專。兼兩朝誓書，各不收納叛亡，貴朝先失約，雖山後亦難以便交。」擴曰：「職官、富戶逃歸燕京，乃張瑴之罪，本朝已斬首函送。其餘民戶，多隱山谷，聞已見者相繼遣前，未見者方行根捕。如貴朝言，山後別無經略，及交蔚州復縱軍馬攻取，若大國每如斯，則兩朝和好，何時可成！」慶裔曰：「山後疆土已許，諒不食言。但貴朝亦許常敦信誓，前索職官、民戶，繼踵發來，事無不遂也。」即以牒遣使人回。

貫詢擴入境所見，擴曰：「金人訓習漢兒鄉兵，增飛狐、靈丘之戍，數指言張瑴，邀索職官、民戶，實有包藏，願太師速營邊備。」貫不能用。

60 遼主從行者舉兵亂，護衛太保蕭仲恭本名蘇哲，舊作朮者。等擊敗之。仲恭性恭謹，能披甲超橐駝。其母梁宋國大長公主，道宗季女也，自青塚逃歸，至是以馬乏不能進，謂仲恭兄弟曰：「汝等盡節國家，勿以我爲念。」遼主傷之，命仲恭之弟仲宣留侍公主。仲恭從遼主西奔，公主尋爲金所獲。

61 十二月，甲辰朔，詔：「太師致仕蔡京領講議司，聽就私第裁處，仍免僉書，毋致勤勞。」

62 詔百官遵行元豐法制。

63 癸亥，蔡京落致仕，領三省事，五日一赴朝請，至都堂治事。

王黼既罷，白時中、李邦彥作相，京黨閧然，以爲宰相望輕，朱勔因力勸用京，帝從之。京至是凡四當國，年已八十，目盲不能書字，足蹇不能拜跪。凡京所判，皆季子絛爲之，仍代京禁中奏事，于是肆爲姦利，賞罰無章。絛妻兄韓梠者，驟用爲戶部侍郎，密與謀議，貶逐朝士，殆無虛日。絛每造朝，侍從以下皆迎揖，呫囁耳語，堂吏數十人抱文書以從；遣使四出，誅求采訪，喜者令薦之，否則劾之，中外搢紳，無不側目。先是王黼領應奉司，總四方貢獻之物以示權寵。絛復效之，創置宣和庫式貢司，中分諸庫，如泉貨、幣帛、服御、玉食、器用等，皆其名也，上自金玉，下及蔬茹，無不籠取，元封（豐）大觀庫及榷貨務見在錢物，皆拘管封樁，爲天子私財，時中、邦彥等奉行文書而已。

64 時河北、山東轉糧以給燕山，民力疲困，重以監額科斂，加之連歲凶荒，於是飢兵並起爲盜。山東有張萬仙者，衆至十萬；又有張迪者，衆至五萬；河北有高託山者，號三十萬；自餘二三萬者，不可勝數。命內侍梁方平討之。

65都城中酒保朱氏女忽生髭，長六七寸，特詔度爲道士。

66遼置二總管府。

七年 遼保大五年，金天會三年。（乙巳、一一二五）

1春，正月，癸酉朔，詔赦兩河、京西流民爲盜者，仍給復一年。

2戊子，金同知宣徽院事韓資正，加尚書左僕射，爲諸官〔宮〕都部署。

3癸巳，詔：「罷諸路提舉常平官屬，有罪當黜者以名聞；仍令三省修已廢之法。」

4遣禮部員外郎邵溥〔博〕送伴金使。

5党項舒和倫舊作小斛祿，今改。遣人請遼主臨其地，遼主遂趨天德。過沙漠，金兵忽至，遼主徒步出走。近侍進珠帽，卻之，乘張仁貴馬得脫。【考異】北征紀實云：舒和倫者，天德、雲中間一族帳，舊臣屬遼人。及天祚至，舒和倫避正寢，事之唯謹，不以其失國，虧其臣節。尼雅滿〔瑪哈〕（舊作粘沒喝。）自討之，一舉殺舒和倫，破其族帳，蕩然無遺種，遂擒其后妃、諸子、宗屬，獨天祚逸去不見。按天祚奔舒和倫時，已無所謂后妃、諸子、宗屬矣，今從遼史。至天德，遇雪，無禦寒具，護衛太保蕭仲恭以貂裘帽進。途次，絕糧，仲恭進麨與棗。欲憩，仲恭即跪坐，倚之假寐；仲恭輩惟齧冰雪以濟飢。過天德，至夜，將宿田家，紿曰偵騎，其家知之，乃叩馬首，跪而大慟。潛宿其家，居數日，嘉其忠，遙授以節度使。遂趨党項，以舒和倫爲西南面招討使，總知軍事。

6 二月，甲辰，復置鑄錢監。

7 詔御史察贓吏。

8 己酉，雨木冰。

9 庚戌，詔京師運米五十萬斛至燕山，令工部侍郎孟揆親往措置。

10 壬戌，遼主行至應州新城東六十里，爲金將洛索所執，遼亡。【考異】亡遼遺錄載天祚降書，蓋被執後所上也。北征紀實云：金人於朔州、武州境上，分兵布三百里。有一人馳駿馬，手更牽二馬，望北馳去，騎兵圍之，即自白曰：「我天祚也。」騎兵將加執縛，猶左右顧叱曰：「爾敢縛天子邪！」尼雅（滿）因使拜阿古達像而送至金國。按黑龍江有洛索碑，具言擒遼天祚事，是擒天祚者乃洛索，而非尼瑪哈也。今參用遼、金史。

遼主之在夾山也，帝數遣使誘之，往來皆由雲中，金人盡知其事。及其走舒和倫帳中，金人以未得天祚，遣使謂童貫曰：「海上元約不得存天祚，彼此得即殺之。而中國違約招徠，今又藏匿不出，我必欲得天祚也。」貫辭以無有。又遣使迫促，語大不遜，貫不得已，遣諸將出境上搜之，曰：「若遇異色目人，不問，便殺以授使人。」會金人自得天祚，事乃息。

11 壬申，京東轉運副使李孝昌，言招降羣盜張萬仙等五萬餘人；詔捕官犒賞有差。

12 初，耶律達實北行三日，過黑水，見白達勒達（舊作達達。）詳袞崇烏魯，舊作牀吉見，今改。崇烏魯獻馬四百，駝二十，羊若干。西至哈屯舊作可敦，今改。城，駐北庭都護府，會西鄙七州及十八部王，諭之曰：「我祖宗艱難創業，歷世九主，歷年二百。金以臣屬，逼我國家，殘我黎庶，屠翦我州邑，使我天祚皇帝蒙塵于外，日夜痛心疾首。我今仗義而西，翦我仇敵，復我疆宇。惟爾衆庶，亦有思共救君父，濟生民之難者乎？」遂得精兵五萬餘。於是置官吏，立排甲，具器仗，以青牛、白馬祭天地、祖宗，整旅而西。先遺書回鶻王必勒哈舊作畢勒哥，今改。曰：「吾與爾國非一日之好，今我將西至大食，假道爾國，其勿致疑。」必勒哈得書，卽迎至邸，大宴三日。臨行，獻馬、駝、羊，願質子孫爲附庸，送至境外。所過，敵者勝之，降者安之，兵行萬里，歸者數國，獲財畜不可勝計，軍勢日盛。至塔什干，舊作尋思干，今改。西域諸國舉兵十萬，號呼拉沙，舊作忽爾〔兒〕珊，今改。來拒戰，兩軍相望二里許。諭將士曰：「彼軍雖多而無謀，攻之則首尾不救，我師必勝。」乃遣蕭額哩埒、舊作斡里剌，今改。耶律松山等將兵攻其右，蕭蘇拉布、舊作剌阿不，今改。耶律穆蘇舊作木蘇〔薛〕，今改。等將兵攻其左，自以衆攻其中，三軍俱進。呼拉沙大敗，僵屍數十里。駐軍塔什干凡九十日，回回國王來降，貢方物。又西至奇爾愛雅，舊作起爾曼〔兒漫〕，今改。文武百官册立達實爲帝，以是月五日卽位，【考異】西遼立國沙漠，幾九十年，其傳授世次，帝后年號，僅於遼史天祚紀末附見其略，他書別無可參證。但史稱達實以甲辰歲二月五日卽位，以理揆之，必非其實。錢竹汀嘗辨之云：按天祚出軍夾山，在保大四年七月，達實力諫不從，乃率所部西去，卽甲辰歲也。其明年二月甲午，以青牛白馬祭天地祖宗，整旅而西，兵行萬里，駐軍塔什干，凡九十日，又西至奇爾愛雅，而後有受册即位之事。其所歷月日久矣，不特非甲辰二月，恐亦非乙巳二月也。今以史無明文，姑從薛鑑繫於此月，而兼采錢說，以俟後人論定焉。改元延慶，號噶爾汗，舊作葛兒罕，今改。復上漢尊號曰天祐皇帝，世謂之西遼。既而追謚其祖曰嗣元皇帝，祖母曰宣義皇后，册元妃蕭氏爲昭德皇后。

13 三月，癸酉朔，雨雹。

14 丙子，金賑奚、契丹新降之民。

15 辛巳，金建乾元殿。賜完顔洛索鐵券。斡魯獻傳國寶，以瑪克實來降，請給印綬。

16 金始議禮制度，正官名，定服色，興庠序，設選舉，其議皆自宗斡發之。

17 甲申，知海州錢伯言奏招降山東寇賈進等十萬人，詔補官有差。

18 先是童貫嘗問馬擴：「常勝軍且爲患，欲消之，如何？」擴曰：「誠知必爾。然今金人未敢肆而知有所忌者，以有此軍也。若遽罷之，且爲患，莫若且撫而用之。」貫曰：「其術安在？」擴曰：「今藥師之衆止三萬餘人，多馬軍武勇。太師誠能於陝西、河東、河北選精鋭馬步十萬，分之爲三，擇智勇如藥師者三人統之，一駐燕山，與藥師對，一駐廣信軍或中山府，一駐雄州或河間府，犬牙相制。使藥師之衆，進有所依，退有所憚，則金人雖肆，豈能遽前！」貫曰：「善！第十萬人未易得，我當徐思之。」

辛丑，貫自太原、眞定、瀛、莫入燕山，犒常勝軍，奏請河北置四總管，中山辛興宗，眞定王元，河中楊惟忠，大名王育，令招逃卒、游手人爲軍，從之，蓋用擴言也。

[19]夏，四月，丙辰，降德音於京東、河北路。

[20]庚申，蔡京依前太師、魯國公，致仕。

蔡絛既擅權用事，其兄攸愈嫉之；白時中、李邦彥亦惡絛，乃與攸發絛姦私事。帝怒，詔安置韓梠於黃州，罷絛侍讀，提舉明道宮，尋又毀絛賜出身敕。時中等欲因以撼京，而京猶未有去志。帝乃命童貫與攸同往取謝事表，京置酒飲貫、攸，酒方行，京泣曰：「上何不容京數年？當有相讒譖者。」貫曰：「不知也。」京又曰：「京衰老宜去，而不忍遽乞身，以上恩未報，此心二公所知也。」時左右聞京幷呼攸爲公，皆竊笑。京不得已，以章授貫，帝命詞臣代爲作三表請去，乃降制從之。

[21]復州縣免行錢。

[22]戊辰，詔行元豐官制，復尚書令之名，虛而勿授；三公但爲階官，毋領三省事。

[23]五月，丁亥，詔：「諸路帥臣舉將校有才略者，監司舉守令有政績者，歲各三人。」

[24]乙未，遣奉議郎舒宸中如金賀生辰，尋改命校書郎衞膚敏。

[25]六月，辛丑朔，詔宗室復著姓。

26 帝援神宗遺訓，能復全燕之境者，胙土，錫以王爵，丙午，封童貫爲廣陽郡王。

（己未），加蔡攸太保。（校者按：此條應移28前。）

27 戊申，詔：「臣僚輒與內侍來往者論罪。」

28 辛亥，慮囚。

29 癸亥，詔：「吏職雜流出身人，毋得陳請改換。」

30 乙丑，罷減六尚歲貢物。

31 是月，寶文閣待制劉安世卒。

安世少從學於司馬光，平居坐不傾倚，書不草率，不好聲色貨利，忠孝正直，皆取則於光。除諫官，在職累年，正色立朝，其面折廷諍，或逢盛怒，則執簡卻立，俟威少霽，復前抗辭；旁列者見之，蓄縮悚汗，目之曰「殿上虎」。年既老，羣賢凋喪略盡，巋然獨存，以是名望益重。梁師成用事，心服其賢，求得小吏吳默常趨走前後者，使持書昭以即大用，默因勸爲子孫計，安世笑曰：「吾若爲子孫計，不至是矣。且吾廢斥幾三十年，未嘗有一點墨與權貴。吾欲爲元祐全人，見司馬光於地下耳。」還其書不答。蘇軾嘗評元祐人物曰：「器之眞鐵漢！」器之，安世字也。

32 秋，七月，庚午朔，詔：「士庶毋以天、王、君、聖爲名字。」

33壬申，金禁內外官宗室毋私役百姓。

34己卯，金主詔：「權勢之家毋買貧民爲奴，其脅買者，一人償十五人，詐買者，一人償二人，杖一百。」

35甲申，金括南京官豪牧馬，以等第取之，分給諸軍。

36是月，熙河、蘭州、河東地震。熙河有裂數十丈者，蘭州尤甚，倉庫皆沒。

37河東義勝軍叛。

38八月，癸卯，金西南北都統鄂囉以遼主延禧至來流河。甲辰，告于太祖廟。丙午，見金主，遂降封爲海濱王。以蕭仲恭爲忠，甚加禮遇。

39壬子，金主命有司揀閱善射勇健之士以備南伐。時宗望言于金主曰：「宋人不還戶口，且聞治軍燕山，苟不先之，恐爲後患。」既而宗翰亦以爲言。故南伐之策，宗望實啓之。

40九月，壬辰，金使李孝和等以天祚成擒來告慶，詔宇文虛中、高世則館之；其實金將舉兵，先使來覘也。時河東奏宗翰至雲中，頗經營南下，詔童貫再行宣撫。貫既受詔，未即行。會張孝純奏金人遣小使至太原欲見貫，既，議交割雲中地，帝頗信之，詔趣貫行無留。

乙未，詔吉州安置聶山，復朝散郎，乘驛赴闕。

時金人欲伐中原，其謀已深，懼我爲備，且揣知我必欲雲中，故多爲好辭以紿我。然諜報已詳，于是預謀雲中守，蔡攸乃薦山，遂召之。

41 是月，有狐升御榻而坐。又有都城外鬻菜夫，至宣德門下，忽若迷罔，釋荷擔，向門戟手，且言云：「太祖皇帝、神宗皇帝使我來道，尙宜速改也。」邏卒捕之，下開封獄。一夕，方省，初不知向者所爲。乃于獄中殺之。

42 淸化縣權鹽場申燕山府，言金人擁大兵前來，劫掠居民，焚毀廬舍。時宣撫使蔡靖與轉運使呂頤浩、李與權等修葺城隍，團結人兵，以爲守禦之備；使銀牌馬入奏，兼關合屬去處，而大臣謂郊禮在近，匿不以聞，恐礙推恩，奏薦事畢，措置未晚，但以大事委邊臣而已。

43 冬，十月，己亥，賜金告慶使李孝和等宴。

44 甲辰，金主詔諸將南伐，以安班貝勒杲兼領都元帥，貝勒宗翰兼左副元帥，先鋒經略使完顏希尹爲右監軍，左金吾上將軍耶律伊都（舊作余覩。）爲右都監，自西京入太原。以六部路軍帥達蘭舊作撻懶，今改。爲六部路都統，舍音舊作斜也，今改。副之。宗望爲南路都統，揀摩副之，知樞密院事劉彥宗兼領漢都統，自南京入燕山路。時金人部署已定，而舉朝不知，遣使往來，泄泄如平時。

45 金建太祖廟于西京。

46 辛亥，賜曾布謚曰文肅。

47 戊午，罷京畿和糴。

48 十一月，乙亥，遣使如金回慶。

49 童貫至太原，馬擴、辛興宗復詣雲中，使宗翰軍，論〔諭〕以得旨且交蔚、應、飛狐、靈丘，餘悉還金，仍覘其國有無南侵意。

擴等至軍前，宗翰嚴兵以待，趣擴等庭參，如見金主禮。禮畢，首議山後事。宗翰曰：「先帝與趙皇交好，各立誓書，萬世無毀。不謂貴朝違約，陰納張瑴，收燕京逃去官民，本朝屢牒追還，第以虛文見紿，今當略辨是非。」擴曰：「本朝緣譚稹昧大計，輕從張瑴之請，上深悔之。願國相存舊好，不以前事置胸中，乞且交蔚、應、飛狐、靈丘之地。」宗翰笑曰：「汝尚欲此兩州、兩縣邪？山前、山後，皆我家地，復何論！汝家州縣消數城來，可贖罪也。汝輩可卽辭，吾自遣人至宣撫司矣。」

金人自擒天祚之後，欲南下，意尚猶豫。會隆德府義勝軍二千人叛降于金，具言中國虛實；又，易州常勝軍首領韓民義怨守臣辛綜，率五百餘人見宗翰曰：「常勝軍惟郭藥師有南向心，如張令徽、劉舜臣之徒，以張瑴故皆觖望。」由是劉彥宗、耶律伊都輩力勸金人，言南朝可圖，仍不必用衆，因糧就兵可也，故宗翰決意南伐而有是言。翼日，館中供具良厚。薩里穆爾（舊作撒盧母。）笑謂馬擴曰：「待使人止此回矣。」

50 金宗望請于金主曰：「揀摩於臣爲叔父，請以揀摩爲都統，臣監戰事。」金主從之，以宗望監揀摩、劉彥宗兩軍戰事。

51 丙戌，祀圜丘，赦天下。

52 庚寅，以保靜軍節度使种師道爲河東、河北路制置使。

53 十二月，戊戌，金人破檀州。

54 己亥，馬擴等自雲中回，至太原，以宗翰所言告。童貫驚曰：「金人初立國，遽敢作如許事！」擴曰：「北人深憾本朝結納張彀，又爲契丹亡國之臣所激，必謀報復。擴固嘗關白，獨未蒙信聽耳，今猶可速作隄防。」然貫先已陰懷遁歸意矣。

55 金人破薊州。

朝廷以故事遣吏部員外郎傅察迎金賀正旦使於玉田縣，時金已渝盟，或勸毋遽行，察曰：「受使以出，聞難而止，若君命何！」遂行。遇宗望，促之使拜，白刃如林，或捽之伏地，衣袂顛倒，愈植立不顧，曰：「我有死而已，膝不可屈也。」遂殺之。察，堯俞從孫也，倉卒殉義，將官武漢英識其屍焚之，裹其骨，命虎翼卒沙立負以歸。立至涿州，金人得而繫諸土室，凡兩月，伺守者怠，毀垣出，歸，以骨付其家。

56 壬寅，金使王介儒、薩里穆爾至太原，出所齎書，說張彀渝盟等事，其語倨甚。童貫厚禮之，曰：「如此大事，何不素告我！」薩里穆爾曰：「軍已興，何用告爲！國相軍自河東路入，太子軍自燕京路入，不戮一人，止傳檄而定耳。」馬擴曰：「兵凶器，天道厭之。貴朝滅契丹，亦藉本朝之力。今一旦渝盟，舉兵相向，豈不顧南朝積累之國，若稍飭邊備，安能遽敵邪！」薩里穆爾曰：「國家若以貴朝可憚，則不長驅矣。移牒且來，公必見之。莫若遣童大王速割河東、河北，以大河爲界，存宋朝宗社，乃至誠報國也。」

貫聞之，憂懣不知所爲，卽與參謀宇文虛中等謀赴闕稟議，知太原府張孝純止之曰：「金人渝盟，大王當會諸路將士，竭力支吾。今大王去，人心必搖，是棄河東與金也。河東既失，河北豈可保邪！願少留，共圖報國。兼太原地險城堅，人亦習戰，未必金便能克也。」貫曰：「貫受命宣撫，非守土也。必欲留貫，置帥臣何爲！」乙巳，遂逃歸京師。孝純歎曰：「平生童太師作幾許威望，及臨事，乃蓄縮畏懾，奉頭鼠竄，何面目見天子乎！」

57 初，郭藥師與詹度同職，自以節鉞，欲居度上，度以御筆所書有序，不從。常勝軍士橫暴，度不能制。朝廷慮其交惡，命蔡靖代度。靖至，坦懷待之，藥師亦重靖，稍爲抑損。而知燕山府王安中，但諂事之，宰相亦曲狥其意，所請無不從。于是良械精甲，藥師令其部曲持以貿易于他道，爲奇巧之物以奉權貴宦侍，譽言日聞於帝。遂專制一路，增募兵，號三十萬，而不改契丹服飾。朝論頗以爲疑慮，進拜太尉，召之入朝，藥師辭不至。帝令童貫行邊，陰察其去就，欲挾之偕來。貫至，藥師迎于易州，再拜帳下。貫避之，曰：「汝今爲太尉，位視二府，與我等耳，此禮何爲！」藥師曰：「太師，父也。藥師唯拜我父，焉知其他！」貫釋然。遂邀貫視師，至於迥野，略無人迹；藥師下馬，當貫前掉旗一揮，俄頃，四山鐵騎耀日，莫測其數。貫衆皆失色，歸爲帝言，藥師必能抗北；蔡攸亦從中力主之，謂其可倚。故內地不復防制，屢有告變及得其通金國書，宰相輒不省。詹度亦言藥師瞻視非常，趨向懷異，始詔遣官究實，而金兵已南下。

宗望至三河，靖遣藥師及張令徽、劉舜仁帥師四萬五千迎戰于白河，敗績而還。宗望至燕山，藥師率軍郊迎之，執靖及都轉運使呂頤浩、副使李與權以降。于是燕山府所屬州縣，皆爲金有。宗望既得藥師，益知虛實，因以爲鄉導，懸軍深入矣。

58 初，宣撫司招燕、雲之民，置之內地，如義勝軍等，皆山後漢兒也，實勇悍可用。其在河東者納〔約〕十萬餘人，官給錢米，雖諸司不許支用者亦聽之。久之，倉廩不足，以飢而怒，官軍又輒駡辱，其心益貳，俟釁且發。至是金人南侵朔、武之境，朔州守將孫翊者，勇而忠，出與之戰，未決，漢兒開門獻于金。至武州，漢兒亦爲內應，遂失朔、武。長驅至代州，守將李嗣本率兵拒守，漢兒又擒嗣本以降，遂破代州。及至忻州，州守賀權開門張樂以迓之。宗翰大喜，下令兵不入城。

59 己酉，知中山府詹度奏金人分道南下。是月，連三奏至京師，朝廷失色。

60 辛亥，金宗望引兵向闕，令所過州縣毋得擅行誅戮。

61 乙卯，宗望攻保州、安肅軍，不克。

62 丁巳，皇太子除開封牧，罷修蕃衍北宅，令諸王子分居十位。

63 戊午，金人圍中山府，詹度禦之。

64 是日，皇太子入朝，賜排方玉帶。排方玉帶，非臣下所當服也，帝時已有內禪意矣。

65 己未，下詔罪己，其略曰：「言路壅蔽，導諛日聞，恩倖持權，貪饕得志。搢紳賢能，陷于黨籍；政事興廢，拘于紀年。賦斂竭生民之財，戍役困軍伍之力；多作無益，侈靡成風。利源酤榷已盡，而謀利者尙肆誅求；諸軍衣糧不時，而冗食者坐享富貴。災異謫見而朕不悟，衆庶怨懟而朕不知，追惟己愆，悔之何及！」詔，宇文虛中所草也。又令中外直言極諫，郡邑率師勤王；募草澤異才，有能出奇計及使疆外者；諸局及西城所見管錢物，並付有司；其拘收到元係百姓地土，並給還舊佃人；減掖庭用度、侍從官以上月廩；罷道官幷宮觀撥賜田土，及大晟府、教樂所、行幸局、采石所；凡蠹革弊端數十事。詔草既進，帝覽之曰：「一一可便施行，今日不吝改過。」虛中再拜泣下，同列尙有猶豫者。初，童貫得金茹越塞〔寨〕牒，及開拆，乃檄文，言多指斥，貫不敢奏。至是詔草數改易，未欲下也；李邦彥謂不若進此以激聖心，從之。帝果涕下無語，但曰「休休」，內禪之意遂決。

66 遣通直郎李鄴使金，告以將內禪，且求和。

初，童貫既歸自太原，金人又遣兩使來，大臣不敢引見。帝遂創小使之禮，令大臣見之於尚書省廳事。纔就位，遂大聲曰：「皇帝已命國相與太子郎君弔民伐罪，大軍兩路俱入。」白時中、李邦彥與蔡攸等，俱失色不敢答。徐問：「如何可告緩師者？」使人因大言曰：「不過割地稱臣耳。」大臣又俱失色不敢答，遂議厚其禮而遣之。攸弟絛說攸曰：「此覘我耳。宜以行人失辭而斬其使而使彼罔測。不然，且囚之，不可使知吾情實。」攸不聽。蓋與執政議，恐激其兵之速也。

鄴奉使，丐金三萬兩，而朝廷頗難之，遂出祖宗內帑金甕二，各五十兩，命書藝局銷鎔爲金字牌子以授鄴。

67 先是有旨幸淮、浙，詔集從臣赴都堂問計。給事中直學士院吳敏入對于玉華閣下，曰：「願請間。」帝顧羣臣少卻立。敏曰：「金人渝盟，陛下何以待之？」帝蹙然曰：「柰何？」時東幸計已定，詔除戶部尚書李梲守建康。敏率給舍詣都堂曰：「朝廷便爲棄京師，計何左也！此命果行，雖死不奉詔。」梲遂罷行。

及太子除開封牧，帝去意益急。敏於是奏曰：「聞陛下巡幸之計已決，有之乎？」帝未應。敏曰：「以臣計之，今京師聞金大入，人情震動，有欲出奔者，有欲守者，有欲因而反者，以三種人共守，一國必破。」帝曰：「然，柰何？」敏曰：「陛下定計巡幸，萬一守者不固，則行者必不達。」帝曰：「正憂此。」敏曰：「陛下使守者威福足以專用其人，則守必固，守固，則行者達矣。」帝稍開納。敏曰：「陛下能定計，事當不過三日。過三日，守者勢未定，威福未行，金人至，無益也。」時金已越中山而南，計程十日可至畿甸，故敏以三日爲期。帝嘉許。

敏遂以劄子薦太常少卿李綱曰：「綱明雋剛正，忠義許國，自言有奇計長策，願得召見。」蓋綱嘗在敏家，爲敏言，上宜傳位如天寶故事，與敏意合，故薦之。帝令綱來日候對于文字外庫。先是綱上禦戎五策，曰正己以收人心，聽言以收士用，蓄財穀以足軍儲，審號令以尊國勢，施惠澤以弭民怨，因謂敏曰：「敵勢猖獗，非傳位太子，不足以招徠天下豪傑。」敏曰：「監國可乎？」綱曰：「肅宗建號之義，不出於明皇，後世惜之。主上聰明仁恕，公言萬一得行，將見金人悔禍，宗社底寧，天下受其賜。」翼日，復刺臂血，上疏請之。

帝乃除敏門下侍郎，輔太子。謂蔡攸曰：「我平日性剛，不意金人敢爾！」因握攸手，忽氣塞不省，墜御牀下。宰執亟呼左右扶舉，僅得就宣和殿之東閤。羣臣共議，一再進湯藥，俄少蘇，因舉臂索紙筆，書曰：「皇太子可即皇帝位，予以教主道君退處龍德宮。」可呼吳敏來作詔。」敏承命，以詔草進，帝左書其尾曰：「依此，甚慰懷。」

68 以宇文虛中爲保和殿大學士、河北東路宣諭使。

虛中初爲童貫參議官，以廟謨失策，主帥非人，將有納侮自焚之禍，上書極言，王黼大怒；又累建防邊策議，皆不報。及金兵南下，虛中隨貫還朝，勸帝下罪己之詔以感動人心。至是召熙河經略使姚古、秦鳳經略使种師道，令以本路兵會鄭、洛，外援河陽，內衞京城。遂命虛中宣諭，使護其軍。虛中以檄召古、師道，令直赴汴京應援。

69 庚申，下詔內禪，皇太子卽位於福寧殿；辛酉，如（始）御崇政殿。太宰白時中率百官入賀。日有五色暈，挾赤黃珥，又有重日相盪摩，久之乃隱。尊帝爲教主道君皇帝。

70 是日，金人攻慶源府。

71 壬戌，大赦天下，常赦所不原者咸除之。百官進官一等，賞諸軍有差。翰林學士王孝迪實草赦文，而不著上自東宮傳位之意，四方多以爲疑，士論非之。

72 立妃朱氏爲皇后。

73 以耿南仲僉書樞密院事。南仲，帝東宮舊僚也。

74 癸亥，詔遣何灌將兵二萬，同梁方平守濬州河橋，以金兵漸逼故也。軍士行者，往往上馬輒以兩手捉鞍，不能施放，人皆笑之。

75 甲子，太學生陳東等伏闕上書，乞誅蔡京、王黼、童貫、梁師成、李彥、朱勔六賊，大略言：「今日之事，蔡京壞亂于前，梁師成陰謀于內，李彥結怨于西北，朱勔結怨于東南，王黼、童貫又從而結怨于二國，敗祖宗之盟，失中國之信，創開邊隙，使天下危如絲髮。此六賊異名同罪，伏願陛下擒此六賊，肆諸市朝，傳首四方，以謝天下。」

76是月，金宗望破信德府，宗翰圍太原府。詔京東、淮西募兵入衞。

燕山都監武漢英從宗望南伐，見金得中國人，皆不殺。行將至真定，漢英說之曰：「某猶不知大國用兵之意，況中國之人乎！是宜其不降。今睹所擒獲皆不殺，人安得户曉！謂如某等使得諭之，則河北堅城，可不戰而下也。」宗望喜，乃多出文榜，命漢英出塞，俾誘諭諸部。漢英遂徑走闕下，具以其情告于朝曰：「金人之謀深矣，謂中國獨西兵可用耳。今以宗翰一軍下太原，取洛陽，要絶西兵援路，且防天子幸蜀；宗望一軍下燕山、真定，直掩東都；二軍相會而後逞其大欲，未知何以禦之？」時方內禪，而漢英適至，大臣憒眊，益猶豫，戰避之議皆未決。

77丙寅，上道君皇帝尊號曰教主道君太上皇帝，居龍德宮；皇后曰道君太上皇后，居擷景西園。上皇將出居龍德，宰執率百官起居，皆慟哭，上皇亦出涕。因諭羣臣曰：「內侍皆來言此舉錯，浮議可畏。」吳敏曰：「言錯者誰，願斬一人以厲其餘。」上皇曰：「衆雜至，不可記也。」又曰：「皇帝之上，豈容更有他稱，乃有欲稱嗣君者！」仍密諭李邦彥曰：「師成也。」

乃以邦彥爲龍德宮使，蔡攸副之。

78 詔改明年元曰靖康。

79 太常少卿李綱上封事，言：「陛下履位之初，當上應天心，下順人欲，攘除外患，使中國之勢尊，誅鋤內姦，使君子之道長，以副太上皇帝付託之意。」乙丑，召對于延和殿。翼日，除兵部侍郎。

綱初得覲，帝迎謂曰：「卿頃論水災章疏，朕在東宮見之，至今猶能誦憶。」綱敍謝訖，因奏曰：「今金兵先聲雖若可畏，然聞有內禪之意，事勢必消縮請和，厚有所邀求於朝廷。臣竊料之，大概有五：欲稱尊號，一也；欲得歸朝人，二也；欲增歲幣，三也；欲求犒師之物，四也；欲割疆土，五也。欲稱尊號，如契丹故事，當法以大事小之意，不足惜；欲得歸朝人，當盡以與之，以示大信，不足惜；欲增歲幣，遂告以舊約全歸燕、雲，故歲幣視遼增兩倍，今既背約自取之，則歲幣當減，國家敦示舊好，不校貨財，姑如元數可也；欲求犒師之物，當量力以與之；至於疆土，則祖宗之地，子孫當以死守，不得以尺寸與人。願陛下留神於此數者，執之至堅，勿爲浮議所搖，可無後艱也。」幷陳所以禦敵固守之策，帝皆嘉納之，遂有此命。

續資治通鑑卷第九十六

賜進士及第兵部尚書兼都察院右都御史總督湖北湖南等處地方軍務兼理糧餉世襲二等輕車都尉畢沅編集

宋紀九十六 起柔兆敦牂(丙午)正月，盡六月，凡六月。

欽宗恭文順德仁孝皇帝

諱桓，徽宗長子，母曰恭顯皇后王氏。元符三年四月己酉，生於坤寧殿。初名亶，封韓國公；明年六月，進封京兆郡王；崇寧元年二月甲午，更名烜；十一月丁亥，又改今名。大觀二年正月，進封定王；政和三年正月，加太保；五年二月乙巳，立爲皇太子；宣和七年十二月戊午，除開封牧；庚申，受內禪。

靖康元年金天會四年。(丙午、一一二六)

1正月，丁卯朔，受羣臣朝賀，退，詣龍德宮，賀道君皇帝。詔中外臣庶實封言得失。

2金監軍宗望使奏於金主曰：「自郭藥師降，益知宋之虛實，請以爲燕京留守。及董才降，益知宋之地里，請任以軍事。」金主俱賜姓完顏氏，皆給以金牌。

3戊辰，金宗弼取湯陰，攻濬州。內侍梁方平領兵在黃河北岸，敵騎奄至，倉卒奔潰。時南岸守橋者望見金人旗幟，燒斷橋纜，陷沒凡數千人，金兵因得不濟。方平既遁，何灌軍亦望風潰散，守兵在河南者無一人。

初，金人至邯鄲，遣郭藥師爲前驅，付以千騎，藥師求益，復以千騎與之。藥師疾馳三百里，質明，遂至濬，具言州縣無備。其後金人邀取金繒，暴掠宮禁事，皆藥師導之也。

4 己巳，下詔親征，令有司並依眞宗幸澶淵故事。命吳敏爲親征行營副使，許便宜從事。兵部侍郎李綱、知開封府聶山爲參謀官，團結兵馬於殿前司。

5 詔：「自今除授黜陟及恩數等事，並參酌祖宗舊制。」罷內外官司局所一百五處。

6 以吳敏知樞密院事，吏部尚書李梲同知樞密院事。

7 是日，聞濬州不守，夜漏二鼓，道君車駕東幸，出通津門。

8 朱勔放歸田里。責王黼爲崇信軍節度使，永州安置。賜李彥死，仍籍其家貲。

9 庚午，以兵部侍郎李綱爲尚書右丞、東京留守，同知樞密院李梲副之，聶山爲隨軍轉運使。

時從官以邊事求見者，皆非時賜對。綱侍班延和殿中，適宰執奏事，議欲奉鑾輿出狩襄、鄧。綱語知東上閤門事朱孝莊曰：「有急切公事，欲與宰執廷辨。」孝莊曰：「舊例，未有宰執未退而從官求對者。」綱曰：「此何時，而用例也！」孝莊即具奏。詔引綱立於執政之末，因啓奏曰：「聞諸道路，宰執欲奉陛下出狩避敵，果有之，宗社危矣。且道君皇帝以宗社之故，傳位陛下，今捨之而去，可乎？」帝默然。白時中曰：「都城豈可以守？」綱曰：「天下城池，豈復有如都城者？且宗廟、社稷、百官、萬民所在，捨此欲何之？若能率厲將士，慰安民心，豈有不可守之理！」時內侍陳良弼領京城所，自內殿出奏曰：「京城樓櫓創修，百未及一二。又，城東樊家岡一帶，濠河淺狹，決難保守，願詳議之。」帝顧綱曰：「卿可同蔡懋、良弼往觀，朕於此候卿。」綱詣東壁觀城濠，回奏延和殿，帝顧問：「如何？」綱曰：「城堅且高。樓櫓誠未備，然所以守不在此。濠河唯樊家岡一帶，以禁地不許開之，誠爲淺狹，然可以精兵強弩據也。」帝顧大臣曰：「策將安出？」皆默然。綱進曰：「今日之計，莫如整厲士馬，聲言出戰，固結民心，相與堅守，以待勤王之師。」帝曰：「誰可將者？」綱曰：「朝廷平日以高爵厚祿富養大臣，蓋將用之於有事之日。今白時中、李邦彥等，雖書生未必知兵，然藉其位貌〔號〕，撫馭將士以抗敵鋒，乃其職也。」時中厲聲曰：「李綱莫能出戰否？」綱曰：「陛下不以臣爲懦，儻使治軍，願以死報；第人微官卑，恐不足以鎮服士卒。」帝問執政有何闕，趙野以尚書右丞對，時宇文粹中扈從東幸故也。帝卽命除綱右丞。時宰執猶守避敵之議，綱曰：「臣今正謝，猶服綠，非所以示中外。」卽時賜袍帶并笏，綱服之以謝，且言：「方時艱難，臣不敢辭。」帝入，進膳，賜宰執食於崇政殿門外廡，再召對於福寧殿，去留之計猶未決也。

乃命綱、棁爲留守。綱力陳所以不可去之意，且言：「唐明皇聞潼關失守，卽時幸蜀，宗社朝廷，碎於賊手，累年後僅能復之，范祖禹謂其失在於不能堅守以待勤王之師。今陛下初卽大位，中外欣戴，四方之兵，不日雲集，敵騎必不能久留。捨此而去，如龍脫於淵，車駕朝發而都城夕亂，雖臣等留守，何補於事！宗廟朝廷，且將丘墟，願陛下審思之。」帝意頗回，而內侍王孝竭從旁奏曰：「中宮、國公已行，陛下豈可留此！」帝色變，降榻曰：「卿等毋執，朕將親往陝西，起兵以復都城，決不可留此！」綱泣拜俯伏，以死請。會燕、越二王至，亦以固守爲然，帝意稍定，卽取紙，書「可回」二字，用寶，俾中使追還中宮、國公。顧謂綱曰：「朕今爲卿留，治兵禦寇，專以委卿。」綱受命，與棁同出，宿於尚書省。中夜，帝復遣中使諭宰執，欲詰旦決行。質明，綱入朝，見禁衞擐甲，乘輿服御，皆已陳列，六宮襆被將升車。綱厲聲謂禁衞曰：「爾等願以死守宗社乎，願扈從以巡幸乎？」皆呼曰：「願以死守！」綱出，與殿帥王宗濋等入見曰：「陛下已許臣留，今復戒行，何也？六軍之父母妻子，皆在都城，豈肯捨去！萬一中道散歸，陛下孰與爲衞？且敵騎已逼，彼知乘輿之去未遠，以健馬疾追，何以禦之？」帝感悟，始命輟行。綱傳旨語左右曰：「上意已定，敢復有言去者斬！」因出傳旨，禁衞皆拜伏呼萬歲。

10 辛未，御宣德門，百官將士班樓前起居。帝降輦勞問將士，命李綱、吳敏敍金人渝盟，欲危宗社，決策固守，各令勉厲之意，俾閤門官宣諭六軍，將士皆感泣流涕，於是固守之議始決。賜諸軍班直緡錢有差。命綱爲親征行營使，侍衞親軍馬軍都指揮使曹曚副之，置司於大晟府，辟置官屬，賜銀錢各百萬，朝議、武功大夫以下及將校官誥宣帖三千道，許便宜從事。

11 太宰兼門下侍郎白時中罷，以李邦彥爲太宰兼門下侍郎，張邦昌爲少宰兼中書侍郎，趙野爲門下侍郎，翰林學士承旨王孝迪爲中書侍郎，同知樞密院事蔡懋爲尚書左丞。

12 壬申，金人渡河。【考異】金史作己巳諸軍渡河。今從宋史。遣使督諸路勤王兵入援。

13 太學生陳東上書曰：「臣竊知上皇已幸亳社，蔡京、朱勔父子及童貫等統兵二萬從行。臣深慮此數賊遂引上皇迤邐南渡，萬一變生，實可寒心。蓋東南之地，沃壤數千里，其監司、州縣官，率皆數賊門生，一時姦雄豪強及市井惡少，無不附之。近除發運使宋㬇，是京子攸妻黨；貫昨討方寇，市恩亦衆，兼聞私養死士，自爲之備。臣竊恐數賊南渡之後，假上皇之威，振臂一呼，羣惡響應，離間陛下父子，事必有至難言者。望速追數賊，悉正典刑。別選忠信可委之人，扈從上皇如亳，庶全陛下父子之恩以安宗廟。」帝然之。

14 癸酉，金宗望軍至京城西北，屯牟駝岡。天駟監芻豆山積，異時郭藥師來朝，得旨打毬於其間，金人兵至，徑趣其所，藥師導之也。自金騎叩河，梁方平焚橋而遁，金人不得遽渡，取小舟能容數人者以濟，凡五日，騎兵方絕，步兵猶未集也；旋濟旋行，無復隊伍。既據牟駝岡，獲馬二萬匹，笑謂沈琯曰：「南朝可謂無人，若以一二千人守河，我輩豈得渡哉！」

是日，金人攻宣澤門，以火船數十順流而下。李綱臨城，募敢死士二千人，列布拐子城下，火船至，摘以長鉤，投石碎之；又於中流排置權（杈）木，及運蔡京家山石疊門道間，就水中斬獲百餘人，迨旦始定。

自帝御樓之後，方治都城四壁守具，以百步法分兵備禦，每壁用正兵萬二千餘人，而保甲、居民、廂軍之屬不與焉。修樓櫓，挂氈幕，安礮座，設弩牀，運甎石，施燎炬，垂檑木，備火油，凡防守之具畢備。四壁各以從官、宗室、武臣爲提舉官，諸門皆以中貴大小使臣分地而守。又團結馬步軍四萬人爲前後左右軍，中軍八千人，有統制、統領、將領、隊將等，日肄習之。以前軍居通津門外，護延豐倉，倉有豆粟四十餘萬石，其後勤王之師集城外者，賴之以濟。後軍居朝陽門，占樊家岡，使金騎不敢近。而左、右、中軍居城中以備緩急。自五日至八日，治戰守之具粗畢，而敵兵抵城下矣。

以駕部員外郎鄭望之充軍前計議使，親衞大夫高世則副之，望之奉命卽行。少頃，金亦遣吳孝民來，舉鞭與望之遙相揖，約孝民至城西相見。是夜，望之等縋城下，入何灌幰中。孝民亦至，言欲割大河爲界，副以犒軍金帛。望之與辯論久之，孝民不答，遂與望之俱來。

甲戌，望之入奏使事，退，引見金使孝民，言願遣親王、宰相到軍前議和，帝顧宰執，未有對者。李綱請行，帝不許，命李棁奉使，望之、世則副之。宰執退，綱獨留，問所以不遣之旨。帝曰：「卿性剛，不可以往。」綱對曰：「敵氣太銳，吾大兵未集，固不可以不和。然所以和者得策，則中國之勢遂安；不然，禍患未已。宗社安危，在此一舉。李棁柔懦，恐誤國事。」因言：「敵人貪婪無厭，又有燕人狡獪以爲之謀，必且張大聲勢，過有邀求。如朝廷不爲之動，措置合宜，彼當戢斂而退。若朝廷震懼，一切與之，彼知中國無人，益肆覬覦，憂未已也。」

綱既退，棁與望之再對，帝許增歲幣三五百萬兩，免割地。次論及犒軍，許銀三五百萬兩。又命棁押金一萬兩及酒果賜宗望。

使人至，宗望南嚮坐見之，遣燕人王汭等傳道語言，謂：「都城破在頃刻，所以斂兵不攻者，爲趙氏宗社也。議和所須犒師金銀絹采各以千萬計，馬駝驢騾之屬各以萬計。尊其國主爲伯父，凡燕、雲之人在漢者悉歸之。割太原、中山、河間三鎮之地，又以親王、宰相爲質。」棁等不敢有言，第曰：「有皇帝賜到金萬兩及酒果。」宗望令吳孝民受之。夜，宿孳生監，金人遣蕭三寶努（舊作三寶奴。）等來言：南朝多失信，須一親王爲質；割地必以河爲界。望之但許增歲幣三百萬，三寶努不悅而退。

是日，金人移壁開遠門。

16 以吏部尚書唐恪同知樞密院事。

17 乙亥，李綱方入對，外報敵攻通天、景陽門一帶甚急，帝命綱督將士捍禦，綱請禁衞班直善射者千人以從。敵方渡濠，以雲梯次〔攻〕城，班直乘城射之，皆應弦而倒，將士無不賈勇，近者以手礮、檑木擊之，遠者以神臂弓射之，又遠者以牀子弩坐礮及之。而金人有乘筏渡濠而溺者，有登梯而墜者，有中矢石而踣者，紛紛甚衆。又募壯士數百人縋城而下，燒雲梯數十座，斬獲酋首數十級。敵又攻陳橋、封丘、衞州等門，矢集城上如蝟毛，綱登城督戰，帝遣中使勞問，手劄褒諭，給內庫酒、銀椀、綵絹等以頒將士，人皆歡呼。自卯至未、申間，殺獲凡數千，乃退。武泰軍節度使何灌死之。

18 金游騎四出，抄掠畿縣，唯東明、太康、雍丘、扶溝、鄢陵僅存。金人恥小邑不破，再益騎三千，急攻東明，京東將董有鄰率衆拒之，斬首十餘級。

19 鄭望之等在金營，宗望約見之，引李鄴、沈琯於其坐後，需金五百萬兩，銀五千萬兩，牛馬萬匹，衣〔表〕緞百萬匹，割太原、中山、河間三鎮地，并宰相、親王爲質。出玉帶、玉篦刀、名馬各一，遣蕭三寶努、耶律忠、王汭來獻，夜，到驛。棁、望之入對福寧殿，具奏所言，帝令與大臣言之。

是日，燕山都監武漢英、知信德府楊信功及李鄴、沈琯等並歸自敵營。

20 丙子，避正殿，減常膳。

21 詔括借私家金銀，有敢隱庇轉藏者，並行軍法；倡優則籍其財。得金二十萬兩，銀四百萬兩，而民間已空。

22 中書省言：「中山、太原、河間府并屬縣及以北州軍，已於誓書議定交割，如有不肯聽從之處，即將所毘州府令歸金國。」從之，命降詔三鎮。

23 時肅王樞及康王構居京師，帝退朝，康王入，毅然請行，曰：「敵必欲親王出質，臣爲宗社大計，豈應辭避！」即以爲軍前計議使，張邦昌、高世則副之。詔稱金國加大字，命引康王詣殿閣，見宰執。李棁曰：「大金恐南朝失信，故欲親王送至河耳。」王正色曰：「國家有急，死亦何避！」聞者悚然。

24 丁丑，宰執進呈金人所須之目，李綱力爭，謂：「犒師金幣，其數太多，雖竭天下之財且不足，況都城乎！太原、河間、中山，國家屏蔽，號爲三鎮，其實十餘郡地塘濼險阻皆在焉，割之何以立國！又保塞，翼祖、順祖、僖祖陵寢所在，子孫柰何與人！至於遣使，宰相當往，親王不當往。今日之計，莫若擇使姑與之議所以可不可者，金幣之數，令有司會計。少遲數日，大兵四集，彼以孤軍深入重地，勢不能久留，必求速歸，然後與之盟，則不敢輕中國，而和可久也。」宰執議不合，綱因求去，帝慰諭曰：「卿第出治兵，益固城守，此事當徐議之。」綱復曰：「金人所須，宰執欲一切許之，不過欲脫一時之禍，他日付之何人？陛下願更審處，恐後悔無及。」帝不聽，卽以誓書授李鄴往。綱尚留三鎭詔書不遣，冀少遲延，以俟勤王兵集，徐爲後圖也。

25 庚辰，張邦昌從康王詣金營，自午至夜分始達。

時勤王之師踵至，日或數萬人，四壁各置統制官糾集，給芻糧，授器甲，立營寨，團〔團〕隊伍，皆行營司主之。

26 辛巳，道君幸鎭江。

27 以兵部尚書路允迪僉書樞密院事。

28 金人破陽武縣，知縣蔣興祖死之。興祖，宜興人也。

29 壬午，大風走石，竟日乃止。

30 統制官馬忠以京西募兵至，遇金人於順天門外，乘勢擊之，殺獲甚衆。范瓊將萬騎自京東來，營於馬監之側，王師稍振。

初，勤王兵未集，金人氣驕甚，橫行諸邑，旁若無人。至是始懼，游騎不敢旁出，自京城以南，民稍奠居矣。

31 甲申，省廉訪使者官，罷鈔旁定貼錢及諸州免行錢，以諸路贍學戶絕田產歸常平司。

32 丁亥，河北、河東路制置使种師道，武安軍承宣使姚平仲，以涇原、秦鳳兵至。

初，師道被詔勤王，聞命卽行，過姚平仲，有步騎七千與之俱。北〔比〕至雒陽，聞宗望已屯京城下，或言敵勢方銳，願少駐汜水以謀萬全。師道曰：「吾兵少，若遲回不進，形見情露，祇取辱耳。今鼓行而前，彼安能測我虛實！都人知吾來，士氣自振，何憂敵哉！」揭榜沿道，言种少保領西兵百萬來，遂趨汴水南，逕逼金營。金人懼，徙砦稍北，斂游騎，但守牟駝岡，增壘自衛。

時師道年高，天下稱爲老种。帝聞其至，喜甚，開安上門，命李綱迎勞。時已議和，入見，帝問曰：「今日之事，卿意如何？」對曰：「金人不知兵，豈有孤軍深入人境而能善歸乎！」帝曰：「業已講和矣。」對曰：「臣以軍旅之事事陛下，餘非所敢知也。」

李綱言於帝曰：「勤王之師漸集，兵家忌分，非節制歸一不能濟，願敕師道、平仲兩將聽臣節制。」帝不聽，曰：「師道老而知兵，且職位已高，與卿同官，替曹曚可也。」於是別置宣撫使，令師道爲之，以平仲爲都統制。應四方勤王兵，並隸宣撫司，又撥前後軍之在城者屬之；而行營司所統者，獨左、右、中軍而已。帝屢申飭兩司不得侵紊，而節制既分，不相統壹，宣撫司所欲行者，往往託以機密，不復關報，自是權始分。

33 辛卯，開封府言：「故太傅王黼，行至雍丘縣南二十里輔固邨，爲盜所殺，百姓遂謂之貢國邨。」詔籍其貲。小人乘隙爭入黼第，掠取絹七千餘匹，錢三十餘萬緡，四壁蕩然。

先是吳敏、李綱請誅黼，事下開封府聶山，山方挾宿怨，遣武士戕之民家。帝以初卽位，難於誅大臣，託言盜殺之。議者以不正天討爲失刑云。

34 癸亥，大霧四塞。

李綱、李邦彥、吳敏、种師道、姚平仲、折彥質同對於福寧殿，議所以用兵者。綱奏曰：「金人張大其勢，然兵實不過六萬，又大半皆奚、契丹、渤海部落。吾勤王之師集城下者二十餘萬，固已數倍之矣。彼以孤軍入重地，猶虎豹自投檻穽中，當以計取之，不可與角一旦之力。爲今之策，莫若扼關津，絕糧道，禁抄掠，分兵以復畿北郡邑，俟彼游騎出則擊之，以重兵臨敵營，堅壁勿戰，如周亞夫所以困七國者，待其糧盡力疲，然後以將帥檄取誓書，復三鎮，縱其北歸，中渡而後擊之，此必勝之計也。」帝然之。

35 甲午，太學生陳東言：「昨聞道路之言曰：高傑近收其兄俅、伸等書，報上皇初至南京，不欲前邁，復爲蔡京、童貫、朱勔等挾之而去。迨至泗州，又詐傳上皇御筆，令高俅守禦浮橋，不得南來，遂挾上皇渡淮以趨江、浙。斥回隨駕衞士，至於攀望慟哭，童貫遂令親兵引弓射之，衞士中矢而踣者凡百餘人。問〔聞〕俅父子兄弟在旁，僅得一望上皇，君臣相顧泣下，意若有所言者。而羣賊之黨，徧滿東南，皆平時陰結以爲備者，一旦乘勢竊發，控持大江之險，東南郡縣必非朝廷有，陛下何爲尚不忍於此？得非梁師成陰有營謀而然邪？師成威聲氣燄，震灼中外。國家至公之選，無如科舉之取士，而師成乃薦其門吏使臣儲宏，廷試賜第，仍令備役。宣和六年春，親策進士，其中百餘人，皆富商豪子，每名所獻至七八千緡。又創置北司以聚不急之務，專領書藝局以進市井游手無賴之輩。濫恩橫賜，糜費百端。師成之惡如此，而至今不去，羣賊倚爲奥援。陛下雖欲大明誅賞，胡可得哉！」

乙未，詔暴師成朋附王黼之罪，責授彰化軍節度副使，遣使臣押赴貶所；行至八角鎮，賜死。

初，王黼嘗爲鄆王楷陰畫奪宗之計，師成力保護太子，得不動搖。及道君東幸，嬖臣多從以避罪，師成自以舊恩留京師。至是陳東疏其罪，布衣張炳亦以爲言，遂貶死。

36帝以金人索金銀數至多，欲取禁中珠玉以充折，令聚置宣和殿。是日，李棁、鄭望之入對，命閱所列珠玉，悉津至金營。

37二月，丁酉朔，李棁、鄭望之至金營，金人先遣棁歸。是夜，宣撫司都統制姚平仲率步騎萬人劫金營，以敗還。【考異】金史作姚平仲兵四十萬來襲宗望營，敗之，此夸大之辭耳。趙甡之遺史作兵七千，東都事略作步騎萬人，今從事略。

初，种師道以「三鎮不可棄，城下不可戰。朝廷固堅守和議，俟姚古來，兵勢益甚，然後使人往諭金人，以三鎮係國家邊要，決不可割，寧以其賦入增作歲幣，庶得和好久遠。如此三兩返，勢須逗遛半月。重兵密邇，彼必不敢遠去劫掠。孳生監糧草漸竭，不免北還，俟其過河，以騎兵尾襲。至眞定、中山兩鎮，必不肯下。彼腹背受敵，可以得志。」會李綱主平仲之謀，師道言卒不用。平仲，古之養子也。帝以其驍勇，屢召對內殿，賜予甚厚，許以成功當受節鉞。平仲議欲夜叩金營，生擒宗望，奉康王以歸，而其謀泄，金先事設備，故反爲所敗。【考異】靖康前錄云：姚平仲初一日劫寨之謀，二十八日已徧傳於都下。至期出師，將士不知所往。平仲遣王通爲先鋒，驅五百敢死士直抵敵營，劫二寨，皆空，至第三寨，賊已持滿執梃以待之。前軍殊死戰，多溺於溝中，西將陳開死之。按前錄所述，自相矛盾，既云徧傳都下，何以又云將士不知所往。趙甡之遺史，又云植三大旗於開寶寺旁，書爲御前報捷，疑皆過甚之辭。蓋是役以謀泄而敗，事後多歸咎也，今不取。金人以是責康王，張邦昌恐懼涕泣，王不爲動。

李綱會行營左右軍將士，質明，出景陽門，與金人鏖戰於幕天坡，斬獲甚衆。復攻中軍，綱親率將士以神臂弓射卻之。

師道復言：「劫寨已誤，然兵家亦有出其不意者。今夕再遣兵分道攻之，亦一奇也。如猶不勝，然後每夕以數千人擾之，不十日，敵人遁矣。」李邦彥等畏懦不能用。

帝滿意平仲必成功，既而失利，宰執臺諫交言西兵勤王之師及親征行營司兵爲敵所殲，無復存者，帝大驚，有詔不得進兵。遂罷綱尙書右丞、親征行營使，以蔡懋代之。因廢行營使司，止以守禦使總兵事，蓋欲罪綱以謝敵也。

己亥，李綱詣崇政殿求對，既至殿門，聞罷命，乃退處浴堂待罪。蔡懋會問，行營司兵所失才百餘人，而西兵及勤王之師折傷千餘人，餘並如故。是夕，帝降親筆勞綱，賜白金五百兩，錢五十萬，且令吳敏諭復用之意，綱感泣以謝。

38宗望遣王汭來問舉兵之故，辛丑，遣資政殿大學士宇文虛中、知東上閤門使〔事〕王俅使金軍。

時虛中聞京師急，馳歸，收拾散卒，得東南軍兵二萬人，以便宜起李邈領之，令駐汴河。會姚平仲失利，援兵西來者皆潰，虛中縋而入城。帝欲遣使辯劫營非朝廷意，且將加罪其人，仍就迎康王，大臣皆不欲行，虛中承命，慨然而往。

39是日，太學生陳東率諸生數百人伏宣德門下，上書曰：「李綱奮勇不顧，以身任天下之重，所謂社稷之臣也。李邦彥、白時中、張邦昌、趙野、王孝迪、蔡懋、李梲之徒，庸繆不才，忌嫉賢能，動爲身謀，不恤國計，所謂社稷之賊也。陛下拔綱爲執政，中外相慶；而邦彥等疾如仇讎，恐其成功，因緣沮敗，歸罪於綱。夫一勝一負，兵家常勢，豈可遽以此傾動任事之臣！且邦彥等必欲割地，曾不思河北實朝廷根本，無三關、四鎮，是棄河北也。棄河北，朝廷能復都大梁乎！又不知割地之後，邦彥等能保金人不復改盟否也？竊思敵兵南向，大梁不可都，必將遷而之金陵，則自江以北，非朝廷有。況金陵正慮童貫、蔡攸、朱勔等往生變亂，雖欲遷而都之，又不可得，陛下將於何地奠宗社邪？邦彥等不爲國家長久計，又欲沮綱成謀以快私憤，罷命一傳，兵民騷動，至於流涕，咸謂不日爲敵擒矣。罷綱非特墮邦彥等計中，又墮敵計中也。乞復用綱而斥邦彥等，且以閫外付种師道。宗社存亡，在此一舉。」

書奏，軍民不期而集者數萬人。會邦彥退朝，衆數其罪，嫚罵，且欲毆之，邦彥疾驅以免。帝令中人傳旨，可其奏。有欲散者，衆閧然曰：「安知非僞邪？須見李右丞、种宣撫復用乃退。」吳敏傳宣云：「李綱用兵失利，不得已罷之，俟金人稍退，令復職。」衆猶莫肯去，方撾壞登聞鼓，喧呼動地。開封尹王時雍至，謂諸生曰：「脅天子可乎？胡不退！」諸生應之曰：「以忠義脅天子，不愈於以姦佞脅之乎？」復欲前毆之，時雍逃去。殿帥王宗濋恐生變，奏帝勉從之，帝乃遣耿南仲號於衆曰：「已得旨宣李綱矣。」內侍朱拱之宣綱後期，衆臠而磔之，幷殺內侍數十人。綱惶懼入對，泣拜請死。帝卽復綱右丞，充京城四壁守禦使，綱固辭，帝不許，俾出外宣諭。衆又願見种師道，詔促師道入城彈壓。師道乘車而至，衆褰簾視之曰：「果我公也！」始相率聲喏而散。

40 壬寅，追封范仲淹魏國公，贈司馬光太師，張商英太保。除元祐學術黨籍之禁。

41 罷苑囿宮觀可以與民者。

42 詔誅士民殺內侍爲首者，禁伏闕上書。王時雍欲盡致太學諸生於獄，人人惴恐；會朝廷將用楊時爲祭酒，遣聶昌詣學宣諭，然後定。昌，即山也，帝嘗以其有周昌抗節之義，故改名昌。

43 癸卯，以著作佐郎沈晦從皇弟肅王樞使金軍。

44 以徐處仁爲中書侍郎，宇文虛中簽書樞密院事。蔡懋罷。

45 乙巳，康王及宇文虛中、張邦昌還自金營。

宗望欲退師，遣韓光裔來告辭。帝遣虛中齎李綱所留割三鎮詔書以往。初，金人攻城，蔡懋禁不得輒施矢石，將士積憤。及李綱復用，下令能殺敵者厚賞，衆無不奮躍，金人稍有懼心。既得三鎮詔書，又肅王爲質，遂不俟金幣數足，引兵北去。京師解嚴。【考異】金史作己亥師還，東都事略作丁未金人退師，今從宋史本紀。

种師道請乘金人半濟擊之，帝不許。師道曰：「異日必爲中國患。」御史中丞呂好問言於帝曰：「金人得志，益輕中國，秋冬必傾國復來，禦敵之備，當速講求。」不聽。

46 丙午，以康王構爲太傅、靜江·奉寧軍節度使。

47 省明堂班朔布政官。

48 丁未，日有兩珥。

49 戊申，赦天下。詔諭士民：「自今庶事並遵用祖宗舊制，凡蠹國害民之事，一切寢罷。」

50 遣王俅使金軍迎肅王。

51 己酉，罷宰執兼神霄、玉清、萬壽宮使。

52 詔用祖宗故事，擇武臣得軍心者爲同知、僉書樞密院，邊將有威望者爲三衙。

53 以金人講和，詔：「官民昔嘗附金而復歸本朝者，各還其鄉國。」

54 李綱言：「澶淵之役，雖與遼人盟約，及其退也，猶遣重兵護送之，蓋恐其無所忌憚，肆行擄掠故也。金人之去三日矣，初謂其以船筏渡河，今繫橋濟師，一日而畢。盍遣大兵用澶淵故事護送之！」帝可其請。於是分遣將士，以卒萬餘數道並進，且戒諸將度便利，可即擊之，將士受命，踊躍以行。而宰相咎綱盡遣城下兵追敵，恐倉卒無措，急徵諸將。已追及金人於邢、趙間，遽得還師之命，無不扼腕。比綱力爭復追，而將士解體矣。

55 庚戌，李邦彥罷；以張邦昌爲太宰兼門下侍郎，吳敏爲少宰兼中書侍郎，李綱知樞密院事，耿南仲爲尚書左丞，李棁爲尚書右丞。

56 辛亥，詔：「監察御史言事，如祖宗法。」

57 宇文粹中罷知江寧府。

58 癸丑，种師道罷爲中太一宮使。

中丞許翰言師道名將，沈毅有謀，不可使解兵柄。帝謂其老，難用，翰曰：「秦始皇老王翦而用李信，兵辱於楚；漢宣帝老趙充國而卒能成金城之功。自呂望以來，以老將收功者，難一二數。師道智力未衰，雖老，可用也。」帝不納。翰又言：「金人此去，存亡所繫，當令一大創，使失利去，則中原可保，四夷可服。不然，將來再舉，必有不救之患。宜遣師道邀擊之。」帝亦不聽。

始，帝使翰見師道，師道不語，翰曰：「國家有急詔，許來訪所疑，公勿以書生之故不肯言。」師道乃曰：「我衆彼寡，但分兵結營，控守要地，使彼糧道不通，坐以持久，可破也。」翰深服之。

59 癸丑，澤州言金宗翰兵次高平。

初，宗翰聞宗望議和，亦遣人來索賂，宰相以勤王兵大至，拘其使而不與。宗翰怒，乃分兵破忻、代，折可求以麟府兵，劉光世以鄜延兵援河東，皆爲所敗，遂圍太原，月餘不能下。適平陽義軍叛去，攻破威勝軍，遂引金人入南北關，破隆德府，知府張確、通判趙伯臻、司錄張彥遹死之。

確，邠州宜祿人。初，道君卽位，應詔上書言十事，乞誅大姦，退小人，進賢能，開禁錮，起老成，擢忠鯁，息邊事，修文德，廣言路，容直諫。及守隆德，聞金人南下，表言：「河東天下根本，無河東，豈特秦不可守，汴亦不可都矣。若得秦兵十萬人，猶足以抗敵。」書累上，不報。金兵至，確乘城固守。金人知城中無備，諭使降，確曰：「確守土臣，當以死報國，頭可斷，腰不可屈也！」乃戰而死。

金人次高平，舉朝震懼。命統制官郝懷將兵一萬屯河陽，扼太行、琅車之險，以种師道爲河北宣撫使，駐滑州，以姚古爲制置使，總兵援太原，以种師中爲制置副使，援中山、河間諸郡。

60 贈右正言陳瓘爲右諫議大夫。

61 甲寅，侍御史孫覿言：「蔡京四任宰相，前後二十年，挾繼志述事之名，建蠹國害民之政，祖宗法度，廢移幾盡。託豐亨豫大之說，倡窮奢極侈之風，而公私蓄積，掃蕩無餘。立御筆之限以陰壞封駁之法，置曲學之科以杜塞諫爭之路。汲引羣小，充滿要塗，禁錮忠良，悉爲朋黨。閨門混濁，父子喧爭。廝役官爲橫行，媵妾封爲大國。欺君罔上，挾數任情。書傳所記老姦巨惡，未有如京比者。上皇屢因人言，灼見姦狀，凡四罷免，而凶焰益肆，覆出爲惡。怨氣充塞，上干陰陽；人心攜離，上下解體。於是敵人乘虛鼓行，如蹈無人之境。陛下赫然威斷，貶斥王黼等，大正典刑，如京之惡，豈可獨貸！」又言：「方王師之伐北也，童貫、蔡攸爲宣撫，提數十萬之師，挫於殘遼；淹留彌歲，卒買空城，乃以恢定故疆，冒受非常之寵。蕭后納款，其使韓昉見貫、攸於軍中卑辭折衷〔祈哀〕，欲損歲幣以復舊好，此安危之機也；乃叱昉使去，昉大呼於庭，告以必敗。今數州之地，悉非我有，而國用民力，從而竭矣。迨金人結好，則又招納叛亡，反覆賣國，造怨結禍，使敵人因以藉口。前年秋，貫以重兵屯太原，欲取雲中之地，卒無尺寸功。去年冬，貫復出太原，金人入塞，貫實促之。攸見邊報警急，貫遁逃以還，漫不經意，玩兵縱敵，以至於此。迨敵人長驅，震驚都邑，貫、攸一旦攜金帛盡室遠去，曾無同國休戚之意。貫、攸之罪，上通於天，願陛下早正典刑，以爲亂臣賊子之戒。」詔：「責授京守祕書監、分司南京，致仕，河南府居住；貫左衞上將軍，致仕，池州居住；攸太中大夫、提舉亳州明道宮。」

62 丙辰，有二流星，一出張宿入濁沒，一出北河入軫。

63 辛酉，梁方平坐棄河津伏誅。

64 門下侍郎王孝迪罷。

65 命給事中王雲等使金。

66 乙丑，御殿，復膳。

67 丙寅，下哀痛之詔於陝西、河東。

68 童貫等從道君南幸，聞都城受圍，乃止東南郵傳及勤王之師。道路籍籍，言貫等爲變，朝廷議遣聶昌爲發運使，往圖之。李綱曰：「使昌所圖果成，震驚太上，此憂在陛下。萬一不果，是數人者，挾太上於東南，求劍南一道，陛下將何以處之？莫若罷昌之行，請於太上，去此數人，自可不勞而定。」帝從之。

69 是月，海濱王家奴誣其主欲亡去，金主命誅其首惡，餘悉杖之。

70 三月，丁卯朔，遣徽猷閣待制宋煥奉表道君皇帝行宮。

71 詔侍從言事。

72 詔：「非三省、樞密使所奉旨，諸司不許奉行。」

73 罷川路歲所遣使。

74 戊辰，李梲罷爲鴻慶宮使。

75 己巳，張邦昌罷爲中太一宮使。

以徐處仁爲太宰兼門下侍郎，唐恪爲中書侍郎，翰林學士何㮚爲尚書右丞，御史中丞許翰同知樞密院事。

帝嘗問處仁，割三鎮是否，處仁言不當棄，與吳敏議合。敏薦處仁可相，遂拜太宰。時進見者多論宣和間事，恪言於帝曰：「革弊當以漸，宜擇今日之所急者先之。而言者不顧大體，至毛舉前事以快一時之憤，豈不傷太上之心哉！京、攸、貫、黼之徒，既從竄斥，姑可已矣。他日邊事既定，然後白太上，請下一詔，與天下共棄之，誰曰不可！」帝曰：「卿論甚善，爲朕作詔書，以此意布告在位。」

76 庚午，僉書樞密院事宇文虛中罷，知青州，以言者劾其議和之罪也。

77 癸酉，命趙野爲道君皇帝行宮奉迎使。

78 丙子，改擷景園爲寧德宮。

79 錄司馬光後。

80 壬午，詔曰：「朕承道君皇帝付託之重，十有四日，金人之師已及都城。大臣建言捐金帛，割土地，可以紓禍。賴宗社之靈，守備弗缺，久乃退師。而金人要盟，終弗可保。今肅王渡河北去未還，宗翰深入南破隆德，未至三鎮，先敗元約，及所過殘破州縣，殺掠士女。朕夙夜追咎，何痛如之！已詔元主和議李邦彥，奉使許地李棁、李鄴、鄭望之，悉行罷黜，又詔种師道、姚古、种師中往援三鎮。朕唯祖宗之地，尺寸不可與人，且保塞陵寢所在，誓當固守，不忍陷三鎮二十州之民，以偷頃刻之安。與民同心，永保疆土，播告中外，使知朕意，仍劄與三鎮帥臣。」

81 种師中以兵渡河，上言：「宗翰在澤州，臣欲由邢、相間捷出上黨，擣其不意，當可以逞。」朝廷疑不用。

宗望攻中山、河間，兩鎮皆固守不下。師中因進兵以逼之，宗望遂北還。

82 癸未，遣李綱迎道君皇帝於南京，以徐處仁爲禮儀使。

時用事者言道君將復辟於鎮江，人情危駭。既而太上皇后先還，或謂后將由端門入直禁中，內侍輩頗勸帝嚴備，帝不從。既而道君還至南京，以書問改革政事之故，且召吳敏、李綱。或慮道君意不可測，綱曰：「此無他，不過欲知朝廷事耳。」綱詣行宮，具道「皇帝聖孝思慕，請陛下早還京師。」道君詢近日都城攻圍守禦次序，具以實對。道君曰：「敵退，師方在河，何不邀擊？」綱曰：「以肅邸在敵營故。」道君曰：「爲宗社計，豈復論此！」因及行宮止遞角等事，綱曰：「當時恐金人知行宮所在，非有他也。」因言：「皇帝每得詰問之詔，輒憂懼不食。臣竊譬之，家長出而強寇至，子弟之任家事者，不得不從宜措置。長者但當以其能保田園大計而慰勞之，苟誅及細故，則爲子弟者何所逃其責邪！皇帝傳位之初，適當強敵來侵，不得不小有變更。陛下回鑾，臣謂宜有以大慰皇帝之心，勿問細故可也。」道君感悟，出玉帶、金魚、象簡賜綱，且曰：「卿捍守宗社有大功，若能調和父子間，使無疑阻，當遂垂名青史。」綱還，具言道君意，帝始釋然。

83 金使尼楚赫舊作銀朮可，今改。圍太原，宗翰還西京。宗望罷常勝軍，給還燕人田業，命將士分屯安肅、雄、霸、廣信之境。

84 乙酉，迎道君皇帝於宜春苑，太后入居寧德宮。

85 丙戌，知中山府詹度爲資政殿太〔大〕學士，知太原府張孝純、知河間府陳遘並爲資政殿學士，知澤州高世由直龍圖閣，賞城守之勞也。

86 丁亥，朝於寧德宮。詔：「扈從行宮官吏，候還京日，優加賞典；除有罪之人，迫於公議已行遣外，餘令臺諫勿復用前事糾言。」

87 庚寅，姚古復隆德府；辛卯，復威勝軍。

88 壬辰，有流星出紫微垣。

89 甲午，以戶部侍郎錢蓋爲陝西制置使。

90 監察御史胡舜陟言：「陛下踐阼之初，放朱勔於田里，天下稱頌。然典刑未正，士論籍籍。」詔：「勔安置廣南，籍沒其財產。」

91 命陳東初品官，賜同進士出身，東辭不拜而歸。

92乙未，詔：「金歸朝官民，未發遣者止之。」

93左司諫陳公輔奏乞竄逐蔡京以慰天下公議。制：「京責授崇信軍節度副使，德安府安置；子攸前去省侍。」

94夏，四月，戊戌，夏人破鎮威城，攝知城事朱昭闔門死之。昭，府谷人也。

初，金宗翰遣使夏國，許割天德、雲內、金肅、河清四軍及武州等八館之地，約攻麟州，以牽河東之勢。夏人遂渡河，取四軍八館之地，因攻鎮威城。昭力戰而敗，乃盡殺其妻子，納尸井中，復帥士搏戰死，城遂破。既而金將希尹以數萬騎陽爲出獵，奄至天德，逼逐夏人，悉奪有其地。夏人請和，金人執其使。

95己亥，道君皇帝至自南京，帝迎於都門。

道君將至，宰執進迎奉儀注。耿南仲議欲屛道君左右，車駕乃進，李綱言：「天下之理，誠與疑，明與闇而已。自誠明推之，可至於堯、舜；自疑闇推之，其患有不可勝言者。耿南仲不以堯、舜之道輔陛下，乃闇而多疑。」南仲怫然曰：「臣適見左司諫陳公輔，乃爲李綱結士民伏闕者，乞下御史置對。」帝愕然。綱曰：「臣與南仲所論，國事也，南仲乃爲此言！願以公輔事下吏。」因求去，帝不允。

96壬寅，朝於龍德宮。

97 癸卯，立長子諶爲皇太子。【考異】東都事略作丁酉朔立大寧郡王諶爲皇太子，今從宋史。

98 以耿南仲爲門下侍郎。

99 乙巳，置春秋博士。

100 戊申，置詳議司於尚書省，討論祖宗法度。

101 己酉，乾龍節，羣臣上壽於紫宸殿。

102 庚戌，門下侍郎趙野罷。

103 壬子，知應天府杜充改知隆德府。

104 金宗望遣賈霆、冉企弓與王錄（倈）俱來。時錄（倈）至中山望都縣，追及肅王。宗望以三鎮未下，復令王回，故遣霆等來議。

105 癸丑，詔開經筵。

106 封太師、沂國公鄭紳爲樂平郡王。

107 御史中丞陳過庭言：「蔡京、王黼、童貫，造爲亂階，均犯大惡，然竄殛之刑，獨加於黼，而京、貫止於善地安置，罪同罰異。」乃詔：「京移衡州安置；貫責授安（昭）化軍節度副使、郴州安置。」

108 臣僚又言：「朱勔父子，皆衡州一處安置，典刑未正。」詔：「勔移韶州羈管，子汝賢、姪汝楫等並各州居住。」

109 令吏部稽攷庶官，凡由楊戩、李彥之公田，王黼、朱勔之應奉，童貫西北之師，孟昌齡河防之役，夔、蜀、湖南之開疆，關陝、河東之改幣，及近習所引，獻頌可采，特赴殿試之流，所得爵賞悉奪之。

110 甲寅，种師道加太尉、同知樞密院事、河北·河東路宣撫使。

111 乙卯，詔：「自今假日特坐，百司毋得休務。」

112 丙辰，詔：「有告姦人妄言金人復至以恐動居民者，賞之。」

113 己未，復以詩賦取士，禁用莊、老及主〔王〕安石字說。

114 种師道薦河南尹焞德行，召至京師，不欲留，賜號和靖處士，遣還。戶部尚書梅執禮、禮部侍郎邵溥、中丞呂好問、中書舍人胡安國合奏：「焞言動可以師法，器識可以任大，乞擢用之。」不報。

115 壬戌，詔：「親擢臺諫官，宰執勿得薦舉，著爲令。」

116 追政和以來道官、處士、先生封贈奏補等敕書。

117 癸亥，詔：「蔡京、童貫、朱勔、蔡攸等，久稽典憲，衆議不容。京可移韶州，貫移英州，勔移循州，攸責授節度副使、永州安置，勔子孫分送湖南。」

118甲子，令在京監察御史、在外監司、郡守及路分鈐轄已上，舉曾經邊任或有武勇、可以統衆出戰者，人二員。

119東兵正將古泝與金人戰於交城縣，死之。

120乙丑，詔：「三衙并諸路帥司，各舉諳練邊事、智勇過人，并豪俊奇傑、衆所推服、堪充（統）制將領者，各五名。」

121五月，丙寅朔，朝於龍德宮，令提舉官日具太上皇帝起居平安以聞。

122丁卯，詔天下：「有能以財穀佐軍者，有司以名聞，推恩有差。」

123戊辰，國子祭酒楊時上言：「蔡京用事二十年，以繼述神宗爲名，實挾王安石以圖身利，故推尊安石，加以王爵，配享孔子廟庭。今日之禍，實安石有以啓之。安石挾管、商之術，飾六藝以文姦言，變亂祖宗法度。當時司馬光已言其爲害當見於數十年之後，今日之事，若合符契。其著爲邪說，以塗學者耳目而敗壞其心術者，不可縷數。姑卽一二事明之：昔神宗嘗稱美漢文不作露臺，安石乃言：『陛下若能以堯、舜之道治天下，雖竭天下以自奉不爲過。』曾不知堯、舜茅茨、土階，則竭天下以自奉者，必非堯、舜之道。其後王黼、朱勔以應奉花石竭天下之力，實安石自奉之說啓之也。其釋鳧鷖之末章，則謂『以道守成者，役使羣衆，泰而不爲驕；宰制萬物，費而不爲侈。』詩之所言，正謂能持盈則神祇祖考安樂之而無後艱耳，安石獨倡爲此說以啓人主之侈心。後蔡京輩遂輕費妄用，以侈靡爲事。安石邪說之害如此。伏望追奪王爵，毁去配享之像，使邪說淫詞不爲學者之惑。」疏奏，詔罷安石配享，降居從祀之列。

時諸生習用王氏之學以取科第，忽聞時言，目爲邪說，羣論籍籍。於是中丞陳過庭、諫議大夫馮澥上疏詆時，乃罷時祭酒，詔改給事中。時力辭，遂以徽猷閣待制，致仕。時居九十日，凡所論列，皆切於世道，而其大者，則闢王氏，排和議，論三鎮不可棄云。

124 辛未，監察御史余應求，坐言事迎合大臣罷，知衢州。

125 甲戌，曲赦河北路。

126 丁丑，制置副使种師中，與金人戰於榆次縣，死之。

時太原圍不解，詔師中由井陘與姚古掎角。師中進次平定軍，乘勝復壽陽、榆次等縣，留屯眞定。宗翰之還西京也，留兵分就畜牧，覘者以爲將北走，告於朝。許翰信之，數遣使趣師中出戰，責以逗撓。師中歎曰：「逗撓，兵家大戮也。吾結髮從軍，今老矣，忍受此爲罪乎！」即日辦嚴，約姚古及張灝俱進，而輜重賞犒之物皆不暇從行。師中抵壽陽之石坑，爲金將完顏和尼舊作活女，今改。所襲，五戰三勝，回趨榆次，至殺熊嶺，去太原百里。姚古將兵至威勝，統制焦安節妄傳宗翰將至，故古與灝皆失期不會。師中兵飢甚，敵知之，悉衆攻右軍，右軍潰，而前軍亦奔。師中獨以麾下死戰，自卯至巳，士卒發神臂弓射退金人，而賞賚不及，皆憤怨散去，所留才百人。師中身被四創，力疾鬭死。師中老成持重，爲時名將。既死，諸軍無不奪氣。金乘勝進兵迎古，遇於盤陀，古兵潰，退保隆德。事聞，贈師中少師。

127 己卯，開府儀同三司高俅卒，詔追削其官。

128 辛巳，損太官日進膳。

129 甲申，罷詳議司。

130 壬辰，詔天下舉習武藝兵書者。

131 乙未，詔姚古援太原。

132 六月，丙申朔，以道君皇帝還朝，御紫宸殿，受羣臣朝賀。

133 高麗國王王楷稱藩於金。

134 詔諫官極論得失。右正言崔鶠上疏曰：「詔書令諫臣直論得失以求實是。臣以爲數十年來，王公卿相，皆自蔡京出，要使一門生死則一門生用，一故吏逐則一故吏來，更持政柄，無一人立異，無一人害己者，此京之本謀也，安得實是之言聞於陛下哉！而諫議大夫馮澥近上章曰：『士無異論，太學之盛也。』澥尙敢爲此姦言乎！王安石除異己之人，著三經之說以取士，天下靡然雷同，陵夷至於大亂，此無異論之效也。京又以學校之法馭士人，如軍法之馭卒伍，一有異論，累及學官，若蘇軾、黃庭堅之文，范鎮、沈括之雜說，悉以嚴刑重賞禁其收藏，其苛錮多士，亦已密矣。而瀞猶以爲太學之盛，欺罔不已甚乎！章惇、蔡京，倡爲紹述之論以欺人主。紹述一道德而天下一於諂佞，紹述同風俗而天下同於欺罔，紹述理財而公私竭，紹述造士而人材衰，紹述開邊而塞塵及闕矣。元符應詔上書者數千人，京遣腹心攷定之，同己爲正，異己爲邪；瀞與京同者也，故列於正。京之術破壞天下已極，尚忍使其餘蠹再破壞邪！京姦邪之計，大類王莽，而朋黨之衆，則又過之，願斬之以謝天下。」初，鷗以上書邪等屏去十餘載，及帝卽位，起爲右正言。至是極論時政，忽得攣疾，不能行，固求去，乃予祠，命下而卒。

135 戊戌，令中外舉文武官才堪將帥者。

136 以知樞密院事李綱爲河北、河東路宣撫使，援太原。

京師自金兵退，上下恬然，置邊事於不問。綱獨以爲憂，上備邊禦敵八策，不見聽用，每有議，復爲耿南仲等所沮。及姚古、种師中敗潰，种師道以病丐歸，南仲等請棄三鎭，綱言不可。乃以綱爲宣撫使，劉韐副之，以代師道；又以解潛爲制置副使，以代姚古。綱言：「臣書生，實不知兵。在圍城中，不得已爲陛下料理兵事。今使爲大帥，恐誤國事。」因拜辭，不許。退而移疾，堅乞致仕；章十餘上，亦不允。臺諫言綱不可去朝廷，帝以其爲大臣游說，斥之。或謂綱曰：「公知所以遣行之意乎？此非爲邊事，欲緣此以去公，則都人無辭耳。公不起，上怒且不測，柰何？」許翰復書「杜郵」二字以遺綱，綱不得已受命，帝手書裴度傳以賜之。綱言寇攘外患可除，小人在朝難去，因書裴度論元稹、魏洪簡章疏以進。時宣撫司兵僅萬二千人，綱請銀絹錢各百萬，僅得二十萬。庶事皆未集，綱乞展行期，御批以爲遷延拒命，趣召數四。綱入對，帝曰：「卿爲朕巡邊，便可還朝。」綱曰：「臣之行，無復還理。臣以愚直不容於朝，使既行之後，無有沮難，則進而死敵，臣之願也。萬一朝廷執議不堅，臣自度不能有爲，卽當求去，陛下宜察臣孤忠，以全君臣之義。」帝爲感動。陛辭，又爲帝道唐恪、聶昌之姦，任之必誤國，言甚激切。

137 太白犯歲星。

138 壬寅，詔：「今日政令，唯尊奉上皇詔書，修復祖宗故事。羣臣庶士，亦當講孔、孟之正道，察王安石舊說之不當者，羽翼朕志，以濟中興。」

139 癸卯，以鎭西軍承宣使王禀爲建武軍節度使，錄堅守太原之功也。

140 甲辰，僉書樞密院事路允迪，罷爲醴泉觀使。

141 乙巳，左司諫陳公輔，責監合州酒務。

公輔居職敢言，耿南仲指爲李綱之黨。公輔因自列，且辭位，復言：「李綱書生，不知軍旅，遣援太原，乃爲大臣所陷，後必敗。」時宰益怒，故有是責。

142 庚戌，金宗望獻所獲三象。

143 壬子，天狗墜地，有聲如雷。

144 丙辰，太白、熒惑、歲、鎮四星聚於張。

145 庚申，金以宗望爲右副元帥，將士遷賞有差。

146 辛酉，熙河都統制焦安節坐不法，李綱斬之。

147 壬戌，姚古坐擁兵逗遛，貶爲節度副使，安置廣州。

148 是夕，彗出紫微垣，長數丈，北拂帝座，掃文昌。大臣有謂此乃金人將衰，非中國之憂者，提舉醴泉觀譚世勣，面奏垂象可畏，當修德以應天，不宜惑其諛說。

149 詔除民間疾苦十七事。

150 金遣知制誥韓昉使高麗，責誓表，高麗人對曰：「小國事遼、宋二百年，無誓表，未嘗失藩臣禮。今事大國，當與事遼、宋同禮，而屢盟長亂，聖人所不與，必不敢用誓表。」昉曰：「貴國必欲用古禮，古者帝王巡狩，諸侯朝於方岳。今天子方事西狩，則貴國當從朝會矣。」高麗人不能對，乃曰：「徐議之。」昉曰：「誓表、朝會，一言決耳。」於是高麗乃進誓表如約。昉還，貝勒宗幹大悅，曰：「非卿誰能辦此！」因謂執事者曰：「自今出疆之使，皆宜擇之。」

續資治通鑑卷第九十七

賜進士及第兵部尚書兼都察院右都御史總督湖北湖南等處地方軍務兼理糧餉世襲二等輕車都尉 畢沅 編集

宋紀九十七 起柔兆敦牂(丙午)七月，盡強圉協洽(丁未)四月，凡十月。

欽宗恭文順德仁孝皇帝

靖康元年 金天會四年。(丙午、一一二六)

1 秋，七月，乙丑朔，除元符上書邪等之禁。

2 宋昭先以上書諫攻遼，貶連州；庚午，詔赴都。

3 乙亥，蔡京移儋州安置，攸移雷州。

4 丙子，童貫移吉陽軍安置。

5 甲申，蔡京行至潭州，死，年八十。子孫二十三人，分竄遠地者，遇赦不許量移。

京天資險譎，舞智以御人主，在人主前，左狙右伺，專爲固位之計，終始持一說，謂當越拘攣之俗，竭九州四海之力以自奉。道君雖富貴之，亦陰知其姦譎，不可以託國，故屢起屢仆。嘗收其素所不合者，如趙挺之、張商英、劉慶夫、鄭居中、王黼之屬，迭居台司以柅之。京每聞將罷退，輒入宮求見，叩頭祈哀，無廉恥。燕山之役起，攸實在行，京送之以詩，陽爲不可之言，冀事之不成，得以自解。暮年，即家爲府，干進之徒，舉集其門，輸貨僮奴以得美官者踵相躡，綱紀法度，一切爲虛文。患失之心，無所不至，根結盤固，牢不可脫。卒以召釁誤國，爲宗社奇禍，雖以讁死，而海內多以不正典刑爲恨云。

6丁亥，令侍從官改修宣仁聖烈皇后謗史。

7辛卯，詔：「童貫隨所至州軍行刑訖，函首赴闕。」

貫握兵二十年，權傾一時，奔走期會，過於制敕。嘗有論其過者，詔方劭往察。劭一動一息，貫悉偵得之，先密以白，且陷以他事，劭反得罪逐死。貫狀魁梧，頤下生鬚十數，皮骨勁如鐵，不類閹人。有度量，能疏財，後宮自妃嬪以下，皆獻饋結納，左右婦寺，譽言日聞。寵煽翕赫，庭戶雜遝成市，岳牧輔弼，多出其門，竊姦稔禍，流毒四海，死不足償責。

8初，趙良嗣以御史胡舜陟論其罪，已竄柳州；至是詔廣西轉運副使李昇之，即所至梟其首，徙妻子於萬安軍。

9壬辰，侍御史李光遠，坐言事貶監當。

10金蕭仲恭使宋還，以所持帝與耶律伊都舊作余覩，今改。蠟書自陳。

先是仲恭來索所許金帛，踰月不遣。其副趙倫懼見留，乃紿館伴邢倞曰：「金有耶律伊都者，領契丹兵甚衆，貳於金人，宜結之使南向，宗翰、宗望可襲而取也。」徐處仁、吳敏以伊都、仲恭皆遼貴戚舊臣，而用事於金，當有亡國之戚，信之，乃以蠟書命仲恭致之伊都，使爲內應。至是仲恭以書獻，宗望以聞，金主大怒，復議南伐矣。【考異】靖康要盟錄載靖康元年四月，因金使蕭仲恭等還朝，密賜耶律太師書，以黃絹寫之，云：「大宋皇帝致書于左金吾上將軍、右都監耶律太師：昔我烈祖章聖皇帝，與大遼結好于澶淵，百有餘年，邊境宴安，通和遠久，振古所無。金人稱兵朔方，拘縻天祚，在中國義當興師以拯顛危。而姦臣童貫等迷國擅命，沮遏信使，結納仇讎，購以金繒，分據燕土。金匱之約，藏在廟祧，委棄弗遵，人神怨恫。致金人之強暴，俶擾邊境，達於都城，則惟此之故。道君太上皇帝深悼前非，因成內禪。肆朕初即大位，惟懷永圖，念烈祖之遺德，思大遼之舊好，輟食興念，無時敢忘。凡前日大臣，先誤國搆禍，皆已竄逐，思欲親仁善鄰，以爲兩國生靈無窮之福。此志既定，未有以達。而使人蕭仲恭、趙倫等，能道遼國與燕、雲之遺民不忘耶律氏之德，冀假中國詔令，擁立耆哲，衆望所屬，無如金吾者。適諧至意，良用歡懷。宗社之英，天人所相，爲宜繼有遼國，克紹前休，以慰遺民之思。方今總兵於外，且有西南招討太師之助，一德協心，足以共成大事。以中國之勢，竭力擁衛，何有不成！謀事貴斷，時不可失，惟金吾圖之！書不盡言，已令蕭仲恭、趙倫回奏，面道委曲。天時蒸染，更冀保綏。」按伊都仕遼爲金吾衞將軍，降金後，天會三年爲元帥右都監。書中所稱，蓋兼舉兩國之官也。蕭仲恭以蠟書自陳，見金史本紀，及宗翰、宗望及仲恭事蹟並同，而沈良靖康遺錄作以書投蕭慶，繫年要錄作宰相徐處仁以蠟書投修職郞王倫，疑皆傳聞之譌。靖康遺錄，又云蕭慶來催金帛，送蕭慶於都亭驛一小屋，封其戶，傳食以進，凡數日。今以當日情事覈之，宋人畏懼金人，何至折辱其使人如此！續通鑑又謂以肅王不歸，欲留其使人蕭仲恭，皆不足信也。今從金史。

11 八月，甲午朔，錄陳瓘後。

12 李綱留河陽十餘日，練士卒，修整器甲之屬，進次懷州，造戰車，期兵集大舉；而朝廷降詔罷減所起兵。綱上疏言：「河北、河東日告危急，未有一人一騎以副其求，柰何甫集之兵，又皆散遣？且以軍法敕諸路起兵，而以寸紙罷之，臣恐後時有所號召，無復應者矣。」疏奏，不報，趨（趣）赴太原。

綱乃遣解潛屯威勝軍，劉韐屯遼州，幕官王以寧與都統制折可求、張思正等屯汾州，范瓊屯南北關，皆去太原五驛，約三道並進。時諸將皆承受御畫，事皆專達，進退自如，宣撫司徒有節度之名，多不遵命。綱嘗具論之，雖降約束，而承受專達自若。

於是劉韐兵先進，金人併力禦之，韐兵潰。潛與敵遇于關南，亦大敗。思正等領兵十七萬，與張灝夜襲金洛索（舊作婁室。）軍於文水，小捷，明日戰，復大敗，死者數萬人。可求師潰于子夏山。於是威勝軍、隆德府、汾、晉、澤、絳民皆渡河南奔，州縣皆空。

13 丙申，復以种師道爲兩河宣撫使。

李綱以張灝等違節制而敗，又上疏極論節制不專之弊，且言分路進兵，敵以全力制吾孤軍，不若合大兵由一路進。及范世雄以湖南兵至，因薦爲宣撫判官，欲合衆親率擊敵。會以議和，止綱進兵。綱亦求罷，遂召還，以師道代之。

14 庚子，以彗星避殿，減膳，令從官具民間疾苦以聞。

15 金人既得蕭仲恭所上蠟書，會麟府帥折可求又言西遼在西夏之北，欲結宋以復怨於金，吳敏勸帝致書西遼，由河東之麟府，亦爲宗翰所得，復以聞，於是決計南伐。丁未，以宗翰爲左副元帥，宗望爲右副元帥，仍分兩道，宗翰發雲中，宗望發保州。

16 戊申，錄張庭堅後。

17 戊午，許翰罷知亳州。己未，徐處仁罷知東平府，吳敏罷知揚州。以唐恪爲少宰兼中書侍郎，何㮚爲中書侍郎，禮部尚書陳過庭爲尚書右丞，開封府尹聶昌同知樞密院事。

時翰、處仁主用兵，而吳敏、耿南仲欲和，議不合。翰先罷，處仁又與敏爭於帝前，處仁怒，擲筆中敏面。南仲與恪、昌欲排去二人而代之位，諷中丞李回論之，於是俱罷。

初，敏以昌猛厲，可使助己，自衡州召知開封，不數月，拜同知樞密，入謝，即陳扞禦之策曰：「三關、四鎮，國家藩籬也，聞欲以畀敵，一朝渝盟，何以制之！願勿輕與，而檄天下兵集都畿，堅城守以遏其衝，簡禁旅以備出擊，壅河流以斷歸路；前有堅城，後有大河，勁兵四面而至，彼或南下，墮吾綱矣。臣願激合勇義之士，設伏開關，出其不意，掃其營以報。」帝壯之，命提舉守禦，得以便宜行事。未幾，言者論敏因蔡京進用，安置涪州。

18 先是遣劉岑、李若水分使金軍以求緩師，岑等還，言宗望索歸朝官及所欠金銀，宗翰則不言金銀，專論三鎮；庚申，乃遣王雲往，許以三鎮賦入之數。

19 是日〔月〕，福州軍亂，殺知州柳庭俊。

20 九月，丙寅，金人破太原府。

時宗翰乘勝急攻，知府張孝純力竭不能支，城破，孝純被執，既而釋用之。副都總管王稟死之。

稟與孝純同守太原，宗翰屢遣人招諭，不從。至是併力攻城，列礮三十座，凡舉一礮，聽鼓聲齊發，礮石入城者大於斗，樓櫓中礮，無不壞者。稟乃先設虛柵，下又置糠布袋在樓櫓上，雖爲所壞，卽時復成。宗翰又爲塡濠之法，先用洞子，下置車轉輪，上安巨木，狀似屋形，以生牛皮縵上，裹以鐵葉，人在其內，推而行之，節次以續，凡五十餘輛，皆運土木柴薪于其中。其塡濠，先用大枝薪柴，次以薦覆，然後置土在上，增覆如初。稟預穿壁爲竅，致火鞲在內，俟其薪多，卽放燈於水，其燈下水尋木，能燃濕薪，火既漸盛，令人鼓鞲，其燄亙天，焚之立盡。宗翰又爲車如鵝形，下亦用車輪，冠以皮鐵，使數百人推行，欲上城樓。稟于城中設跳樓，亦如鵝形，使人在內迎敵，先以索絡巨石，置被〔彼〕鵝車上，又令人在下以搭鉤及繩拽之，其車前倒不能進。然人衆糧乏，三軍先食牛馬騾，次烹弓弩皮甲，百姓煑萍實、糠粃、草茭以充腹，既而人相食。城破，稟猶率羸卒巷戰，突圍出，金兵追之急，遂赴太原廟中太宗御容赴汾水死，子閤門祗候荀殉之。通判王逸自焚死，轉運判官王毖、提舉常平單孝忠亦死於難。【考異】靖康小雅以王稟爲潰圍出，投汾水死。張匯節要以爲稟欲出西門，而西門插板索斷，不能出。左右勸稟降，稟歎曰：「稟豈惜死負朝廷哉！」遂自盡。趙甡之遺史云：稟知太原不可守，乃走入統平殿，取懽香御像，以匹練繫之於背，縋城投谿而死。皆傳聞之異也，今從靖康小雅。又，宋史本紀作通判方岌死之，而靖康小錄以爲通判王逸登閤縱火而死，今從小錄。

21太原既破，知磁州宗澤，繕城浚隍，治器械，募義勇，爲固守之計，上言：「邢、洺、磁、趙、相五州，各蓄精兵二萬，敵攻一郡，則四郡皆應，是一郡之兵，常有十萬人也。」帝嘉之。

初，澤知萊州掖縣，部使者得旨市牛黃，澤報曰：「方時疫癘，牛飲其毒，則結爲黃。今和氣橫流，牛安得黃！」使者怒，欲劾邑官，澤曰：「此澤意也。」獨銜以聞。一縣獲免。

22己巳，金復以南京爲平州。

23壬申，臣僚言：「蔡攸之罪，不減乃父，燕山之役，禍及天下，驕奢淫佚，載籍所無，若不竄之海外，恐不足以正凶人之罪。」詔移萬安軍。行至嶺外，帝遣使以手劄隨所至賜死，并誅其弟脩及朱勔。

24 乙亥，詔：「編修敕令所取靖康以前蔡京所乞御筆手詔，參祖宗法及今所行者，删修成書。」

25 丁丑，以禮部尚書王寓爲尚書左丞。

26 戊寅，命李綱出知揚州。

中書舍人胡安國，初爲太學博士，足不及權門，蔡京惡其異己。會安國舉永州布衣王繪、鄧璋遺逸，京以三人乃范純仁、鄒浩之客，置獄推治，安國坐除名；張商英爲相，始得復官。帝即位，召赴京師，入對，言：「明君以務學爲急，聖學以正心爲要。」又言：「紀綱尚紊，風俗益衰，施置乖方，舉動煩擾。大臣爭競而朋黨之患萌，百執窺覦而浸潤之姦作。用人失當而名器愈輕，出令數更而士民不信。若不掃除舊制，乘勢更張，竊恐大勢一傾，不可復正。」語甚剴切，日昃始退。耿南仲聞其言而惡之，力譖于帝，帝不答。許翰入見，帝謂曰：「卿識胡安國否？」翰對曰：「自蔡京得政，士大夫無不受其籠絡；超然遠迹不爲所汙如安國者實少。」遂除中書舍人。

及言者論李綱專主戰議，喪師費財，綱遂出守。舍人劉珏當制，謂綱勇於報國；吏部侍郎馮澥，言珏爲綱游說，珏坐貶。安國封還詞頭，且論澥越職言事。耿南仲大怒，何㮚從而擠之，遂出知通州。

安國在省一月，多在告之日，及出，必有所論列。或曰：「事之小者，盍姑置之！」安國曰：「事之大者，無不起於細微。今以小事爲不必言，至於大事又不敢言，是無時可言也。」人服其論。

27 壬午，梟童貫首於都市。

28 甲申，日有兩珥背氣。

29 丙戌，建三京及鄧州爲都總管府，分總四道，以知大名府趙野總北道，知河南府王襄總西道，知鄧州張叔夜總南道，知應天府胡直孺總東道。

30 罷知揚州李綱提舉洞霄宮。

31 金師日逼，南道總管張叔夜、陝西制置使錢蓋，各統兵赴闕。唐恪、耿南仲專主和議，亟檄止諸軍勿前。辛卯，遣給事中黃鍔由海道使金議和。

32 是月，夏人陷西安州。

33 冬，十月，癸巳朔，御殿，復膳。

34 貶李綱爲保靜軍節度副使，安置建昌軍。

35 丁酉，有流星如杯。

36 金人破眞定府，知府李邈、兵馬都鈐轄劉翊死之。

种師道及金宗望戰於井陘，敗績。宗望遂入天威軍，攻眞定，翊率衆晝夜搏戰，久之，城破。翊巷戰，麾下稍亡，翊顧其弟曰：「我大將也，可受戮乎！」因挺刃欲奪門出，不果，自縊死。

初，(邈)聞敵至，間道走蠟書上聞，三十四奏，皆不報。城被圍，且戰且守，相持四旬。既破，將赴井，左右持之，不得入。宗望脅之拜，不屈，以火燎其鬚眉及兩髀，亦不顧，乃拘然(于)燕山府。欲以邈知滄州，笑而不答。後命之易服，邈憤，大罵，金人撾其口，猶吮血噀之，金人大怒，遂遇害。將死，顏色不變，南面再拜，端坐受戮。後謚忠壯。【考異】金史作九月辛未，宗望破宋种師閔于井陘，取天威軍，克眞定，殺其守李邈。今從宋史作十月丁酉。師道作師閔，蓋傳聞之誤。

37 戊戌，金使楊天吉、王汭來議事，取蔡京、童貫、王黼、吳敏、李綱等九人家屬，命王時雍、曹曚館之。時雍議以三鎭所入歲幣幷祖宗內府所藏珍玩悉歸二帥，且以河東宿師暴露日久，欲厚犒之。天吉、汭頗頷其說，先取犒師絹十萬匹以行。

38 時既遣使講和，金人陽許而攻略自如；諸將以和議故，皆閉壁不出。御史中丞呂好問，乃請亟集滄、滑、邢、相之戍以遏奔衝，而列郡勤王之師于畿邑以衞京城，疏入，不省。金人破眞定，攻中山，上下震駭，廷臣狐疑相顧，猶以和議爲辭。好問率臺屬劾大臣畏懦誤國，坐貶知袁州；帝閔其忠，下遷吏部侍郎。

39 庚子，日有赤青黃戴氣。

40 金人攻汾州，知州張克戩畢力扞禦，城破，猶巷戰，不克，乃索朝服，焚香，南向拜舞，自引決，一門死者八人。兵馬都監賈亶亦死之。

41 金人攻平定軍。

42 辛丑，下哀痛詔，命河北、河東諸路帥臣傳檄所部，得便宜行事。

43 壬寅，天寧節，率羣臣詣龍德宮上壽。

44 甲辰，詔用蔡京、王黼、童貫所薦人。

45 丙午，集從官于尙書省，議割三鎭，召种師道還。師道行次河陽，遇王汭，揣敵必大舉，亟上疏，請幸長安以避其鋒。大臣以爲怯，故召還之。

46 丁未，以禮部尙書馮澥知樞密院事。

47 庚戌，以范訥爲河北、河東路宣撫使，代种師道也。

48 遼故將小呼魯舊作小胡籙，今改。攻破麟州，知建寧砦楊震死之。

49 王雲遣使臣至自眞定，報金人已講和，不復議割三鎭，但索五輅、冠冕及上尊號等事，且須康王親到，議乃可成。壬子，詔太常禮官集議金主尊號，命康王構使宗望軍，尙書左丞王寓副之。寓辭，以馮澥行，知東上閤門事高世則充參議官。尋貶寓爲單州團練副使。

50 乙卯，雨木冰。

51 丙辰，金人入平陽府。

初，汾州既破，議者謂汾之南有回牛嶺，險峻如壁，可以控扼，乃命將以守，朝議又遣劉琬統衆駐平陽以扞北邊。然國用乏竭，倉廩不足，士之守回牛者，日給豌豆二升或陳麥而已。士笑曰：「軍食如此，而使我戰乎！」金人領銳師攻嶺，于山上仰望官兵曰：「彼若以矢石自上而下，吾曹病矣，爲之柰何？」徘徊未敢進。俄而官軍潰散，遂越嶺至平陽。琬領兵遁去，城遂破，官吏皆縋城而出。已而威勝、隆德、澤州皆破。

52 庚申，日有兩珥及背氣。

53 侍御史胡舜陟請援中山，不省。

54 辛酉，檢校少傅、鎮洮軍節度使种師道卒。

55 十一月，甲子，康王構入辭，帝賜以玉帶，撫慰甚厚。王出城北，權留定林院，候冠服禮物成而行。

56 丙寅，夏人陷懷德軍，知軍事劉銓、通判杜翊世死之。

初，經略使席貢牒銓知懷德軍，銓奉檄，卽日就道。夏人素聞銓名，乃屯兵綿亙數十里而圍之。銓晝夜修戰守之備，賊百計攻城，銓悉以術破之。後矢盡糧絕，銓度力不支，乃同翊世聚焚府庫，環牙兵爲三匝，出戰譙門中，官軍殲焉。翊世同妻張氏義不受辱，遂火其室，舉家死于烈焰中，翊世自縊死。銓欲自裁，已爲敵所執。夏太子遣人置之别室，將官之，銓罵曰：「我寧死，顧肯降賊邪！我苟不死，決不貸汝！」遂遇害。

57 籍譚積家。

58 康王未行，而車輅至長垣，爲金人所卻，王遂不行。戊辰，王雲至自金軍，言事勢中變，必欲得三鎭，不然則進取汴都，中外大駭。康王復入門。罷馮澥爲太子賓客。

己巳，集百官議三鎭于延和殿，各給筆札，文武分列廊廡，凡百餘人。惟梅執禮、孫傅、呂好問、洪芻、秦檜、陳國財〔材〕等三十六人言不可與，自范宗尹以下七十人，皆欲與之。宗尹言最切，至伏地流涕，乞予之以紓禍。已而黄門持宗尹章疏示衆曰：「朝廷有定議，不得異論。」會李若水歸自宗翰軍，慟哭於庭，必欲從其請。何㮚初主不與，及退，謂唐恪曰：三鎭之地，割之則傷河外之情，不割則太原、眞定已失矣。不若任之，但飭守備以待。」恪唯唯

梅執禮建議清野，尋召孫傅及執禮入對，議遂定。

59 庚午，詔：「河北、河東、京畿清野，令流民得占官舍、寺觀以居。」

60 辛未，有流星如杯。

61 壬申，禁京師民以浮言相動者。

62 金宗翰自太原趨汴，官吏棄城走者，遠近相望。癸酉，至河外，宣撫副使折彥質領兵十二萬與之對壘。時僉書樞密院事李回以萬騎防河，亦至河上。敵發數十騎來覘，回，報其帥曰：「南兵亦盛，未可輕渡。」或欲整兵俟戰，洛索舊作婁室，今改。曰：「南兵雖多，不足畏也。與之戰則勝負未可知，不若加以虛聲，盡取戰鼓，擊之達旦，以觀其變。」衆以爲然。黎明，河上之師悉潰，遂長驅而南。甲戌，金兵悉渡；知河陽燕英〔瑛〕、西道總管王襄皆棄城走，永安軍、鄭州並降于金。

宗望屯兵慶源城下，欲爲攻城之計，宣撫范訥統兵五萬，守滑、濬以扞之。宗望知有備，乃由恩州古榆渡趨大名。

63 王雲固請康王往使，乙亥，命雲副康王構再使宗望軍，許割三鎭，并奉袞冕、車輅以行，仍尊金主爲皇伯，上尊號曰大金崇天繼序昭德定功休仁惇信修文成武光聖皇帝。【考異】續通鑑作尊金主爲皇叔，據金史則當時用伯姪禮也。繫年要錄亦作皇伯，并上十八字尊號，今從之。

64 丙子，王及之同金使王汭來，言軍已至西京，不復請三鎭，直欲畫河爲界；陛對殊不遜，有「姦臣輔闇主」之語。上下洶懼，卽許之，且以兩府二人行。唐恪既書敕，何㮚大駭曰：「不奉三鎭之詔，而從畫河之命，何也？」㮚不肯書，因請罷。

是日，金人由汜水關渡河。京西提刑許高，河北提刑許亢，各統兵防洛口，望風而潰。

京師聞之，土門淸野，詔百官疾速上城。遣馮澥、李若水使宗翰軍，行至中牟，守河兵相驚，以爲金兵至。左右謀取間道去，澥問何如，若水曰：「戍兵畏敵而潰，奈何效之！今正有死爾，敢言退者斬！」若水屢附奏，言和議必不可諧，乞申飭守備，下哀痛詔，徵兵於四方。

65 丁丑，何㮚罷爲開封尹；以尙書左丞陳過庭爲中書侍郎。

66 兵部尙書孫傅，因讀丘濬感事詩有「郭京、楊適、劉無忌」之語，于市人中訪得無忌，於龍衞中得京。好事者言京能施六甲法，可以生擒金二帥，而掃蕩無餘，其法用七千七百七十九人。朝廷深信不疑，命以官，賜金帛數萬，使自募兵，無問技藝能否，但擇年命合六甲者，所得皆市井浮惰，旬日而足。敵攻益急，京談笑自如，云擇日出兵三百，可致太平，直襲擊至陰山乃止，傅與何㮚尤尊信之。或謂傅曰：「自古未聞以此成功者。正或聽之，姑少付以兵，俟有尺寸功，乃稍進任。今委之太過，懼必爲國家羞。」傅怒曰：「京殆爲時而生，敵中瑣微，無不知者。幸君與傅言，若告他人，將坐沮師之罪。」揖使出。

又有劉孝竭等募衆，或稱力士，或稱北斗神兵，或稱天闕大將，大率效京所爲。識者危之。

67 王雲、耿延禧、高世則等從康王構出城。雲白王曰：「京城樓櫓，天下所無。然眞定城高幾一倍，金人使雲等坐觀，不移時破之。此雖樓櫓如畫，亦不足恃也。」王不答。

行次長垣，百姓喧呼遮道，至頂盆焚香，乞起兵扼敵，不宜北去。

68戊寅，進龍德宮婉容韋氏爲賢妃，康王構爲安國、安武軍節度使。

69是日，康王構發長垣，至滑州；庚辰，至相州。壬午，磁州守臣宗澤迎謁曰：「肅王一去不返，今金又詭辭以致大王，其兵已迫，復去何益！願勿行。」先是王雲奉使過磁、相，勸兩郡撤近城民舍，運粟入保，爲淸野之計，民怨之。及王次磁，出謁嘉應神祠。雲在後，百姓遮道諫王勿北去，厲聲指雲曰：「淸野之人，眞姦細也！」王出廟，行人譟，執雲，殺之。

時宗望軍濟河，游奕日至磁城下，蹤迹王所在。知相州汪伯彥亟以帛書請王如相，躬服櫜鞬，部兵以迎于河上。王令韓公裔訪得間道，潛師夜發，磁人無一知者。遲明，至相，勞伯彥曰：「他日見上，當首以京兆薦。」由是受知。是役也，議者以爲雲不死，王必無復還之理。【考異】汪伯彥建炎中興日紀：宗澤舊與王雲有隙，及是，磁人以細作誣雲，澤略不彈壓，遂遇害。耿延禧中興記，與伯彥所記略同，蓋當時忌宗澤，爲此誣善之詞也。據東都事略，雲之死由犯衆怒，其不由於澤明矣。

湯陰人岳飛，少負氣節，家貧力學，尤好左氏春秋、孫、吳兵法，力能挽弓三百斤，弩八石。

劉韐宣撫鎭、定，募敢戰士，飛與焉，屢擒劇賊。至是因劉浩以見，王以爲承信郎。

70金宗望遣楊天吉、王汭等來議割地，欲以黃河爲界，帝許之。汭又請報使須親信大臣，帝命耿南仲，以老辭；改命聶昌，以親辭。陳過庭曰：「主憂臣辱，願效死！」帝爲揮淚太息，而怒南仲、昌，固遣南仲使河北宗望軍，昌使河北宗翰軍　昌言：「兩河之人，忠義勇勁，萬一爲所執，死不瞑目矣。」行至絳，絳人果堅壁拒之。昌持詔抵城下，縋而登。鈐轄趙子清麾衆殺昌，抉其目而臠之。

初，南仲與吳幵堅請割地以成和好，故戰守之備皆罷，致金師日逼。至是與金使王汭偕行至衞州，衞鄉兵欲執汭，汭脫去。南仲遂走相州，以帝旨諭康王起河北兵，入衞京師，因連署募兵榜揭之，人情始安。

71 甲申，以孫傅同知樞密院事，御史中丞曹輔僉書樞密院事。

72 以京兆府路安撫使范致虛爲陝西五路宣撫使，令督勤王兵入援。

73 乙酉，金宗望軍至城下，屯于劉家寺。

初，种師道聞眞定、太原皆破，檄召西南兩道兵赴闕。會師道卒，唐恪、耿南仲專務議和，乃止兩道兵毋得妄動，遂散歸。及金人傅城，四方兵無一人至者，城中唯七萬人。于是殿前司以京城諸營兵萬人分作五軍，以備緩急救護：前軍屯順天門，左軍、中軍屯五嶽觀，姚友仲統之；右軍屯上清宮，從〔後〕軍屯景陽門，辛承〔亢〕宗統之。又以五萬七千人分四壁守禦。遣使以蠟書間行出關召兵，并約康王及河北守將來援，多爲金邏兵所獲。

74 丁亥，大風發屋折木。

75 僉書樞密院事李回罷。

76 戊子，金人攻通津門，范瓊出兵焚其寨。

77 己丑，南道都總管張叔夜將兵勤王，至玉津園。帝御南薰門見之，軍容甚整，以叔夜爲延康殿學士。

時唐恪計無所出，密言于帝曰：「唐自天寶而後，屢失而復興者，以天子在外，可以號召四方也。今宜舉景德故事，留太子居守而幸西洛，連據秦雍，領天下兵親征，以圖興復。」帝將從之。領開封府何㮚入見，引蘇軾所論，謂周之失計，未有如東遷之甚者。帝翻然而改，以足頓地曰：「今當以死守社稷！」及叔夜入對，亦言敵鋒甚銳，願如明皇之避祿山，暫詣襄陽以圖幸雍，帝不答。

78 金宗望遣劉晏來，要帝出盟。

79 庚寅，幸東壁勞軍。

80 詔三省長官名悉依元豐舊制。以領開封府何㮚爲門下侍郎。

81 閏月，壬辰朔，金人攻善利門，統制姚友仲禦之。

82 唐恪從帝巡城，人欲擊之，因求去，罷爲中太一宮使。以門下侍郎何㮚爲尚書左(右)

僕射兼中書侍郎。

83 癸巳，京師苦寒，用日者言，借土牛迎春。

84 都人殺東壁統制官辛亢宗。罷民乘城，以代〔代以〕保甲。

85 金宗翰軍自河陽來會，至城下。

86 甲午，驛召李綱爲資政殿大學士，領開封府。

87 金人破懷州，知州霍安國死之。

安國被圍，扞禦不遺力。鼎澧兵亦至，相與共守，力盡，城乃破。將官王美投濠死。宗翰引安國以下分爲四行，問不降者爲誰，安國曰：「守臣霍安國也！」問餘人，通判林淵，鈐轄張彭年，都監趙士詝、張諶、于潛，鼎澧將沈敦、張行中及隊將五人同辭對曰：「淵等與知州一體，皆不肯降！」宗翰令引于東北鄉，望其國拜〔降〕，皆不屈。乃解衣面縛，殺十三人而釋其餘。安國一門無噍類。

88 時雨雪交作，帝被甲登城，以御膳賜士卒，易火飯以進，人皆感涕。金人攻通津門，數百人縋城禦之，焚其礮架五，鵝車二。

89 乙未，金人入青城，攻朝陽門。

90 馮澥至自金軍。時澥與李若水至懷州，金使蕭慶等挾與俱還。

91 丙申，幸宣化門，帝乘馬行泥淖中，民皆感泣。

92 張叔夜數戰有功，帝召見，授資政殿學士。

93 東道總管胡直孺將兵入衞，與金人遇於拱州，兵敗，被執，遂破拱州。

94 丁酉，赤氣亙天。

95 金人初至，即力攻東壁。劉延慶練邊事，措置頗有法；遇夜，即城下積草數百，爇之以警。時有議置九牛礮者，雖磑磨皆可施，於東壁用之，嘗碎其雲梯，詔封護國大將軍。金知東壁不可攻，於是過南壁，以洞子自蔽，運薪土實護龍河，河水遂涸。

96 以馮澥爲尚書左丞。

97 戊戌，殿前副都指揮使王宗濋率牙兵千餘下城，與金人戰，統制官高師旦死之。

98 己亥，詔毀艮嶽爲礮石。金復於護龍河疊橋取道，姚友仲選銳卒下城，分布弩礮，又於城上縛虛棚，士衆山立，箭下如雨，橋不能寸進，乃棄去，益造火梯、雲梯、偏橋、撞竿、鵝車、洞子諸攻城之具。

99 庚子，張叔夜僉書樞密院事，將兵入城。

100 金人攻宣化門，姚友仲禦之。

101 是日，幸東壁。金人復遣蕭慶等來貸糧，且議和。

102 辛丑，金人攻南壁，殺傷相當。

103 壬寅，詔河北守臣盡起軍民倍道入援。

104 癸卯，幸安肅門。至朝陽門，金人箭及駕前旗下。令軍士三百餘人縋城出戰，殺敵數百，復縋而上，命以官者數十人。金人築望臺，度高百尺，下覘城中，以飛火礮燔樓櫓，將士嚴警備，旋即繕治。又造雲梯，施大輪，以革冒之，乘鐏推以叩壘，將士出鉤竿拄之，使不得進，近者以鉤矛取之，發火焚梯，敵數引卻。復用鵝車、洞子攻北城，軍士射以九牛弩，一發而貫三人。詔募人焚敵礮架、鵝車、洞子及八分者，白身授團練使，餘以次授賞。張叔夜聞南壁飛石擊樓櫓，與范瓊分麾下兵襲敵營，欲燔其礮架；遙見鐵騎，軍士不克陣而奔，自相蹈籍，溺隍死者以千數。

105 甲辰，大雨雪。

106 金人破亳州。

107 遣間使召諸道兵勤王。

108 乙巳，大寒，士卒噤戰，不能執兵，有僵仆者。帝在禁中徒跣祈晴。

109 丙午，雨木冰。

110 丁未，始避正殿。

111 戊申，金人過登天橋，來攻通津門。

112 時勤王兵不至，城中兵可用者唯衞士三萬，然亦十失五六，因時令挑戰以示敢敵。金人復來，言不須帝出城，請親王及何㮚往議，詔越王往。將行，而宗翰以兵來迓，王乃止。于是金人宣言失信，再遣使來趣親王出盟。己酉，遣馮澥、曹輔與宗室仲溫、士諤使金軍請和。既至，宗翰即遣還，不與一語。

113 命康王構爲河北兵馬大元帥。【考異】宋史本紀作天下兵馬大元帥，東都事略作兵馬大元帥，今從要錄。殿中侍御史胡唐老言：「康王奉使至磁，爲士民所留，乃天意也。乞就拜爲大元帥，俾率天下兵入援。」何㮚以爲然，密草詔稾上之。帝令募死士，得秦仔、劉定等四人，遣持蠟詔如相州，拜王爲大元帥，陳遘爲元帥，宗澤、汪伯彥副元帥，使盡河北兵速入衞，辟官行事，並從便宜。仔先至相，於頂髮中出詔，王讀之嗚咽，軍民感動。

114 辛亥，金人復遣使來議和，要親王出盟。

115 壬子，復遣曹輔、馮澥及仲溫、士諤使金營。癸丑，仲溫、士諤還，云金人須親王幷何㮚至軍前。

116 金人攻通津、宣化門，范瓊以千人出戰，渡河，冰裂，沒者五百餘人。自是士氣益挫。

117 甲寅，大風自北起，俄雪下數尺，連日夜不止。（校者按：此條應移115後。）

118乙卯，金人復使劉晏來趣親王、宰相出盟。

119何㮚屢趣郭京出師，京徙期再三，曰：「非至危急，吾師不出。」丙辰，大風雪，京乃令守禦者悉下城，毋得竊窺。因大啓宣化門，出攻金軍，京與張叔夜坐城樓上。金人分四翼，譟而前，京兵敗走，墮死于護龍河，城門急閉。京向叔夜曰：「須自下作法。」因下城，引餘衆南遁。

金人遂登城，衆皆披靡，四壁兵皆潰。金人入南薰諸門，統制姚友仲死於亂兵。四壁守禦使劉延慶奪門出奔，爲追騎所殺。宦者黃經自赴火死。統制何慶言、陳克禮、中書舍人高振力戰，與其家人皆被害。京城遂破，帝慟哭曰：「朕不用种師道言，以至於此！」

衞士入都亭驛，執金使劉晏，殺之。衞士長蔣宣率其衆數百，欲邀乘輿犯圍而出；左右奔竄，獨孫傅、梅執禮、呂好問侍。宣抗聲曰：「國事至此，皆宰相信任姦臣，不用直言所致。」孫傅訶之，宣以語侵傅。好問譬曉之曰：「若屬忘家，欲冒重圍衞上以出，誠忠義，然乘輿將駕，必甲乘無缺而後動，詎可輕邪！」宣屈服，曰：「尚書眞知軍情。」麾其徒退。

何㮚欲親率都民巷戰，金人宣言議和退師，乃止。

戊午〔丁巳〕，遣㮚及濟王栩使金軍以請成，㮚懼，不敢行，帝固遣之，猶遲回良久不決。李若水嫚罵曰：「致國家如此，皆爾輩誤事。今社稷傾危，爾輩萬死何足塞責！」㮚不得已，乃上馬，而足戰不能跨，左右扶上，北出朱雀門，所執鞭三墮地。既至，宗翰、宗望曰：「自古有南即有北，不可相無也。今之所議，期在割地而已。」㮚還，言金欲邀上皇出郊，帝曰：「上皇驚憂而疾，必欲之出，朕當親往。」㮚喜和議成，既歸都堂，作會飲酒，談笑終日。

120 自乙卯雪大作不止，天地冥晦。或雪未下時，於陰雲中有雪絲長數寸墮地。是夜，雪霽，彗星見，有白氣出太微垣。

121 己未，遣何㮚再往金軍。詔曰：「大金堅欲上皇出郊，朕以宗廟生靈之故，義當親往。咨爾衆庶，毋致驚疑。」

122 庚申，日赤如火無光。

123 辛酉，車駕詣青城，何㮚、陳過庭、孫傅等從。帝望齋宮門即下馬，步入一小位中。金人邀請乘馬入，帝不聽。與二帥相見，宗翰以未得金主之命，以好語相慰籍，宗望唯唯而已。都人自宣德樓至南薰門，立泥雪中以俟駕回。

124 十二月，壬戌朔，帝留青城。宗翰遣蕭慶入城，居尚書省，朝廷動靜，並先關白。

125 是日，康王開大元帥府于相州，有兵萬人，分爲五軍而進；既渡河，次于大名。宗澤以二千人與金人力戰，破其三十餘砦，履冰渡河，見王曰：「京城受圍日久，入援不可緩。」王納之。既而知信德府梁楊〔揚〕祖以三千人至，張俊、苗傅、楊沂中、田師中等皆在麾下，兵威稍振。會帝遣曹輔齎蠟詔至，云：「金人登城不下，方議和好，可屯兵近甸毋動。」汪伯彥等皆信之。宗澤獨曰：「敵人狡譎，是欲款吾師耳。君父之望入援，何啻飢渴！宜急引軍直趨澶淵，以解京城之圍。」伯彥等難之，勸王遣澤先行，自是澤不得與帥府事矣。耿南仲及伯彥請移軍東平，王從之。

126 癸亥，帝至自青城，士庶及太學生迎謁，帝掩面大哭曰：「宰相誤我父子！」觀者無不流涕。

127 （甲子），金遣使來，索金一千萬錠，銀二千萬錠，帛一千萬匹。于是大括金銀，金價至五十千，銀至三千五百。金又索京城騾馬，括得七千餘匹，悉歸之。

128 金主詔元帥府曰：「將帥士卒立功者，第其功之高下遷賞之。其殞身行陣，歿于王事者，厚恤其家。賜贈官爵，務從優厚。」使完顏勗就軍中勞賜，宗翰、宗望皆執其手以勞之。宗翰等問勗所欲，勗曰：「惟好書耳。」載數車而還。

129 丙寅，遣陳過庭、折彥質往兩河，割地以畀金，又分遣歐陽珣等二十人持詔而往。珣嘗上書，極言祖宗之地尺寸不可以與人；及事急，會羣臣議，珣至，復抗論：「當與力戰，戰敗而失地，他日取之直；不戰而割地，他日取之曲。」時宰怒，欲殺珣，乃以珣爲將作監丞，奉使割深州。珣至深州城下，慟哭謂城上人曰：「朝廷爲姦臣所誤至此，吾已辦一死來矣！汝等宜勉爲忠義報國！」金人怒，執送燕，以焚死。

130 辛未，定京師米價，勸糴以賑民。

131 乙亥，康王如北京。

132 丙子，尚書省火。

133 庚辰，雨雹。

134 金主詔曰：「朕惟國家四境雖遠而兵革未息，田野雖廣而畎畝未闢，百工雖備而祿秩未均，方貢雖修而賓館未贍。是皆出乎民力，苟不務本業而抑游手，欲上下皆足，其可得乎！其令所在長吏敦勸農桑。」

135 癸未，大雪，縱民伐紫筠館花木以爲薪。

136 庚寅，康王如東平府。

137 初，范致虛聞汴京圍急，會西道總管王襄、陝西制置使錢蓋之師，凡十萬人赴援。至潁昌，聞汴京陷，襄、蓋遁去，致虛獨與西道副總管孫昭遠、環慶帥王似、熙河帥王倚率步騎號二十萬，命馬祐昌統之以趨汴，以僧趙宗印爲參議官。致虛將大軍遵陸，宗印將舟師趨西京。宗印又以僧爲一軍，號尊勝隊，童行爲一軍，號淨勝隊。致虛勇而無謀，委己以聽於宗印，宗印徒大言，實未嘗知兵。師出武關，至鄧州千秋鎭，金將洛索以精騎衝之，不戰而潰，死者過半。王似、王倚、孫昭遠等留陝府，致虛收餘兵入潼關。

138初，金太祖定燕京，始用漢官宰相，置中書省、樞密院于廣寧府，而朝廷宰相自用本國官號。金主初立，移置中書、樞密于平州，復移置燕京。及宗幹當國，勸金主改女直舊制，用漢官制度。是歲，始定官制，立尙書省，以天下諸司府寺詔諭中外。

二年金天會五年。（丁未、一一二七）

1春，正月，辛卯朔，【考異】李心傳繫年要錄，於是歲首卽書建炎元年，引春秋定公以六月卽位，是六月以前，國人必稱昭公三十三年矣，而孔子書元年春王三月爲例。按心傳述中興事迹，既以建炎標書名，自不應更列靖康之號。且汴都之陷，實在去冬。欽宗失地之君，偷生辱國，削其紀號，亦足以垂戒後世。但編年之史，義取紀實，一歲兩君，而以後掩前，雖溫公舊例，後人頗有違言。今依薛應旂續鑑之例，四月以前，仍屬欽宗紀，庶幾名實相應。詣延福宮朝太上皇帝。命濟王栩、景王杞出賀金二帥，二帥亦遣人入賀。

2高麗遣使如金賀正朔，自後歲以爲常。

3壬辰，金人復趣召康王，遣中書舍人張澂齎詔以行，以前此曹輔往迎，不見王而還故也。

4 癸巳，康王次東平府。

5 金元帥宗翰、宗望遣人奏捷，并呈帝之降表。

6 詔使出割兩河地，民堅守不奉詔，凡累月，金人止得石州。甲午，詔兩河民開門出降。

7 乙未，有大星出建星西南，流入于濁沒。

8 金知樞密院事劉彥宗，上表請復立趙氏，金主不聽。

9 丁酉，雨木冰。

10 己亥，陰曀，風迅發。夜，西北陰雲中有光如火。

11 庚子，帝復詣青城。時金人索金銀益急，欲縱兵入城。帝以問蕭慶，慶曰：「須陛下親見元帥乃可。」帝有難色，何㮚、李若水以爲無虞，勸帝行。帝乃命孫傅輔太子監國，而與㮚、若水等往。唐恪聞之曰：「一之爲甚，其可再乎！」閤門宣贊舍人吳革亦白㮚曰：「天文帝座甚傾，車駕若出，必墮敵計。」㮚不聽。

辛丑，帝留青城。鄆王楷、何㮚、馮澥、曹輔、吳幵、莫儔、孫覿、譚世勣、汪藻皆分居青城齋宮，餘並令先歸。初，帝約五日必還，至是民以金銀未足，各竭其家所有獻之；有福田院貧民，亦納金二兩，銀七兩。而金人來索不已，於是增侍郎官二十四員再根括，又分遣搜掘戚里、宗室、內侍、僧道、伎術、倡優之家。

帝在青城，舍於親王位，供張蕭然，饋餉不繼。金人持兵守闔，維以鐵繩，夜則然薪擊柝，傳呼達旦。羣臣相顧失色，帝每對之流涕。

12 乙巳，籍梁師成家。

13 丙午，太學生徐揆詣南薰門，以書白守門者，乞達二帥，請車駕還闕。二帥取揆赴軍中詰難，揆厲聲抗論，爲所殺。

14 是日，通奉大夫劉韐死于金營。

韐爲河東割地使，金人令僕射韓正館之僧舍，謂曰：「國相知君，今用君矣。」韐曰：「偷生以事二姓，有死不爲也。」正曰：「軍中議立異姓，欲以君爲正代。與其徒死，不若北去取富貴。」韐仰天大呼曰：「有是乎！」乃書片紙曰：「貞女不事二夫，忠臣不事二君。況主憂臣辱，主辱臣死，此予所以不敢偷生也！」使親信持歸，報其子子羽等，卽沐浴更衣，酌巵酒而縊。金人歎其忠，瘞之寺西岡上，徧題牕壁以識其處。凡八十日，乃就斂，顏色如生。

15 丁未，大霧四塞，金人下含輝門剽掠，焚五岳觀。

16 副元帥宗澤自大名至開德，與金人十三戰，皆捷，遂以書勸康王檄諸道兵會京城。又移會北道總管趙野、兩河宣撫范訥、知興仁府曾楙合兵入援；三人皆以澤爲狂，不答。澤遂以孤軍進至衞南，先驅云前有敵營，澤揮衆直前，連戰，敗之，轉戰而東。敵益生兵至，澤將王孝忠戰死，前後皆敵壘，澤下令曰：「今日進退等死，不可不死中求生。」士卒知必死，無不一當百，斬首數千，金人大敗，退卻數十里。澤計其勢必復來，乃亟徙其營，金人夜至，得空營，大驚，自是憚澤，不敢復出兵。澤出其不意，遣兵過大河襲擊，又敗之。

17 二月，辛酉朔，帝在青城。都人日出迎駕，而宗翰不遣。

18 丙寅，金主詔廢帝及上皇爲庶人。【考異】沈良靖康餘錄作二月六日宣金主詔，卽丙寅也。何烈靖康草史作丁卯，誤。蕭慶促帝易服。從臣震懼，不知所爲，李若水獨持帝曰：「陛下不可易服！」金人曳之去，若水大呼曰：「若輩不得無禮！」因加醜詆，金人擊之破面，氣結仆地，良久乃蘇。

19 是夜，金人塹南薰門，令吳幵、莫儔入城，推立異姓堪爲人主者。先是宗翰欲留蕭慶守汴，又有推劉彥宗者，二人辭不敢當，遂有別擇之議。

20 丁卯，范瓊逼上皇及太后赴金營，上皇曰：「若以我爲質，得皇帝歸保宗社，亦無所辭。」又取御佩刀付從臣，乃御犢車出南薰門。上皇頓足輿中曰：「事變矣！」呼取佩刀，已被搜去。宗望令其禮部侍郎劉思來易服，以鐵騎擁之而去。都人號哭，瓊立斬數人以徇。

金人以內侍鄧述所具諸皇子及後宮位號，盡取入軍。時肅王樞已出質，鄆王楷等九人先從帝在青城，於是安康郡王楃等九人及王貴妃、喬貴妃、韋賢妃諸後宮，康王夫人邢氏與王夫人、帝姬暨上皇十四孫皆出，唯廣平郡王捷匿民間，金人檄開封尹徐秉哲取之，迄不免。【考異】徐氏通鑑後編作鄆王楷從上皇出郊。繫年要錄引欽宗實錄云：上皇詣青城，鄆王楷以下三十餘人(從)。據北盟會編，則鄆王楷先從欽宗出郊；其從徽宗出者，安康郡王據〔㯫〕、相國公梃、瀛國公樾、建郡王楧、嘉國公椅、溫國公棟、儀國公桐、昌國公柄、潤國公樅九人，皆皇子之未出閤者。且徽宗之子亦無三十餘人，實錄誤也。靖康要盟錄載諸帝姬之名，今不備舉。

是日，孫傅率百僚申狀金二帥，請立皇太子爲君，金人不聽。

金人迫上皇令召皇后、太子，孫傅留太子不遣。吳幵、莫儔督脅甚急，范瓊恐變生，以危(言)讋衞士，辛未，遂擁皇后、太子共車而出。孫傅曰：「吾爲太子傅，當同生死。」遂以留守事付王時雍，從太子出；至南薰門，守門人不許，傅遂宿門下以待命。

21李若水在金營旬日，罵不絕口，乃裂頸斷舌而死。金人相與言曰：「遼國之亡，死義者十數，南朝唯李侍郎一人。」若水臨死無怖色。副使相州觀察使王履亦死之。【考異】宋史闕載王履事。據繫年要錄云：履抗敵不回，卒與若水俱死，今補入。又東都事略及宋史載若水臨歿楚詞云：「搔首問天兮天不言，忠臣就死兮死亦何愆。」據北盟會編，楚詞乃履所作也。若水臨死賦七律一章，今附見忠愍集。

22是日，留守王時雍召百官會議所立，衆欲舉在軍前者一人。左司員外郎宋齊愈適自外至，或問以敵意所主，齊愈寫張邦昌三字示之，議遂定。時不書議狀者，唯孫傅、張叔夜，金人遂取二人往軍中。太常寺主簿張浚、開封士曹趙鼎、司門員外郎胡寅皆逃入太學，不書名。

癸酉，王時雍、梅執禮召百官、士庶、僧道、軍民集議推戴事。時孫傅、張叔夜已出，獨時雍主其事，恐百官不肯書，乃先自書以率之，百官亦隨以書。御史馬伸獨奮曰：「吾曹職爲諍臣，豈容坐視！」乃與御史吳給約中丞秦檜共爲議狀，願復嗣君以安四方，檜不答。有頃，伸稾就，首以呈檜，檜猶豫，伸率同僚合詞立請，檜不得已始書名。伸遣人馳達金軍，并論張邦昌當上皇時蠹國亂政以致傾危之罪。吳幵、莫儔持狀詣軍前。明日，齎金牒至，言已據所由奏本國，册立張相爲皇帝訖，令取册寶及一行册命禮數。

23 乙亥，金人取秦檜并太學生三十人、博士·正·錄十員；何㮚已下隨駕在軍前人，并取家屬。

24 庚辰，康王如濟州。

時王有衆八萬，屯濟、濮諸州，高陽關路安撫使黃潛善，總管楊惟忠，亦部兵數千至東平，王遣眞定總管王淵以三千人入衞宗廟。金人聞之，遣甲士及中書舍人張澂齎蠟詔自汴京至，命王以兵付副帥而還京。王問計於左右，後軍統制張俊曰：「此金人詐謀耳。今大王居外，此天授，豈可徒往！」王遂如濟州。

既而金人謀以五千騎取康王，呂好問聞之，遣人以書白王曰：「大王之兵，度能擊之；不然，卽宜遠避。」且言：「大王若不自立，恐有不當立而立者。」

25 癸未，城內復以金七萬五千八百兩、銀一百十四萬五千兩、衣緞四萬八十四匹納軍前。

26 觀文殿大學士、中太一宮使唐恪自殺。時金人逼百官立張邦昌，恪既書名，仰藥而死。

27 乙酉，金人以括金未足，殺戶部尚書梅執禮，侍郎陳知質，刑部侍郎程振，給事中安扶，梟其首，乃下令曰：「根括官已正典刑，金銀或尚未足，當縱兵自索。」既而漢軍都統劉彥宗言於宗翰、宗望曰：「蕭何入關，秋豪無犯，惟收圖籍。遼太宗入汴，載路車、法服、石經以歸，皆令則也。」宗翰等頗納其言。

28 丁亥，知中山府陳遘，爲部將沙振所害，帳下卒執振殺之。【考異】趙甡之遺史：上皇至中山，呼遘與語，提轄沙振殺遘自立。按此時徽宗未離城下，安得至中山！遺史誤也。

29 是日，建寧宮火。元祐孟皇后徒步出居相國寺前通直郎、軍器監孟忠厚家。時六宮有位號者皆北徙，惟后以廢得存。【考異】秀水閒居錄云：淵聖爲廋語與徐秉哲云：「趙氏註孟子，可相度分付。」金人以后久廢，故不復取。按金取宗族，皆據宮閤內侍所供名字。后以廢處外宮，故金人不爲指取，非欲取而又止也。欽宗授意秉哲使留孟后語，亦無所據。

30 戊子，夜，白氣貫斗。

31 三月，辛卯朔，帝在青城。

32 張邦昌由南薰門入居尚書令廳。

丁酉，金人奉册寶立張邦昌，百官會于尚書省。邦昌泣，卽上馬，至西府門，佯爲惛憒欲仆，立馬，少蘇，復號慟，導至宣德門西闕〔闕〕下，入幕次，復慟。金人持御衣紅繖來，設于次外。邦昌出次外，步至御街褥位，望金國拜舞，跪受册，略曰：「咨爾張邦昌，宜卽皇帝位，國號大楚，都金陵。」邦昌御紅繖還次訖，金人揖，上馬出門，百官引導如儀。邦昌步入自宣德門，由大慶殿至文德殿前，進輦，卻勿御，步升殿於御床西側，別置一椅，坐受軍員等賀訖，文武合班，邦昌乃起立，遣閤門傳云：「本爲生靈，非敢竊位。」傳令勿拜。王時雍等懇奏，傳云：「如不蒙聽從，卽當歸避。」時雍率百官遽拜，邦昌但東面拱立。

閤門宣贊舍人吳革，恥屈節異姓，率內親事官數百人，皆先殺其妻孥，焚所居，舉義兵東門外。范瓊詐與合謀，令悉棄兵仗，乃從後襲之，殺百餘人，執革，脅以從逆。革罵不絕口，引頸受刃，顏色不變，幷其子殺之；又擒斬十餘人。

是日，風霾，日暈無光，百官慘沮，邦昌亦變色。惟時雍及吳幵、莫儔、范瓊等，欣然以爲有佐命功。邦昌心不安，拜官皆加權字。大抵往來議事者，幵、儔也；逼逐上皇以下者，時雍、秉哲也；脅懼都人者，范瓊也；遂皆擢用。

邦昌見百官稱予，手詔曰手書，雖不改元，而百官文移必去年號。權僉書樞密院事呂好問所行文書，獨稱靖康二年。百官猶未以帝禮事邦昌，唯時雍每言事，稱「臣啓陛下」。又勸邦昌坐紫宸、垂拱殿以見金使，好問爭之，乃止。時雍復議肆赦，好問曰：「四壁之外，皆非我有，將誰赦邪！」乃但赦城中，而選郎官爲四方密諭使。

33 庚子，金人復來取宗室，徐秉哲令坊巷五家爲保，毋得藏匿，凡三千餘人，悉令押赴軍前，衣袂連屬而往。濟王夫人曹氏，避難他出，捕而拘之櫝中，舁以出城。開封府捉事使臣竇鑒曰：「生爲大宋之臣，何忍以大宋宗族交與敵人！」自縊而死。

34 乙巳，張邦昌往青城見二帥致謝，且面議七事：一，乞不毀趙氏陵廟；二，乞免取金帛；三，乞存留樓櫓；四，乞俟江寧府修繕畢，三年內遷都；五，乞五日班師；六，乞以帝爲號，稱大楚帝；七，乞借金銀犒賞；皆許之。又請歸馮澥、曹輔、路允迪、孫覿、張澂、譚世勣、汪藻、康執權、元當可〔可當〕、沈晦、黃夏卿、鄧肅、郭仲荀、太學、六局官、祕書省官，亦從之。唯何㮚、孫傅、張叔夜、秦檜、司馬朴等，令舉家北遷。

癸丑，金人歸馮澥等，且令權止根括金帛。

35 丁巳，張邦昌率百官詣南薰門、五岳觀內，望軍前遙辭二帝。邦昌哭，百官軍民皆哭，有號絕不能止者。

是日，金帥宗望退師，道君皇帝北遷，寧德皇后及諸親王、妃嬪以下，以牛車數百乘由滑州進發，行皆生路，無人迹，至眞定府，乃入城。【考異】燼餘錄、南遷錄多不經之談，蓋僞作也。曹勛北狩見聞錄云：徽宗皇帝北狩，乘平日宮人所乘牛車，牛五百頭，次顯肅皇后，次尉傳及本殿一行內人車仗，次諸王、帝姬、妃嬪、閤分內人，不限次序，計車八百六十餘輛。過河，經濬州城外，敵騎約攔百姓，不許近前。自過此州，即行生路，跋涉荒蕪，旬日不見屋宇，夜泊荆榛間，風雨不息。河北泥深沒脛，牛車屢傷壞，不容補，死，欔其肉而去。至暮下程，以車前轅內向，繞三四帀，徽宗居中。又斫枝梢，繚爲鹿角，持兵備外，不容出入。旋鑿井打柴，分給造飯，飯罷，支給路糧。徽宗皇帝供破一羊，粟一㪷，諸王帝姬及閤分，或四位破一羊，米計人日給二升。皇太后及皇后別有館伴二人，早暮必來譫見。至眞定府，方入城歇泊，二日，換牛乃行。過此至中山府，行稍緩，日五六十里。勛所言得諸親歷，當不誣。又，靖康遺錄云：二帝之北狩也，分爲四處，上皇與景、肅諸王爲一處，上與燕、越二王及太子爲一處，大長帝姬從鄭皇后爲一處，帝姬、諸王從朱皇后爲一處，諸駙馬別爲一處。當日傳聞之異如此。

戊午，金兵下城，盡逐南師，分四壁屯守。張邦昌詣金營辭，服赭袍，張紅繖，所過起居並如常儀，從行者王時雍、徐秉哲、吳幵、莫儔。

夏，四月，庚申朔，金帥宗翰退師，帝北遷，皇后、皇太子皆行，由鄭州路進發，凡法駕、鹵簿，皇后以下車輅、鹵簿、冠服，禮器、法物、大樂、教坊樂器、祭器、八寶、九鼎、圭璧、渾天儀、銅人、刻漏、古器、景靈宮供器，太清樓、祕閣、三館書，天下州府圖及官吏、內人、內侍、技藝工匠、倡優，府庫蓄積爲之一空。帝在軍中，頂青氈笠，乘馬，後有監軍隨之，自鄭門而北，每過一城，輒掩面號泣。

初，金人將還，議留兵以衞邦昌，呂好問曰：「南北異宜，恐北兵不習風土，必不相安。」金人曰：「留一貝勒舊作孛堇，今改。統之可也。」好問曰：「貝勒貴人，有如觸發至病，則負罪亦深。」金人乃不留兵而去。

宗澤在衞，聞二帝北狩，即提軍趨滑，走黎陽，至大名，欲徑渡河，據金人歸路，邀還二帝，而勤王之兵卒無一至者，遂不果。

36 甲子，張邦昌迎元祐皇后於私第，入居延福宮。

呂好問謂邦昌曰：「相公眞欲立邪，抑姑塞敵意而徐爲之圖邪？」邦昌曰：「是言何也？」好問曰：「相公知中國人情所向乎？特畏女直兵威耳。女直既去，能保如今日乎？大元帥在外，元祐皇后在內，此殆天意。盍亟還政，可轉禍爲福。且省中非人臣所處，宜寓直殿廬，毋令衞士夾陛。敵所遺袍帶，非戎人在弗服。車駕未還，所下文書不當稱聖旨。爲今計者，當迎元祐皇后，請康王早正大位，庶獲保全。」邦昌以爲然，乃迎元祐皇后入延福宮，尊爲宋太后，其册文有曰：「尙念宋氏之初，首崇西宮之禮。」蓋用太祖即位迎周太后入西宮故事。識者有以覘邦昌之意，非眞爲趙氏也。

37郭京自都城走，沿路稱撒豆成兵，假幻惑衆，至襄陽，有衆千餘，屯洞山寺，欲立宗室爲帝。錢蓋、王襄及張思正等止之，不從。會有自汴來者，具說京欺罔事，思正囚京，刺殺之。

38丙寅，張邦昌遣其甥吳何及王舅韋淵同齎書於康王，大略言：「臣封府庫以待，臣所以不死者，以君王之在外也。」王召何等，飲以酒，賜予良厚。

丁卯，謝克家以邦昌之命，齎玉璽至大元帥府，其篆文曰「大宋受命之寶」。耿南仲、汪伯彥等引克家捧寶跪進，王謙拒再三，慟哭不受，命伯彥司之。

39監察御史馬伸上書，請張邦昌易服歸省，庶事稟取太后命令而後行，仍速迎奉康王歸京，庶幾中外釋疑，轉禍爲福。且曰：「如以伸言爲不然，卽先次就戮；伸有死而已，必不敢輔相公，爲宋朝叛臣也！」邦昌讀其書，氣沮。戊辰，降手書，請元祐皇后垂簾聽政，以俟復辟。書既下，中外大悅。追回諸路赦文，並毀所立宋太后手書不用。

40元祐皇后遣尚書左丞馮澥爲奉迎使，權尚書右丞李回副之，持詔往濟州迎康王。王覽書，命移檄諸道帥臣，具言張邦昌恭順之意，以未得至京，已至者毋輒入。

41庚午，太后御內東門小殿，垂簾聽政，張邦昌以太宰退處資善堂，羣臣詣祥曦殿起居太后畢，邦昌服紫袍，獨班歸兩府幕次。自僭位號至是凡三十三日。

42壬申，在京文武百官上表康王勸進，宗澤亦以狀申請，王不許。

43甲戌，太后手書告天下曰：「比以敵國興師，都城失守，祲纏宮闕，既二帝之蒙塵，誣及宗祊，謂三靈之改卜。衆恐中原之無統，姑令舊弼以臨朝，扶九廟之傾危，免一城之慘酷。乃以衰癃之質，起於閒廢之中，迎置宮闈，進加位號，舉欽聖已還之典，成靖康欲復之心。永言運數之屯，坐視家邦之覆，撫躬獨在，流涕何從！緬維藝祖之開基，實自高穹之眷命，歷年二百，人不知兵，傳序九君，世無失德。雖舉族有北轅之釁，而敷天同左袒之心。乃眷賢王，越居近服，已徇羣臣之請，俾膺神器之歸，繇康邸之舊藩，嗣我朝之大統。漢家之厄十世，宜光武之中興；獻公之子九人，唯重耳之尚在。茲爲天意，夫豈人謀！尚期中外之協心，同定安危之至計，庶臻小愒，漸底丕平。」

44乙亥，金人破陝州，武經郎、權知州事种廣死之，統領軍馬劉逵戰死，其屬朱弁、孫旦悉遇害。

45丁丑，元祐皇后手書至濟州，百官上表勸進。康王答以俟入京城，躬謁宗廟時，若鑾輿未返，卽撫定軍民，權聽國事。

直龍圖閣、東道副總管、權應天府朱勝非至濟州。先是金分兵侵應天，勝非逃匿民間。會宣總司前軍統制、嘉州防禦使韓世忠、將軍楊進擊破之，勝非復出視事。至是以軍赴帥府，衞王如南。【考異】朱勝非南都翊戴記云：敵攻應天，縱火逼城爲効用，郘鬠射中敵帥之目，墜馬而死。余躬擐甲冑，敵不能犯。按滕非自言其功，不無文飾，今從中興姓氏錄。

庚辰，王發濟州，劉光世以所部來會，以光世爲五軍都提舉。路允迪、范宗尹自京師奉迎進發。辛巳，次單州，趙子崧、何志同以兵來會。壬午，王至虞城。癸未，至南京，駐軍府治。甲午，王率僚屬詣鴻慶宮，朝三殿御容，哭移時。乙酉，王時雍等奉乘輿服御至南京，張邦昌繼至，伏地慟哭請死，王以客禮見，且撫慰之。

46 丙戌，金以六部路都統完顏昌爲元帥左監軍，以南京路都統棟摩舊作闍母，今改。爲元帥左都監。

47 初，金人破晉、絳，將及同州，唐重度不能守，開門縱百姓出，自與殘兵數百居城中。敵疑有備，不復渡河。重聞王在濟，即移檄川、秦十郡帥臣，具啓奉迎，且招成都路轉運判官趙開入關計事。

續資治通鑑卷第九十八

賜進士及第兵部尚書兼都察院右都御史總督湖北湖南等處地方軍務兼理糧餉世襲二等輕車都尉畢沅編集

宋紀九十八 起強圉協洽（丁未）五月，盡六月，凡兩月。

高宗受命中興全功至德聖神武文昭仁憲孝皇帝

諱構，徽宗第九子，母曰顯仁皇后韋氏，大觀二年五月乙巳，生帝於大內，赤光照室。八月，賜名，除建武軍節度使、檢校太尉，封蜀國公；三年，封廣平郡王；宣和三年，進封康王。資性朗悟，好學強記，日誦千餘言；挽弓至一石五斗。欽宗立，改元靖康，人拆其字，謂十二月立康王也。金兵至汴京，奉使軍前，意氣閒暇。宗翰謂非親王，遂更請肅王爲質，帝始得還。八月，被命再使軍前議和，卒不赴，留相州。閏十二月，欽宗詔帝爲兵馬大元帥，開府相州。二年四月，欽宗北遷，張邦昌奉元祐皇后垂簾聽政，命帝嗣統。帝次南京，百官上表勸進，乃許。

建炎元年 金天會五年。（丁未、一一二七）

1 五月，庚寅朔，兵馬大元帥康王即皇帝位於南京，築壇天治門左，作册告天，撰文肆赦。適太常寺主簿張浚自京師至，因以浚攝太常少卿，導引行事。昧爽，登壇受命，册曰：「嗣天子臣構，敢昭告于昊天上帝：金人內侵，二帝北狩，臣構以道君皇帝之子，奉宸旨以總六師，握兵馬元帥之權，倡義旅以先諸將，冀清京邑，復兩宮。而百辟卿士，萬邦黎獻，謂人思宋德，天眷趙宗，宜以神器屬于臣構。辭之再四，懼不克負荷。萬口一辭，咸曰不可稽皇天之寶命。慄慄震惕，敢不欽承。」讀畢，帝南鄉慟哭久之，即位于應天府治之正廳，簾陛如殿儀。張邦昌率百官稱賀。改元，大赦天下。命西京留守修奉祖宗陵寢；罷青苗錢；應死及歿于王事者並推恩；奉使未還者，祿其家一年；選人在職、非在職者並循資；臣僚因亂去官者，限一月還任；潰兵、羣盜，咸許自新；係欠官負，不以名色皆免；南京及大元帥府嘗駐軍一月以上者，夏稅悉蠲之；應天府特奏名舉人並與同出身，免解人與免省試；諸路特奏三舉以上及宗室嘗預貢者並推恩；州郡保守無虞者推賞；應募兵勤王之人，以所部付州縣主兵官訖赴行在；中外臣庶並許直言；自今命官犯罪，更不取特旨裁斷；布衣有材略者，令禁從、監司、郡守限十日各舉一員，餘如累朝故事。以黃潛善爲中書侍郎，汪伯彥同知樞密院事。

是日，元祐皇后東京撤簾。

2 辛卯，尊靖康皇帝爲淵聖皇帝，元祐皇后爲元祐太后。

詔：「宣仁聖烈皇后，有安社稷大功，姦臣懷私，誣衊聖德，可令國史院摭實刊修，播告天下。」

3翁彥國知江寧府兼江南東、西路經制使，賜鈔鹽錢十萬緡，使修江寧城及繕治宮室，以備巡幸。

4寶文閣直學士趙子崧請對，略謂：「開邊之患，驗在目前。今熙河五路進築州軍堡寨，不係緊要控扼去處，並宜罷功。明諭夏人，示以德意。諸郡守戍之兵，分屯陝西見在兵馬與河東、北之兵合六萬人，分爲三屯，一屯澶淵之間，一屯河中、陝、華之間，一屯青、鄆之間。平時訓練以備非常，萬一敵騎南渡，則並進深入，以擣燕山之虛，焚舟渡河，人自爲戰，功未必不成也。」

5壬辰，詔尙書左僕射兼門下侍郎張邦昌爲太保、奉國軍節度使，封同安郡王，五日一赴都堂參決大事。以范訥爲京城留守，劉光世爲省視陵寢使。耿延禧、董耘、高世則並提舉萬壽觀，留行在，延禧、耘仍兼侍讀。趙子崧爲延康殿學士、知鎭江府，梁揚祖爲徽猷閣待制、知揚州，隨軍應副黃潛厚試戶部侍郎，范致虛知京兆府、充南道都總管，河北轉運判官顧復本爲北道副總管，張深充龍圖閣直學士、知熙州，直徽猷閣、陝府西路計度轉運副使王庶陞直龍圖閣、知延安府。

6胡舜陟言：「今日措畫中原，宜法藝祖命郭進、李漢超、董遵誨等守邊之術，以三京、關陝析爲四鎮，拱、滑、潁昌隸東京，鄭、汝、河陽隸西京，恩、濮、開德隸北京，同、華、陝府隸京兆。擇人爲節帥，使各以地產之賦，養兵自衞，且援鄰鎮。又，京畿積錢千餘萬緡，宜給四鎮爲糴本。若四帥得人，庶幾中原不失，江左可居。」詔付三省。未幾，舜陟罷去，議遂格。

7 癸酉，遙尊韋賢妃爲宣和皇后。舊制，帝母稱皇太妃，至是以道君皇帝在行，特上尊號。立嘉國夫人邢氏爲皇后。【考異】趙甡之遺史：上卽位，欲立後宮潘氏爲皇后，呂好問諫止，乃以爲賢妃。按高宗念邢氏，故久不立后，恐遺史誤也，今不取。

8 門下侍郎耿南仲，罷爲觀文殿學士、提舉杭州洞霄宮。帝薄南仲爲人，因其告老，故有是命。【考異】耿延禧中興記：張邦昌已復辟，臣耿南仲奏：「臣素拙，遭遇皇帝，竭盡愚直，惟靖康行遣蔡氏，其徒實繁，必不利臣父子，乞大王保全。」上曰：「今日之事，吾最痛心。其次門下侍郎父子耳，且老矣，月以數百千養一前朝老師傅，直易耳。人言毁譽何足信！」因泣下。南仲誤國，天下共知，豈因行遣蔡氏被排之故！今不取。

9 甲午，資政殿大學士李綱爲尚書右僕射兼中書侍郎，趣赴闕。先是黃潛善、汪伯彥自謂有攀附功，擬得相，帝恐不厭人望，乃外用綱。二人不平，因與綱忤。

10 直龍圖閣、權應天府朱勝非，召試中書舍人，延康殿學士何志同知應天府，楊維忠爲建武軍節度使、主管殿前司公事，賞翊戴功也。

11 黃潛善、汪伯彥議罷民兵及降盜，而揀其士馬之精銳者隸五軍。是日，以孔彥威爲東平府兵馬鈐轄，劉浩爲大名府兵馬鈐轄，丁順爲滄州兵馬鈐轄，秉義郎王善爲雷澤尉。浩所將皆民兵，而順與彥威，帥府所降諸盜也。未幾，順、善作亂于河北。

12 乙未，恭謝鴻慶宮，帝大慟，羣臣皆哭。

先是太常卿劉觀，在圍城中與汪藻謀，夜以栗木更刻祖宗諸后神主二十四，而取九廟累朝寶册，悉埋之太廟。至是觀導駕，因陳其事，帝嘉歎久之。

13 以五月二十一日爲天申節。

14 尙書右丞馮澥，罷爲資政殿學士、知潼川府，李回知洪州；呂好問守尙書右丞。

好問持元祐太后手書來賀，帝勞之曰：「宗廟獲全，皆卿之力。」遂有是命。

15 王時雍提舉成都府玉局觀。

言者論：「時雍留守東京，金人取皇族，遣之殆盡。及取其壻太學博士熊彥詩，則設計爲免。自以身兼將相，請用二府鞴蓋，又竊禁中寶物，以遺金使爲名，有何面目復居都堂！」遂有是命。自是受僞命諸臣稍稍引退矣。

16 詔：「自今天文休咎，並令太史局依經奏聞；如或隱蔽，當從軍法。」

17 李綱至太平州，聞帝登極，上時事，略謂：「和不可信，守未易圖，而戰不可必勝。」又言：「恭儉者，人主之常德；英哲者，人主之全才。繼體守文之君，恭儉足以優于天下；至于興衰撥亂，則非英哲不足以當之。惟英，故用心剛，足以斷大事而不爲小故所搖；惟哲，故見善明，足以任君子而不爲小人所間。在昔人君，惟漢之高、光，唐之太宗，本朝之藝祖、太宗，克體此道，願陛下以爲法。」

18 金宗翰既班師，留諸帥分守河東、北地：萬戶尼楚赫舊作銀朮可，今改。屯太原，洛索舊作婁室，今改。屯河中，副都統素赫舊作韶合，今改。屯眞定，蒙克舊作蒙哥，今改。進據磁、相，渤海萬戶大托卜嘉舊作撻不野，今改。圍河間。是日，命龍神衞四廂都指揮使馬忠、沂州觀察使張煥將所部合萬人，自恩、冀趨河間以襲之。

19 丙申，呂好問兼門下侍郎。

20 觀文殿大學士、提舉西京嵩山崇福宮徐處仁爲大名尹、北道都總管。

初，南都之圍，處仁在城中，都人指爲姦細，殺其長子直祕閣庚，處仁感疾，至是力疾入見而行。

21 簽書樞密院事曹輔卒。

時前執政皆免，輔獨留。始至南都，首陳五事：一曰分屯要害以整兵伍，二曰疆理新都以便公私，三曰甄拔人才以待駕馭，四曰經制盜賊，恩威並行，叛則討之，服則舍之，五曰裂近邊之地爲數節鎮以謹秋防，帝嘉納。未幾，以病卒，謚忠達。

22丁酉，黃潛善兼御營使，同知樞密院事汪伯彥兼御營副使。初制，殿前、侍衞馬步司三衙禁旅合十餘萬人，高俅得用，軍政懈弛，靖康末，衞士僅三萬人，及城破，所存無幾。至是殿前司以殿班指揮使左言權領；而侍衞二司猶在東京，禁衞寡弱。諸將楊惟忠、王淵、韓世忠以河北兵，劉光世以陝西兵，張俊、苗傅等以帥府及降盜兵，皆在行朝，不相統一。乃置御營司，總齊軍政，因所部爲五軍，以王淵爲都統制，韓世忠、張俊、苗傅等並爲統制官，又命劉光世提舉使司一行事務。潛善、伯彥別置親兵各千人，優其廩賜，議者非之。【考異】建炎置御營司，史不載其本末。中興小紀略書其事，乃係元年七月並命二相時，又云除劉光世爲都統制，並誤也。潛善、伯彥別置親兵，今據馬伸疏。

23詔翟興團結義兵，保護祖宗陵寢。

24遣統制官薛廣以三千人出內黃，張瓊以二千人出開德，共復磁州。

25邵溥爲京城副留守。

26王時雍責授安化軍節度副使，黃州安置，以言者論時雍圍城中擅行三省事也。吳幵自陳：「國家禍變，不能死節，乞正典刑。」詔以龍圖閣學士提舉江州太平觀。莫儔自陳：「久留敵營，備遭困辱，乞置散地。」詔以述古殿直學士提舉亳州明道宮。

27戊戌，詔贈李若水觀文殿學士，賜其家銀帛五百匹、兩，官子孫五人。

28以路允迪、耿延禧爲京城撫諭使。王倫遷朝奉郎，假刑部侍郎，充大金通問使，進士朱弁爲修武郎，副之；又以傅雱假工部侍郎，充通和使，武功大夫趙哲副之。

倫家貧無行，以任俠往來京、洛間。京城破，淵聖御宣德門，都人喧呼，倫乘勢徑造御前曰：「臣能彈壓。」帝解所佩夏國寶劍賜之。倫曰：「臣未有官，豈能服衆！」帝亟取片紙書王倫除兵部侍郎。倫與惡少數人傳旨撫定。【考異】揮麈錄：靖康末，李士美罷相就第，倫直造，拜帝（校者按：帝字衍。）于堂下，自言願隨相公一入禁中。士美辭以退聞。會有旨，令前宰執赴殿庭議事，不得已攜之入。倫自陳殿下曰：「臣眞宗故相王旦孫也，有致君澤民之術。宣和中，上書言大遼不可滅，女直不可盟，果如臣言。今圍城旣急，臣當募死士數萬，願陛下侍上皇，挾諸王，奪萬勝門，決圍南幸。」欽宗忠之，解所佩夏國寶劍以賜，且以片紙批曰：「王倫事成日，可除尚書兵部侍郎。」翼日，言已得豪俠萬餘，悉願効死。時宰相何文縝已主和議，隸以正道狂生，恐滋他變，請誅之，賴孫仲益得間出都。正道，倫字也。攷李邦彥以靖康元年二月罷相，未幾，出知鄧州，尋持餘服；方城圍時，未嘗召前宰議事，明淸蓋誤；今據趙甡之遺史、中興姓氏錄及倫本傳。又，賜劍事他書無之，攷王銍有爲倫作御劍銘，或有其事也。至是上書自伸前志，乞使敵國問二聖起居。旣而議改雱爲祈請使，閤門宣贊舍人馬識遠爲副，而倫、弁、哲不遣。

時潛善等復主議和，因用靖康誓書，畫河爲界。始，敵求割蒲、解，圍城中許之。潛善乃命刑部不得謄赦文河東、北兩路及河中府解州；其乙未、丁酉所遣兵，且令屯大河之南，應機進止。

29 己亥，詔：「朕將謹視舊章，不以手筆廢朝令，不以內侍典兵權；容受直言，斥去浮靡，非軍功無異賞，非戎備無儚工。若羣臣狃以故習，導諛諱過；大臣蔽賢，所主非實；臺諫糾慝，有言非公；凡此之屬，必罰無赦。」

30 時諸道勤王兵皆至行在。陝西將官王德，初隸劉光世爲右軍將官，德有威名，號「王夜义。」

31 以胡蠡爲高麗國信使，黃越副之。

32 李綱誅軍賊周德于江寧。

德既作亂，會經制司屬官鮑貽遜統勤王兵七千至城下，江淮發運判官、直徽猷閣方孟卿檄貽遜進兵逼城。德乃受招，而殺掠如故，知溧陽縣楊邦乂亦起民兵討之。綱至太平州，遣使諭以勤王，始受節制，然猶桀驁，欲乘間逃去。綱次江寧，與江南東路轉運判官、權安撫司事李彌遜謀，大犒羣賊于轉運司，執德與其徒聶旺，磔于市，誅黨四十餘人，而令提舉常平王枋統其餘兵。旋改鮑貽遜宣教郎，楊邦乂就陞通判江寧府。

33 庚子，詔：「靖康大臣，主和誤國，特進李邦彥，責授建寧軍節度副使，安置潯州；崇信軍節度副使、涪州安置吳敏移柳州，祕書少監、亳州居住蔡懋移英州，責授正奉大夫、提舉南京鴻慶宮李棁惠州，中大夫、提舉亳州明道宮宇文虛中韶州，承議郎、提舉亳州明道宮鄭望之連州，通直郎、提舉杭州洞霄宮李鄴賀州，並安置。」

34 壬寅，封後宮潘氏。帝在康邸，宣和皇后爲納之，有寵。邢后北去，妃以無名位得留，至是封賢妃，以梁師成第賜其叔父永思。【考異】李心傳曰：趙甡之遺史：靖康初，軍事才興，宣和皇后使一小鬟背負被袱步行出內，欲歸韋家，過潘氏門，永思妻號郡君，適在門側，請入避風露。宣和皇后遂造其家，徐言是康王之母韋氏，郡君謹奉之，出潘氏侍左右。宣和皇后知潘氏笄而未嫁，因求歸康邸。上出使河北時，潘氏已妊，復因無名位，不在北行之數。考靖康元年正月，金數攻京城，是時道君雖夜出門，城中未亂，宣和皇后不應徒步出宮。若城破，道君徒步入宮時，上出使已久。又妃非永思女，其父永壽，直翰林醫局，紹興十四年三月十一日，贈太子少師，日曆有制詞。甡之並誤。

35 江淮發運使梁揚祖與工部員外郎楊淵同提領措置東南茶鹽公事，置司眞州。時東北道梗，鹽筴不通。揚祖奏：「眞州，東南水陸要衝，宜遣官置司，給賣鈔引，所有茶鹽錢並充朝廷封樁，諸司毋得移用。」故有是命。

36 以開封尹徐秉哲充徽猷閣直學士、提舉江州太平觀。

趙子崧言：「京城人士，籍籍謂王時雍、徐秉哲、吳幵、莫儔、范瓊、胡思、王紹、王及之、顏博文、余大均，皆左右賣國，逼太上皇，取皇太子，汙辱六宮，公取嬪御，捕繫宗室，盜竊禁中財物。張邦昌未有反正之心，十人皆日夕締謀，冀以久假。至僭號時，思獻赦文，直用濮安懿王廟諱。邦昌惶恐，博文則曰：『雖欲避堯之子，其如畏天之威！』伏望將此十人付獄鞫治，明正典刑，以爲萬世人臣之戒。」

37 是日，淵聖皇帝次代州，度太和嶺，至雲中，留十餘日。自離都城，舊臣無敢問起居者，至代州，惟滕茂實迎謁于道。茂實以靖康初出使，時兄祹通判代州，已先降。宗翰素重茂實，遷之代州，又自京師取其弟華實同居。茂實聞淵聖將至，卽自爲哀詞，篆「宋工部侍郎滕茂實墓」九字，取奉使黃旛裹之，授其友董詵。翼日，淵聖及郊，具冠幘，號哭迎拜。宗翰逼令易服，茂實力拒不從，並請侍舊主俱行，不許。【考異】汴都記：少帝出城時，茂實詣敵營上書，遂留下。或傳其爲尼瑪哈（舊作粘沒喝。）內相，與宋史不同，今不取。

38 癸卯，詔以二聖未還，罷天申節上壽常禮。自是至紹興十二年皆如之。

39 姚平仲再復吉州團練使，所在出榜，召赴行在。平仲刼寨不利，傳者以爲亂兵所殺。靖康末，復忠州刺史。帝思其才，命所在訪之。或云，平仲隱九江山中。

40 乙巳，詔諸路勤王兵還營，令所在人賜錢三千。

41 資政殿學士、簽書樞密院事張叔夜卒。

初，叔夜北遷，道中惟飮湯水，至白溝，【考異】李心傳云：叔夜從淵聖在尼瑪哈軍中，自鄭州而北。尼瑪哈東軍，不知何以至白溝！今仍從東都事略書之。御者曰：「過界河矣。」矍然而起，仰天大呼，翼日，扼吭死，年六十三。遙拜觀文殿大學士、醴泉觀使。又，何㮚至金國，不食死。【考異】繫年要錄云：諸書言㮚在金國，謀奉淵聖間道亡歸。事泄，金人縊以油布，焚之，今從實錄。孫傅北遷，不知所終。

42丙午，詔：「覃恩進秩，惟侍從及宗室南班官給告，餘並尚書省出敕。」

43知同州唐重上疏言：「今急務有三，大患有五。急務：大率以車駕西幸為先；其次則建藩鎮，封宗子，守我土地，緩急無為敵有；再欲通夏國之好，繼青唐之後，使相犄角以緩敵勢。所謂大患者：法令滋彰而官吏因緣為姦，朝綱委靡而士夫相習誕謾，軍政敗壞而將兵奔潰，國用既竭而利源又失，民心已離而調發方興。欲救此者，莫若于守祖宗成憲，登用忠直，大正賞刑，選將帥之臣，擇循良之吏。天下大計，無出于此。」

44金人破河中府，貴州防禦使、權府事郝仲連死之。【考異】徐夢莘北盟會編載河中之破在此月乙巳。考張鈞續中興（忠）義錄在五月十七日丙午，蓋據川陝宣撫司案牘，今從之。

初，金人攻河中，守臣溫（席）益遁，范致虛遣仲連節制軍馬，屯河中，就權府事。至是洛索以重兵壓府城，仲連力戰而外援不至，度不能守，先自殺其家；城破，不屈，洛索使擊殺之。後贈中侍大夫、明州觀察使。【考異】呂中大事記：吾觀元年金之內侵三道也，不惟監（司）帥府如西京之孫昭遠，同州之鄭驤，維州之韓浩，潁川府之孫默，秦州之李積，淮寧府之向子褒，相州之趙不試，大名府之郭承，濮州之揚粹中，開寧府之楊隸，晉寧軍之徐徽言，長安之唐重、楊宗閔、桑景詢、曹謂、郭中孝，皆死于義，雖以通判如郭仲連、郭伯振，縣官如陸有常、張侃、丁興宗、郭贇，將校如李政、杜績、趙叔皎、楊彭年，亦死于義，降者惟劉豫、傅亮等數人耳。彼所以固守者，以朝廷不棄地而有援兵也。比元年即位赦書，刑部指揮已不謄報于河之東北、陝之蒲、解，是明棄三路矣。坐使義士忠臣守孤城以待盡，惜哉！

45 丁未，路允迪守吏部尚書，王襄領開封府職事。

46 詔：「文武臣僚，非篤疾廢疾，毋得陳乞致仕。」以士大夫避事求退者衆也。

47 是日，道君皇帝次燕山府，館于延壽寺。【考異】竊憤錄載上皇事，殊不足信。趙子砥燕雲錄：道君五月十八日丁未到燕山，二太子邀看剪柳子〔枝〕，打毬，領飲宴至暮。次日，于延壽寺駐蹕，供奉甚厚。六月初二日，太子請道君聖眷打毬宴會，太子捧巵跪勸道君、鄭后。今附見。上皇以烏凌噶色呼美（舊作烏陵撒盧搰，即烏陵思謀。）有迎奉勞，遺以後宮曹氏，曹武穆王彬之裔，寧德后近侍也。

時司馬朴在燕，有傳建炎登極赦書至者，朴私遣持詣上皇，爲人所告；金主憐其忠，釋之。

48 庚戌，宗澤充龍圖閣學士、知襄陽府，權邦彥充天章閣待制、知荆南府，直祕閣、知深州姚鵬陞直龍圖閣、知洪州。

時黃潛善等不欲澤居中，故與河北勤王守臣並命。

49 辛亥，太師、鎭南軍節度使、中太一宮使樂平郡王鄭紳，謁告往江浙改葬。紳，道君皇后父也，未幾薨，謚熹靖。【考異】大金弔伐錄，從行官有鄭紳。據靖康餘錄，正月廿七日，上皇乘轎至尼瑪哈寨門，著紫道服，帶逍遙巾，趨入，至幕次，坐良久。上皇云：「老夫得罪當北遷，但帝姬下降者，乞留，荷大惠。」尼瑪哈不答。有頃，鄭皇后自外至，云：「妾得罪，合從上皇。但妾家屬不與朝事，敢乞留。」許之，紳因是得歸。當得其實。

50 壬子，張邦昌以覃恩遷太傅。

51 丙辰，張所爲尙書兵部員外郞。

所按視陵寢還，上疏，略云：「恭聞行在留南京，軍民俱怨，不知誰爲此謀者？京師重城八十里之廣，宗社、宮闕、省闥、百司皆在，居之足以控制河東、河北根本之地。以臣計之，實有五利：奉宗廟，保陵寢，一也；慰安人心，二也；繫四海之望，三也；釋河北割地之疑，四也；早有定處而急于邊防，五也。一舉而五利，而陛下不爲。臣知此時遷延，別無長策，不過緩急之際，便于南渡。不知國家安危，在乎兵之強弱，將相之賢不肖，而不在乎都之遷與不遷也。誠使兵弱而將相不肖，雖云渡江，安能自保！大河不足恃，大江亦不足恃，徒使人心先離，中原先亂耳。爲今之計，允宜圖任將相，協謀其力，經營朔方，鼓勵河北忠憤之人，使人自爲戰，則強敵可摧，土宇可保，京師可以奠枕而都矣。」所復言黃潛善兄弟姦邪，恐害新政，潛善引去，帝諭留之，乃罷所言職。潛善意未已，尋責鳳州團練副使，江州安置。

52 李孝忠破襄陽府，守臣直徽猷閣黃叔敖棄城去。孝忠入城肆焚掠，盡驅強壯爲軍。

53 丁巳，范致虛爲觀文殿大學士。

54 兩浙路提點刑獄季質試太常少卿。質，邦昌子壻，聞僭位，自繫越州獄，提舉茶鹽司以聞，至是擢用之。

55 戊午，太常少卿周望，假給事中，充大金通問使，趙哲領達州刺史，副之。

56 邵興據解州神稷山，屢與金人戰。時金將鶻眼屯安邑，執其弟招之。興不顧，飲泣死戰，大破金軍。

57 是月，管幹龍德，宣贊舍人曹勛，自燕中間道南還。

先是上皇至邢、趙間，燕王俁以絕食殂于慶源，斂以馬槽，猶露雙足。至眞定，過河，十餘日，上皇密語勛曰：「我夢四日並出，此中原爭立之象，不知臣民肯推戴康王否？」翼日，出御衣三襯，自書領中曰：「可便卽眞，來救父母。」復諭：「如見康王，第奏：有清中原之策，悉舉行之，毋以我爲念。」並持韋賢妃信，令勛間行南還。邢夫人亦脫金環，使內侍付勛曰：「爲我白大王，願如此環，早得相見。」瀕行，復諭王：「藝祖有誓約，藏之太廟，誓不殺大臣及言事者，違者不祥。」

58 六月，己未朔，李綱至行在。

先是范宗尹主議和，乃言綱名浮于實而有震主之威，不可以相。章三上，不報。會詔勤王之師還本道，綱遂留昇、潭兵于泗，自詣南都。途次，顏岐遣人持劾副遺綱。帝聞綱至，趣召入，見于內殿。綱涕泣，並辭新命，且言：「臣愚憃，但知有趙氏，不知有金人。言者謂臣才不足以任宰相則可，謂金人所惡不當爲相則不可。若爲趙氏之臣而金人喜之，反可爲相，則賣國以與人者，皆爲忠臣矣。願乞身以歸田里。」帝曰：「朕知卿忠義，靖康時嘗欲言于淵聖，使遠人畏服，非相卿不可。」綱頓首謝，然猶未受命也。

59奉國軍節度使王宗濋，責授定國軍節度副使、邵州安置，坐首引衞兵逃遁，致都城失守也。

60宗澤自衞南分兵屯河上，以數百騎赴南都，入對。帝將留澤，而黃潛善、汪伯彥惡之，乃令之襄陽。

61庚申，詔李綱立新班奏事。

執政退，綱留上十議，且言：「陛下度其可施行者，願賜施行，臣乃敢受命。」一議國是，略謂：「今日並主和議，蓋以二聖播遷，非和則速其禍。不知漢高與項羽戰于滎陽，太公爲羽所得，置之几上屢矣，高祖之戰彌厲，羽卒不敢害而還之。昔金人與契丹戰，必割地厚賂講和，既和則又求釁以戰，二十餘載，卒滅契丹。金又以此惑中國，至于破都城，隳宗祖(社)，易姓改號，而朝廷猶以和議爲然，是將以天下畀之而後已也。爲今之計，專務自守，建藩鎭于要害之地，置帥府于大河及江、淮之南，修城壁，治器械，敎水軍，習車戰，使其進無抄掠之得，退有邀擊之患，則雖有出沒，必不敢以深入。故今日法句踐嘗膽之志則可，法其卑詞厚賂則不可。止當歲時遣使奉問二聖，三數年間，軍政益修，甲車咸備，然後大擧討之，以報不共戴天之仇，而雪振古所無之恥。」一議巡幸，略謂：「天下形勢，關中爲上，襄、鄧次之，建康又次之。今宜以長安爲西都，襄陽爲南都，建康爲東都，各命守臣，葺城池，治宮室，積糗糧，以備巡幸。三都既成，其利有三：一則藉巡幸之名，使國勢不失于太弱；二則不置定都，敵人無所窺伺；三則四方望幸，姦雄無所覬覦。至汴梁宗廟社稷所在，天下根本，陛下即位之始，豈可不一見宗廟以安都人之心！願先降敕，以修謁陵寢爲名，擇日巡幸。」一議赦令，略謂：「惡逆不當赦，罪廢不當盡復，選人不當盡循資格。今登寶位赦書，一切比附張邦昌僞赦非是，宜改正以法祖宗。」一議僭逆，略謂：「張邦昌久與機政，擢冠宰司，國破而資之以爲利，君辱而攘之以爲榮，易姓建邦，四十餘日，逮金人之既退，方降赦以收恩。攷其四日之手書，猶用周朝之故事。願肆諸市朝，以爲亂臣賊子戒。」一議僞命，略謂：「國家更大變，士大夫屈膝僞庭者，不可勝數，宜依唐肅宗六等定罪，以勵士風。」一議戰，謂：「軍政久廢，宜一新紀綱，信賞必罰。」一議守，謂：「沿河及江、淮，措置抗禦以扼敵衝。」一議本政，略謂：「朝廷之尊卑，係于宰相之賢否。唐至文宗，可謂衰弱，武宗得一李德裕而威令遂振。德裕初相，上言：『宰相非其人，當亟廢罷，至天下之政，不可不歸中書。』武宗聽之，故能削平僭僞，號爲中興。我朝自崇、觀以來，政出多門，閹官、恩倖、女寵，皆得以干預朝政。所謂宰相者，保身固寵，不敢爲言，以至法度廢弛，馴致靖康之禍。願陛下察德裕之言而法武宗之任，監崇、觀之失以刷靖康之恥。」一議責成，略謂：「靖康間進退大臣太速，功效蔑著；宜擇人而久任之，以要成功。」一議修德，略謂：「初膺天命，宜益修孝悌恭儉之德，以副天下之望。」帝與潛善等謀之。翼日，出其章付中書，惟僭逆、僞命二章不下。

62 靖康軍節度使、知西外宗正事仲湜爲開府儀同三司，封嗣濮王。

63 金左副元帥宗翰還西京。金主詔曰：「自河之北，今既分畫，重念其民，或見城邑有被殘者，遂相堅守，若卽討伐，生靈可愍。其申諭以理，招輯安全之。倘執不移，自當致討。若諸軍敢利于俘掠，輒肆蕩毀者，底于罰。」

64 辛酉，名潛邸爲升暘宮。

65 以徐秉哲假資政殿學士、領開封尹、充大金通問使。秉哲不受命，責授昭信軍節度副使、梅州安置。

66 壬戌，李綱言今日急務，在通下情，乃詔置檢、鼓院于行宮便門外，以達四方章奏。

67顏岐充徽猷閣待制、提舉亳州明道宮，以岐嘗論李綱故也。范宗尹亦求去，乃詔爲徽猷閣待制、知舒州。徽猷閣待制、提舉亳州明道宮錢伯言爲開封尹。

68詔：「宗室銜位不書姓名，官司毋得受。」自熙寧以來，宗室外官，單銜奏事，並不著姓。至是趙子崧以表謝上，黃潛善(援)近旨劾之，乃申明行下。

69癸亥，張邦昌責授昭化軍節度副使、潭州安置，所過巡尉伴送，仍令監司、守臣常切覺察，月具(存在)申尚書省。

李綱言：「王時雍等四人，與金人傳導指意，議廢趙氏，脅迫二聖出郊，又受僞金(命)爲執政，實爲罪魁。」時徐秉哲已先竄，于是移時雍高州，吳幵永州，莫儔全州，並安置。呂好問謂綱曰：「王業艱難，正納汙含垢之時，遽繩以峻法，懼者衆矣。」綱不納。

70贈徽猷閣待制、知懷州霍安國延康殿學士。

李綱言：「自崇、觀以來，朝廷不復崇尚名節，故士大夫寡廉鮮恥，不知君臣之義，靖康之禍，視兩宮播遷如路人。然仗節死義，在內惟李若水，在外惟霍安國，餘未有聞。願詔諸路詢訪，優加贈卹。」乃自安國及劉韐以下次第褒錄，復詔諸路詢訪死節以聞。

71初，賊祝靖寇荊南，安撫使鄧雍遁。賊乘勢欲渡江，知公安縣程千秋率邑人及廣西、湖南勤王之兵在邑者禦之，復遣人渡江，焚舟毀栰，殺賊甚衆。李希忠繼至，千秋沿江設備，唐愨自鼎州，復調本路弓弩手助之，賊乃去。

時通判鄂州趙令裨，後更令峴，燕懿王元孫孝穆公世迭子。部官兵戍武昌縣。賊閻謹犯黄州，其徒縱掠，既去，令裨渡江存撫，黄人德之。

自金再圍城，京西、湖北諸州，悉爲賊寇侵犯，隨州陸德先、復州趙縱之、郢州舒舜舉與荊南、德安皆失守，獨知汝州、徽猷閣待制趙子櫟，知襄陽府、直徽猷閣黄叔敖，知蔡州、直祕閣閻孝忠，知漢陽軍、朝議大夫李彥卿，能守境捍賊。至是李綱言于帝，奪雍龍圖閣直學士，罷德先等三人，仍奪其職。遷子櫟寶文閣直學士，叔敖祕閣修撰，孝忠進一官，彥卿直祕閣，千秋進二官，通判荊南府，而擢令裨直龍圖閣、知黄州。

72甲子，詔犒設行在將士，撫循百姓，蠲賦役，改弊法，招羣盜，按贓吏。

綱又言：「靖康間號開言路，遇有議論，鯁峭者輒加遠竄，其實所以塞之也。」帝乃詔：「靖康敢言之士有竄逐者，悉召還。」

73李綱以覃恩遷正奉大夫，仍兼御營使。

時河東、北所失纔十餘郡，餘皆爲朝廷固守。【考異】綱奏議：河東惟失太原、忻、代、澤、潞、汾、晉七郡，河北失眞定、懷、衞、濬四郡。李心傳云：去冬尼瑪哈破威勝軍及絳州，今春石州纔破，不但十一州也，或此時綱猶未盡知耳。綱言：「今日中興規模，有先後之序，當修軍政，變士風，裕賢才，寬民力，改弊法，省冗費，誠號令，信賞罰，擇帥臣，選監司。俟吾政事已修，然後可議興師。中尤急者，當先理河北、河東。蓋兩路，國之屛蔽，今河北惟失眞定等四郡，河東惟失太原等七郡，其餘率推其土豪爲首，多者數萬，少者數千。宜于河北置招撫司，河東置經制司，擇有才者爲使，以宣陛下德意。有能保一郡者，寵以使名，如唐之方鎭，俾自爲守。否則食盡援絕，必爲金人所用。」帝許之。

74 復帝姬爲公主。于是賢德懿行大長帝姬封秦國，淑愼長帝姬封吳國。【考異】中興小紀書在八月壬寅。攷八月乃石端禮爲靖懿帝姬請復封，非始事也。

75 始，張邦昌既廢，范瓊不自安，朝議以其握兵，特詔：「節義所以責士大夫，至于武臣卒伍，理當闊略。惟王宗濋首引衞兵逃遁，以致都城失守，不可不責，此外一切不問，以責後效。」

76 乙丑，馬忠爲河北經置（制）使，張所、直祕閣、通判河陽府傅亮赴行在。以王淵代忠龍神衞四廂都指揮使。

77 詔：「自今以絹定罪，並以二千爲準。」舊制，以絹計贓，千三百爲一匹。有言絹直近高，乃改定。

78丁卯，詔河東、北郡縣，略謂：「河東、北國之屏蔽，靖康間，以金人憑陵，不得已以割地爲名，將以保全宗社。今君父之讎，不共戴天，兩河之地，何割之有！方命帥遣師以爲聲援，州縣守臣，有能保一方及力戰破敵者，當即授以節鉞。應移用稅賦，辟置將吏，並從便宜。其守臣皆遷〔官〕進職，餘次第錄之。」

79喻汝礪爲四川撫諭官。

初，汝礪自京師見帝，復命爲郎。汝礪因對：「近聞遷都之議，臣以爲敵可避，都不可遷。汴都天下根本，舍汴都而都金陵，是一舉而擲中州之地以資于敵矣。夫以諸葛亮之才而不能軋曹操，李克用之勇而不能抗朱溫者，蓋曹魏、朱梁先定中原，庸蜀、晉陽埸然一方，安足以當其強大！臣謂中原決不可舍，以爲興王之資；汴都決不可遷，以蹈金人之計。」帝命赴都堂與李綱語，綱奇之。尋以母老，乞歸省，遂除撫諭官，且令督輸四川漕計羨緡及常平錢物。汝礪入辭，復奏言：「金人決渡河，陛下宜急爲之防，毋以宴安之故而成酖毒之憂。」帝嘉納之。

80戊辰，以宗澤知開封府。

澤聞黃潛善等復倡和議，上疏言：「河之東北、陝之蒲、解三路，爲祖宗基命之地。今聞刑部指揮，不得謄播赦文于兩河、蒲、解，是欲裂前王一統之宏規，蹈東晉既遷之覆轍。誰爲此謀，不忠不孝！臣雖駑怯，當躬冒矢石，爲諸將先。」帝壯之，以澤知青州，召建〔延〕康殿學士、知青州曾孝序赴行在。

李綱言：「京師根本之地，新經擾攘，人心未固，不得忠義之士加意撫綏，非獨外憂，且有內變。」帝乃徙澤知開封府。既而青州民詣南都借留孝序，帝許之。

81 己巳，俞向改知陝州。

向初除朝議郎、充祕閣修撰、知河南府兼西道都總管，代姚古也，至是以孫昭遠代之。朝廷先聞昭遠在陝西，就除知陝州，既而令將所募西兵赴行在。內鄉賊尚虎，有衆萬餘，昭遠破之。至南都，入見，卽以爲河南尹、西京留守、西道都總管，悉以昭遠所募兵三千人付張俊，昭遠獨與蜀兵數百之河南。

82 庚午，尚書右司員外郎蘇遲直祕閣、知高郵軍。

既至，守臣趙士瑗以發運司舉留，遮境不受代。詔貶士瑗二秩，依舊在任，徙遲知婺州。汪藻言：「今以士瑗爲非，則方命不從者，堯四凶之罪也，不可使之在任；以士瑗爲是，則借留在任者，漢循吏之恩也，不可使之降官。一士瑗之身而賞罰如此，臣竊惑之。願斥士瑗，以爲後來鄙夫之戒。」不從。

83 辛未，以賢妃潘氏生皇子旉，赦天下。

84 籍諸路神霄宮財穀付轉運使，充省計；拘天下職田錢隸提刑司。士民封事可采者，看詳官由尚書省取旨旌擢；黨籍及上書人，盡還合得恩數。諸郡縣各舉才謀勇略可仗者三人，赴都御〔御營〕司量才錄用。

始，李綱言：「陛下即位，赦書不及河東、北勤王之師。夫兩路爲朝廷堅守，赦令不及，人皆謂已棄之，何以慰忠義之心！至勤王之師，雖未嘗用，然在道半年，荷戈擐甲，冒犯雪霜，疾病死亡，不可勝數，倘不加以恩卹，後復有急，何以使人！願因今赦，並示德音。」帝從之。

85 唐重充天章閣直學士、知京兆府。

直祕閣劉岑，自河東還行在，帝問可守關東〔中〕者，岑薦重可用。又薦朝請大夫、提舉陝西常平公事鄭驤，除直祕閣、知同州兼沿河安撫使；通判京兆府曾謂爲陝西轉運判官。

時軍興之後，軍府壁立，重乃告之于成都府路判官趙開，籍其資，修城池，備供張，且率長安父老子弟請帝駐蹕漢中，治兵關中。驤亦疏言：「長安四塞，天府之國，項羽棄之高祖，李密棄之太宗，成敗灼然，乞爲駐蹕之計。」

86 壬申，李綱請降見錢鈔三百萬緡，賜兩河市軍需。因命使臣齎夏藥，徧賜兩河守臣將佐，且命起京東夏稅絹于北京，河東衣絹于永興軍，以待支取。于是人情翕然，蠟書日至，應募者甚衆。

是日，班軍制：凡師行擄掠違節制者死，臨陣先奔者族，敗軍者誅，全隊一軍危急而他軍不救者刑主將；餘如將（軍）法從事。

87 乙亥，汪伯彥請兩河、京東、西增置射士，縣五百人，悉募土人有產籍者，置武尉以掌之，縣令領其事，凡四縣置二將。射士挽弓至二石五斗以上及教頭滿七年無過者，皆補官。江、浙、淮南諸路，大縣增二百人，小縣百人。從之。尋用知光州任詩言，每半歲令通判詣縣按閱。未幾，復增于閩、廣、荆湖等路，且令提刑按察，應募者免其身丁。

88 宗澤至東京。

自金兵退歸，樓櫓盡廢，諸道之師，雜居寺觀，盜賊縱橫，人情兇懼。時金人留屯河上，距京師不二百里，金鼓之聲，日夕相聞。澤至京，下令曰：「爲盜者，贓無輕重，皆從軍法。」由是盜賊屛息，人情粗安。一日，有金使牛大監等八人，以使僞楚爲名，直至京師，澤曰：「此覘我也。」命（白）留守范訥械繫之，聞于朝。

89 戊寅，汪伯彥進知樞密院，張慤除戶部尚書。（校者按：據李心傳建炎以來繫年要錄，卷六，張慤由戶部尚書進同知樞密院，以李綱言而寢除命，非除戶部尚書也。）

李綱言：「懲以曉財利勤幹稱，判曹事乃其任也；今除太峻，未副人望，乞稍緩之。陛下用宰相，臣不得而知，至于執政，臣固當與聞者。」

90 傅雱遷宣教郎，充大金通問使。

初，黃潛善等既奏遣周望往河北，河東獨未有人。李綱言：「今日之事，內修外攘，使國勢日強，則二聖不俟迎請而自歸。不然，雖冠蓋相望，卑辭厚禮，終恐無益。今所遣使，但當奉表兩宮，致旦暮之忱可也。」帝乃命綱草二帝表，致書宗翰。雱遂與其副馬識遠行。

91 己卯，詔：「三省、樞密院置賞功司，三省委左右司郎官，樞密院委都承旨檢察以受功狀，三日不行，罰；行賂乞取者，依軍法。仍以御史一員領其事。」用右正言鄧肅請也。

92 李綱請以河北之地建爲藩鎮，朝廷量以兵力授之；沿河、淮、江置帥府、要郡、次要郡以備控扼。沿河帥府十一，京東東路治青、徐，西路治鄆、宋，京西北路治許、洛，南路治襄、鄧，永興軍路治京兆，河北東路治魏、滄。沿淮帥府二，治揚、廬。【考異】中興小紀作淮西帥治壽春，今從綱奏議。沿江帥府六，治荊南、江寧府、潭、洪、杭、越州。大率自川、陝、廣南外總分爲九路，【考異】小紀載綱此疏，沿河置京畿、大名、開德府、横海軍、京東東、西、京西南、北、陝西，凡九路，與建炎進退志異。每路文臣爲安撫使、馬步軍都總管，總一路兵政，許便宜行事；武臣副之。要郡以文臣知州，領兵馬鈐轄，次要郡以文臣知州，領兵馬都監，許參軍事；皆以武臣爲之副。如朝廷調發軍馬，則安撫使措置辦集以授副總管。若帥臣自行，則漕臣一員隨軍，一員留攝帥事，憲臣文武各一員，彈壓本路盜賊。沿河帥府八軍，要郡六軍，次要郡三軍，非要郡二軍；沿淮帥府五軍，要郡三軍，次要郡二軍，非要郡一軍；沿江帥府五軍，要郡三軍，次要郡一軍，非要郡半軍；軍二千五百人。自帥府外，要郡四十，河北，開德府、棣·博州；京東，襲慶府，登·萊·密州；西路，濟南·興仁府、濮州；京西，河陽·潁昌·淮寧府、蔡·汝州；南路，唐·鄧州；永興路，陝·商·虢·華州；淮東，宿·楚州；淮西，壽春府、亳州；江東，宣·江州；江西，虔·袁州；湖北，德安府、鼎·鄂州；湖南，衡州；浙西，鎮江·平江府，湖·常州；浙東，婺·明州。次要郡三十六，濱、沂、淄、濰、濟、金、均、房、同、耀、泗、眞、海、和、舒、蘄、濠、黃、光、饒、信、太平、吉、撫、筠、永、道、澧、岳、復、秀、溫、處、台、衢州、永靜軍。總爲兵九十六萬七千五百人，非要郡不預。又別置水軍帥府兩軍，要郡一將。綱又請出度牒、鹽鈔及募民出財，使帥府常有三年之積，要郡二年，次要郡一年。疏奏，悉從之。先遣御營司幹辦公事楊觀復往江、淮造舟，餘路悉委憲臣措置。

93 范訥落節鉞，淄州居住。

鄧肅論：「訥去年出師兩河，望風先遁，遂奔南京，擁衆自護。今在東京揭榜，有曰『今日汴京已爲邊面』。兩河之地，陛下未嘗棄置，軍民效力，幾于百萬，日有捷音，訥乃呼爲邊面，且日思去計。嘗曰：『留守之道四，戰、守、降、走而已。今戰則無卒，守則無糧，不降即走耳。』此語大播郡邑，非屬風聞。漢得人傑，乃守關中，豈奔軍之將可與比乎！」【考異】中興小紀：李綱素與訥不協，故肅論之。考訥爲大將，擁重兵，當時並不勤王，高宗久謂之爲庸人，非因與綱不協故也。熊克議論多不喜李綱，今不取。疏入，遂有是命。

94 金右副元帥宗望還自涼陘，庚辰，以寒疾卒。宗望首創南伐之謀，兵機神速，故所向克捷。旋封魏王，後改封宋王，諡桓肅。【考異】繫年要錄作諡神武，蓋傳聞之誤也，今從金史。又，燕雲錄云：七月二十日，太子往御寨，離燕山七百里，到涼澱，傷寒病亡。金史宗望之歿，自在六月庚辰，非七月也。要錄又云擊毬冒暑，以水沃背，得寒疾死，疑亦傳聞之詞。

時漢國王宗傑相繼卒，後諡孝悼。宗傑、宗望，皆太祖子；宗傑聖穆皇后所生，宗望欽憲皇后所生也。【考異】金史，宗傑未嘗統師，其南伐者宗望也。繫年要錄誤以宗望爲宗傑，又誤以宗翰爲宗維，蓋由得之傳聞，故書名誤。要錄又云：金主遣使諭宗維，止南下之兵，不聽。蓋宗維久專權，金主不能令，唯守虛位而已。按宗翰爲金重臣，以功名終，寧有專權不奉命之事！此敵國傳聞虛誣之詞，不足信。要錄又云：上皇至燕，淵聖尚留雲中。宗傑聞上中興，議歸上皇講好，宗維未之許，會其死，遂中輟。按宗望首啓南伐之謀，豈肯遽歸徽宗！皆傳聞之誤也。

95 詔以二聖未還，郡縣官毋得用樂。

96 辛巳，詔：「沿大河置巡察六使，自白馬、濬、(滑)抵滄州，分地以爲斥候。」

97 李綱言：「國家禦戎，皆在邊郡，金人乃擾吾心腹。請命諸路州軍以漸修葺城池，繕治器械，朝廷量行應副。」乃命城池應修者，降度牒與之。又令淮、浙、荆湖六路，以常平錢造衲衣二十萬尺〔及〕市竹槍、箭簳、弩樁輸行在。帝嘗問綱：「靖康初能守京城，金人再至，遂不克守，何也？」綱曰：「金人初來，未知中國虛實，雖渡河而尼瑪哈舊作粘沒喝，即宗翰。兵失期不至，再來則兩路並進；初時勤王之師，數日皆集，再來圍城，始召天下兵，遂不及事；初時金人寨于西北隅，而行營司兵屯城中要地，四方音問不絕，再來朝廷自決水浸西北隅，而東南無兵，敵反據之，故外兵不得進。又，淵聖卽位之初，將士用命；其後刑賞失當，人盡解體，城中無任責之人，敵至，造橋渡濠，全不加卹，敵遂登城；此前後所以異也。」

98 壬午，張慤同知樞密院事。

99 甲申，詔：「尙書戶部右曹所掌坊場、免役等法及所轄庫務，並歸左曹，以尙書總領。」

100 乙酉，詔監司、州縣職田並罷，令提刑司盡數申尙書省。

101 以宗澤爲延康殿學士、開封尹、東京留守。抗疏請帝還京，不聽。

102 錢蓋復龍圖閣待制、充陝西總制使；右武大夫、恩州觀察使、主管西蕃部族趙懷恩，特封隴右郡王。

初，蓋在陝西，嘗建議：「青唐無豪髮之得，而所費不貲，請求唃氏後而立之，必得其力。」帝是其策，俾持告賜懷恩，因召五路兵赴行在。

103初，京西北路提點刑獄公事許高，河北西路提點刑獄公事許亢，總師防洛口，望風奔潰，奪官，流瓊州、吉陽軍。高、亢自潁昌以五百騎趨江南，至南康，謀爲變，知軍事李定、通判韓璹以便宜斬之，及是以聞。衆謂擅殺非是，李綱言：「高、亢之棄其師，朝廷不能正軍法，而猝取誅之，必健吏也。使後日受命捍賊者，知退去而郡縣之吏亦得誅之，其亦少知所戒乎！是當賞。」乃命進一官。

104丙子，李綱上疏，一曰募兵，謂：「熙、豐時，內外禁旅五十九萬人，崇、觀以來，闕而不補者幾半。爲今之計，莫若取財于東南而募兵西北。河北之人爲金人所擾，未有所歸，關西、京東、西流爲盜者，不知其幾。請乘其不能還業，遣使招之，合十萬人，于要害州軍別營屯戍，使之更番入衞行在。」二曰買馬，謂：「金人專以鐵騎取勝，而吾以步軍敵之，宜其潰散。今行在之馬不滿五千，可披帶者無幾，權時之宜，非括買不可。請先下令，非品官將校，不許乘馬；然後令州籍有馬者，以三等價取之，嚴隱寄之法，重搔擾之禁，則數萬之馬，尚可得也。至其價則須募民出財以助，多者償以官告、度牒。」詔三省以次施行。其募兵陝西、河北各三萬人，委經制（招）撫司；京東、西各二萬人，委本路提刑司。潰卒、廂軍，皆許改刺。

105詔：「京東、西、河北東路及永興軍、江、淮、荆湖等路，皆置帥府、要郡。」

初，李綱欲因帥府以寓方鎮之法，黃潛善等言：「帥府、要郡雖可行，但未可如方鎮割隸州郡。仍命帥府、要郡屯兵有差，遇朝廷出師，則要郡副鈐轄、鈐轄（校者按：二字衍。）副都監皆以其軍從師。」綱又言：「步不足以勝騎，騎不足以勝車，請以車騎（制）頒于京東、西路，使製造而教習之。其法用靖康間統制官張行中所創兩竿雙輪，上載弓弩，又設皮籬以捍矢石，下設鐵裙以衞人足，長兵禦人，短兵禦馬，傍施鐵索，行則布以爲陣，止則聯以爲營。每車用卒二十有五人，四人推竿以運車，一人登車以發矢，餘執軍器夾車之兩傍。每軍二千五百人，以五之一爲輜重及衞兵，餘當車八十乘；卽布方陣，則四面各二十乘，而輜重處其中。」諸將皆以爲可用，乃命兩路憲臣總領。

106 丁亥，張所借通直郎、直龍圖閣，充河北西路招撫使。

107 初，上皇北遷，龍德器玩皆爲都監王求（球）竊取，至是內侍陳烈以其餘寶器來上，皆遐方異物。李綱諫，帝命碎之。時綱每留身奏事，多所規益，如論開封收買童女及待遇諸將恩禮宜均一，帝皆嘉納。

108 詔：「文臣許養馬一匹，餘官吏士民有馬者並赴官，委守令籍爲三等，以常平封樁錢償其直。馬高四尺六尺（寸）爲上等，率直百千，餘以是爲差。有田之家則折其稅，僧道俱以度牒取償。限半月籍定，有隱寄者，以違制論。買及百匹，則守倅、令佐遷一官，不及者等第推賞。諸軍團練，以五人爲伍，伍有長；五伍爲甲，甲有正；四甲爲隊，五隊爲部，皆有二將；五部爲軍，有正副統率。凡招軍，量增例物，其白身充募者全給，潰兵、降盜及他軍改刺者半之。陝西六路，仍聽支諸司錢及截川綱金銀。如有良家子願備弓馬從軍者，依敢勇法，月給錢米。官吏、寺觀、民戶願以私財助國者，聽于所在送納，等第推恩。仍令當職官勸誘，而憲臣總之，解赴行在。」皆用綱所請也。

諫議大夫宋齊愈疏論李綱，謂：「民財不可盡括，西北之馬不可得，東南之馬又不可用。至于兵數，郡增二千，歲用千萬緡，費將安出！」帝納之。

109 顯謨閣學士翟汝文奏：「祖宗上供，悉有常數，後爲獻利之臣所增者，當議裁損。如浙東郡預買絹歲九十七萬六千匹，而越乃二十萬五百匹，以一路計之，當十之三。矧經方寇焚劫，戶口凋耗。今乞將戶三等以上減半，四等以下權罷。及身丁錢鹽舊有定制，其後折米而已，今悉爲帛，臣以爲宜納見直。」從之。

續資治通鑑卷第九十九

賜進士及第兵部尚書兼都察院右都御史總督湖北湖南等處地方軍務兼理糧餉世襲二等輕車都尉畢沅編集

宋紀九十九 起强圉協洽（丁未）七月，盡八月，凡二月。

高宗受命中興全功至德聖神文武昭仁憲孝皇帝

建炎元年 金天會五年。（丁未、一一二七）

1 秋，七月，己丑朔，詔：「諸路常平司見在金銀，並起發赴行在。」

2 自宣和末，羣盜蜂起，其後勤王之兵，往往潰而爲盜。至是祝靖、薛廣、党忠、閻瑾、王存之徒，皆招安赴行在，凡十餘萬人。李綱爲上言：「今日盜賊，當因其力用之。然不移其部曲則易叛，而徙之則致疑，須以術制之，使由而不知。」乃命御營司委官，凡潰兵之願歸營與良農願歸業者聽之，又擇其老弱者縱之。其他以新法團結，擇人爲部隊將及統制官，其首令（領）皆命以官，分隸諸將，由是無叛去者。獨淮寧之杜用、山東之李昱、河北之丁順、王善、楊進，皆擁兵數萬，不可招；而拱州黎驛、單州魚臺亦有潰卒數千爲亂。綱以爲專事招安，則彼無所畏憚。庚寅，帝乃詔王淵討用，劉光世討昱，韓世忠、張俊分討黎驛、魚臺潰卒。

時昱犯沂州，守臣閉門，以官妓遺之，乃去。至滕縣，掠民有（校者按：有字衍。）董氏女，色美，欲妻之，董氏罵昱而死。自費縣引兵圍長清，光世遣其將喬仲福追擊，斬之。既而用亦爲淵所殺，餘悉殄平。丁順嘗爲滄州兵馬鈐轄，王善雷澤尉，皆以罷從軍，不得志。楊進以其才爲淵所忌，懼罪，亡去，號沒角牛，兵尤衆。又，李孝忠既破襄陽，擾西郡，綱以范瓊反側不自安，因命瓊討孝忠，使離都城，且示不疑之意。瓊乃將所部赴行在。而丁順等皆赴河北招撫司自效。盜益衰。

3 辛卯，籍東南諸州神霄宮田租及贍學錢以助國用。

4 諫議大夫宋齊愈罷職。言者論齊愈在皇城司，首書「張邦昌」字以示議臣，遂下臺獄。

5 甲午，右監門衞大將軍、貴州團練使士珸，以義兵復洛州。

初，士珸從上皇北遷，次洛州城東五里，欲遁還據城，謀未就而敵圍已合。士珸徒步抵武安縣，縣官資以衣冠、鞍馬，少壯者百餘人，從至磁州，乃召集義軍以解洛圍，不旬日，得兵五千，歸附者至數萬，以王江、李京將之。先是知洛州王麟，自將勤王兵千人至大名，既以母老求去，帝遣之。及金萬戶伊嗒（舊作余列。）圍洛州，麟帥軍民以城迎拜；軍民怒，并其家殺之，獨統制官韓一在城中。士珸至邯鄲，統制官李琮亦以兵會，力戰破圍，翼日入城，部分守禦。金人復來攻，士珸厲將士，以火礮中其攻具，復以計獲其將領，乃解圍去。士珸，濮安懿王曾孫也。

6 金主賜左副元帥宗翰劵書，除反逆外，咸赦勿論。

7 乙未，以范瓊爲定武軍承宣使、御營使司同都統制。

8 丙申，詔：「諸路米綱，以三分之一輸行在，其餘赴京師。」時京師軍民方闕食，故命濟之，仍以空舟載六曹案牘及甲器赴行在。

9 江淮發運副使向子諲言：「去歲閏月，得淵聖皇帝蠟詔，令監司、帥守募兵勤王。臣即時徧檄所部，而六路之間，視之漠然；間有團結起發，類皆兒戲，姑以避責。唯淮東一路，臣親率諸司，粗成紀律。今京城已失，二帝播遷，夫復何言！然儻置賞罰而不行，臣恐諸路玩習故常，恬不知畏。願詔大臣按劾諸路監司不勤王者，與夫號爲勤王而滅裂者，悉加顯黜，以爲將來誤國忘君之戒。」詔諸路提刑司究實以聞。

10 戊戌，朝請郎、知海州魏餘言：「海州至登、萊最近，而登、萊復與金人對境。近聞金人於燕山造舟，欲來東南。望造戈船，修樓櫓，依登、萊例，屯兵二三千以備緩急。」許之。

11 東都宣武卒杜林戍成都，謀叛，伏誅。

12 初，平陽府吏張昱坐法黜，既而亡歸，聚衆數千。會磁州無守，軍民迎昱權領州事，金人屢過其境，皆不攻。至是以昱爲閤門祗候、知磁州。俄金人復來，磁無城，不可守，昱率其衆以奔。金人破磁州。

13 淵聖皇帝自雲中至燕山府，居愍忠寺。

14 辛丑，右正言鄧肅，請竄斥張邦昌僞命之臣；右司諫潘良貴，亦言宜分三等定罪。帝以肅在圍城中，知其姓名，令具上。肅言：「叛臣之上者，其惡有五：一，諸侍從而爲執政者，王時雍、徐秉哲、吳幵、莫儔、李回是也；二，諸庶官及宮觀而起爲侍從者，胡思、朱宗、周懿文、盧襄、李擢、范宗尹是也；三，撰勸進文與撰赦書者，顏博文、王紹是也；四，事務官者，金人方有立僞楚之語，朝士遂私訂十友爲事務官，講求册立之儀，搜求供奉之物，悉心竭力，無所不至；五，因邦昌更名者，何昌言、昌辰是也。已上乞定爲上等，置之嶺外。次者，其惡有三：一，執政、侍從、臺諫稱臣於僞楚及拜於庭者，如馮澥、曹輔、李會、洪芻、黎確諸人是也；二，以庶官而升擢者；三，願爲奉使，如黎確、李健、陳戩者。已上乞定爲次，於遠小處編管。」時王時雍、徐秉哲已先竄，乃詔吳幵移韶州，莫儔移惠州；（盧襄）、范宗尹、朝奉郎朱宗責衡、鄂、岳三州，並安置。馮澥、李會並降三官，爲祕書少監，分司南京，澥成州、會筠州居住。故工部侍郎何昌言，追貶隰州團練副使；通直郎、新通判南劍州何昌辰，除名、永州編管；朝請大夫黎確，朝散郎李健，尚書虞部員外郎陳戩，並與遠小監當；承議郎、侍御史胡舜陟，朝散郎、新知無爲軍胡唐老，奉議郎、守殿中侍御史馬伸，朝散郎、監察御史齊之禮，朝請郎、新知衢州姚舜明，宣教郎、新知江州王俟〔俁〕，皆降二官。撰勸進文及事務官，令留守司具姓名申尚書省。唐老、舜明、俟〔俁〕皆坐嘗爲臺官，伸嘗請邦昌復辟而不自言，故例貶秩。

觀文殿學士耿南仲，龍圖閣學士耿延禧，坐父子主和，奪職奉祠，用鄧肅再疏也。

15 壬寅，侍御史胡舜陟，除祕閣修撰、知廬州。

時淮西盜賊充斥，舜陟至，修治城池、樓櫓、戰棚，又增築東西水門，固濠壘以備衝擊，廬人始安。

16 癸卯，尚書右丞呂好問罷，以資政殿學士知宣州。

好問與李綱論事不合，會鄧肅奏僞命臣僚，其言事務官微及好問。帝札示綱曰：「好問心迹與餘人不同，言者所不知，仰尚書省行下。」好問慚，力求去，且上疏自理曰：「昨者邦昌僭號之時，臣若閉門避事，實不爲難。念臣世受國恩，異於衆人，故忍恥含垢，道死朝夕，不避金人滅族之禍，遣使齎書陛下。天佑神助，得覩今日中興之業，臣之志願畢矣。若不速爲引退，使言者專意於臣而忘朝廷之急，則兩失其宜。」疏入，乃有是命。【考異】呂好問家傳，罷政在七月己酉，而日紀（曆）於六月癸未、七月癸卯兩書之。李心傳曰：考其前後，當是癸卯得之，而己酉出告耳。

17 延康殿學士、提舉南京鴻慶宮許翰守尚書右丞。靖康中，李綱與翰同在樞府，知其賢，至是力薦於帝，遂用之。

18 腰斬宋齊愈於都市。

齊愈初赴獄，以文書一緘囊授張浚曰：「齊愈不過遠貶，他時幸爲我明之。此李會勸進張邦昌草稾也。」時御史王賓劾齊愈未得實，聞有文書在浚所，遽發篋取之。賓密諭會，使自辨析而證齊愈，齊愈引伏。法寺當齊愈謀叛斬，該大赦，罰銅十斤。帝曰：「使邦昌之事成，置朕何地！」乃命殺之。【考異】宋齊愈之死，當時皆謂李綱所爲。張浚劾綱疏所云「以私意擅殺侍從」者，指此事也。按齊愈首倡立張邦昌之議，置之死地，不爲冤抑。但綱於洪芻輩皆爲申宥，而獨置齊愈極刑，齊愈實以言事忤綱者；以形迹推之，固難免上下其手之謗矣。浚累疏攻綱，皆偏黨誣陷之詞，唯此事似爲有因，故附記之。

19 甲辰，孟忠厚充徽猷閣待制，提舉迎奉元祐皇后一行事務；尚書司封員外郎楊邁沿路計置糧草，濟渡舟船。

20 乙巳，詔幸東南，來春還闕。

時黃潛善、汪伯彥皆欲奉帝南幸，李綱極論其不可，且言：「自古中興之主，起於西北，則足以據中原而有東南；起東南，則不足以復中原而有西北。蓋天下精兵健馬，皆在西北，委而去之，豈唯金人乘間以擾關輔，盜賊且將蜂起，跨州連邑，陛下雖欲還闕，且不可得，況治兵制敵以迎還二聖哉！爲今之計，或當暫幸襄、鄧以係天下之心。蓋襄、鄧西鄰川、陝，可以召兵，北近京畿，可以進援，南通巴蜀，可以取貨財，東連江、淮，可以運穀粟，山川險固，民物淳厚。今冬計且駐蹕，俟兩河就緒，卽還汴都，策無出於此者。」帝乃收還手詔，許幸南陽，以范致虛知鄧州，修城池，治宮室；又降鹽鈔、錢帛，付京西南路轉運副使范之才儲糧草，且漕江、湖綱運，自襄、漢，蜀貨出歸、峽以實之。遷戶部侍郎黃潛厚爲本部尙書，提舉巡幸一行事務；膳部員外郎陳兗掌頓遞，虞部員外郎李儔調具芻粟，直祕閣、江淮發運副使李祐爲隨行轉運使，於秋末冬初啓行。

21 張慤言：「戶部財用，唯東南歲運，最爲大計。自治平、嘉祐以前，輪發運使一員在眞州催督江、浙等路糧運，一員在泗州催督眞州至京糧運。自姦臣變亂祖宗轉般倉法，每歲失陷，不可勝計。望依舊法，責發運司官分認逐季地分，各行檢察催促。」從之。

22 丁未，詔：「兵部郎官、太常寺官各一員，內侍二員，詣京師奉迎所藏太廟神主赴行在。」

【考異】劉觀行狀：公導駕朝鴻慶宮，面陳藏木主事。上嗟惻，就命公如京師，發木主赴行在；除中書舍人。李心傳云：據日曆及太常寺題名，觀以今年四月選中書舍人，此時周望、翁彥深爲太常少卿，狀誤。

23 帝命京城留守宗澤移所拘金使於別館，優加待遇。澤奏曰：「臣不意陛下復聽姦謀，浸漸望和，爲退奔計。營繕金陵，奉元祐太后，遣官奉迎太廟木主，棄河東、河西、河北、京東、京西、淮南、陝右七路生靈如糞壤草芥，略不顧惜；又令遷金使別館，優加待遇。不知二三大臣於金人情款何以如是之厚，而於國家訏謨何以如是之薄？臣之樸愚，必不敢奉詔。」【考異】忠簡遺事云：公奉詔，即出八人縱之，且上表謝。李心傳云：傅雱以今年十一月使還，奏乞釋金使，詔可。明年，宇文虛中出使至汴，澤在病告，虛中始釋之。遺事誤也，今從繫年要錄。

又請帝迴鑾，表略云：「臣前在臨濮兵寨中，實憂羣臣無識，恐贊陛下去維揚、金陵。又見京城有賊臣張邦昌僭竊，與范瓊輩擅行威福，所以暫乞駐蹕南都，以觀天意，以察人心，仰蒙聽從。今復被恩差知開封府事，到任二十餘日，物價市肆，漸同平時。每觀天意，眷顧清明；每察人心，和平逸樂。官吏軍民，皆稱京師朝宗之域，陛下歸正九重，是王室再造也。願陛下早降敕命，示以整頓六師，謁款宗廟之日，毋聽姦邪，陰與敵人爲地，不勝幸甚！」詔賜澤襲衣金帶。

24 以張浚爲殿中侍御史。

25 詔：「明達皇后、明節皇后應于（校者按：「于」疑爲「干」之誤。）典禮，並依溫成皇后故事施行。」

26 己酉，罷四道都總管。

初，李綱請於陝西、京東、西、河北東路各置制置使，假以便宜，遠近相援。帝遂罷四總管而置諸路制置使。時西道都總管孫昭遠初至河南府，調陝西、河北義兵合萬人，柵伊陽，使民入保。至是昭遠改除京西北路制置使。

27 庚戌，詔諸兵八月會行在，後期者必誅。

28 癸丑，衞尉少卿衞膚敏言：「汴都蹂踐之餘，不可復處。睢陽封域不廣，而又逼近河朔，敵易以至。唯建康實古帝都，外連江、淮，內控湖、海，爲東南要會。伏唯觀察時變，從權慮遠，趣下嚴詔，夙〔示〕期東幸，別命忠勇大臣總領六師，留守京邑；又行淸野於河北、山東諸道，俟軍聲國勢少振，然後鸞還中都，則天下定矣。」中書舍人劉珏亦言：「當今之要，在審事機，愛日力。自金北歸，已再踰時，陛下中興，亦旣數月，而六飛時巡，靡所定止，攻戰守備，闕然不講。臣聞近臣有欲幸南陽者，南陽密邇中原，雖易以號召四方，但今日陳、唐諸郡，新刳於亂，千乘萬騎，何所取給！夫騎兵，金之長技，而不習水戰。金陵天險，前據大江，可以固守；東南財力富盛，足以待敵。」於時汪伯彥、黃潛善皆主幸東南，故士大夫率附其議。

29 乙卯，改靖康軍爲保成軍，以守臣折可求言其犯年號也。

30 丙辰，張所、王𤫉、傅亮辭行。

先是李綱建議遣所、亮措置兩河，乃白帝，賜所內府錢百萬緡，爲半年之費，給空名告千餘道，又以京畿卒三千人爲衞，將作〔佐〕官屬，許自辟置。

所請置司北京，招諭山寨民兵，俟就緒日渡河，先復懷、衞、濬州及眞定，次解中山之圍，給地養民爲兵，如陝弓箭手法。初，靖康之割兩河也，所爲御史，獨建言以蠟書募河朔民兵入援，士民喜，故所之聲滿河朔。

亮請置司陝府，從之。亮，西人，習古兵法，綱謂可爲將，奏用之。亮復言：「今經制司所得兵才萬人，皆盜賊及潰散之卒，未經訓練，難以取勝。陝西正兵及弓箭手皆精銳，舊以童貫賞罰不當，陷於民間；若厚賚給以募之，不旬日可得二萬人，與正兵相表裏，度州縣可復卽復之。」

所、亮旣行，兩河響應。黃潛善疾綱之謀，建議遣河北經制使馬忠節制軍馬，俾率兵渡河。有雄州弓手李成者，勇聞河朔，積功爲本縣令。雄州失守，成妻子爲亂兵所殺，成以衆來歸，累官忠州防禦使。潛善令將所部，與忠同擣敵虛；綱復奏以河北制置使張渙爲副，於是權始分矣。

31曹勛自燕山間行至南都，以上皇所授御衣進。帝見衣中八字，泣以示輔臣。

32詔華國靖恭夫人李氏，杖脊配軍營。李氏私侍張邦昌，及邦昌還東府，李氏送之，有語斥乘輿。帝命卽內東門推治，李氏辭服，帝由是有誅邦昌意矣。

33丁巳，詔慰撫東南諸路。

先是經制使翁彥國，被旨修江寧城池、宮室，兩浙轉運判官吳昉助之。有擊登聞鼓者，訴其橫斂，黃潛善、汪伯彥以彥國女爲綱弟維婦，因密啓之。會彥國卒，因落昉職，與宮觀；并撫慰東南，仍起復直龍圖閣趙明誠知江寧府兼江東經制副使。【考異】小紀，明誠明年正月己亥除知江寧府，考建康知府題名，明誠以元年八月到任。江寧要地，無緣彥國死半歲方除帥臣，小紀蓋誤。

34傅雱等至鞏縣，檄河陽具舟，金守臣張巨不納。雱曉諭之，巨馳使雲中，請命於左副元帥宗翰，九日而還，雱乃得濟。

35金左副元帥宗翰奏：「河北、河東府鎮州縣，請擇前資官良能者任之，以安新民。」金主遣耶律暉等從宗翰行，詔黃龍府路、南(京)路、東京路於所部各選如耶律暉者遣之。

36是日，賜故淄州團練使、廣南西路兵馬都監、知融州李拱家銀帛，以拱領兵入援京城，死於敵也。

37賊史斌據興州，僭號稱帝；守臣向子寵棄城遁。斌遂自武興謀入蜀，成都府、利路兵馬鈐轄盧法原與本路提點刑獄邵伯溫共謀遣兵扼劍門，斌乃去。法原，秉之子；伯溫，雍之子也。

38八月，戊午朔，洪芻等流竄有差。

初，芻等坐圍城中事屬吏，帝命馬伸劾之。獄具，芻坐納景王寵姬曹氏，降授朝散郎；

陳沖坐括金銀自盜，與宮人摘花飲酒，朝請郎金大均坐盜禁中𣝯臍，私納喬貴妃侍兒喬氏，朝散大夫周懿文，朝議大夫張卿材，朝奉郎李彝，皆坐與宮人飲酒，朝請郎王及之，坐苦辱寧德皇后女弟，皆辭服。議者以舜、沖、大均當死。帝以新政，重於殺士大夫，乃詔舜、沖、大均長流沙門島，責懿文、卿材、彝、及之爲隴、文、茂、隨四州別駕，懿文英州、卿材雷州、彝新州、及之南恩州安置。

39 徙宗室於江淮以避敵，願留京師者聽之，於是南班至江寧者三十餘人。又移南外宗正司於鎭江府，西外於揚州。

40 杭州軍亂。

帝初立，遣勤王兵還諸道，杭兵才三百，其將得童貫殘兵與俱，軍校陳通等謀爲變。至是軍士縱火，殺士曹參軍及副將白均等十二人。翼日，執守臣龍圖閣直學士葉夢得，詣金紫光祿大夫致仕薛昂家，殺兩浙轉運判官吳昉。轉運判官顧彥成聞亂，亟奔湖州。衆乃推通等七人爲首，囚夢得，逼昂權領州事。浙東安撫翟汝文聞變，自將七千人屯西興，且奏請浙西兵受其節制。

41 己未，元祐太后發京師。

42 庚申，劉光世爲奉國軍節度使，韓世忠爲定國軍承宣使，張俊落階官，並賞平賊功也。

43 辛酉，洛州防禦使、龍神衞四廂都指揮使李扆爲東京副留守，以郭仲荀將所部扈元祐太后至南京故也。

44 御營司都統制范瓊將至襄陽，李孝忠聞之，率兵犯荆南府，入其郛，置酒高會。瓊敗之，孝忠率衆趨景陵。

45 以李綱守尚書左僕射兼門下侍郎，黄潛善守尚書右僕射兼中書侍郎。

先是綱奏以秋末幸南陽，帝已許之。既而潛善與汪伯彥力請幸東南，綱謂人曰：「天下大計，在此一舉，國之存亡，於是焉分，吾當以去就爭之。」一日，留身奏事，言：「臣近者屢蒙宸翰，改正已行事件，又所進機務，多未降出，此必有間臣者。」因極論君子、小人不可並立，且言疑則當勿用，用則當勿疑，帝但勉慰之。後數日，遂有並相之命。

46 張慤兼御營副使。癸亥，命御營使大閱五軍人馬。自是執政皆有親兵。

47 丁卯，張慤言：「河朔之民，憤於兵亂，自結巡社；請依唐人澤潞步兵、三河子弟遺意，聯以什伍而寓兵於農，使合力抗敵，且從靖康詔旨，以人數借補官資，仍倣義勇增修條畫，下之諸路。」乃以忠義巡社爲名。其法：五人爲甲，五甲爲隊，五隊爲部，五部爲社，皆有長；五社爲一都社，有正副；二都社有都副總首。甲長以上免身役；所結及五百人已上，借補官有差。都總首滿二年無過者，並補正。犯階級者杖之。歲十月，按試於縣，仍聽守令節制。歲中，巡社增耗者，守貳、令尉黜陟皆有差。

48 己巳，詔：「諸路兵非專被旨者，毋得會行在。」

49 是日，傅雱等至河陽，金遣接伴使王景彝來迓，止許雱以五百人自隨，日行百八十里。

50 初，尊元祐皇后爲元祐太后，尚書省請元字犯后祖諱，請以居宮爲稱。至是，庚午，更稱隆祐太后，所居名隆祐宮。

51 壬申，先是河北宣撫使張所，招倈豪傑，以忠翊郎王彥爲都統制，效用人岳飛爲準備將。飛初補承信郎，以戰功遷秉義郎。帝初立，上書論黃潛善、汪伯彥不圖恢復，以越職奪官。【考異】繫年要錄，岳飛以論事罷廢，又云不知所論何事，據宋史本傳，則以論黃潛善也。今訂正。至是歸所，所問曰：「汝能敵幾何？」飛曰：「勇不足恃，用兵在先定謀。欒枝曳柴以敗荆，莫敖采樵以致絞，皆謀定也。」所矍然曰：「君殆非行伍中人！」借補修武郎、閤門宣贊舍人，充中軍統領。飛因進說曰：「國家都汴，恃河北以爲固，苟馮據要衝，峙列重鎮，則京師根本之地固矣。招撫能提兵壓境，飛唯命是聽。」所壯之，借補武經郎。

52 趙子崧言杭州軍變，遣京畿第二將劉俊往捕，又命御營統制辛道宗將西兵二千討之。

53 癸酉，耿南仲責授單州團練副使，南雄州安置。【考異】中興小紀作建昌軍居住，誤也。據繫年要錄，明年二月戊午改臨江。

54 乙亥，李綱罷。

先是張所至京師，河北轉運副使、權北京留守張益謙，附黃潛善意，奏所置司北京不當，又言招撫司置後，河北盜賊愈熾，不若罷之。綱言：「所留京師招集將佐，今尚未行，不知益謙何以知其騷擾！朝廷以河北民無所歸，聚而爲盜，置司招撫，因其力而用之，豈由置司乃有盜賊！今京東、西羣盜公行，攻掠郡縣，亦豈招撫司過邪！時方艱危，朝廷欲有經略，益謙小臣，乃敢以非理沮抑，此必有使之者。」時傅亮軍行才十餘日，汪伯彥等以爲逗遛，復命宗澤節制之，使即日渡河。亮言：「今河外皆屬金人，而遽使亮以烏合之衆渡河，不知何地可爲家計，何處可以得糧？恐誤大事。」綱爲之請。潛善等不以爲然。綱極論：「潛善、伯彥力沮二人，乃所以沮臣，使不安職。臣每念靖康大臣不和之失，凡事未嘗不與潛善、伯彥熟議，而二人設心如此。」既而潛善有密啓，翼日，帝批：「亮兵少不可渡河，可罷經制司，赴行在。」綱留御批再上，帝曰：「如亮人才，今豈難得？」綱曰：「亮謀略知勇，可爲大將，今未嘗用而遽罷之，古之用將，恐不如此。」帝不語。綱退，亮竟罷職。綱復求去，帝召綱曰：「卿所爭，細事耳，何爲出此？」綱曰：「人主之職在論相，宰相之職在薦賢。方今人才以將帥爲急，恐不可爲細事。」

殿中侍御史張浚復論綱雖負才氣，有時望，然以私意殺侍從，典刑不當，不可居相位；

又論綱杜絕言路，獨擅朝政，事之大小，隨意必行，買馬之擾，招軍之暴，勸納之虐，優立賞格，公吏爲姦，擅易詔令，竊庇姻親等十數事。帝乃召朱勝非草制，責綱以「狂誕剛愎，謀謨弗效。既請括郡縣之私馬，又將竭東南之民財。以喜怒自分其賢愚，致賞罰弗當於功罪。出令允符於淸議，屢抗執以邀留；用刑有拂於羣情，必力祈於親創〔剳〕，以至帖改已畫之旨，巧蔽外姻之姦。茲遣防秋，實爲渡河之擾，預頒告命，厚賜緡錢，賞踰百萬之多，催運〔僅達〕京師而止，每敎促其速進，輒沮抑而不行，設心謂何，專制若此！」時浚章未下，綱所坐，皆潛善密以傳勝非者。翼日，遂罷綱爲觀文殿大學士、提舉洞霄宮。綱在相位凡七十五日。

鄧肅言：「人主職在任相，陛下初登九五，召李綱於貶所，任以台衡，待之非不專也；但綱學雖正而術疏，謀雖深而機淺。陛下嘗顧臣曰：『李綱眞以身殉國者！』今遽罷之，責辭甚嚴，既非臺章，又非諫疏，不知遣辭者何所據依？且兩河百姓，數月無所適從，及綱措置一月，而兵民稍已安集。僞楚之臣，紛然皆在朝列，及綱先逐邦昌，而叛黨罪已稍正。今綱去，則二事將何如哉！」肅尋與郡。

許翰亦言綱忠義英發，舍之無以佐中興，今綱既罷，留臣無益，因力求去，帝未許。然潛善等皆有逐之之意矣。

55丙子，浙東安撫翟汝文，以兵七千渡江。先是杭賊陳通等紿汝文來受降，及至城下，賊不聽命，汝文復還越州。於是通等盡刺城下強壯爲軍，有衆數萬。

56丁丑，隆祐太后發南京，郭仲荀部禁旅從，且制置東南諸盜。

57己卯，黃潛善、汪伯彥共議，悉奏罷李綱所施行者。是日，先罷諸路買馬，唯陝西諸州各買百匹，其勸民出財助國指揮勿行。已而傅亮以母病歸同州，張所亦以罪貶，招撫、經制司皆廢矣。

58庚辰，詔：「榜諭爲盜軍民，率衆歸降，當赦其罪，仍審量事理，命以官資；若敢抗拒，仍舊爲惡，則掩殺正賊外，父母妻子並行處斬。如大兵會合已到城下，改過出降，放罪推賞。仍令監司召募土豪，自率鄉兵會合討蕩，亦許先次借補官職。」

59辛巳，顏岐復爲御史中丞，辭不拜，改工部尚書。

60壬午，斬太學生陳東、撫州進士歐陽澈於都市。

先是帝聞東名，召赴行在。東至，上疏言宰執黃潛善、汪伯彥不可任，李綱不可去，且請上還汴，治兵親征，迎請二帝。其言切直，章凡三上，潛善等思有以中之。會澈亦上書詆用事者，其間言宮室燕樂事，潛善密啓誅澈，幷以及東。東始未識綱，特以國故，至爲之死，行路之人有爲哭者。東死，年四十二。

61甲申，許景衡爲御史中丞。

62中書舍人朱勝非試禮部侍郎，仍兼直學士院。

63乙酉，遣使往諸路撫諭。

時以金人南侵，朝命隔絶，盜賊蠭起，乃遣朝臣分往諸路，體訪官吏廉汚、軍民利病。殿中侍御史馬伸使湖、廣，吏部員外郎黄次山使京東、西，兵部員外郎江端友使閩、浙，監察御史寇防使江、淮。時祠部員外郎喻汝礪往四川刬刷錢物，王瓊、王忠經制河東、北，錢蓋在陝西，因就命之。尋詔所至決獄，卽死罪當議者，許酌情減降以聞。

64許景衡言：「臣聞議者多指開封尹宗澤過失。臣自渡淮，聞澤誅鋤強梗，撫循善良，又修守禦之備，歷歷可觀。臣竊歎慕，以爲去冬京城有如澤等數輩相與維持，則其禍變未至如此其酷也。且開封宗廟社稷之所在，苟欲較澤小疵，别選留守，不知今之搢紳，威名政術加於澤者，復有何人？」帝大悟，仍封景衡奏示澤，澤賴以安。

景衡又言：「南陽無險阻城池，而密邇盜區，且漕運不繼，不如建康天險可據，請定計巡幸。」

65丙戌，尚書右丞許翰，罷爲資政殿學士、提舉杭州洞霄宮。

陳東死，翰謂所親曰：「吾與東皆爭李相者，今東戮東市，吾在廟堂，可乎！」乃力求去，故有是命。

66金以宗輔爲右副元帥，駐兵燕京。宗輔性寬恕，好施惠，尙誠實，燕人安之。

67金主詔曰：「河北、河東郡縣，職員多闕，宜開貢舉取士以安新民。」有司以遼、宋取士之制不同爲請，命南北各因其所習之業取士，號爲南北選。眞定拘籍境內進士試安國寺，宋進士褚承亮亦在籍中，匿而不出。軍中知其才，嚴令押試，與諸生對策。主文者侍中劉筈，故遼官，降於金，憤宋助伐金，發策，問宋上皇無道，少帝失信，舉人承風旨，極口詆毀。承亮起，詣筈曰：「君父之過，豈臣子所宜言邪！」長揖而出，筈爲之動容。餘悉放第，凡七十二人，遂號「七十二賢榜」。狀元許必仕爲郎官，一日，出左掖門，墮馬，首中闑石死。筈薦承亮知槀城縣，承亮棄去。【考異】金史隱逸傳：天會六年，既破眞定，拘籍境內進士試安國寺，然金人於天會六年實無破眞定事也。癸辛雜識作天會中，皇子郎君破眞定，拘境內進士立試場，此南北傳聞之異詞耳。金史本紀及選舉志俱作天會五年，當得其實。又，隱逸傳作主文劉侍中，不載其名；雜識以爲名筈，今酌書之。

68傅雱、馬識遠至雲中，金左副元帥宗翰在涼陘未還，左監軍完顏希尹遣其大理卿、昭文館學士李侗館伴，問雱使指，雱以二帝表文及國書授之。凡六日，乃得見希尹與右監軍耶律伊都，舊作余覩，今改。權知樞密院事時立愛，【考異】金史時立愛傳：立愛以天會九年知樞密院事。此時特權知耳，要錄以爲眞授，傳聞未審也，今訂正。席地重氈，參決堂上，兵部尚書高慶裔立其旁，雱跪聽其語。希尹先言南朝不割三鎭事，又言：「通問之初，安可遽及二帝！卽不得請，殆欲以兵取之邪？」雱遜謝再三，乃罷就舍。

續資治通鑑卷第一百

賜進士及第兵部尚書兼都察院右都御史總督湖北湖南等處地方軍務兼理糧餉世襲二等輕車都尉畢沅編集

宋紀一百 起強圉協洽（丁未）九月，盡十二月，凡四月。

高宗受命中興全功至德聖神文武昭仁憲孝皇帝

建炎元年 金天會五年。（丁未、一一二七）

1 九月，戊子朔，詔：「諸軍團結五人爲伍等指揮並罷。」

2 己丑，建州軍亂。

先是調建卒往守滑州，爲金人攻退，故例當得卸甲錢，轉運使不時與。是日大閱，軍校張員等作亂，殺福建轉運副使毛奎、判官曾仔，執守臣直龍圖閣張勤；提舉常平公事陳桷檄朝請郎王淮將土軍射士討之，不能克。後詔奎、仔各官其子孫一人。

3 范瓊屢與李孝忠戰，敗績。會諸郡兵皆至，瓊與都統制官喬仲福及孝忠戰於福〔復〕州之雲澤，大敗之。

4辛卯，河北經制使馬忠，貶秩二等，坐逗遛不進也。

先是河東之民，所在出攻城邑，皆用建炎年號。又有紅巾軍，于澤、潞間嘗劫宗翰寨，故金捕紅巾甚急；然眞紅巾不可得，多殺平民亡命者。忠受命經制，畏敵不敢前。是時命帶御器械鄭建雄知河陽府，而主管侍衞步軍司公事閭勍助之，忠仍逗遛，故坐貶。于是黃潛善、汪伯彥共政，方決策奉帝如東南，無復經制兩河之意。

5詔：「江、池、饒、建州所鑄錢，以『建炎通寶』爲文。」

6甲午，命知揚州呂頤浩修城池，發運（副使李祐等爲隨）軍轉運使，以將南遷也。

7初，命兩浙提點刑獄公事周格、高士曈督捕杭寇，士曈，戚里子也，欲招安之。翟汝文奏：「今浙東與經制司槍杖手合萬人，兵勢已盛，而憲臣意在黨賊，已受其降。今杭賊猖獗，至于主帥橫死，【考異】李心傳曰：葉夢得爲賊所拘，汝文蓋信誤報已死故也。漕臣斷首，而反寵以官，是誘人作賊也。」賊乃遣其黨往秀州誘士曈及顧彥臣來杭州受降。士曈素隊入城北，賊百餘騎突出，賴鮑貽遜下槍杖手在北門，始獲免。既而格亦領兵至，士曈始約日進兵。然諸軍爲賊誘去者甚衆。

先是辛道宗奉詔討賊，軍行至鎭江府，守臣趙子崧犒賜甚厚，道宗掩有之，行次嘉興，始給軍士人五百錢，衆怒，潰去者六百人，道宗奔還鎭江。衆擁高勝爲首，勝舊爲太行山盜，名高托天。亂兵攻秀州，守臣直龍圖閣趙叔近城守，人遺以綺四縑，賊乃北趨平江府。

8 丁酉，詔：「荆、襄、關、陝、江、淮，皆備巡幸，並令因陋就簡，飲食不事豐美，亭傳僅備風雨，橋梁舟楫，取足濟渡，道路毋治，官吏毋出，有司百吏敢擾擾者，重置于法。惟軍馬芻糧，必務豐潔，將士寨棚，必令寬爽。播告諸道，使聞知焉。」

9 己亥，皇子旉爲檢校少保、集慶軍節度使，封魏國公。

10 庚子，道君皇帝、淵聖皇帝自燕山徙居中京，居相府院。時嗣濮王仲理等千八百餘人尚在燕，金人計口給糧，監視嚴密，宗室死者甚衆。中書侍郎陳過庭亦在燕，宗翰議縱遣之；俄押赴顯州，令厚加養濟。

11 宗澤自河北引兵還京師。

12 辛丑，杭賊夜劫提點刑獄周格寨，殺之；提刑司所統蘇、秀兵，遂入杭與賊合。時格所部淮南兵不肯從，盡爲浙兵所害。賊復以金帛遺人誘諸郡不逞，使據城相應。翟汝文慮變生肘腋，遂引兵還越州。賊勢愈熾。

13 壬寅，詔遣官具舟奉迎太廟神主赴揚州。命孟忠厚幹辦禮儀公事，合用禮器，隨宜充代，薦新物，令本州酌量應判（校者按：判字衍。）付。

14 直祕閣、河北西路招撫司參謀官王圭陞招撫（判）官，代張所也。于是所落直龍圖閣，嶺南安置，死貶所。

15乙巳，詔：「沿河控扼州縣，團結民兵，明遠斥候；若金人欲乘船渡河，先使善沒水手鑽穴其舟，併力掩殺，上下應援，毋爲自守之計。有能沒兩舟者，白身與進義副尉。沿海州軍依此。」

16初，宗澤募義士守京城，且造決勝戰車千二百乘，每乘用五十有五人，運車（者）十有一，執器械輔車者四十有四，回施曲折，可以應用。又據形勝，立二十四壁于城外，駐兵數萬。澤往來按視（校者按：視字衍。）試之，周而復始。沿大河鱗次爲壘，結連兩河山水寨及陝西義士，開五丈河以通西北商旅。京畿瀕河七十二里，命十六縣分守之，縣各四里有奇，皆開濠，深廣丈餘，于其南植鹿角。又團結班直諸軍及民兵之可用者。乃上表請車駕還京，不報。

17丁未，中書舍人劉珏言：「近擢黃潛厚爲戶部尚書。潛厚乃潛善親兄，祖宗以來，未有弟爲宰相，兄爲八座，而同居一省者。惟蔡京專政，無所忌憚，京爲左相，則卞爲元樞，京領三省，則攸領密院。聞潛厚、潛善皆有章疏，陛下從而允之，亦所以全其守法之美。」疏入，乃改命。

18金主詔：「內地諸路，每耕牛一具，賦粟五斗，以備歉歲。」

19戊申，李孝義、張世引步騎數萬襲德安府，詐稱來受招。守臣陳規登城，視其營壘，曰：「此詐也。」中夜，孝義引兵圍城，規已爲之備，大敗之，孝義遁走。

20河北招撫司都統制王彥，率裨將岳飛等所部七千人渡河。金兵盛，彥不敢進，飛獨引所部鏖戰，奪其纛而舞，諸軍爭奮，遂拔新鄉。

21己酉，募民入貲授官，自迪功郎以下凡六等。尋命每路以監司一員董其事。

22軍賊高勝等入常州。

先是勝等過平江，奉直大夫趙研棄〔乘〕城，誘勝使入，犒之。衆懼而退，推其徒趙萬爲首，至無錫，李綱時方寓居，出家財散賊，乃去。【考異】熊克小紀：賊至無錫縣，知縣郗漸單馬造賊，大言曰：「聖駕幸東南，先驅且至，知之乎？」皆言不知。漸曰：「若等無他，宜于此時轉禍爲福。」衆矍然相視，遂送之出境。此據孫覬〔覿〕所作郗漸墓志，與此異。至常州，守臣何袞恬不爲備，賊入城，大掠三日，執通判曾續而去。

23庚戌，始通當三大錢子〔于〕淮、浙、荆湖諸路，用張慤請也。

政和舊法，當三大錢止行于京畿東、西及河東、北，由是東南小平錢甚重而物輕，西北反是。慤言：「大錢始不行于東南，慮私鑄耳。其後改當十爲當三，自無私鑄之利，何爲而不可行？況財貨皆出于東南，常慮錢寶不足于交易。望詔三省參論，以革因循之弊。」從之。

時更軍旅之後，諸道財賦，亡于兵火，委于川途，乾沒于胥吏者，不可勝計。懿在河朔時，以心計爲帝所知，自長地官至于執政，帝獨委以理財。嚴明通敏，文移所至，東南諸路惕息承命，國用賴以毋乏。然懿在中書，至于自作酒肆，議者以爲苛碎焉。

24辛亥，金主賜元帥右監軍完顏希尹、萬戶尼楚赫舊作銀朮可，今改。劵書，除赦所不原，餘悉不問。

25壬子，詔賜張邦昌死。

始，李綱議誅邦昌，黃潛善、汪伯彥皆持不可。及是聞金以廢邦昌爲詞，復用兵。帝將南遷，而邦昌在長沙，乃詔湖南撫諭官馬伸曰：「張邦昌初聞以權宜攝國事，嘉其用心，寵以高位。雖知建號肆赦，度越常格，優支賞錢數百萬緡，猶以迫于金人之勢。比因鞫治他獄，始知在內衣赭衣，履黃裀，宿福寧殿，使宮人侍寢，心迹如此，甚負國家。尙加惻隱，不忍顯肆朝市，只令自裁；全其家屬，令潭州日給口糧，常切拘管。」仲〔伸〕至潭，邦昌讀詔已，徘徊退避，不忍自盡。執事共迫之，乃登平楚樓而縊。【考異】蔡絛百衲叢談，邦昌死于平楚門下官舍。揮塵〔麈〕錄餘話：平楚樓在天寧寺。于是高州流人王時雍亦伏誅。

26甲寅，詔：「行在及東京百司官，如擅離任所，並停官根捕，就本處付獄根勘。」

27乙卯，詔：「成都、京兆、襄陽、荆南、江寧府、鄧、潭州，皆備巡幸。」

宗澤復上疏，略謂：「本朝提封萬里，京師號爲腹心，宗廟社稷所在，民人依之。今兩河雖未敉寧，猶一手臂之不伸；乃欲併腹心而棄之，豈祖宗付託之意，與睽睽萬目所以仰望之心！昔景德間，契丹侵澶淵，警報一聞，中外震恐。是時王欽若江南人，勸幸金陵；陳堯佐蜀人，勸幸蜀都，惟寇準請帝親征，卒用成功。臣何敢望準，然不敢不以章聖望陛下也。且臣奉迎鑾輿還都而後，卽當身率諸道之兵，直趨兩河之外，親迎二聖，雪靖康一再之恥，然後奉觴玉殿，以爲億萬斯年之賀，臣之志願始畢。」上疏後，澤復營繕宗廟、宮室、臺省，又以東門乃回鑾奉迎之地，特增修之。

28王彥及金人戰于新鄉縣，敗績。兵潰，彥奔太行山。岳飛以單騎持丈八鐵槍刺殺金帥于陣，金人爲退卻。

初，彥既得新鄉，傳檄諸郡。金人以爲大軍之至，率衆數萬薄彥壘，圍之。彥兵寡，且器甲疏略，乃決圍出。敵盡銳追擊，彥與麾下數十人馳赴之，所向披靡；轉戰十數里，弓矢且盡，會日暮，得免。彥收散亡，得七百餘人，保共城縣西山。部曲感其義，皆面刺「赤心報國」字。未幾，兩河響應，忠義民兵首領傅選、孟德、劉澤、焦文通等皆附之，綿亙數百里，金人患之。

29是日，賊趙萬入鎭江府境，守臣趙子崧遣將逆擊于丹徒，調鄉兵乘城爲備。府兵敗歸，鄉兵驚潰，子崧率親兵保集焦山寺。賊踰城入，遂據鎭江。

30初，傅雱既見金完顏希尹于雲中，留彌月。會制置使張渙、招撫使張所遣兵渡河，皆失利，渙爲亂軍所殺。金以用兵責使者，雱遜謝。希尹乃以國書授雱等還，書中索河北人之在南者及爲夏人請熙寧以來侵地，又欲于河陽置榷場以通南貨，雱受書以歸。金人無聘幣，伴使李侗自以乳香、白金等贐之。

31金人遣直史館王樞持册使高麗。

32冬，十月，丁巳朔，帝登舟如淮甸。

33戊午，隆祐太后至揚州，駐于州治。

34庚申，詔：「諸路官司及寄居待次官，或非王命備補之人，以勤王爲名，擅募民兵潰卒者，並令散遣；有擅募者，帥、憲司按劾以聞。」

35宗澤復上疏言：「臣契勘京城四壁濠河樓櫓與守禦器具，當職官吏，協心併力，夙夜自公，率勵不懈，增築開濬，起造緝理，寖皆就緒。臣又製造決勝戰車一千二百兩，每兩用五十有五人，一卒使車，八人推車，二人扶輪，六人執牌，輔二十人執長槍，隨牌輔車十有八人，執神臂弓弩，隨槍射遠，小使臣兩員，專幹辦閱習車事，每十車差大使臣一員總領爲一隊。見今四壁統制官日逐教閱，坐作進退，左右回旋曲折之陣，委可應用。又，沿河十六縣與上下州軍，相接作連珠寨以嚴備禦。臣見使王彥、曹中正在河西攻擊，收復州縣，西京、河陽、鄭、滑等州同爲一體，敵人畏讋，不敢輕動。臣自到京，奉揚陛下仁風德意，街市人情物態，忻悅敉寧，同太平時景象。顧臣犬馬之齒六十有九，比緣陛下委付之重，常患才力不任，惕惕憂懼。近日頓覺衰悴，萬一溘先朝露，辜負陛下眷恤憐憫之意，臣死不瞑。儻使臣與將士官民獲望回鑾之塵，俯伏百拜，然後身塡溝壑，則雖死之日，猶生之年。」

先是羣盜王再興以兵數萬，王貴萬餘人往來河上，王善以車百乘寇濮州；楊進兵尤衆，連擾京西諸郡。至德安府，守臣直龍圖閣陳規，晝夜相持，十有八日，而進技窮，乃以百餘人自衞，抵濠上求和。規出城，與進交臂而語，進感其誠，折箭爲誓，明日，引衆去。圍光州，澤遣招之，皆聽命，以進爲留守司統制。澤理財有方，凡兩河及京東、西諸郡求軍需者，皆輙東京所有與之，不以爲間。既而澤聞帝已南遷，又上疏，詞意忠懇，帝優詔答之。

36 癸亥，募羣盜能併滅賊衆者，授以官。

37 甲子，李綱落職，依舊宮祠。

時張浚論綱罪未已，略言：「綱陰爲慘毒，外弄威權，當時臺諫如顏岐、孫覿、李會、李擢、范宗尹，重者陷之以罪，輕則置之閑散。若非察見之早而養成其惡，則宗廟之寄，幾敗于國賊之手。願早賜竄殛。」章再上，乃有是命。【考異】宋史張浚傳不載劾李綱事，即李綱傳中，亦僅一書浚劾，蓋史家於浚多曲筆，諱而不盡言也。論者以李綱之進退，關繫南宋之興衰，而綱之罷相遷謫，實浚一力傾之。今據繫年要錄載入，以補宋史之闕，未可以晚節之忠而諱其早年之失也。

38直龍圖閣知秀州趙叔近招杭賊陳通，降之。

39乙丑，詔罷帥府、輔郡、要郡等招置新兵，水軍準此。

40丁卯，有內侍自京齎內府珠玉二囊來上，帝投之汴水；翼日，以諭輔臣黃潛善曰：「太古之世，擿玉毀珠，小盜不起，朕甚慕之，庶幾求所以息盜耳。」

41是日，沙州回鶻遣使貢于金。

42庚午，帝次泗州。

43壬申，升揚州天長縣爲軍。

44丁丑，詔：「東南諸州縣所椿私茶鹽礬賞錢，每處各以千緡計，綱赴行在。」用都省請也。

45戶部言諸路所收民間助國錢，乞令計置，輕齎赴行在，從之。

46己卯，帝次寶應縣，御營後軍作亂，有孫琦者爲首。左正言盧臣中從駕不及，立船舷叱賊，爲所逼，墮水死；帝命求臣中所在，得之水中，拱立如故。張浚以爲雖在艱難，不可廢法，乃劾統制官定國軍承宣使韓世忠師行無紀，降觀察使。【考異】朱子張浚行狀，浚劾世忠，上爲奪觀察使。考世忠在南京已除承宣使，行狀誤。贈臣中左諫議大夫，賜其家銀帛，官子孫二人。

47 自罷常平司，而諸路提舉官多以未受命爲詞，居職如故；僞黨之被竄逐者，往往不行。言者以爲國家所恃以號令天下者，威信而已；今無所忌憚如此，不可以不申戒。乃詔帥臣、監司體量罷奪，其竄斥人護送貶所；隱庇者重坐之。

48 庚辰，命劉光世討鎮江府叛兵。辛巳，復命光世爲滁、和、濠、太平州、無爲軍、江寧府界招捉盜賊制置使；御營統制官苗傅爲制置使司都統制，從光世行。

49 癸未，帝至揚州，駐蹕州治。舊制，三衙管軍未嘗內宿，至是始日輪一員，直宿行宮。

50 詔：「內侍不許與統兵官相見，如違，停官送遠惡州編管。」時入內內侍省押班康履，以藩邸舊恩頗用事，諸將多奉之，臺諫無敢言者。

51 丙戌，兩浙制置使王淵率統制官張俊等領兵至鎮江府，軍賊趙萬等不知其猝至，皆解甲就招。時辛道宗前軍將官苗翊，猶在叛黨中，乃委翊統之，衆心稍定。淵尋紿賊以過江勤王，其步兵先行，每一舟至岸，盡殺之，餘騎兵百餘人戮于市，無得脫者。【考異】小紀以此事爲劉光世；林泉野記、中興小紀皆作王淵，今從之。蓋淵領兵往杭州在光世先，因過鎮江而遂平之也。

52 李孝義攻德安不下，行至蘄州，張世斬之，餘黨悉降。

53 十一月，丁亥朔，以揚州路滑，始聽百官乘轎。

54 戊子，李綱鄂州居住。

時張浚等論綱不學無術，競氣好私，不早竄殛，無以謝天下。言者又奏：「近日辛道宗叛兵自蘇、秀而來，綱傾其家貲數千緡，並製造緋巾數千，遣其弟迎賊，其意安在？今陛下駐蹕維揚，人情水〔情未〕安，綱居常州無錫縣，去朝廷不三百里。綱素有狂愎無上之心，復懷怏怏不平之氣；常州風俗澆薄，萬一盜賊羣起，藉綱爲名，臣恐國家之憂，不在金人而在蕭牆之內。」故有是命。

55 張遇入池州。

遇本眞定府馬軍，聚衆爲盜，號「一窩蜂」，自淮西渡江，水陸並進，池州守臣滕祐棄城走。遇入城縱掠，驅強壯以益其軍，民辭以不習戰，遇曰：「吾教汝。」即命二人取器械相擊，殺一人乃止，曰：「此戰勝法也，能殺彼，則汝可活耳。」

56 己丑，詔：「諸路無額上供錢水〔依〕舊法更不立額，自來年始。」

57 庚寅，詔求忠信宏博可使絕域及智謀勇毅能將萬衆者，詣檢、鼓院自陳。其後得宇文虛中、劉誨、楊應誠、劉正彥，皆擢用之。

58 徽猷閣直學士、知揚州呂頤浩試戶部侍郎，兼權知揚州。

59 辛卯，金人圍磁州。

60朝奉郎王倫爲大金通問使。

時傅雱、馬識遠至汴京，詔趣還，問金人意，復遣倫與閤門宣贊舍人朱弁見宗翰議事。雱至揚州，以金國書對于後殿。擢雱朝請郎，識遠尚書考功員外郎。

61乙未，張慤守尚書左丞兼御營副使、提舉戶部財用，顏岐同知樞密院事。

62乙巳，詔：「自今被受中使傳宣者，當時密具所得旨，實封以聞；如事有未便者，許奏執。」又詔：「凡宣旨及官司奏請事，元無條貫者，並中書、樞密院取旨；非經三省、樞密院者，官司無得受。」復舊制也。

63丙午，張慤守中書侍郎，兼知如故。

64丁未，黃潛厚請許淮、浙鹽入京東，每袋納借路錢二千。東京，舊東北鹽地分也，時濱海道不通，故許之。

65戊申，顏岐守尚書左丞，兼權門下侍郎。

66許景衡守尚書右丞。

先是景衡陳十事，謂方今人才未備而政事不立，法度未修而宿弊尚存，浮費不節而國用空虛，賦役煩重而民力困弊，命令不行而事多壅滯，賞罰未明而人無懲勸，盜賊繼作而吏民被害，邊境危急而武備弗嚴，姦贓未逐而貪暴滋多，公議未申而親黨害政。帝歎息曰：

「眞今日之急務！」未幾，擢爲執政。

67 刑部尚書郭三益同知樞密院事。

68 右諫議大夫王賓試御史中丞。

69 初，責授安化軍節度副使趙野，行至密州，衆推野領州事。時山東羣盜縱橫，劇寇宮儀據即墨不退，野患之，棄城去。杜彥時據密州，乃與軍士李逵、吳順謀自稱權知州事，追執野于張蒼鎭，數其棄城之罪，臠之，惟一子學老得脫。彥盡刺城中人以益其軍。

70 辛亥，金人破河中〔間〕府。

71 趙叔近言杭卒今已就招，請授以官，許之。劉珏言：「今盜賊數殘州縣，以招安之說誘之也。金陵黥徒，既被厚賞，錢塘之兵，建安之卒，道宗之師，又襲是跡而動，今湖又見告矣。其視殺漕憲守倅，若刈草菅，非徒無罪，且有子女金帛之獲，紫袍象簡之榮。觀今叔近所乞，乃羣盜逼作此奏，非實情也。」許景衡亦言：「官吏無罪，而被誅戮，軍吏有罪，反受爵命，其爲賞罰，不亦倒置乎！」帝用二人言，乙卯，寢其命。

72 初，壽春賊丁進，自號丁一箭，聚衆至數萬，遂圍壽春府。守臣康允之募人出城見進，許以金幣犒師。進殺使者，圍城二十五日，不能拔，乃引去。

73 劉光世討張遇于池州，至近郊南門，賊望之曰：「官軍少，且不整，可破也。」時湖水涸，賊出城，越湖占長隄，遶出官軍背，官軍敗績。遇率衆循江而上，光世亦整兵追之。

74 十二月，丙辰朔，詔以侍從四員充講讀官。

75 命諸路轉運司類省試以待親策。

先是諸州發解進士當以今春試禮部，會圍城，不果。上以道梗難赴，乃命諸路提刑選官，即轉運司所在州類省試，每路選官六員，臨期實封；移牒漕臣一員監試，不得干預考校；仍用省額，統計十有四人而取一人。省試有額自此。

76 丁巳，詔：「朕罔好游畋，有以鷹犬輒稱御前者，流海島。」

77 辛酉，御營使司都統制王淵入杭州。

初，淵至秀州，下令治兵十日乃行，杭賊陳通等聞之，緩爲之備。及是淵與統制官張俊馳至城下，傳呼「秀州趙龍圖來」，通出不意，出迎。淵諭以朝廷遣賜告身，通等皆喜。淵、俊入州治，命軍士分守諸門，淵召其首三十人至庭下，遽執之。通呼曰：「已受招安，何爲乃爾！」淵曰：「我受詔討賊，不知其他！」併執其餘黨，悉腰斬之，凡百八十餘人。百姓相賀。

78 壬戌，資政殿學士、京東東路制置使、知青州曾孝序爲亂兵所殺。

先是臨朐土兵趙晟，聚衆爲亂，奪門而入。孝序度力不能制，因出據廳事，瞋目罵賊，與其子宣教郎訏皆遇害，時年七十九。詔贈光祿大夫，謚曰威。【考異】襲頤正中興忠義錄作「威愍」，會要無「愍」字。

79 癸亥，金人攻汜水關。

初，宗翰聞帝如維揚，乃約諸軍分道南侵。宗維（校者按：即宗翰。）自河陽渡河，攻河南；右副元帥宗輔與其弟宗弼自滄州渡河，攻山東；陝西諸路都統洛索舊作婁室，今改。與副都統薩里罕舊作撒离喝，今改。自同州渡河，攻陝西。時西京統制官翟進扼清河白磊，而帶御器械鄭建雄守河陽，敵不得濟。宗翰乃屯重兵于河陽北城以疑建雄，而陰遣萬戶尼楚赫自九鼎渡河，背攻南城，破之，建雄遂潰。

西京留守陳〔孫〕昭遠，既罷西道都總管，所調西師，以非所隸悉引去。昭遠數以洛陽無城池而強敵對境侵軼之狀聞于朝，且遺其子書曰：「今日捍禦，甚難爲功。四男二女，無可置念，要爲忠義死耳。」乃遣驍將姚慶拒之于偃師縣，軍敗，慶死之。昭遠知城危，即命其將王仔奉啓運宮神御間道赴行在。既而金人大入，昭遠引餘兵南去，翟進率軍民上山保險。

宗翰據汜水，引軍而東，命尼楚赫分兵攻京西。先是知階州董庠以勤王兵入援，潰散無所歸，宗澤以庠知鄭州。澤聞金兵入境，遣將劉達援之，未至，庠棄城走。是日，尼楚赫至鄭州，不入城而去，徑如京西，中原大震。

80甲子，諫議大夫衞膚敏上疏，謂：「本朝后族、戚里，祖宗以來例不得任文資。乃者除邢煥徽猷閣待制，孟忠厚顯謨閣直學士，比又降中旨，王義叔與郡，王義叟除太府寺丞。物議太喧，頗爲聖政之累。」疏入，改煥光州觀察使。

81乙丑，詔：「自今除授及行遣有罪之人，並須經由三省及宰執進呈，方得施行；或有干求請托，乞御寶以行下者，重置于法。」

82丙寅，張遇寇江州，守臣陳彥文視事始十日，固守不下。遇引去，江淮制置使劉光世截其後軍，破之。

83丁卯，詔：「諸路都總管司走馬承受公事使臣，依舊法隸屬帥司。」先是政和中，改走馬承受爲廉訪使者，其權與監司均敵；朝廷每有所爲，輒爲廉訪所議，樞密院藉以搖宰相，因復舊制。

84戊辰，衞膚敏疏論：「先朝嬪御皆至行在，建承慶院以處之，又置升暘宮以治兵器及服御所須之物，而使內侍典其役。或母后戚里之家，有所干請，間以內批御寶行之，人言嘖嘖。望以承慶營繕付之揚州，升暘造作歸之有司，戚里內侍有干請過例者，勿復降出。其錫賚之費，量功支賜，則人言不戒而自孚矣。」上嘉納之。

85金人圍棣州，守臣姜剛之率軍民拒守，不拔而去。

86金洛索渡河，拔韓城縣。

初，京兆府路經路制置使唐重在關中，以將官曲方爲沿河安撫使。方老而繆，統兵屯韓城，日以飲食蹴鞠爲事。時河東經制使王𤫉在陝府，遣人渡河劫寨。洛索遂自慈、隰引兵而南，重遣兵馬都監、貴州刺史劉光弼齎金帛至河犒師。光弼至華州，聞敵逼河，遂留不進。洛索至河中府，官軍扼蒲州西岸。洛索患之，夜，潛由上流清水曲履冰渡河，出龍門山，並河而南，距韓城四十里，方始覺，引兵遁去。光弼聞之，不歸長安而走邠、岐間。

先是榮州團練使陳迪，自瀘南安撫司走馬承受公事還行在，重以敵兵逼近，奏留迪提舉軍馬措置民兵以備敵。又有嘉州軍事推官王倘，被檄過岐下，重辟倘主管機宜文字，留長安。時京兆餘兵皆爲經制使錢蓋調赴行在，重度金兵且入，以書別其父克臣曰：「忠孝不兩立，義不苟生以辱吾父。」克臣報之曰：「汝能以身殉國，吾含笑入地矣。」見者皆義之。

87壬申，直龍圖閣、知秀州趙叔近罷，仍奪職。

時叔近既招降杭寇陳通，而言者論其嘗受賊金，由是免官，拘繫于郡。

88甲戌，金洛索攻同州，守臣直祕閣鄭驤死之。

先是驤聞帝幸維揚，上章請自楚、泗、汴、洛以迄陝、華，各募精兵鎮守，有急則首尾相應，庶幾敵勢不能衝決，不報。

至是金兵及韓城，驤帥兵扼險擊之，師小卻。金人乘勝徑至城下，通判以下皆遁，驤獨曰：「我爲太守，義在效死。」閉州門，赴井死。衆推前知沙苑監周良立青蓋于城上，軍民猶守禦。金人諭降，良曰：「苟無殺戮，當聽命。」許之。卽授良定國軍節度使、知同州，惟遣十數騎入州學，取書籍而歸。州人感驤之義，斂葬之；後贈樞密直學士，謚威愍。

同州既破，王𤫊軍亂不能整。先是閤門祗候張昱棄慈州奔𤫊，𤫊乃命昱治陝，而率衆由金、商西入蜀。州縣震恐，欲閉關拒之，利州路提點刑獄張上行，破衆議迎𤫊屯興元府，供其衣糧。時叛賊史斌僭號興州，將攻興元府，𤫊遣統制官韋知幾、統領官申世景領兵拒之，復興州。既而𤫊留屯久，軍餉不繼，成都府路轉運判官趙開等乃率兩川民間助軍錢佐之，又以便宜截用遞歲應輸陝西、河東三路綱。川、陝屯西兵自此始。

89 初，直龍圖閣、知黃州趙令宬奉詔修城，始畢，會張遇自江州西上，招令宬出城相見，飲以酒。令宬舉杯曰：「固知飲此必死，願諸君勿殺城中軍民。」遇驚曰：「酒誠有毒，以此試公耳。」奪潑地上，地裂有聲。羣盜皆重令宬器識，引軍東去。未幾，丁進及羣寇來犯，皆擊卻之。

90 乙亥，命守令勸農賑乏，罷獻助錢物。

91 金西北路都統鄂囉舊作斡魯，今改。卒。鄂囉伐遼有大功，後追封鄭國王。

92丙子，親衞大夫、寧州觀察使、知東上閤門事韋淵言：「橫行五司，尚未遵元豐舊制，乞併引進司歸客省，東、西上閤門合而爲一，以省冗員。」從之。

93丁丑，詔：「宗室歸朝官添差者勿罷，已去任者復還之。」始，議以軍興，悉罷州縣添差官以紓民力，至是惟二者得留。

94己卯，金尼楚赫破汝州。

初，宗輔既渡河，議先攻汴京，且分兵趨行在。而東京留守宗澤增修守禦之備，城外千里，無糧可因。金人擾瀕河州郡，諸將請斷河梁，嚴兵自守，澤曰：「去歲城破，正坐此爾，尚可襲其軌邪！」命統制官劉衍趨滑州，劉達走鄭州，各率車二百乘，戰士二百人保護河梁，以俟大軍北渡。金人聞之，夜，斷河梁而遁。時孫昭遠既棄河南去，西京殘民無主，乃開門出降。宗翰入西京，以李嗣本知河南府，自屯西京大內，與澤相持。

金人既破汝州，將士挾西京北路提刑謝京以遁，金人擊殺之。州民王氏二婦爲金兵所得，投漢水死，尸皆浮出不壞。軍校王俊收集潰兵後，據織蓋山，有衆數萬。

95庚辰，詔：「除京畿東·西、河東·北、陝西等路依元降指揮置巡社外，後來增置路分並罷。」

96給事中劉珏試吏部侍郎；右諫議大夫衞膚敏試中書舍人，仍兼侍講。

膚敏在諫院纔兩旬，言事至十數，黄潛善等忌之。會膚敏復論邢煥雖已易廉察，而孟忠厚尚仍舊官，詔曰：「邢煥，朕之后父，卽以換武；忠厚係隆祐太后之親，宜體朕優奉之意。」膚敏乃力辭新職。時玨亦論戶部尚書黄潛厚當避親，乃以潛厚爲延康殿學士、提舉醴泉觀、同提舉措置戶部財用。膚敏旣移官，遂與玨俱謁告不出。

97 以楊時爲工部侍郎，時年七十五矣。入見，言自古聖賢之君，未有不以講學爲先務者，帝深然之。

98 中書舍人劉觀試給事中。觀上言：「今日之患，在中國不在外敵，在朝廷士大夫不在邊鄙盜賊。願陛下委諫官、御史，取崇寧以來饕餮富貴最無狀之人，編爲一籍，已死者著其惡，未死者明其罪，如以開邊用兵進，以花石應奉進，以刻剝聚斂進，以交賄權官進，類爲數十條，概其罪惡，疏其名氏，有司鏤版，播告天下，與衆棄之。如此，外敵莫不畏，盜賊莫不服，然後忠賢安于朝，而中興之業可得而定。」帝嘉納，命臺諫具名以聞。後不果行。

99 丁進旣去壽春，宗澤遣使招之，進納款。澤以便宜補授言于朝，詔進充京城西壁外巡，以所部赴京城四面屯駐。

100 溫、杭二州上供物，几案有以螺鈿者，帝惡其靡，命碎之通衢。

101 乙酉，帶御器械張俊自杭州移兵討蘭溪僧居正，破之。

102 初，建卒張員等既叛，統制官、朝請郎王淮，雖駐兵城下，未能破賊。有軍校魏勝者，獨不從亂，頗能調護其黨。至是有詔招安，員等聽命。守臣張勤，提舉常平公事王浚明，皆坐失職罷去。會淮治喪，乃起復故官，知建州，使之撫定，而以勝爲承信郎、權本州兵馬監押。時員等雖開門，然軍情猶未定也。

103 是歲，夏改元正德。

續資治通鑑卷第一百一

賜進士及第兵部尚書兼都察院右都御史總督湖北湖南等處地方軍務兼理糧餉世襲二等輕車都尉　畢沅　編集

宋紀一百一 起著雍涒灘（戊申）正月，盡五月，凡五月。

高宗受命中興全功至德聖神武文昭仁憲孝皇帝

建炎二年 金天會六年。（戊申、一一二八）

1春，正月，丙戌朔，帝在揚州。

2丁亥，詔錄兩河流亡吏士。又于沿河給官田牛種，以居流民。

3戊子，金萬戶尼楚赫舊作銀朮可，今改。攻鄧州。

初，觀文殿學士、京西南路安撫使范致虛既受命，會河東制置使趙宗印引兵自商山出武關，欲趨行在，與致虛會于方城，因將其軍偕至。

致虛之未至也，轉運副使、右文殿修撰劉汲攝守事。汲初受命，即遣家屬還鄉，治兵爲戰守計。及金兵將壓境，州兵不滿萬人，致虛聞風亟遁。詔除汲安撫使。【考異】繫年要錄引劉汲家傳云：爲京西轉運使，高宗卽位，就拜右文殿修撰、知鄧州兼京西南路安撫使。日曆亦于九月壬寅書劉汲知鄧州。今考趙甡之遺史，則致虛以去年十二月初到官，敵至乃遁，而汲權帥，與史及家傳不同。然乾道六年太常寺擬汲賜謚狀，亦云權京西安撫使，則是甡之所云非誤也。中興會要：汲死于直龍圖閣，而家傳云陞右撰，必得其詳，今從家傳。語諸將曰：「國家養汝曹久，不力戰，無以報，且吾不令汝曹獨死也。」士皆奮。汲募敢死士，得四百餘人，乃遣兵馬都監戚鼎以兵三千出東門迎敵，靳儀以兵八百出南門，趙宗印以兵三千出西門掎之。汲以牙兵四百登埤以望，見宗印遁，卽自至鼎軍中，麾其衆以待敵至，士爭死鬭，敵爲卻。俄而儀亦敗，敵以二軍夾乘之，矢如雨。軍中請汲去，汲曰：「使敵知宣〔安〕撫使在此樂爲國致死。」敵大至，汲死之。宗印率軍民自房陵奔襄陽。事聞，贈汲大〔太〕中大夫，後謚忠介。【考異】趙甡之遺史：汲帥將兵二千人及兩都監出南門，聲言欲出戰。或以爲出奔爲金人所掩，汲及兩都監被拘執，或曰登時被殺，今從家傳。甡之又云：宗印奔襄陽，尼楚赫乃破城。而家傳所書差詳，今從之。

4 是日，金陝西諸路都統洛索舊作婁室，今改。圍長安。

先是河東經制副使傳〔傅〕亮自陝府歸馮翊，會唐重除永興帥，因與亮俱西。城中兵才千人，重悉以授亮，嬰城固守，金益兵攻之。

5 己丑，直祕閣謝貺提點京西北路兼南路刑獄公事，專切總領招捉賊盜。

先是有撰勸勇文者，揭于關羽廟中，論敵兵有五事易殺：「連年戰辛苦，易殺；馬倒便不起，易殺；深入重地，力孤，易殺；多帶金銀，易殺；作虛聲嚇人，易殺。各宜齊心協力，共保今歲無虞。」晛得而上之，詔兵部鏤版散示諸路。

6辛卯，詔：「自今武臣未至武功大夫，不得除遙郡，雖係軍功、特旨，亦不施行。」

7戶部侍郎兼知揚州呂頤浩轉對，論「官軍所至，爭取金帛之罪猶小，劫掠婦女之禍至深。願申諭將帥，自今有犯，必罰無赦。昨鎮江城中婦女有尙在軍中者，乞速令放歸。」詔以付諸將。

8壬辰，金人侵東京，至白沙鎭，留守宗澤遣兵擊卻之。

初，金以知滑州王宣善戰，不敢窺其境，乃遣兵自鄭州抵白沙，距京才數十里，都人甚恐。澤方與客對弈，僚屬請議守禦之策，澤不應。諸將退，布部伍，撤弔橋，披甲乘城，都人益懼。澤聞之，命解甲歸寨，曰：「何事張皇！」時統制官劉衍、（劉）達將車一百乘在鄭、滑間，澤益選精銳數千助之。下令張燈如平日，民始安堵。

9甲午，移揚州宗室于泰州、高郵軍。命祕閣修撰趙令廣知西外宗正事，主管泰州宗子；洛州防禦使士從添差同知西外宗正事，主管高郵軍宗子。令廣，燕懿王元孫。

10刑部尙書兼侍讀周武仲上言：「前朝得罪黨人，既已復官，宜並還其恩數。」帝納之。乃詔：「係籍及上書人，令其家自陳，當與贈謚碑額，其致仕、遺表恩澤皆還之。」

11是日，僉書武勝軍節度判官廳公事、權鄧州李操叛，降于金。

初，劉汲既死，金得穰縣小吏格某，使入城招諭曰：「尼楚赫大王兵十萬，今日巳時攻城。城破，雞犬亦不留；惟速降可以免禍。」有士曹參軍趙某者，欲投拜，操不可，曰：「當死節。」趙曰：「豈不知盡節爲忠！顧死無益，柰一城生靈何！」操許諾，乃偕見尼楚赫于城外。尼楚赫折箭爲誓，遂入城。

12乙未，詔：「自今犯枉法、自盜贓人，令中書籍記姓名，罪至徒者，永不敍用；按察官失于舉劾者，並取旨科罪，不以去官原免。」時議者以爲崇、觀以來贓吏甚衆，其害民甚于盜賊，故條約之。

13丙申，金尼楚赫破均州，守臣楊彥明遁去，添差武當縣丞任雄翔以城降。【考異】趙甡之遺史云：先是靖康初，金人侵河北州縣，軍民皆殺歸朝燕官。均州有添差武當縣丞任雄翔者，三世及第，有智算，聞亂，即率燕人之家所有器刃及有馬者皆納之，以明不反；知州事楊彥明信之。未幾，有潰兵犯州境者，令雄翔措置，每出必勝，均人亦賴之，隨付以器甲兵馬，使防境內。雄翔嘗與彥明曰：「國家忘戰久，士卒偷惰，不可用，若金人至，必不能當。前者邊事初動時，若國家盡取歸朝燕人使之防邊，馭之有道，猶可支梧。今國家兵馬，更十年後恐或可用。」及金人侵境，百姓流徙而去。彥明計窮。雄翔乃以其衆送彥明全家上武當山，復還城中。金人到，雄翔迎入城。于是歸朝燕人盡隨金人北去。按遺史不言均州城破之日，金史繫於丙戌之後；北盟會編、繫年要錄俱作丙申，今從之。

14 丁酉，金人破房州。【考異】金史作馬五取房州，北盟會編作尼楚赫陷房州，蓋尼楚赫乘勝進取房州也。會編紀日與宋史同，今從宋史。

15 戊戌，洛索破長安，守臣天章閣直學士、京兆府路經略使唐重死之。

初，金人在河中，重上疏言狀，且乞五路兵自節制，不報。馬步軍副總管、貴州刺史楊宗閔嘗爲重謀曰：「今河東諸州，皆非我有，敵距此纔一水，而本路兵弱，宜急繕城塹爲守禦計，以待外援，捨此無策。」重以秦民驕，不欲擾之而止。及金兵入境，重不知所爲，貽書轉運使李詹孺曰：「重平生忠義，不敢辭難。始意迎車駕入關，居建瓴之勢，庶可以臨東方。今車駕南幸矣，關陝又無重兵，雖竭盡智力，何所施其功！一死報上不足惜。」

逮洛索圍城彌旬，外援不至，于是前河東路經制副使傅亮以精銳數百奪門降金。時地大震，金人因其勢而入，城遂破。重尙餘親兵，與敵戰。諸將扶重去，重曰：「死吾職也。」戰不已。衆潰，重中流矢，死之。【考異】劉岑撰唐重墓誌云：重守同州，守備百出，民不加斂而食自足，兵不加募而士自至，敵知有備，乃引去。除永興軍經略安撫使。前帥范致虛提兵勤王，流連陝州，移書責之，日條關中利害，皆中與急務。而趙甡之遺史云：唐重儒士，不知兵，帥關中，一蹈范致虛覆轍，諱言兵機，惟喜人言敵兵遠去，關中必無虞。及金兵入境，略無措置，城陷，自縊死。按重死事甚烈，而甡之從事後追議之，過矣。其以戰死爲縊死，尤誤也，今從繫年要錄。陝西轉運副使·直祕閣桑景詢、判官曾謂、提刑郭忠孝、主管機宜文字王尙友及其子建中與宗閔俱死。提舉軍馬、滎州團練使陳迪，猶率餘衆巷戰，嘔血誓衆，敵大入，死之。事聞，贈重資政殿學士，諡恭愍，宗閔贈貴州防禦使，他贈官推恩有差。忠孝嘗師事程頤，或勸云：「監司出巡，可以免禍。」忠孝不答，遂遇害。【考異】宋史作乙未金人破永興軍，今從繫年要錄、北盟會編作戊戌。

16 己亥，祕閣修撰、河南尹、京西北路安撫制置使孫昭遠爲叛兵所殺。

初，金攻西京，昭遠率麾下南去，行至陳、蔡間，潰兵滿野，昭遠猶欲安集之，而麾下單弱，乃欲擁之以行，昭遠罵之曰：「若等衣食縣官，不以此時報國，南去何爲！」叛兵怒，擊昭遠，死焉。事聞，贈徽猷閣待制，後諡忠愍。

17 庚子，主客員外郎謝亮爲陝西撫諭使，持詔書賜西夏主乾順，從事郎何洋爲太學博士，偕行。

18 金游騎至京城下，宗澤示以不備，疑不敢入。是日，統制官劉衍與金人遇于板橋，敗之；追擊至滑州，又敗之。金人引去。

19 是日，張遇陷鎮江府。

初，遇自黃州引軍東下，遂犯江寧，江淮制置使劉光世追擊之，遇乃以舟數百絕江而南，將犯京口。既而回泊眞州，士民皆潰。將作監主簿馬元穎妻滎氏爲賊所得，滎氏厲聲罵賊，爲所害。榮氏，蕤女弟也。翼日，遇自眞州攻陷鎭江，守臣錢伯言棄城去。

20 辛丑，入內內侍省押班邵成章，除名，南雄州編管。

時金人攻掠陝西、京東諸郡，而羣盜起山東，黃潛善、汪伯彥皆蔽匿不以奏。及張遇焚眞州，去行在六十里，帝亦不聞。成章上疏，條具潛善、伯彥之罪，及申潛善使聞之。帝怒，詔成章不守本職，輒言大臣，故有是命。

21 右文殿修撰鄧紹密，依舊知興仁府。

初，濟南闕守，而新知府事張悅遲留不行，乃以紹密知濟南府。至是紹密留興仁，更命中奉大夫劉豫。

豫，阜城人，世爲農，至豫始舉進士，仕至殿中侍御史、河北西路提刑，後掛冠去，避亂眞州。靖康末，落職，致仕；召還，道梗不能赴。及是中書侍郎張慤與豫有河北職司之舊，力薦于朝，除知濟南府。時山東盜起，豫欲易江南一郡，而執政厭其頻數，皆拒之，豫怏怏而去。【考異】劉豫除知濟南府，宋史繫于正月之末，今從繫年要錄作辛丑。金史劉豫傳云：豫爲河北西路提刑，徙浙西，抵儀眞，喪妻翟氏，繼値父憂。又，楊克弼僞豫傳云：豫爲兩浙察訪，至儀眞，丁父憂，因家焉。建炎二年，起復，除中奉大夫、知濟南府，代張悅行。李心傳辨云：豫以宣和六年十二月甲寅，自朝請大夫新判北京國子監，除河北西路提刑。以致仕召赴闕，非丁憂起復，今從之。

22是日，金人破鄭州，通判州事、直祕閣趙伯振率兵巷戰，爲流矢中，墜馬，金剖其腹而殺之。後贈朝請大夫，官其二子。

23癸卯，金人破濰州。

時右副元帥宗輔引兵下山東，而京東無帥，士大夫亦皆避地。朝議大夫周中，世居濰州，獨不肯去，率家人乘城拒守。中弟辛，家最富，盡散其財以享戰士。城破，中闔門百口皆死，守臣韓浩亦遇害。浩，琦孫也。【考異】金史作癸巳克青州，癸卯克濰州，則以濰州之破在青州既破之後也。今從宋史及繫年要錄，並作癸卯。

宗輔又破青州，知臨淄縣、承議郎陸有常率民兵拒守，死于陣，知益都縣張侃、知千乘縣丞丁興宗亦死。後贈有常朝散郎，錄其家三人；贈侃、興宗二官，官一子。

宗弼至千乘縣，市民率土軍、射士、保甲及濱州潰兵葛進等擊敗之，金人棄青、濰去。

24洛索自長安分兵攻延安府，會鄜延經略使王庶在鄜州寓治。于是金破府東城，權府事劉選率軍民據西城以守。【考異】趙甡之遺史作權府劉洪，今據繫年要錄作劉選。

25甲辰，直祕閣、知壽春府康允之奏丁進解圍。帝謂輔臣曰：「此郡守得人之效也。卿等六人，宜廣詢人才，若人得二人，則列郡便有十餘守稱職。然須參議，不可徇私。」張慤曰：「崔祐甫嘗謂『非親非舊，安敢與官！』今日當問所除當否耳。」尋遷允之直龍圖閣。

時進既受閤門宣贊舍人、京城外巡之命，遂引所部屯京城，往參留守宗澤。將士疑其非真，主管侍衞步軍司公事呂勍等請以甲士陰衞，澤曰：「正當披心待之，雖木石可使感動，況人乎！」及進至，澤拊勞甚至，待之如故吏，進等感服。翼日，請澤詣其壁，澤許之不疑，進益懷感畏。後其黨有謀亂者，進自擒殺之。

初，進既受招，其所刺良民有復還鄉里者，允之請刺塡諸軍闕額，帝許之。

26 初，大臣有薦瀘州草澤彭如一者，有康濟略，隱居鳳翔，得旨，令津發赴行在所。既入朝，乃以所燒金及藥術爲獻，乙巳，帝劄付三省曰：「朕不忍燒假物以誤後人，其遺還之，仍毁其燒金之具。」

27 丁未，詔諭流民、潰兵之爲盜賊者，釋其罪。

28 北京留守兼河北東路制置使杜充奏磁、洺解圍，詔尚書省榜諭。遂以右監門衞大將軍、貴州團練使、權知洺州士珸爲洺州防禦使。

29 東京留守宗澤復奏表請帝還京師。澤至是凡十二奏矣。

30 辛亥，詔曰：「近緣臣僚論列，乞以崇寧以來無狀之人編爲一籍，已降指揮，候諫官、御史具到，令三省、樞密院參酌施行。念才行難于兼全，一眚不可終廢，當宏大度，咸俾圖新。除參酌到罪惡深重不可復用人外，並許隨材選任；如顯有績效，可以補前行之失者，因事奏陳，特與湔洗，仍許擢用。」

31 是日，兩浙制置使王淵，招賊張遇降之。

遇自金山寺進屯揚子橋，衆號二萬。會淵還行在，自將數百騎入其寨招之。遇見淵器械精明，惶懼迎拜。淵曰：「汝等賴我來晚，故得降，不然，已無遺類矣。」淵奏以遇爲閤門宣贊舍人。守臣錢伯言乃得還其府。

遇猶縱兵四劫，扈從者危懼。戶部侍郎兼知揚州呂頤浩，帶御器械、御營使司前軍統制韓世忠，聯騎造其壘，曉以逆順禍福，執其謀主劉彥，磔于揚子橋，縛小校二十九人，送淵戮之，餘黨怖而釋甲。得其軍萬人，隸世忠。

32 壬子，金人焚鄧州。

初，帝既用李綱議營南陽，于是截留四川輕齎綱及聚芻粟甚衆，城破，悉爲金有。金又需百工伎藝人及民間金幣，如根括京城之法，凡再旬乃盡。至是將退師，使人諭城中富民，令獻犀象金銀以謝不死。城中人既出，尼楚赫諭之曰：「大金欲留兵十萬屯于鄧州，爾當供芻粟。」衆曰：「鄧州多水，非屯兵之地。」尼楚赫曰：「爾等既已投拜，皆大金之民矣。今引兵而去，後有他盜，若何？」衆莫對。尼楚赫傳令竭城北遷，士大夫許調官，緇黃歸寺觀，商賈使居市，農家給田種作。城中傳聞，皆大慟。少頃，金兵四面縱火，盡驅城中人入大寨中，後四日，擁之而去。

33是月，太學錄万俟卨爲樞密院編修官。卨，陽武人也。

34金人破潁昌府，守臣孫默爲所殺。

初，劉汲之未死也，檄承事郎裴祖德權通判府事。祖德時丁母憂，默奏起復。會金南侵，默乞退保郾城。既而巡檢趙俊密報祖德，金人不來，祖德以挈家爲詞，紿默暫歸陽翟，乃安申留守司，言默遁去，默大怒，劾于朝，未報。俄金人再侵潁昌，默死，宗澤乃假祖德直祕閣、知潁昌府。【考異】潁昌之破，繫年要錄云不得其年月，金史作二月癸未，今從宋史，繫于正月。

35洛索既得長安，卽鼓行而西，進攻鳳翔府，隴右大震。

夏人諜知關陝無備，遂以宥州監軍司檄至延安府，自言：「大金以鄜延割隸本國，須當理索；若敢違拒，當發兵誅討。」鄜延經略使王庶，口占檄詞報曰：「爾（校者按：爾字衍。）貪利之臣，何國蔑有，豈意夏國躬蹈覆轍！比聞金人欲自涇原徑擣興、靈，方切爲之寒心，不圖尙欲乘人之急！幕府雖士卒單寡，然類皆節制之師，左支右梧，尙堪一戰。果能辦此，何用多言！」徑檄興中府，因遣諜間其用事臣李遇，夏人竟不出。

36二月，乙卯朔，言者請令羣臣入對，具所得上語，除機密外，關治體者悉錄付史官，從之。

37 丙辰，金再侵東京，宗澤遣統制官李景良、閻中立、統領官郭俊民等領兵萬餘趨滑、鄭。遇金兵，大戰，爲金所乘，中立死之，俊民降金。景良以無功遁去，澤捕得，謂曰：「勝負兵家之常，不勝而歸，罪猶可恕；私自逃遁，是無主將也。」卽斬之。既而金令俊民持書招澤，俊民與金將史某及燕人何祖仲直抵八角鎭，都巡檢使丁進與之遇，生獲之。澤謂俊民曰：「汝失利就死，尙爲忠義鬼。今乃爲金游說，何面目見人邪！」捽而斬之。謂史某曰：「上屯重兵近甸，我留守也，有死而已，何不以死戰我，而反以兒女語脅我邪？」又斬之。謂祖仲本吾宋人，脅從而來，豈出得已，解縛而縱之。諸將皆服。

38 戊午，金尼楚赫破唐州，遂縱焚掠，城市一空。【考異】金史作乙卯朔取唐州，今從宋史作戊午。

39 辛酉，刑部尙書周武仲遷吏部尙書兼侍讀，戶部侍郎兼知揚州呂頤浩遷戶部尙書，御史中丞王賓遷刑部尙書，仍兼侍講。

時寇盜稍息，而執政大臣偸安朝夕，武仲請對，引孟子言：「國家閒暇，及時明其政刑，雖大國必畏之。」「今不乘時爲無窮之計，何以善其後！願詔二府條天下大事與取人才、紓民力、足國用、選將帥、強兵勢、消盜賊之策，講究而力行之。」又言：「今宿將無幾，後來以武略稱者，未見其人。請詔武臣郡守、路都監以上，各擧可爲將者。」

會議者言：「三省舊合爲一，文書簡徑，事無留滯，乞循舊以宰相帶同平章事。」詔侍從、臺諫議。武仲曰：「今敵兵尚熾，軍防兵政，所宜討論者甚多，何暇講求省併條例！莫若且依元豐官制元立吏額及行遣日限，庶無冗員滯事而得省併之實。」翰林學士朱勝非亦言：「唐制，僕射爲尚書省長官，奉行兩省詔令而已；今爲相職。如復平章事，則三省規制與昔不同，左右丞以下官曹職守以至諸房體統綱目，皆合改易。典故散亡，未易尋繹。儻輔佐得人，官稱異同，似非急務。矧今行朝事無巨細，皆三省、樞密院日再進呈，同稟處分，兵機國政，宰相實已平章矣。請俟休兵日議之。」

甲子，金人攻滑州。

東京留守宗澤聞之，謂諸將曰：「滑，衝要必爭之地，失之，則京城危矣。不欲再勞諸將，我當自行。」右武大夫、果州防禦史張撝曰：「願效死。」澤大喜，即以銳卒五千授之。

[40]丁卯，復延康殿學士爲端明殿學士，述古殿直學士爲樞密直學士，從舊制也。

[41]己巳，張撝至滑州，身率將士與金迎敵，衆且十倍，諸將請少避其鋒，撝曰：「退而偷生，何面目見宗元帥！」鏖戰數合，日暮，敵少卻。澤遣統領官王宣以五千騎往援，未至，撝再戰，死之。後二日，宣至滑州，與金兵大戰于北門，士卒爭奮，敵出不意，退兵河上。宣曰：「敵必夜濟。」收兵不追，半濟而擊之，斬首數百，所傷甚衆。澤即命宣權知滑州，且令載撝喪以歸，爲之服緦，厚加賻卹。仍請于上，贈撝拱衛大夫、明州觀察使，錄其家四人。金

自是不復圖攻東京矣。

42 癸酉，尼楚赫破蔡州。【考異】金史作癸亥取蔡州，今從宋史作癸酉。

初，金人自唐州北歸，守臣直祕閣閻孝忠聞之，先遣其家往西平，依土豪翟沖以避寇，而自聚軍民守城。金圍之數日，城陷于東南隅，居人自東奔者皆達，其餘皆死。知汝陽縣丞郭贇，朝服罵敵，不肯降，敵執之，贇罵不絕口而死。金人遂焚掠城中而去。孝忠爲所執，金人見貌陋而侏儒，不知爲守臣，乃令荷擔，孝忠乘間奔西陵。

43 甲戌，詔曰：「自來以內侍官一員兼鈐轄教坊；朕方日極憂念，屏絕聲樂，近緣內侍官失于檢察，仍帶前項，可減罷，更不差置。」

44 丙子，金人攻淮寧府。

知府事向子韶率衆城守，諭士民曰：「汝等墳墓之國，去此何之！吾與汝當死守之。」時郡有東兵四千人，第三將岳景綬欲棄城率民走行在，子韶不從，景綬引兵迎敵而死。敵晝夜攻城，子韶親擐甲冑，冒矢石，遣其弟子率赴東京留守宗澤乞援。兵未至，城破，子韶率衆巷戰，力屈，爲所執。金帥坐城上，欲降之，酌酒于前，左右按令屈膝，子韶直立不動，戟手罵，遂殺之。其弟新知唐州子褒等，與闔門皆遇害，惟一子鴻得存。事聞，贈通議大夫，官其家六人，後諡忠毅。子韶，子諲兄也。【考異】金史作甲戌取陳州，今從宋史作丙子。又，向子韶，宋史誤作「子詔」，今據楊時所撰墓誌增載。

45 戊寅，責朝議大夫趙子崧單州團練副使、南雄州安置。

初，子崧與御營統制辛道宗有隙，道宗得子崧靖康末檄文上之，詔監察御史鄭轂【考異】按曾宏父鳳墅法帖有鄭忠穆公書，其署名作轂字，與宋史同。繫年錄作「慤」，當是傳寫之譌。置獄京口，究治得情。帝震怒，然不欲暴其罪，乃坐子崧前棄鎮江，責官安置。

46 庚辰，捧日天武四廂都指揮使、保大軍承宣使、御營使司都統制王淵爲嚮德節度使，以平杭賊功也。【考異】王淵授節度使，宋史作庚申，今從繫年要錄作庚辰。

47 初，武功大夫、和州防禦使馬擴聚兵西山，既爲金所執，囚之眞定。右副元帥宗望義而赦之，欲授以官，擴辭不受，請給田以養其母。既而又言耕田不即得食，願爲酒肆以自活，宗望許之。時武翼大夫趙邦傑，聚忠義鄉兵保慶源五馬山寨，擴因此雜結往來之人，復與山寨通。辛巳，寒食節，擴僞隨大衆送喪，攜親屬十三人奔山寨。先是皇弟信王榛既亡去，更稱梁氏子，爲人摘茶，擴等陰迎以歸，遂奉榛總制諸山寨，兩河遺民聞風響應，願受旗榜者甚衆。

48 壬午，詔募河南、北、淮南土人有民籍者爲振華軍，以六萬人爲額；即不足，聽募兩河流移之衆，毋得過三分；皆于左鬢刺「某州振華」四字。

49 洛索既破同州，繫橋以爲歸路，西下陝、華、隴、秦諸州。秦鳳經略使李復生降，陝右大擾。

鄜延經略使王庶，檄召河南、北豪傑，共起義兵擊敵，遠近響應，旬日間，以公狀自達姓名者，孟迪、种潛、張勉、張漸、白保、李進、李彥仙等，兵各以萬數。勝捷卒張宗自稱觀察使，亦起兵于南山下。彥仙時爲石壕尉，陝府既下，彥仙獨不去。民知彥仙在，稍稍至，彥仙因以軍法部勒之，于是月中破敵五十餘壁。

50 三月，辛卯，金人破中山府。

時城中糧絶，人皆羸困，不能執兵。城破，金見居人瘦瘠，歎而憐之，兵校千餘人皆不殺。中山自靖康末受圍，至是三年乃破。

51 甲午，詔經筵讀資治通鑑，以司馬光配饗哲宗廟庭。

時帝初御經筵，侍講王賓講論語首篇，至「孝弟爲仁之本」，因以二聖、母后爲言，帝感動涕泣。侍讀朱勝非嘗奏：「陛下每稱司馬光，度聖意有『恨不同時』之歎。陛下亦知光之所以得名者乎？蓋神宗皇帝有以成就之也。熙寧間，王安石創行新法，光每事以爲非是，神宗獨優容，乃更遷擢。其居西洛也，時勞問不絶，書成，除資政殿學士，于是四方稱美，遂以司馬相公呼之。至元祐中，但舉行當時之言耳。若方其爭論新法之際，便行竄黜，謂之立異好勝，謂之沽譽買直，謂之非上所建立，謂之不能體國，謂之不遵稟處分，言章交攻，命令切責，亦不能成其美矣。」帝首肯者久之。

52 己亥，東京留守宗澤復上疏乞車駕還京。時澤招撫河南羣盜及四方義士，合百餘萬，糧支半年，故復有是請。帝遣中使齎詔撫諭。

53 庚子，河南統制官翟進復入西京。

先是金都統洛索兵至，既得秦州，隴右大震。熙河經略使張深，厲軍民爲城守計，遣兵馬都監劉惟輔將三千人騎禦之。自千秋潰歸之餘，兵籍失八九，僅有惟輔一軍可用。金前軍踰鞏州，距熙纔百里，惟輔留軍熟羊城，以千一百騎夜趨新店。金兵自入陝西，所過城邑輒下，未嘗有迎敵者，故恃勝不虞。黎明，軍進，短兵相接，殺傷大當。會惟輔舞矟刺其先鋒將哈番（舊作黑風。）墮馬死，敵爲奪氣。惟輔，涇州人也。

深聞洛索退，更檄隴右都護張嚴往追之。時帝命御營左翼軍統制韓世忠爲京西等路捉殺盜賊，將所部及張遇軍萬人赴西京。金左副元帥宗翰聞張嚴東出，自河南西入關，遷西京之民于河北，盡焚西京而去。由是進得以其衆自山寨復入西京。東京留守宗澤言于朝，卽以進爲閤門宣贊舍人、知河南府，充京西北路安撫制置使。

宗翰留宗弼屯河間府，左監軍完顏希尹、右都監耶律伊都（舊作余覩。）屯河南白馬寺，以待世忠之至，且與進相持。既而張深以功陞端明殿學士。

54 是月，石壕尉李彥仙復陝州。

初，彥仙既集兵，會金人用陝降者守陝，使招集散亡。彥仙陰納士數百，至是乘虛趨陝南郭，夜，濬師自河薄東北阪，因所納士以入。金兵敗，棄陝去。

吏行文書，請州印章，彥仙曰：「吾以尉守此，第用吾印，吾敢佩太守印章邪！」事聞，即以彥仙知陝州兼安撫司事。

彥仙以信義治陝，不營豪髮之私，與其下同甘苦，由是人多歸之。邵興在神稷山，聞彥仙得陝州，乃以其衆來歸，願受節制。彥仙辟興統領河北忠義軍馬，屯三門。

55 信王榛倡義舉兵，遣使聞于朝。

56 夏，四月，甲寅朔，磁州統制官趙世隆以所部詣宗澤降。

世隆本磁州書佐，澤在磁，以爲中軍將。澤既去磁，以州事付兵馬鈐轄李侃。金人圍磁州急，有禁兵，有民兵，民兵甚衆，禁兵恐其勢盛，將校郭進乃作亂。世隆與進謀，遂殺侃，以通判趙子節權州事。至是世隆與其弟世興將三千人歸澤，將士頗疑之，澤曰：「世隆吾一校耳，必無他，有所訴也。」

乙卯，世隆入拜，澤面詰之，世隆辭服。澤笑曰：「河北陷沒，而吾宋法令上下之間亦陷沒邪？」命引出斬之。時衆兵露刃于庭，世興佩刀侍側，左右皆懼。澤徐語世興曰：「汝兄犯法當誅，汝能奮志立功，足以雪恥。」世興感泣。會滑州報金騎留屯城下，澤謂世興曰：「試爲吾取滑州。」世興忻然受命。

57丙辰，詔：「文臣從官至牧守，武臣管軍至遙郡，各薦所知二人；置爲二籍，一留禁中，一付三省、樞密院，遇監司、帥守、將官、鈐轄有闕，于所舉人內擢用之；犯贓連坐。罪廢及法不當得之人，皆毋得舉。」用議者請也。

58戊午，趙世興至滑州，掩敵不備，急攻之，斬首數百，得州以歸。宗澤復厚賜之。

時有降寇趙海者，屯板橋，塹路以阻行者。管軍閭勍芻者八人過其壘，海怒而劓之，覘事者以告。澤召之，海以甲士五百自衞而入。澤方對客，海具伏，卽械之繫獄。客曰：「彼甲士甚衆，姑徐之。」澤笑謂其次將曰：「領衆還營。」明日，誅海于市。聞者股慄。

統制官楊進屯城南；王善者有衆二千餘，皆山東游手之人，先進來降，屯城北。二人氣不相下，一日，各率所部千餘，相拒于天津橋，都人頗恐。澤以片紙諭之曰：「爲國之心，固如是邪？當戰陣立功時，勝負自見。」二人相視，慚沮而退。

59時故遼舊部人日有歸中國者，間有捕獲。宗澤選契丹漢兒引坐側，推誠與語，諭以期奮忠義，共滅金人以刷君父之恥，卽給資糧遣之。且賜以公憑，俟官軍渡河以爲信驗，人令持數百本去。又爲榜文，散示陷沒州縣；及爲公據付中國被掠在北之人。因驛疏以聞。

60庚申，帝諭大臣曰：「故事，端午罷講筵，至中秋開。朕方孜孜講史，若經筵暫輟，則有疑無質，徒費日力，朕欲勿罷，可乎？」大臣皆稱善。乃詔勿罷。

時帝在宮中，內侍有言：「講讀官某人，敷陳甚善，臣今擬獎諭詔書以進。」帝曰：「此當出自朕意。若降詔書，自有學士，爾等小臣，豈宜如此！是後不許妄言！」

61乙丑，帝諭輔臣曰：「朕每（退）朝，押班以下奏事，亦正衣冠，再坐而聽，未嘗與之款昵。又性不喜與婦人久處，多坐殿旁小閤，筆硯外不設長物，靜思軍國大事，或閱疏章。宮人有來奏事者，亦出閤子處分畢而後入，每日如是。」帝恭己勤政如此。

62丙寅，京西北路制置使翟進襲金人于河南，敗績。

時御營左翼統制官韓世忠至西京，會進及大名府路都總管司統領官孟世寧、京城都巡檢使丁進與金戰。進夜襲右監軍完顏希尹營，金兵先知，反爲所敗。進又導世忠與金戰于文家寺，會丁進失期，而統領官、閤門宣贊舍人陳思恭以後軍先退，金乘勝追擊，至永安後澗，世忠被矢如蝟，其將張遇以所部救之，乃力戰得免。思恭，執中曾孫也。世忠還東京，詰先退者，一軍皆斬左右趾以徇。于是世忠與丁進不和，軍士相擊無虛日。世忠慮有變，遂收餘兵數千人南歸，希尹復入西京。

63時隴右都護張嚴追洛索及鳳翔境上，嚴銳意擊敵，而熙河兵馬都監劉惟輔不欲聽嚴節制，乃自別道由吳山出寶雞。嚴擁大兵，及金人于五里坡，洛索知之，伏兵坡下。嚴與涇原統制官曲端期而不至，徑前遇伏，戰不利，嚴死之，惟輔自石鼻寨遁歸。

先是端治兵涇原，招流民潰卒，所過人供糧秸，道不拾遺。至是端屯軍麻務鎮，聞嚴死，金游騎攻涇原，遣第十三副將、秉義郎吳玠據清谿嶺逆拒之。將戰，其牙兵三百餘人皆潰，玠率餘兵奮擊，大破之，金兵乃去。端，鎮戎人；玠，隴干人也。

左副元帥宗翰聞嚴死，自平陸渡河歸雲中。左監軍完顏希尹、右都監耶律伊都聞宗翰渡河，亦棄西京去，留萬戶察罕瑪勒（舊作茶喝馬。）戍河陽。

64言者論：「近日帥守之棄城者，習以成風。如鄧雍之于荆南，何志同之于潁昌，趙子崧之于鎮江，皆擁兵先遁，今則安居薄責而未正其罪。如康允之（之）于壽春，陳彥文之于九江，以數千之疲旅，捍十萬之強寇，而允之止遷一職，彥文才復舊官，議者惑焉。願詔有司，條具靖康以來，凡棄城逃遁者某人，保城力守者某人，書其功罪，著其賞罰，庶幾守土之臣有以勸懲。」詔諸路監司，限半月條具以聞。

65金人攻洛州。

初，防禦使士琣既引兵入城，金圍之甚密，栽鹿角，治濠塹，欲以持久困之，軍民終不降。至是金侵京西、陝右，河朔內虛，守者稍怠。衆以糧盡不可守，乃擁士瑶自白家灘往大名府，金人遂入城。自靖康後，兩河州郡，外無救援，內絕糧儲，悉爲金所取，惟中山、慶源、保、莫、祁、洺、冀、磁相持，久而始破。

66戊辰，工部侍郎兼侍講楊時，以老疾求去，章四上，既而除龍圖閣直學士、提舉杭州洞霄宮。

67甲戌，徽猷閣待制、知濠州連南夫，「請令諸路州縣于近城十里內，開鑿陂湖以備灌溉使春夏秋三時嘗有水澤，則良民有豐年之望，敵騎有還濘之苦；方冬水涸，即令耕犂磽确，則敵騎又有歷塊之患。其自來不係種稻地分，即乞令依倣雄州，開鑿塘濼，亦有菱芡蓮藕魚蝦之利，可以及民。仍免一年租賦，以爲人工之費。」詔諸州相度。後不行。

68初，鴻臚寺丞趙子砥從北遷至燕山，久之，欲遁歸，乃結歸朝官忠翊郎朱寶國、承信郎王孝安至中京，得上皇宸翰。是日，子砥發燕山。

69以皇弟檢校太傅慶陽、昭化軍節度使信王榛爲河外兵馬都元帥。

初，馬擴自五馬山以麾下五百人渡河，至東京見宗澤，至是始赴行在，從者不滿百人。擴既見，出榛奏事。黃潛善等皆疑非眞，帝識其字，即有是命。擴遷拱衞大夫、利州觀察使、樞密副都承旨、元帥府馬步軍都總管。擴將行，上奏，略曰：「臣疏遠小人，陛下斷以不疑，付以閫外之事；願鑒前世之成敗，明當世之嫌疑，俾臣得效愚，畢意攻取。今王師大舉，機會神速，軍期文字，不可少緩。若依常制下都堂等處，然後以達天聽，則事涉疑似；或欲規避者，定逡巡藏匿，不以進呈。望令專置一司，不限晝夜，畫時通進。」又言：「自唐以來，用中貴人監軍，奪權掣肘，每致敗事。伏望聖斷，罷差中貴監軍及選給器械。」凡四事，帝皆從之，又許擴過河，得便宜從事。時潛善與汪伯彥終以爲疑，乃以烏合之兵付擴，且密授朝旨，使譏察之，擴行，復令聽諸路帥臣節制。擴知事變，遂以其軍屯于大名。

70 五月，甲申朔，宗澤再上表請乞還京。會尚書右丞許景衡建請渡江，宰相黃潛善持不可。時既得信王榛奏，或有言榛有渡河入京城之謀，乙酉，下詔還京。遂罷景衡爲資政殿學士、提舉杭州洞霄宮。景衡之執政也，凡有大政事，必請間極論榻前。黃潛善、汪伯彥惡其異己，每排抑之。至是因下詔還京而有此命。

71 丙戌，詔：「後舉科場，講元祐詩賦、經術兼收之制。」中書省請「習詩賦舉人不兼經義，習經義人止習一經，解試、省試，並計數各取，通定高下。」禮部侍郎王綯請前降舉人兼習律義、孫子義等指揮勿行，從之。自紹聖後，舉人不習詞賦者近四十年。綯在後省，嘗爲帝言：「經義當用古注，不專取王氏說。」帝以爲然。至是申明行下。

72 祕書省正字馮檝獻書于黃潛善曰：「伏覩昨晚出黃榜詔，欲擇日還闕，東來從衛官吏士，無不欣喜，西北尤以近鄉，倍極踴躍。以樴計之，闕未可還。萬一駕到東京，而金人秋後再來，不知吾兵何以當之？吾兵或不可當而復爲避地計，今蔡、汴兩河已漸湮塞，其或被其斷絶水道，雖避地亦不能，此不得不慮也。假如今日，駐蹕維揚爲得策，倘主上堅欲以馬上治之，不許遷徙，但當留兵將及宰執中諳練邊事運籌帷幄之人，從駕居此，專務講武，以爲戰守之備。其餘宗廟、百官，盡令過江，于建康置司。至于財用百物，除留贍軍費用外，亦盡藏之建康府庫，庶幾緩急遇敵，可戰則戰，可守則守，度不可戰守，而欲動則動，亦易行而無牽制之累。」樴，遂寧人也。

73 戊子，翰林學士朱勝非守尚書右丞。

74 辛卯，陝西、京東諸路及東京、北京留守並奏金人分道渡河，詔遣御營左軍統制韓世忠、主管侍衞步軍司公事閻勍率所部迎敵，命宗澤遣本司統制官楊進等援之。

先是澤聞河北都統制王彥聚兵太行山，即以彥爲武功大夫、忠州防禦使，制置兩河軍事。彥所部勇士萬數，以其面刺八字，故號「八字軍」。彥方繕甲治兵，約日大舉，欲趨太原。澤亦與諸將議六月起師，且結諸路山水寨民兵約日進發，上奏曰：「臣自留守京師，夙夜匪懈，經畫軍旅。近據諸路探報，敵勢窮蹙，可以進兵。臣欲乘此暑月，遣王彥等自滑州渡河，取懷、衞、濬、相等處，遣王再興等自鄭州直護西京陵寢，遣馬横〔擴〕等自大名取洛、趙、眞定，楊進、王善、丁進、李貴等諸頭領各以所領兵分路並進。既過河，則山寨忠義之民相應者不啻百萬，契丹漢兒亦必同心抵禦金人。事纔有緒，臣乞朝廷遣使聲言立契丹天祚之後，講尋舊好。且興滅繼絕，是王政所先，以歸天下心也；況使金人駭聞，自相攜貳邪！仍乞遣知幾博辯之士，西使夏，東使高麗，喻以禍福。兩國素蒙我宋厚恩，必出助兵，同加掃蕩。若然，則二聖有回鑾之期，兩河可以安帖，陛下中興之功，遠過周宣之世矣。願陛下早降回鑾之詔，以繫天下之心。臣當躬冒矢石，爲諸將先。」疏入，黃潛善等忌澤成功，從中沮之。澤歎曰：「吾志不得伸矣！」因憂鬱成疾。

澤尹京畿，歲修城池，治樓櫓，不擾而辦，屢出師以挫敵鋒。其抗疏請帝還京，凡二十餘上，言極切至。潛善與汪伯彥等雖嫉之深，竟不能易其任。【考異】靖康小雅云：建炎二年，有旨遣韓世忠之師屯伊洛。劉錫密結河陽之人，自青州絕河進兵，命澤總大衆自滑州而北，期集于中山府。澤聞命欣躍，齎金銀兵械，犒悉畢具，行有日矣。而黃潛善、汪伯彥恐澤成功，又以姦計從中止之。澤大憤，懣鬱久之，疽發背而薨。此事，史及澤遺事皆無之。

75 甲午，曲赦河北、陝西、京東諸路。

76 初，陝西制置使錢蓋聞金人破長安，檄集英殿修撰、鄜延經略王庶，兼節制環慶、涇原兵拒敵。既而義兵大起，金人東還。庶以金人重載，可尾襲取勝，移文兩路，各大舉協力更戰。而環慶經略使王似，涇原經略使席貢，自以先進望高，不欲受其節度，遂具文以報，而實不出兵。

金游騎上清谿，既爲涇原裨將吳玠所扼，至咸陽，望渭河南義兵滿野，不得渡，遂循渭而東。其右軍入鄜延，攻康定，圍龍坊，庶急遣將斷河橋，又令將官劉延亮屯神水峽，斷其歸路，金人遂去。于是洛索盤礴于馮翊、河中，扼新河橋以通往來，人情大恐。

涇原統制官曲端，乘敵退，復下秦州，而鳳翔、長安皆爲義兵收復。會經制司統領官劉希亮自鳳翔歸端，端斬之。端雅不欲屬庶，及聞孟迪、李彥仙等受事鄜延，皆不樂，遂揭榜稱金人已過河歸國，農務不可失時，乃盡散渭河以南義兵。庶不斂兵保險，猶以書約似、貢，欲逼金人渡河，至于再三。似不應；貢許出兵四萬，亦遷延不行。

時鄜延人以秋深必被兵，多避地者，道出環慶，吏兵民皆惡其驚徙，所在掠其財而殺之，閭里蕭條矣。

77乙未，詔：「蘇軾追復端明殿學士，盡還合得恩數。」時軾孫司農寺丞符，以軾政和中復職未盡訴于朝，乃有是命。

78戊戌，河北制置使王彥，以八字軍渡河。

時宗澤以彥孤軍無援，不可獨進，乃以書延彥計事。彥遂合諸寨兵萬餘人，以是日濟河。後五日，彥至京師。澤大喜，諭以京師國家根本，宜宿兵近甸，遂命其軍屯滑州之沙店。

79壬寅，中書侍郎兼御營副使、提舉措置戶部財用張慤卒。慤立朝諤諤，無所顧避。時黃潛善當國，專務壅蔽，自汪伯彥而下，皆不敢少忤其意。惟慤事必力爭，雖言不行而不少屈。秉政未踰歲遽歿，士民皆痛惜之。帝以慤河朔人，無家可歸，常賻外賜田十頃，第一區。後謚忠穆。

80癸卯，通問使王倫始渡河，遂與其副朱弁至雲中，見左副元帥宗翰計事，金留不遣。時進武校尉朱勣從弁行，宗翰賜以所掠內人，勣陽受之，逃去。宗翰怒，追而殺之。

81甲辰，洛索破絳州，權知州事趙某率軍民巷戰，凡六日。

82乙巳，資政殿學士、提舉杭州洞霄宮許景衡卒。景衡罷政而歸，至瓜洲，得暍疾，及京口，疾甚，端坐自語曰：「陛下宜近端人正士，以二聖、蒼生爲念。」遂逝，年五十七。後謚忠簡。

83庚戌，增天下役錢以爲新法弓手之費。初，汪伯彥既建請，乃以免役寬剩、廂禁軍闕額、裁減曹掾等錢供其庸直。至是所增徧于東南諸路，遂詔不受庸耆人給田三十畝，馬軍增三之一。議者恐費不給，乃請官戶役錢勿復減半，而民役錢概增三分，從之，故有是詔。

84 詔：「自今見任官有涉疑異志者，如徑行殺戮，事雖有實，亦坐擅殺官吏之罪。即妄殺平人以爲姦細者，從軍法。」自軍興，所在姦民殺官吏、害良善者甚衆，朝廷恐其生事，至是下詔條約之。

續資治通鑑卷第一百二

賜進士及第兵部尚書兼都察院右都御史總督湖北湖南等處地方軍務兼理糧餉世襲二等輕車都尉畢沅編集

宋紀一百二 起著雍涒灘六月，盡十二月(戊申)，凡七月。

高宗受命中興全功至德聖神武文昭仁憲孝皇帝

建炎二年金天會六年。(戊申、一一二八)

1 六月，己未，詔：「右文殿修撰胡安國已除給事中指揮，更不施行。」初，安國數上疏乞祠，詔不許，仍趣赴行在。安國因奏言：「陛下撥亂返正，將建中興，而政事人才，弛張升黜，凡關出納，動係安危，聞之道途，揆以愚見，尚未合宜，臣切寒心。而況鎖闥典司封校，儻或隱情患失，緘默不言，則負陛下委任之恩。若一一行其職守，事皆違異，必以戇愚妄發，干犯典刑，徒玷清時，無補國事。臣所以不敢上當恩命者也。」疏入，黃潛善大怒，請特賜黜責，以為不恭上命者之戒，安國遂罷。

2 金初未有文字，亦未嘗有記錄。宗翰好訪問女直故老，多得先世舊聞。至是金主詔求訪祖宗遺事以備國史，命完顏勖等掌之。

3 庚申，侍御史張浚充集英殿修撰、知興元府。

浚有遠志，數招諸將至臺，講論用兵籌策。浚本黃潛善所引，至是因請汰御營使司官屬，又論此時金卽不來，亦當汲汲治軍，常若敵至，潛善始惡之。浚以母在蜀中求去，故有是命。未行，留爲禮部侍郎。

4 乙丑，御營使司中軍統制張俊引兵入秀州，前知州事趙叔近爲所殺。

初，御營都統制王淵，在京師有所狎妓，亂後爲叔近所取，淵銜之。及俊辭行，淵謂之曰：「趙叔近在彼。」俊諭其意。前一日，俊總兵至郡，叔近以太守之禮逆諸城北沈氏園。俊叱令置對，方下筆，羣力遽前，斷其右臂，叔近呼曰：「我宗室也。」語未畢，已斷首于地。秀卒見叔近死，遂反戈嬰城，縱火毆掠，江東西路經制司書寫機宜文字辛安宗在城中，爲所害。翼日，俊破關捕徐明等，斬之。【考異】王明清揮麈錄載王淵所狎妓爲露臺周氏，張俊取以歸淵，淵以予俊，俊不受，以遺韓世忠，卽彥古母，後封蘄國夫人，今略之。熊克小紀，俊入秀州在六月戊辰，今從繫年要錄作乙丑。俊以功遷武寧軍承宣使。叔近子朝奉郎交之，亦坐受賊所獻玩好，降六官，勒停。後十餘年，御史言叔近之冤，始贈集英殿修撰。

5 丁卯，國信使楊應誠、副使韓衍至高麗，見國王楷諭旨，楷拜詔已，與應誠等對立論事。楷曰：「大朝有山東路，何不由登州以往？」應誠言：「不如貴國去金國最徑，第煩國王傳達金國。今三節人自齎糧，止假二十八騎。」楷難之。已而命其門下侍郎傅佾至館中，具言：「金人今造舟，將往二浙，若引使者至其國，異時欲假道至浙中，將何以對？」應誠曰：「金人不能水戰。」佾曰：「金人常于海道往來。況金人舊臣本國，近乃欲令本國臣事，以此可知強弱。」後十餘日，府宴。又數日，復遣中書侍郎崔洪宰等來，固執前論，且言二聖今在燕、雲，不在金國。館伴使文公仁曰：「往年公仁入貢上國，嘗奏上皇以金人不可相親，今十二年矣。」洪宰笑曰：「金國雖納土與之，二聖亦不可得。大朝何不練兵與戰！」應誠留高麗凡六十有四日，楷終不奉詔。應誠不得已，受其表而還。

6 己卯，言者以爲：「東南武備利于水戰，金人既破唐、鄧、陳、蔡，逼進淮、漢，去大江直一間耳。爲今之策，宜於大江上游如采石之類，凡要害處，精練水軍，廣造戰艦，仍泊于江之南岸，緩急之際，庶幾可倚。」詔江、浙州軍措置，限一月畢。

7 是月，以集英殿修撰、知延安府王庶爲龍圖閣待制，節制陝西六路軍馬，涇原經略使司統制官曲端爲右武大夫、吉州團練使，充節制司都統制。詔書有曰：「倘不靖難于殘暑之前，必致益兵于秋涼之後。」

先是溫州觀察使、河東經制使王瓊既遁歸，朝廷除瓊知鳳翔府。東京留守宗澤，承制以庶權陝西制置使，端權河東經制使。會主客員外郎、陝西撫諭使謝亮西入關，庶移書曰：「大夫出疆，有可以安社稷，利國家，專之可也。夏國爲患，至小而緩，金人爲患，至大而迫。方敵兵挫鋭于熙河，奔于本路，子女玉帛，不知紀極，占據同、華，畏暑休兵。閣下能仗節督諸路，協同義舉，漕臣應給糧餉，爭先並進，雖未能洗雪前恥，亦可以驅逐渡河，全秦奠枕，徐圖恢復。夏人秋稼未登，飢餓疲困，何暇興兵！庶可保其無他。」亮不聽。遂自環慶入西夏，夏國主乾順已稱制，倨見之。亮留夏國幾月，乃與約和罷兵，更用鈞敵禮，乾順許之。亮歸，夏人隨之，以兵掩取定邊軍。明年，亮乃還行在。

8 初，王瓊之潰也，其屬官王擇仁以衆二萬入長安，復爲經略使郭琰所逐。祠部員外郎、四川撫諭使喩汝礪嘗言：「今朝廷已專命王庶經制中夏，竊聞五路全不稟庶節制，望擇久歷藩方，曉暢軍事，近上兩制，節制五路，招集潰兵，式遏寇盜，仍以臣所刷金帛八百餘萬緡爲軍糧犒設之費，庶可以繫二京、兩河、山東、陝西五路父老之心。若謂四川錢物不當應副陝西，臣謂使此錢自三峽、湖、湘平抵建康，固爲甚善，萬一中途爲姦人所窺，適足資寇。臣又聞王擇仁所統皆三晉勁勇之餘，今關輔榛莽，軍無見糧，故其人專以剽掠爲事。若得上件財帛養之，則秦、晉之民，皆爲吾用矣。」時庶已擢待制，而汝礪停官，然皆未受命也。

9 初，二帝既徙中京，上皇聞帝已卽位，作書與左副元帥宗翰，與約和議，大略言：「唐太宗復突厥而沙陀救唐，冒頓單于縱高帝于白登而呼韓賴漢，近世耶律德光絕滅石氏，而中原灰燼數十年，終爲他人所有，其度量豈不相遠哉！近聞嗣子之中有爲人所推戴者，蓋祖宗德（澤）之在人，至深至厚，未易忘也。若左右欲法唐太宗、冒頓單于，受興滅繼絕之名，享歲幣玉帛之好，當遣一介之使，奉咫尺之書，諭嗣子以大計，使子子孫孫永奉職貢，爲萬世之利也。」宗翰受其書而不答。【考異】北狩行錄載徽宗此書，及秦檜南還，又自言此書爲檜所潤色，而書詞彼此不同，故宋有疑檜爲妄言，徽宗無致書之事。今考金史宗翰傳云：昏德公致書，請立趙氏，奉職修貢，臣民必喜，萬世利也。是徽宗致意宗翰，實有其事。此時徽宗尚未封昏德公，或史家追書之。至檜之潤色與否，則無從考矣。李心傳云：世傳檜在金國，已倡和議，因是得歸，而未有爲之證。以是書考之，疑金人知檜爲上皇草書，度其肯任此事，是以歸之耳。

10 秋，七月，癸未朔，資政殿學士、東京留守、開封尹宗澤卒。

澤爲黃潛善等所沮，憂憤成疾，疽作于背，至是疾甚。諸將楊進等排闥入問，澤矍然起曰：「吾固無恙，正以二帝蒙塵之久，憂憤成疾耳。爾等能爲我殲滅強敵，以成主上恢復之志，雖死無恨！」衆皆流涕曰：「願盡死。」諸將出，澤復曰：「吾度不起此疾，古語云：『出師未捷身先死，長使英雄淚滿襟。』」遂卒，年七十。是日，風雨晦冥，異于常日。澤將歿，無一語及家，但連呼「過河」者三。遺表猶贊帝還京，先言「已涓日渡河而得疾」，其末曰：「屬臣之子，記臣之言，力請鑾輿，亟還京闕，大震雷霆之怒，出民水火之中。夙荷君恩，敢忘尸諫！」

澤自奉甚薄，方謫居時，饘粥不繼，吟嘯自如。晚年，俸入稍厚，亦不異疇昔。嘗曰：「君父嘗側身嘗膽，臣子乃安居美食邪！」所得俸賜，遇寒士與親戚貧困者，輒分之，養孤遺幾百餘人。死之日，都人爲之號慟，朝野無賢愚，皆相弔出涕。

初，澤既拘留金使，帝屢命釋之，澤不奉詔。至是資政殿大學士充祈請使宇文虛中至東京，而澤已病，虛中攝留守事，遂歸之。

時帝已除澤門下侍郎兼御營副使、東京留守，命未下而訃聞，詔贈觀文殿學士。後謚忠簡。【考異】澤除門下侍郎，見靖康遺事及靖康小雅。又，熊克小紀云澤謚威愍，與宋史異。宋史作丙戌宗澤薨，今從繫年要錄。

11 甲申，葉禯（濃）自福州引兵破寧德縣，復還建州，既而又破政和、松溪二縣。

12 戊子，詔：「自今士卒有犯，並依軍法，不得剜眼、刳心，過爲慘酷。」令御營使司行下。

13 乙未，侍衞馬軍都指揮使郭仲荀爲京城副留守。

14 甲辰，以北京留守、河北東路制置使杜充爲樞密直學士，充開封尹、東京留守。且命充鎮撫軍民，盡瘁國事，以繼前官之美；遵稟朝廷，深戒妄作，以正前官之失。

自宗澤卒，數日間將士去者十五，都人憂之，相與請于朝，言澤子宣教郎潁嘗居戎幕，得士卒心，請以繼其父任。會充已除留守，詔以潁直祕閣，起復，充留守判官。充無意恢復，盡反澤所爲，由是澤所結兩河豪傑皆不爲用。

15金人聞宗澤死，決計用兵。河北諸將欲罷陝西兵，併力南伐，河東諸將不可，曰：「陝西與西夏爲鄰，事重體大，兵不可罷。」左副元帥宗翰曰：「初與夏人約夾攻宋而夏人弗應，而耶律達賚舊作大石，今改。在西北交通西夏。吾舍陝西而會師河北，彼必謂我有急難，將乘間竊發以牽制吾師，非計也。宋人積弱，河北不虞，宜先事陝西，略定五路，既戡西夏，然後取宋。」時宗翰之意，欲舍江、淮而專事于陝，諸將無能識其意者。議久不決，奏請于金主。金主曰：「康王當窮其所往而追之，俟平宋，當立藩輔如張邦昌者。陝右之地，亦未可置而不取也。」乙巳，命洛索（舊作婁室。）平陝西，博勒和舊作婆盧火，今改。監軍。以尼楚赫舊作銀朮可，今改。守太原，耶律伊都舊作余覩，今改。留雲中。命宗翰南伐，會東師子〔于〕黎陽津。

16金移宋二帝於上京。

17是月，禮部貢院（言）應詞學兼茂科朝奉郎袁正功合格，詔減二年磨勘。正功，無錫人也。

18燕山人劉立芸，聚衆攻破城邑，所至不殺掠，但令饋糧，蕃、漢之民歸者甚衆。

19金洛索遣兵攻解州之朱家山，統領忠義軍馬邵興苦戰三日，敗之。

20 八月，甲寅，初鑄御寶：一曰「皇帝欽崇國祀之寶」，二曰「天下合同之寶」，三曰「書詔之寶」。

21 庚申，殿中侍御史馬伸言：「黄潛善、汪伯彦爲相以來，措置天下事，未能愜當物情，遂使敵國日強，盜賊日熾，國步日蹙，威權日削。且如二聖北狩，社稷不絕如綫者，繫陛下一人。三鎮未復，不當都汴，以處至危之地。然前日下還都之詔以謫許景衡，至如今日，當如之何？其不慎詔令有如此者！草茅對策，誤不如式，考官罰金可矣，而一日黜三舍人，乃取沈晦、孫覿、黄哲輩以掌絲綸。其黜陟不公有如此者！又如吳給、張閣以言事被逐，邵成章緣上言遠竄，今是何時，尚以言爲諱？其壅塞言路有如此者！又如祖宗舊制，諫官、御史有闕，御史中丞、翰林學士具名取旨，三省不與，潛善近來自除臺諫，仍多親舊，李處遯、張浚之徒是也。觀其用意，不過欲爲己助。其毀法自恣有如此者！又如張慤、宗澤、許景衡，公忠有才，皆可重任，潛善、伯彦忌之，沮抑至死。其妨功害能有如此者！又如有人問潛善、伯彦救焚拯溺之事，則二人每日難言，其意蓋謂陛下制之不得施設。或問陳東事，則曰外廷不知，蓋謂事在陛下也。其過則稱君善則稱己有如此者！又如呂源狂横，陛下逐去數月，由郡守而陞發運。其強很自專有如此者！又如御營使雖主兵權，凡行在諸軍皆御營使所統，潛善、伯彦別置親兵一千人，請給居處，優于衆兵。其收軍情有如此者！陛下隱忍不肯斥逐，塗炭蒼生，人心絕望，則二聖還期，在何時邪？臣每念及此，不如無生。歲月如流，機會易失，不早改圖，大事去矣。」疏留中不出。

22承議郎趙子砥自燕山遁歸，至行在，帝命輔臣召問于都堂，且取子砥所得上皇御書以進。子砥奏此事甚悉，大略言：「金人講和以用兵，我國斂兵以待和。邇來遣使數輩，皆不得達。劉彥宗云：『金國只納楚使，焉知復有宋也！』是則我國之與金國，勢不兩立，其不可講和明矣。往者契丹主和議，女直主用兵，十餘年間，竟滅契丹，今復蹈其轍。譬如畏虎，以肉喂之，食盡終必噬人。若設陷穽以待之，然後可以制虎矣。」後半月，復以子砥爲鴻臚寺丞。已而賜對，嘉獎，遂以子砥知台州。

23癸亥，兵部尚書盧益言：「近世以田括丁，號爲民兵，有古鄉兵之遺意。請命提刑檢察。」從之。

24己巳，詔：「試學官並用詩賦，自來年始。」

25辛未，徽猷閣待制、江南等路制置發運使、提領措置東南茶鹽梁揚祖遷徽猷閣直學士，以措置就緒也。

茶法自政和以來，許商人赴官買引，卽園戶市茶，赴合同場秤發。淮、浙鹽則官給亭戶本錢，諸州置倉，令商人買鈔算請，每三百斤爲袋，輸鈔錢十八千。閩、廣鹽則隸本路漕司，官般官賣，以助歲計，公私便之。自揚祖卽眞州置司，歲入錢六百萬緡。其後歷三十年，東南歲榷茶，以斤計者，浙東七州八萬，紹興府、溫、台、衢、婺、明、處州。浙西五州四十八萬，臨安、平江府、湖、嚴、常州。江東八州三百七十五萬，宣、饒、徽、信、池、太平州、南康、廣德軍。江西十一州四百四十五萬，洪、贛、吉、袁、撫、江、筠州、建昌、興國、臨江、南安軍。湖南八州一百一十三萬，潭、衡、永、邵、全、郴州、桂陽、武岡軍。湖北十州九十萬，江陵府、鼎、澧、辰、沅、歸、峽、鄂、岳州、荆門軍。福建五州九十八萬，福、建、汀、南劍州、邵武軍。淮西四州一萬，舒、廬、蘄州、安豐軍。廣東二州二千，南雄、循州。廣西五州八萬，靜江府、融、潯、賓、昭州。皆有奇。合東南產茶之州六十五，總爲一千五百九十餘萬斤，通收茶引錢二百七十餘萬緡。鹽以石計者，浙西三州一百十三萬，臨安、平江府、秀州。浙東四州八十四萬，紹興府、溫、台、明州。淮東三州二百六十八萬，通、泰、楚州。廣東三州三十三萬，廣、惠、南恩州。廣西五州三十三萬，廉、高、欽、化、雷州。率以五十斤爲一石，皆有奇。以斤計者，福建四州二千六百五十六萬。福、泉、漳州、興化軍。合東南產鹽之州二十二，總爲二萬七千八百一十六萬餘斤，通收鹽息錢一千七百三十餘萬緡，後增至二千四百萬緡。而四川三十州，歲產鹽約六千四百餘萬斤，隸總領財賦所贍軍；成都府路九州，利路二州，歲產茶二千一百二萬斤，隸提舉茶馬，皆不係版曹之經費焉。

26 丁丑，金主命以宋二庶人素服見太祖廟，遂入見金主于乾元殿，封趙佶爲昏德公，趙桓爲重昏侯。

27庚辰，詔：「東京所屬官司，般發祭器、大樂、朝祭服、儀仗、法物赴行在。」時帝將祀天南郊，命有司築壇于揚州南門內江都縣之東南，而從行無器仗，故取之舊都焉。

28辛巳，右武大夫、忠州防禦使、河北·京東都大捉殺使李成引兵入宿州。

初，成既不能渡河，朝廷恐其衆太盛，命成分所部三千人往應天府及宿州就糧，餘赴行在。有道士陶子思者，謂成有割據之相，勸之西取蜀，成遂有叛意。乃分軍爲二，一侵泗州，別將主之，一侵宿州，成自將之，皆約八月晦日。至是成陳仗入城，宿人初不之備，軍入未半，卽有登城者。俄頃，縱火焚掠，盡驅強壯爲軍。別將犯泗州者不及期，乃焚虹縣而還，復與成會。成知事不集，妄以前軍史亮反、已卽時撫定告于朝，朝廷待以不疑，乃就賜鎧甲。成遂屯符離，軍勢甚盛。

29工部員外郎滕茂實，既爲金所拘，憂憤成疾，是月，卒于雲中。

30九月，甲申，京城外巡檢使丁進叛，率衆犯淮西。

進初受宗澤招，澤卒，乃去。時韓世忠軍中有進餘黨百餘人，世忠盡斬于揚州竹西亭。斬至王權，有武臣段思者，勸世忠釋而用之。尋命御營右軍副統制劉正彥以所部收進。

31庚寅，帝御集英殿，賜諸路類省試正奏名進士李易等四百五十一人及第、出身、同出身，而川、陝、河北、京東正奏名進士一百四人，以道梗不能赴，皆即家賜第。特奏名張鴻舉已下至五等皆許調官，鴻舉以龍飛恩特附第二甲。易，江都人；鴻舉，邵武人也。故事，殿試上十名，例先納卷子御前定高下。及是御藥院以例奏，帝不許，曰：「取士當務至公，既有初覆考、詳定官，豈宜以朕意更自陞降！自今勿先進卷子。」

32 壬辰，詔：「朝議大夫褚宗諤等二十一人，並令乘驛赴行在；祕書省校書郎富直柔，太學士〔正〕王覺，並令赴都堂審察。」

先是〔帝〕嘗語大臣以從官班列未當，且謂黃潛善曰：「求賢，宰相之職也，宜加意詢訪。」因命取舊從臣姓名來上，亦有召還復用者。他日，帝又以人才未能廣收爲言，潛善乃請用祖宗故事，命近臣各舉所知一二人以俟選擇。于是戶部尚書呂頤浩舉宗諤，兵部尚書盧益舉朝請郎惠柔民，刑部尚書兼侍讀王賓舉新通判襄陽府程千秋，翰林學士葉夢得舉直龍圖閣·新知潭州辛炳、朝散郎致仕王庭芳，端明殿學士、提舉醴泉觀黃潛厚舉登州學教授鄒潛，御史中丞兼侍讀王綯舉通直郎蔡向，吏部侍郎劉珏舉前秀州崇德縣令鄧根、從事郎朱韡，禮部侍郎張浚舉富直柔，工部侍郎康執權舉王覺及朝請大夫李公彥，給事中黃哲舉杭州州學教授李誼，中書舍人黃唐傳舉朝請大夫、知興化軍張讀，中書舍人張澂舉從正〔政〕郎致仕周虎臣等，各二人。帝問輔臣：「今所舉進士人，卿等有識者否？」潛善曰：「臣等未識者數人，亦皆知名之士。」帝甚喜。宗鄂，高密人；柔民，晉陵人；潛，浩弟；根，邵武人；韡，安吉人；公彥，臨川人；誼，南昌人；讀，閩縣人；虎臣，管城人也。政和間，虎臣爲永康令，部使者科須甚峻，虎臣爭不聽，即請老，人惜其去，繪像祠之，至是得召。

33 是日，葉濃入浦城縣。

34 癸巳，金人破冀州，權知軍州事單某自縊死。

初，權邦彥既以兵赴帥府勤王，有將官李政者，措置守城甚有法，紀律嚴明。金人攻城，屢禦退之，或夜劫金人寨。所得財物盡散士，無纖豪入私，由是皆用命。一日，金人攻城甚急，有登城者，火其門樓，與官軍相隔。政曰：「事急矣，能躍火而過者有重賞。」于是有數十人以濕氈裹身，持仗躍火，大呼力戰。金人驚駭，有失仗者，遂敗走。至是金以計誘其副將使害政，故不能保。事聞，贈政忠州刺史。

35 乙未，詔：「諸路禁兵隸帥府，土兵射士隸提刑司，即調發，皆無過三之一。」

36 丁酉，賜新及第進士錢千七百緡，爲期集費。自是以爲故事。李易等以帝憂勞，辭聞喜宴，從之。

37 冬，十月，癸丑，詔：「瀕江州縣官渡口，並差官主之，應公私舟船，遇夜並泊南岸。」以御營使司都統制王淵言金人在河陽，恐其奄至也。

88 甲寅，詔揚州修城浚濠，仍令江、淮州軍閱習水戰。

39 壬戌，詔御營平寇左將軍韓世忠以所部自彭城至東平，中軍統制官張俊自東京至開德，以金人南下故也。仍命河外元帥府兵馬總管馬擴充河北應援使，與世忠、俊互相應援。

40 是日，金人圍濮州。

初，馬擴既至北京，欲會兵渡河，復所沒諸郡；次館陶，聞冀州已破，而金人在博州，皆傍徨不敢進，其副任重與統制官曲襄、魯（珏）、杜林相繼遁歸。擴軍乏食，衆詾詾，以頓兵不動爲言，擴遂引兵攻清平縣。金右副元帥宗輔、左監軍昌、左都監棟摩，舊作闍母，今改。合兵與擴戰于城南，統制官阮師中、【考異】北盟會編不載阮師中，今從繫年要錄。翟仲達及其子元忠皆死于陣。日向晡，清平人開門助金，金繞擴軍之背，擴軍亂，統制官任琳引衆叛去，其屬官吳銖、孫懋皆降金，信王不知所終。擴知事不集，乃由濟南以歸。主管機宜文字万俟虞（虡）與敵遇，及其子剛中死之，後贈朝散大夫。

擴之未敗也，左副元帥宗翰以兵來會，聞擴敗，遂由黎陽濟河以侵澶淵，守臣王棣禦之，不能下，進攻濮州。時遣韓世忠、張俊以所部兵迎敵，而命擴佐之，蓋未知擴敗也。既而言者以俊中軍，不可遠去，遂命御營平寇（前）將軍、權同主管侍衛馬軍司公事范瓊代行。瓊請閤門宣贊舍人王彥與俱，乃以彥爲平寇前軍統領。彥知瓊臣節不著，難與共事，即稱疾，就醫眞州，瓊幷將其軍萬人而去。

擴至揚州，上疏待罪。詔降三官，罷軍職。

41甲子，命常德軍承宣使孟忠厚奉隆祐太后幸杭州，以武功大夫、鼎州團練使苗傅爲扈從統制。

先是張浚爲侍御史，嘗請「先措置六宮定居之地，然後陛下以一身巡幸四方，規恢遠圖」，帝納其言，遂命六宮隨太后先往。忠厚申明應辦事，帝諭大臣曰：「三省須與定色目，若倉卒索難得之物，使百姓何以供億！太后比朕雖粗留意，亦不以口腹勞人。如朕于兩膳，物至則食，未嘗問也。向自相州渡河，野中寒甚，燒柴溫飯，用瓢酌水，與汪伯彥于茅舍下同食，今不敢忘。」輔臣曰：「陛下思艱崇儉以濟斯民，天下幸甚！」

42京西北路安撫制置使、知河南府翟進戰死。

進與金人夾河而戰，屢破之。時東京留守杜充，酷而無謀，士心不附，諸將多不安之。馬擴、王彥旣還朝，餘稍稍引去。起復留守判官宗穎，屢爭不從，力請歸持服，統制官、榮州防禦使楊進亦叛，以數萬衆攻殘汝、洛間。翟進謂其兄兵馬鈐轄興曰：「楊進凶賊，終爲國家大患，當力除之。」至是進率其軍與楊進遇于鳴皐山下，夾伊水而軍。楊進多騎兵，興皆步卒，將士望騎兵有懼意。翟進激之使戰，進渡水先登，爲流矢所中，馬驚墜塹，爲賊所害。賊乘勢大呼，擊官軍，官軍遂敗。興收餘兵保伊陽山寨。詔贈進左武大夫、忠州刺史。

初，宗澤之爲留守也，日繕兵爲興復計，兩河豪傑皆保聚形勢，期以應澤。澤又招撫河南羣盜聚城下，欲遣復兩河，未出師而澤卒。充無遠圖，由是河北諸屯皆散，而城下兵復去爲盜，掠西南州縣，數載不能止，議者咎之。

43 癸酉，金知樞密院事劉彥宗卒。彥宗自燕京降金，金初得平州，凡州縣之事，悉委裁決。及下燕京，凡燕京一品以下，皆承制注授，其委任如此。後追封充（兗）國公，謚英敏。

44 丁丑，范瓊引兵至京師。

45 江、淮制置使劉光世敗李成于新息縣。先是光世以統制官王德爲先鋒，與成遇于上蔡驛口橋，敗之。成奔新息，裒散卒再戰。光世以儒服臨軍，成遙見白袍青蓋者，曰：「必大將也。」併兵圍之，德潰圍拔光世以出。光世下令，得成者以其官爵予之，士奮命爭進，再戰皆勝，成遂遁走，擒其謀主陶子思。【考異】光世破李成，宋史作十一月辛巳，今從繫年要錄。

46 戊寅，金徙昏德公、重昏侯于韓州。【考異】宋史作八月二帝徙居韓州，今從金史繫于十月。

47十一月，戊子，銀青光祿大夫、提舉西京嵩山崇福宮李綱，責授單州團練(副)使，萬安軍安置。

初，綱既貶，會有旨左降官不得居同郡，而責授忻州團練副使范宗尹在鄂州，乃移綱澧州居住。(至是御史中丞王綯劾綱不赴貶所，又論綱三罪，請投之嶺海，遂有是命。)

48己丑，江淮制置使劉光世還行在。

李成之敗也，獲其黨之家屬，詔分養于眞、泰、楚三州，至是光世具上男女六百餘人。帝謂宰執曰：「此曹身且不顧，豈卹其家！朕念作亂者非其家屬之罪，故令分養之。」黃潛善曰：「臣聞光世凱旋過楚州，降卒見家屬無恙，皆仰戴聖恩。」朱勝非曰：「郊赦中可載此，以見陛下德意。」帝又曰：「昨于光世處得成所用提刀一，重七斤。成能左右手運兩刀，所向無前，惜也惑于陶子思邪說，使朕不得用之。」是日，光世俘子思詣都堂，既而以火燃于開明橋上。其軍士降者皆釋之。

49壬辰，金人破延安府，通判魏彥明死之。【考異】金史作庚寅取延安府，今從宋史。

先是金人破府之東城，而西城猶堅守。金人諜知都統制曲端與經略使王庶不協，遂並兵攻鄜延康定，統制官王宗尹不能禦。庶在坊州，聞金人攻康定，夜趨鄜延以遏其前。金詭道陷丹州，州界于鄜、延之間，庶乃自當鄜州來路，遣統制官龐世才、鄭恩當延安來路。

時端盡統涇原精兵，駐邠州之淳化，庶日移文趣其進，且遣使十數輩往説諭端，端不聽。庶知事急，又遣屬官魚濤督師，端陽許之，而實無行意。權轉運判官張彬爲端隨軍應副，問以師期，端笑謂彬曰：「公視端所部，孰與李綱救太原乎？」彬曰：「不及也。」端曰：「綱召天下兵，不度而往，以取敗北。今端兵不滿萬，一（校者按：一字衍。）若敗，敵騎長驅，無陝西矣。端計全陝西與鄜延一路（孰）重輕，是以未敢卽行；不如直擣巢穴，攻其必救。」乃遣涇原兵馬都監吳玠攻華州，端自攻蒲城縣。華州、蒲城皆無守兵，玠拔華州。端不攻蒲城，引兵趨耀之同官，復迂路由邠州之三水與玠會于寧之襄樂。在深山中，去金人五百里，天大雪，寒甚，敵攻世才，世才與戰，下不用命，乃敗。

自此金兵專圍西城，晝夜攻擊不息。西城初受圍，彥明與權府事劉選分地而守。彥明當東壁，空家貲以賞戰士，敵不敢近。庶子之道，年未二十，率老弱乘城，敵晝夜攻，士多死者。閲十有三日，城之後大門破，選與馬步軍總管馬忠皆遁去。彥明獨曰：「吾去，則民誰與同死！城以外，非吾所當死之地也。」金人大入，彥明率所部力敵，坐子城樓上。敵併其家執之，諭使速降，彥明曰：「吾家食宋祿，汝輩使背吾君乎！」洛索怒，殺之。久之，詔贈彥明中大夫，官一子。彥明，開封人也。

初，庶聞圍急，自收散亡往援，溫州觀察使、新知鳳翔府王𤫊亦將所部發興元。比庶至甘泉而延已破，庶無可歸，乃以軍付璦，而自將百騎與官屬馳至襄樂勞軍。庶猶以節制望端，欲倚端以自副，端彌不平。端號令素嚴，叩其壁者，雖貴亦不敢馳。庶至軍，端令每門減其後騎之半，至帳下，僅有數騎而已。端猶虛中軍以居庶，庶坐帳中，端先以戎服趨于庭，既而與張彬及走馬承受公事高中立同見帳中。良久，端聲色俱厲，問庶延安失守狀，且曰：「節制固知愛身，不知爲天子愛城乎？」庶曰：「吾數令不從，誰其愛身者！」端怒曰：「在耀州屢陳軍事，而不見一聽，何也？」因起，歸帳。庶留端軍，終夕不自安。端謀即中軍誅庶而奪其兵，乃夜走寧州，見陝西撫諭使、主客員外郎謝亮，說之曰：「延安五路，襟喉已失。春秋大臣出疆之義，得以專之，請誅庶歸報。」亮曰：「使事有指，今以人臣而擅誅于外，是跋扈也。公則自爲之。」端意沮，因復歸。明日，庶見端，爲言已自劾待罪，端乃拘縻其官屬，又奪庶節制、使印而遣之。王璦將兩軍在慶陽，端使人召之，璦不應。會有告璦過邠州，軍士擄掠者，端怒，命統制官張中孚率兵召璦，謂中孚曰：「璦不聽，則斬以來。」中孚至慶陽而璦已去，遽遣兵要之，不及而止。璦亦不能軍，遂將其餘衆還入蜀。

金人既破延安府，遂自綏德渡河攻晉寧，守臣徐徽言遣使約知府州折可求夾攻之。洛索聞徽言與可求合，乃令人說可求，許封以關中地，可求遂降。金挾可求招徽言于城下，徽言登陴，以大義責之，且引弓射，可求乃去。金攻晉寧急，徽言屢敗之，斬洛索之子。徽言，西安人也。

50 癸巳，兩浙提點刑獄趙哲，與葉濃戰于建州城下，大敗之。濃引兵東走，哲遣人招諭，濃遂降。其後濃至張浚〔俊〕軍中，復謀爲變，浚〔俊〕執而誅之。

51 乙未，金人破濮州。

初，左副元帥宗翰自澶淵引兵至城下，意以爲小郡，甚輕之。將官姚端，乘其不意，夜劫其營，直犯中軍，宗翰跣足而走，僅以身免。金攻城凡三十三日，至是自西北角登城，守陴者不能當，端率死士突出，宗翰入其城。守臣直祕閣楊粹中登浮圖最高級不下，宗翰嘉其忠義，許以不死，乃以粹中歸。城中無長少皆殺之。

又攻澶淵，顯謨閣學士、知開德府王棣率軍民固守。金人爲僞書至城下曰：「王顯謨已歸，汝百姓何敢拒師？」軍民聞之，欲殺棣。棣走至南門，爲軍民踐死，城遂破，經略司主管機宜文字鄭建古亦爲亂兵所殺。金怒其拒戰，殺戮無遺。事聞，贈棣資政殿學士，贈建古朝請大夫。建古，鉛山人也。【考異】開德之破，金史在十二月丙辰；據趙甡之遺史，附于濮州之後，今從之。

52 時相州圍久，糧食皆絕。守臣直徽猷閣趙不試謂軍民曰：「今城中食乏，外援不至。不試，宗子也，豈可順敵！諸人當自計。」衆不應。不試又曰：「約降如何？」衆雖悽慘，然亦有唯唯者。不試乃登城，遙謂金人，請開門投拜，乞弗殺，金人許之。不試乃具降書，啓門，而納其家屬于井，然後以身赴井，命提轄官實之以土，人皆哀之。【考異】趙甡之遺史謂權知相州趙縣丞乃「不」字行宗室，蓋聞之不審也。宋史作趙不試。要錄云：不試，靖康元年十二月丙寅，自朝請郎通判相州，除直祕閣，權州事，建炎元年，升直徽猷閣、知相州，與宋史同。惟宋史作壬寅而要錄載在濮州破後爲稍異，今從要錄。

53 東京留守杜充，聞有金師，乃決黃河入清河以沮敵，自是河流不復矣。

54 初，太學生建安魏行可應詔使絕域，遂以爲奉議郎，充軍前通問使，果州團練使郭元邁副之，仍命行可兼河北、京畿撫諭。戊戌，行可等渡河，見金人于澶淵。時河北軍甚衆，行可等始懼爲所攻，既而見使旌，皆引去。元邁亦應募出疆，朝延〔廷〕各官其子弟，廩給之。然金人知其布衣借官，待之甚薄，因留不遣。

55 庚子，帝親饗太廟神主于壽寧寺。【考異】會要云：建炎二年，不饗廟。李心傳云：此月壬寅手詔云：「逮祖廟及壇，夜氣晏溫，風霾澄霽。」是則先廟而後郊明矣，今從日曆。但日曆載此手詔于元年十一月戊申，蓋差一年。

56 壬寅，親祀天于圜丘，配以太祖，用元豐禮也。禮畢，赦天下。命侍從于廢放黜謫之中，舉才幹強敏之士。吏民因忤李彥、朱勔被罪者，許自陳改正。

先是詔浙江、淮南、福建（起大禮）賞給錢二十萬緡，金三百七十兩，銀十九萬兩，帛六十萬匹，絲綿八十萬兩，皆有奇。是日，帝自常朝殿，用細仗二十人，詣壇行禮。

57 甲辰，金人破德州，兵馬都監趙叔昄〔晈〕死之。

58 舊制以廣南地遠，利入不足以資正官，故使舉人兩與薦送者，即轉運司試刑法，以其合格者攝之。兩路正攝凡五十人，月奉人十千，米一斛，滿二年則錫以眞命。後增五十人，號曰待次。崇、觀後，又增五十人，號曰額外。其注擬皆自漕司；建炎初，敕歸吏部。至是踰年，無願就者，乙巳，吏部請復歸漕司，從之。

59 己酉，詔：「蔡京、童貫、王黼、朱勔墳上刹皆毁之，收其田充省計。」

60 陝西安撫司都統制邵興敗金人于絳州曲沃縣。

61 金人破淄州。

初，李成爲劉光世所敗，遂轉寇淄州。權州事李某固守不下，成糧盡，引去。淄人求救于知滄州劉錫，會金人來攻，騎軍至城下，淄人望之曰：「滄州救兵至矣！」乃具香花于城上，望塵歡譟，既而知爲敵至，遂降。金人大喜，不入城而去。

62 涇原兵馬都監兼知懷德軍吳玠襲叛賊史斌，【考異】宋史作史贇，今從要錄。斬之。

初，斌侵興元，不克，引兵還關中。義兵統領張宗，誘兵〔斌〕如長安而散其衆，欲徐圖之。曲端遣玠襲擊斌，斌走鳴犢鎭，爲玠所擒。端自擊宗，殺之。玠以功遷右武大夫、忠州刺史。

63統制(濱州)軍馬葛進【考異】宋史作葢進。圍棣州，守臣直祕閣姜剛之與戰，城破，爲所害。後贈剛之奉直大夫。

64十二月，乙卯，隆祐太后至杭州，扈從統制苗傅，以其軍八千人屯奉國寺。【考異】要錄引日曆作壬子，今從宋史作乙卯。趙甡之遺史云：傅拙直，不能曲奉內侍，故多譖之。熊克小曆云：傅與楊惟忠比肩，如王淵、韓世忠、張俊皆出其下。李心傳云：淵在宣和間已爲大將，傅雖世家，然自小校拔起，非惟忠、淵比也，今不取。

65庚申，金人侵東平府，守臣寶文閣直學士、京東西路安撫制置使權邦彥遁去。時御營使司同都統制范瓊自京師引兵至東平，敵衆方盛，邦彥無兵，不能守，遂棄其家，與瓊俱南歸。瓊引兵至淮西。

金既得東平，又攻濟南府，守臣劉豫遣其子刑曹掾麟與戰，金兵圍之數帀。通判張東益兵援之，乃去。金卽遣人啗豫以利，豫因有邪謀，與東偕往投拜，民遮道不從，豫遂縋城，軍前通款。

66甲子，金左副元帥宗翰破北京，河北東路提點刑獄郭永死之。【考異】熊克小紀載此事于十一月戊申，今考趙甡之遺史作甲子，與宋史同。

初，金人攻北京急，河北轉運副使兼權大名尹張益謙欲遁去，永曰：「北門所以遮梁、宋，敵得志則席卷而南，朝廷危矣。借力不敵，猶當死守，徐挫其鋒以待援。」因自率兵晝夜乘城，且縋死士持帛書詣行在告急　金俘東平、濟南人至城下，大呼曰：「二郡已降，降者富貴，不降者無噍類！」益謙與轉運判官裴億皆色動，永曰：「今日正吾儕盡節之時！」即行城撫將士，曰：「王師至矣。」衆皆感泣。是日，大霧四塞，金以斷碑殘礎爲礮，櫓樓皆壞，左右蒙盾而立，至有碎首者。良久，城破，永安坐城樓上，或掖之以歸，諸子環泣請去，永曰：「吾世受國恩，當以死報。然巢傾卵覆，汝輩亦將何之！茲命也，奚懼！」益謙、億率衆迎降。

金人入城，宗翰曰：「沮降者誰？」永熟視久之，曰：「不降者我也，尚奚問！」宗翰夙聞永名，乃以富貴啗之，永瞋目罵曰：「恨不滅爾報國，何說降乎！」宗翰令譯者申諭永，永戟手罵不絕。宗翰惡其言，麾之使去，永復厲聲曰：「胡不速殺我！我死，當率厲鬼以滅爾曹！」大名人在縶者皆出涕。宗翰令斷所舉手，并其家害之，年五十三，城中人相與負其屍瘞之。永長七尺，美鬚髯，望之如神人，輕財好義，而吏治精明。事聞，贈資政殿大學士，謚勇節。

67 金人破襲慶府，衍聖公孔端友已避兵南去。軍人將啓宣聖墓，左副元帥宗翰問其通事高慶裔曰：「孔子何人？」曰：「古之大聖人。」宗翰曰：「大聖人墓豈可犯！犯者殺之！」故闕里得全。端友，孔子四十八世孫也。

自金人入中原，凡官漢地者皆置通事，高下輕重，悉出其手，得以舞文納賄，人甚苦之。燕京留守尼楚赫，以戰多貴，而不知民政。有僧訟富民逋錢數萬緡，通事受賄，詭言久旱不雨，僧欲焚身動天以蘇百姓，尼楚赫許之。僧號呼不能自明，竟以焚死。

68乙丑，金人破虢州。

69己巳，尙書右僕射兼中書侍郎黃潛善遷左僕射兼門下侍郎，知樞密院事汪伯彥守尙書右僕射兼中書侍郎，仍並兼御營使。二人入謝，帝曰：「潛善作左相，伯彥作右相，朕何患國事不濟！」皆稽首謝。

潛善入相踰年，專權自恣，卒不能有所經畫。伯彥繼相，略與之同。由是金人遂大舉南下。

70尙書左丞顏岐守門下侍郎，尙書右丞朱勝非守中書侍郎，兵部尙書盧益同知樞密院事。

71戊寅，禮部侍郎張浚兼御營使司參贊軍事。

時金人來往山東無所阻，羣盜李成輩因之爲亂。金左副元帥宗翰，將自東平歷徐、泗以趨行在，而宰相黃潛善、汪伯彥皆無遠略；且斥候不明，東京委之御史，南京委之留臺，泗州委之郡守，所報皆道聽塗說之辭，多以金繒使人伺金之動息。于是淮北累有警報，而潛善等謂成餘黨，無足畏者。金諜知行在不戒，亦僞稱成黨以款我師。

帝以邊事未寧，詔百官言所見。吏部尚書呂頤浩上備禦十策，曰收民心，定廟算，料彼此，選將帥，明斥候，訓強弩，分甲器，備水戰，控浮橋，審形勢，其說甚備。戶部尚書葉夢得亦請帝南巡，阻江爲險以備不虞。帝曰：「自揚州至瓜州五十里，聞警而動未晚。」夢得曰：「河道僅通一舟，恐非一日可濟也。」夢得又請以重臣爲宣總使，一居泗上，總兩淮及東方之師以待敵，一居金陵，總浙江之路，以備退保。帝一日召諸軍議事，中軍統制官張俊，奏敵勢方張，宜且南渡，復請移左藏庫于鎮江。吏部侍郎劉珏亦言：「備敵之計，兵食爲先。今以降卒爲見兵，以糴本爲見糧，二者無一可恃。維揚城池未修，卒有不虞，何以待敵！」不報。殿中侍御史張守上防淮渡江利害六事，大率尤以遠斥候探報爲先。別疏論淮甸之路有四，宜取四路帥臣、守倅，銓擇能否，各賜緡錢，責之募戰士，儲芻粟，繕甲兵，明斥候，公賞罰，使之夙夜盡力扞蔽，疏至再上。又請詔大臣以選將治兵爲急，凡細微不急之務，付之都司六曹。潛善、伯彥滋不悅，乃請遣守撫諭京城，守卽日就道。

至是聞北京破，議者以敵騎且來，而廟堂宴然不爲備，張浚率同列謁執政力言之。潛善、伯彥笑且不信，乃命浚參贊軍務，與頤浩教習河朔長兵。

續資治通鑑卷第一百三

賜進士及第兵部尚書兼都察院右都御史總督湖北湖南等處地方軍務兼理糧餉世襲二等輕車都尉畢沅編集

宋紀一百三 起屠維作噩(己酉)正月，盡二月。

高宗受命中興全功至德聖神武文昭仁憲孝皇帝

建炎三年金天會七年。(己酉、一一二九)

1 春，正月，庚辰朔，帝在揚州。

2 京西北路兵馬鈐轄翟興訴翟進死事于朝，乞遣重臣鎮守。詔以興爲河南尹、京西北路安撫制置使兼京西北路招討使。

時叛將楊進據鳴臯山之北，深溝高壘，儲蓄糧餉，置乘輿法物、儀仗，頗有僭竊之意；詐言遣兵入雲中府，復奪淵聖皇帝及濟王南歸，欲以搖動衆心，然後舉事。東京留守杜充遣使臣王漢詣伊陽縣見興，使圖之，且檄報進悖逆顯著，請興破賊。于是興與其子琮率鄉社擾劫之，戰無虛日矣。

3辛巳，金元帥左都監棟摩舊作闍母，今改。卒。棟摩，太祖異母弟也，後追封吳國王，改封魯王，謚壯襄。【考異】金史棟摩傳作天會六年薨，今從本紀載于七年。又，本紀作吳國王棟摩薨；據本傳，則熙宗時追封吳國王，其時尚未封王，蓋史家追書也，今改正。

4乙酉，通問使劉誨等自河東還行在。

先是誨與其副王貺通問至金，金人遣之，併遣祈請使副宇文虛中、楊可輔，虛中辭曰：「虛中受命迎請二帝，二帝未還，虛中不可歸。」于是留虛中而獨遣可輔。誨、貺與可輔偕至行在，帝嘉其勞，以誨爲朝奉郎。

5甲午，金以南京留守【考異】金史韓企先傳作西京留守，今從紀。韓企先同中書門下平章事、知樞密院事，以劉彥宗歿，代其任也。旋念彥宗舊勞，起復其子筈直樞密事，加給事中。（校者按：此條應移11後。）

6丁亥，金人破青州，權知州魏某所爲殺。又破濰州，焚其城而去。牛頭河土軍閻臯與小校（敎）頭張成率衆據濰州，臯自爲知州，以成知昌樂縣。

7初，山東盜劉忠，號「白氊笠」，引衆據懷仁縣，御營平寇前（將）軍范瓊在京東，遣其統制張仙等擊之，忠僞乞降。是日，仙與將佐入忠壁撫諭，忠留與飲，伏兵擊殺之，逐其衆。瓊怒，屢與忠戰，皆敗績。忠自黥其額，時號「花面獸」。

8 己丑，奉安西京會聖宮祖宗御容于壽寧寺。

9 懷德軍節度使、檢校太保【考異】宋史作檢校司空，今從要錄。占城國王楊卜麻疊加檢校太傅；大同軍節度使、檢校司空眞臘國王金裒賓深，懷遠軍節度使、檢校司空闍婆國王悉里地茶蘭固野，並加檢校司徒；皆用南郊恩也。時占城以方物來獻，因有是命。

10 辛卯，陝西都統制軍馬邵興及金人戰于潼關，敗之；乘勢攻虢州，又下之。陝州安撫使李彥仙即以興知虢州。

11 甲午，上元節，有南僧被掠至拉林河者，夜，以長竿引燈毬，表出之以爲戲，金主見之，駭曰：「得非星邪？」左右以實對。時有南人謀變，事泄而誅，故金人疑之，曰：「是人欲嘯聚爲亂，剋日時，以此爲信耳。」命殺之。

12 乙未，京城留守杜充襲其統制官張用于城南，不克。用與曹成、李宏、馬友爲義兄弟，有衆數萬，分爲六軍。成，外黃人，因殺人投拱聖指揮爲兵，有膂力，善戰，軍中服其勇。友，大名農家，始以巡社結甲，夾河守禦。用與王善皆受宗澤招安，澤卒，乃去。及充爲留守，又受招安，用屯于京城之南南御園，善屯于京城之東劉家寺。時岳飛自太行山王彥軍中歸京城，爲統制，與桑仲、李寶皆屯于京城之西。充以用軍最盛，忌之，乃有圖之之意。前一日，衆入城負糧，詰旦，充掩不備，出兵攻用，令城西諸軍皆發。用覺之，勒兵拒戰。會善引兵來援，官軍大敗，李寶爲所執。

13 金人既棄青州去，軍校趙晟【考異】趙甡之遺史作「趙勝」，今從曾孝序傳。據其城。會直顯謨閣新知青州劉洪道自濰州之官，至千乘，晟出不意，遂出迎。洪道謂晟：「但交割本州民事而已，軍馬則公自統之。」晟喜，迓之而入。洪道入城揭榜，百姓在軍中願歸者，給據放還。于是晟之黨十去六七。

14 戊戌，徽猷閣待制、提舉杭州洞霄宮晁説之告老。帝曰：「是嘗著論非孟子者。孟子發明正道，説之何人，乃敢非之！可致仕。」尋卒。

15 御史中丞張澂，以邊事未寧，請詢于衆爲禦敵之策。

吏部尚書呂頤浩言：「今敵騎漸逼京東，百辟皆言強弱不敵。臣願廟算先定，陰爲過江之備，而大爲拒敵之資，申飭諸將，訓習強弩，以俟夾淮一戰，此不易之策。夫彼之所長者騎，而我以步兵抗之，故不宜平原曠野；惟扼險用奇，乃可掩擊。又，水戰之具，在今宜講。然防淮難，防江易，近雖于鎮江之岸擺泊海船，而上流諸郡，自荆南抵儀眞，可渡處甚多，豈可不預爲計！望制〔置〕使兩員，一自鎮江至池陽，一自池陽至荆南，專提舉造船，且詢水戰利害。又，駐蹕維揚，當以一軍屯盱眙，一軍屯壽春，以備衝突。」

戶部尚書葉夢得言：「兵，機事也，不度時則爲難，今視去冬又爲難矣。去冬金但游騎出入陝西、河北，未知總衆者何人；今主兵乃尼瑪哈，舊作粘沒喝，即宗翰。且親至濮及開德矣。向者開德、大名、東平三大鎮，鼎足而立，今惟東平巋然獨存，以當宋、魏之衝，而滄州孤絶在後；又，南京最重，而敵騎已至楚丘。且靖康之失，在固守京城而不知避也，事有緩急，必當從權。伏望陛下通下情，遠斥候，如必欲過江，則亟降詔以諭中外，則人心安矣。臣又願飭諸要郡，東則鄆、徐、南京，西則廬、壽、和州，南則唐、襄、荆渚，各立軍數，使之召募，仍命大將與帥參治，復還近臣爲總帥以節制之。又，乘輿或至兩浙，則鎮江、金陵尤當先治。陛下毋以宇文虛中奉使未回，意和議爲可恃也。靖康正緣恃和議而墮敵計，今安可待萬里之報哉！」

起居郎兼權直學士院張守言：「金人自去冬已破澶、濮、德、魏，而游騎及于濟、鄆。雖遣范瓊、韓世忠會戰，而二將未可恃。臣謂今日莫先于遠斥候。昔三國時，烽火一夕五千里；而前日北京失守，再浹始知。今之爲策有二：一防淮，二渡江。若屯重兵于楚、泗及淮陰三處，敵亦未能遽犯。然恐我師怯戰，望風先潰，及舟楫拘于岸而敵亦能斬木縶栰以濟，或以精騎間道先絶吾渡江之路，此可患者一也。我若渡江而宿重兵于昇、潤，敵亦未能遽侵，然去中原益遠，民心易搖。又，行在兵多西人，不樂南去，或生意外之事，維揚亦須留兵，則扈衞勢弱，此可患者二也。惟其利害相形，遂不能決。若爲中原計而幸敵不至，則用防淮之策；若爲宗社計而出于萬全，則用過江之策。然權其輕重，勢當南渡，而別擇重帥以鎭維揚，則中原不患于搖動；明諭諸軍以禍福，則西人不患于不樂。昇、潤亦擇重帥使當一面，則兵分勢弱，亦非所患。明詔大臣，預區處以俟探報，探報速聞，則在我之計可得而用也。」

時羣臣奉詔論邊事者，黃潛善等請皆送御史臺抄節申尚書省。

16 庚子，詔：「有警而見任官輒般家者，徒二年；因而搖動人心者，流二千里。」由是士大夫皆不敢輕動。【考異】李心傳云：據張澂劾黃潛善等疏，知降旨爲庚子日也。朱勝非閒居錄云：歲前聞金人破鄆州，黃相約諸政曰：「六宮先渡江，侍從百官家屬亦聽從便。惟吾曹骨肉不可動，動卽軍情不安。」勝非所記，與伸劾疏全不同。日曆，二月庚戌朔詔：「士庶從便往來，官司不得妄有邀阻。」此時金已渡淮，疑勝非所記非實，今不取。

17 京東東路安撫使劉洪道，以趙晟首亂青州，賊心難制，欲殺之，乃好謂晟曰：「萊州不遭兵火，戶口富饒，煩公爲守，如何？」晟曰：「諾。」洪道密遣人告權知濰州閻皋、權知昌樂縣張成，使伏兵中途邀擊。晟以其衆行至秬米寨，不虞皋、成之圖己也，遂懈而不整。遇伏發，大敗，晟死。洪道以成知萊州。

洪道既殺晟，遺民復還，軍府浸盛。統制濱州軍馬葛進，以洪道得青州因己所致，欲奪之，乃與知濱州向大猷引兵至城下。洪道見衷甲，遂闔扉不納，而縋酒肉以犒師。進怒，攻北城，據之，洪道與軍民居南城以守。進遣大猷入南城計事，洪道囚之。

18 京城統制官張用、王善爲杜充所疑，乃引兵去，犯淮寧府。充遣統制馬皋追擊之，用、善併兵擊皋，官軍大敗，尸塡蔡河，人馬皆踐尸而渡，至鐵爐步而還，官軍存者無幾。用以一騾送李寶歸京師。

于是善整兵欲攻淮寧，用不可，曰：「吾徒所以來，爲乏糧耳，安可攻國家之郡縣！」善曰：「天下大亂，乃貴賤、貧富更變之時，豈止于求糧而已！況京城已出兵來擊我，事豈無名乎！」用曰：「汝攻陳州，吾當往蔡州。然兄弟之義，文字勿絕。」乃命諸軍束裝。翼日，善鳴鼓進，雲梯、天橋逼城下，守臣馮長寧命鎔金汁灌之，焚其天橋。用勸善勿攻，善曰：「安有小不利而遂止，當俟鴉頭變白，乃捨此城耳。」用引其軍去。

善圍淮寧久之，東京留守杜充遣都統制陳淬來援，善乃退。

時知潁昌府、直寶文閣郭允迪已降金，有舉人陳味道者，與知蔡州程昌寓善，金遣味道以旗榜招之。昌寓既見味道，使人探其囊中，得金檄文；昌寓大驚，聚官屬，執味道釘之，磔于市。

19 丙午，金左副元帥宗翰破徐州，守臣龍圖閣待制王復死之。

初，宗翰自襲慶引兵欲趨行在，遂圍徐州，復率軍民力戰，外援不至。城破，復堅坐廳事不去，謂宗翰曰：「死守者我也，監郡而次無預焉，願殺我而舍僚吏與百姓。」宗翰猶欲降之，復大罵求死，由是闔門遇害。城始破，武衞都虞候趙立巷戰，奪門以出，爲金兵所擊，以爲已死，夜半，得微雨，漸活，乃殺守者，潛入城，求復尸，埋之，遂陰結鄉兵爲興復計。宗翰既去，軍民請舉人鄭某權知州事。事聞，贈復資政殿學士，諡忠節。

20 御營平寇左將軍韓世忠兵潰于沭陽。

初，世忠在淮陽，將會山東諸寇以拒金。會左副元帥宗翰兵至滕縣，聞世忠扼淮陽，恐稽師期，乃分東南道都統領兵萬人趨揚州，以議事爲名，使帝不得出，而宗翰以大軍迎世忠。世忠不能當，夜引歸，軍無紀律，未晚，至宿遷縣，不虞金人之躡其後。質明，覺之，奔于沭陽。世忠在沭陽，夜不安寢，與其帳下謀，夜，棄軍，乘潮走鹽城縣。翼日，諸軍方覺，遂潰去。閤門宣贊舍人張遇，死于漣水軍之張渠邨，後軍管隊官李彥先，率本隊四十七人，得二舟，入海聚衆。自此輔逵聚衆于漣水，李在據高郵，皆世忠之兵也；其餘收散卒自爲徒黨者，不可勝計。宗翰入淮陽軍，執守臣李寬而去。京東轉運副使李祓，從軍在淮陽，爲所殺；後贈中散大夫，官其家二人。寬，遵勖孫；祓，清臣子也。

21 己酉，金人破泗州。

先是禮部尚書王綯，聞金兵且南至，率從官數人同對，帝命至都堂議。黄潛善、汪伯彥笑曰：「諸公所言，三尺童子皆能及之！」

時金人自滕縣以五千騎趨臨淮，皆金裝，白氊笠子。把隘官永州防禦使閻瑾屯泗州，遣人伺其實，或曰劉忠犯臨淮，或曰李成餘黨也。瑾以兵迎之，獲游騎數人，乃知爲金人至。

江淮發運副使呂源聞之，遣人收淮北舟船數百泊南岸，命使臣張瑾焚浮橋，且貽輔臣書，乞爲宗社大計，速圖所以安聖躬者。

（金）兵至泗州近境，瑾引軍南走，昭信尉孫榮將射士百餘拒敵。是日也，塵氛蔽日，金人初不測其多寡，遂相拒踰日。榮鬭死，金人乃于泗州之數十里間，計置渡淮。是夕，泗州奏金人且至，帝大驚，軍中倉皇，以內帑所有，通夕般挈。

22 二月，庚戌朔，帝駕御舟泊河岸，郡人惶怖，莫知所爲。知天長軍楊晟惇奏拆浮橋，始詔士民從便避敵，官司毋得禁。帝即欲渡江，黃潛善等力請少留俟報，且般左藏庫金帛三分之一，帝許之。戶部尚書葉夢得即具舟楫，從大將假二千人津發，一日而畢。然公私舟交河中，跬步不容進矣。夢得復請以戶部所餘物，前期支六軍春衣及官吏俸一月，亦從之。遂命御營統制官劉正彥以所部從六宮皇子往杭州，幹辦御藥院陳永錫護皇子，又遣吏部尚書呂頤浩、禮部侍郎張浚往沿淮措置。

金以數百騎掩至天長軍，統制任重、成喜將萬人俱遁。亟遣江淮制置使劉光世將所部迎敵，行都人謂光世必能禦賊，而士無鬭志，未至淮而潰。

23 金人以支軍攻楚州，守臣直祕閣朱琳，具款狀遣人迎降，開西北門納金人，開東門縱居人自便。軍民皆趨寶應縣，欲自揚州渡江，金人覺之，悉邀回城中。

24 閤瑾引兵至洪澤鎮，其將姚端殺之。

25 壬子，金人破天長軍。

26 帝遣左右內侍鄺詢往天長軍覘事，知爲金人至，遽奔還。帝得詢報，卽介冑走馬出門，惟御營都統制王淵、內侍省押班康履五六騎隨之；過市，市人指之曰：「官家去也！」俄有宮人自大內星散而出，城中大亂，帝與行人並轡而馳。黃潛善、汪伯彥方會都堂，或有問邊耗者，猶以不足畏告之，堂吏呼曰：「駕行矣！」二人乃戎服鞭馬南騖，軍民爭門而死者，不可勝數。帝次揚子橋，一衞士出語不遜，帝製手劍殺之。

時軍民怨黃潛善刻骨，司農卿黃鍔至江上，軍士呼曰：「黃相公在此。」數之曰：「誤國害民，皆汝之罪。」鍔方辨其非，而首已斷矣。少卿史徽、丞范浩繼至，亦死。給事中兼侍講黃哲方徒步，一騎士挽弓射之，中四矢而卒。是日，鴻臚少卿黃唐俊渡江溺死，左諫議大夫李處遯爲亂兵所殺，太府少卿朱端友，監察御史張灝，皆不知存亡。鍔，南城人；唐俊，唐傳兄也。【考異】熊克小紀作大理卿黃鍔，今據繫年要錄所引日紀作司農卿。又，日紀稱史徽、范浩渡江至常州宜興縣境，爲盜所害，與此不同，今從維揚巡幸記。胡元質成都丁記云：黃聖微爲給事中，金人絕淮，車駕倉卒渡江，文武百執事莫有扈從者。聖微先謂其子端靖曰：「今日之事，知有君耳。吾從吾君，此見危授命時也。」遂朝服乘馬而行。或謂「敵騎邂逅相及，無乃不利乎？」聖微厲聲曰：「君在行，必朝服以見。死生命也，不可苟免。」頃之，敵騎相及，果爲所執，聖微竟死。朝廷後知之，卹其家甚恩。聖微，哲字也。此與當時人所記不同，今附著于此。

呂頤浩、張浚聯馬追及帝于瓜洲鎮，得小舟，卽乘以濟。次京口，帝坐水帝廟，取劍就靴擦血；百官皆不至，諸衞禁軍無一人從行者。鎭江聞車駕進發，居民奔走山谷，城中一空。守臣錢伯言發府兵來迓。

始，右諫議大夫鄭瑴〔瑴〕請詣建康，潛善等沮之；及是瑴〔瑴〕從行，帝顧曰：「不用卿言，及此！」

是晚，金將瑪圖舊作馬五，今改。以五百騎先馳至揚州，守臣右文殿修撰黃願已遁去，州民備香花迎拜。金人入城，問帝所在，衆曰：「渡江矣。」金人馳往瓜洲，望江而回。【考異】金史宗翰傳云：襲康王于揚州，未至百五十里，瑪圖以五百騎先馳至揚州城下。康王聞兵來，已于前一夕渡江矣。今從宋史及繫年要錄作壬子。金史太宗紀作五月乙卯，蓋誤。

金兵屯于摘星樓下，城中士女金帛，爲金所取殆盡。南陽尉晏孝廣女，年十五，有美色,爲金兵所得,欲妻之,晏氏即刎縊求死,金人皆義之。孝廣,殊曾孫也。

金人之未至也,公私所載,舳艫相銜。運河自揚州至瓜洲五十里,僅通一舟。初,城中聞報出城者,皆以得舟爲利,及金兵至,潮不應閘,盡膠泥淖中,悉爲金兵所取,乘輿服御,官府案牘,無一留者。

帝至鎮江,宿于府治,從行無寢具,帝以一貂皮自隨,臥覆各半。帝問:「有近上宗室否?」時士㒟爲曹官,或以名對。遂召士㒟同寢,帝解所御綿背心賜之。士㒟,仲維子也。

初,賊靳賽來就招,朝廷因以賽統制本部軍馬,會邊報日急,乃命賽與統制官王德屯眞州。及帝渡江,德以所部兵焚眞州而去,眞州官吏皆散走,發運使梁揚祖亦遁,賽與其衆往來于江中。

癸丑,金游騎至瓜洲,民未渡者尚十餘萬,奔迸墮江而死者半之。舟人乘時射利,停橈水中,每一人必一金乃濟。比金兵至,皆相抱沈江,或不及者,金兵掠而去,金帛珠玉,積江岸如山。

時事出倉卒,朝廷儀物,悉委棄之,太常少卿季陵,獨奉九朝神主,使親事官負之以行。至瓜洲,敵騎已逼,陵捨舟而陸,親事官李寶爲敵所驅,遂失太祖神主。于是太學諸生從帝南渡者凡三十六人。

是日退朝，帝召宰執從官諸將，對宅堂計事，帝曰：「姑留此，或徑趨浙中邪？」奉國軍節度使、都巡檢使劉光世遽前，拊膺大慟，帝問何故，光世曰：「都統制王淵專管江上海船，每言緩急濟渡，決不誤事。今諸軍阻隔，臣所部數萬人，二千餘騎，皆不能濟，何以自效！」宰相黃潛善曰：「已集數百舟渡諸軍。」帝曰：「濟渡(諸)軍固已處置，今當議去留。」吏部尚書呂頤浩降階拜伏不起，繼而戶部尚書葉夢得等三人相從拜伏庭下。帝顧潛善問之，頤浩以首叩地曰：「願且留此，爲江北聲援，不然，金人乘勢渡江，愈狼狽矣！」二府皆曰：「善！」帝曰：「如此，則宰相同往江上經略，號令江北諸軍，令結陣防江，仍先渡官吏百姓。」衆遂退，馳詣江干。

浙西提刑趙哲來謁，云王淵欲誅江北都巡檢皇甫佐；遣問，則已斬矣。召淵問之，淵曰：「佐主海舟，濟渡留滯。」蓋淵怒光世之語，故殺佐以解。遂諭淵分立旗幟，命將官管押渡人。

有統領官安義，自江北遣使臣林善來言：「今早金數百騎來襲，皆無器甲，已率所部千人，集諸潰軍射退矣。」遂以義爲江北統制，俾收兵保瓜洲渡。

既而淵入對，言：「暫駐鎮江，止捍得一處。若金自通州渡江，先據姑蘇，將若之何？不如錢塘有重江之阻。」諸內侍以爲是。日方午，帝遣中使趣召宰執，以淵語告之，潛善曰：

「淵言如此，臣復何辭以留陛下！」執政未對，有內侍于堂下抗聲曰：「城中火起！」俄又一人至曰：「禁衞涕泣，語言不遜。」帝甚駭，顧中書侍郎朱勝非曰：「卿出問之。」是時管軍左言立階下，勝非請與俱，遂出郡廳事，並立階簷。衞士或坐或立，有涕泣者，勝非傳旨問之，皆以未見家屬對。勝非卽諭之曰：「已有旨分遣舟專載衞士妻孥矣。」衆帖然。因問駕去留利害，則曰「一聽聖旨」，無敢譁者。乃許以俟駐蹕定，當錄扈從之勞，優加賞給，三軍欣諾。

勝非還，帝與宰執亦至屏後，勝非前，欲奏事，帝曰：「已聞矣。適議定，不若徑去杭州。此中諸事，暫留卿處置，事定卽來，更無文字。」卽上馬行。以龍圖閣直學士、知鎮江府錢伯言爲樞密直學士，充巡幸提點錢糧頓遞，頤浩爲資政殿大學士，充江浙制置使，光世爲行在五軍節度使，主管侍衞馬軍司公事楊惟忠節制江南東路軍馬，屯江寧府。初命惟忠節制兩浙、江南軍馬，尋又散之。時潛善擬除頤浩資政殿學士，帝以資政非前執政者，恩數止與從官等，特除大學士。

是夕，上宿呂城鎮，淵留部將楊沂中與兵三百在鎮江，約曰：「如金人計置渡江，則焚甘露寺爲號。」淵及帝于呂城，探者夜聞瓜洲聲喧，謂金將渡江，乃焚寺，淵視之曰：「甘露寺火也。」質明，請帝乘馬而行。是時儀仗皆闕，惟一兵執黃扇而已。【考異】高宗離鎮江，日紀在癸丑，熊克小紀在甲寅，朱勝非閒居錄，云上初四日離鎮江。癸丑，初四日也。據蕨（臧）梓勤王記，亦云甲寅幸常州。諸書皆合，今從之。

27甲寅，帝次常州。時鎮江官吏皆散，朱勝非求得通判府事梁求祖于竹林寺中，付以郡事，于是百姓稍有入城者。

金人入眞州。

28金人揭榜于揚州市，西北人願還者聽之，去者萬餘人。

29御營統制官王亦，將京軍駐江寧，謀爲變，以夜縱火爲信，江東轉運副使、直徽猷閣李謨覘知之，馳告，守臣祕閣修撰趙明誠，已被命移湖州，弗聽。謨飭兵將，率所部團民兵伏塗巷中，柵其隘。夜半，天慶觀火，諸軍譟而出，亦至，不得入，遂斧南門而去。遲明，訪明誠，則與通判毋丘絳、觀察推官湯允恭縋城宵遁矣。

30是日，御營平寇前將軍范瓊自東平引軍至壽春，其部兵執守臣右文殿修撰鄧紹密，殺之。

初，瓊次壽春，循城而南，守陴者見其旗，笑曰：「此將軍豈解殺敵，惟有走耳！」瓊聞而怒，乃檄府索其造語之人。紹密索得一人，送之，瓊命斬于麾下。已而瓊之軍士入城負糧，紹密所將兵怨斬其同類，乃持杖逐之，瓊所部與格鬬，因入城焚掠，紹密死于亂兵，知下蔡縣趙許之亦死。久之，贈紹密大中大夫。

31 乙卯，帝至無錫縣。

32 金人去眞州，靳賽引兵復入城，頗肆殺掠。後數日，守臣向子忞至，以義責之。

33 丙辰，帝次平江府，始脫介冑，御黃袍，侍衞者皆有生意。命承信郎甄援往江北招集衞兵。

34 丁巳，下詔慰撫維揚遷徙官吏、軍民。

35 集英殿修撰、提舉杭州洞霄宮衞膚敏入對。膚敏在維揚，數爲帝言揚州非駐蹕地，請早幸建康，帝思其言，復召入。膚敏言：「餘杭地狹人稠，區區一隅，終非可都之地，自古帝王未有作都者，惟錢氏節度二浙而竊居之，蓋不得已也。今陛下巡幸，乃欲居之，其地深遠狹隘，欲以號令四方，恢復中原，難矣。前年冬，大駕將巡于東也，臣固嘗三次以建康爲請，蓋倚山帶江，實王者之都，可以控扼險阻，以建不拔之基。陛下不狩于建康而狩維揚，所以致今日之警也。爲今之計，莫若暫圖少安于錢塘，徐詣建康。然長江數千里，皆當守備，如陸口直濡須，夏口直赤壁，姑孰對歷陽，牛渚對橫江，以至西陵、柴桑、石頭、北固，皆三國、南朝以來戰爭之地。至于上流壽陽、武昌、九江、合肥諸郡，自吳而後，必遣信臣提重兵以守之，而江陵、襄陽尤爲要害，此尤不可不扼險以爲屯戍也。今敵騎近在淮壖，則屯戍之設，固未能遽爲，宜分降詔書于沿江守土之臣，使之扼險屯兵，廣爲守備。許行鬻爵之法，使豪民得輸粟以贍軍；許下募兵之令，使土人得出力以自效；又重爵賞以誘之，則人人效命，守備無失而敵騎必退矣。敵騎既退，則可以廣設屯戍，如前所陳，遲以歲月，國體少安，可以漸致中興之盛矣。」上頗納其言。

36 金人攻泰州，守臣曾班以城降。

37 丁進既受撫，以其軍從帝行，邀截行人，恣爲劫掠，且請將所部還江北與金人血戰，其意欲爲亂。會御營都統制王淵自鎮江踵至，進懼，欲亡入山東。朱勝非過丹陽，進與其衆匿遠林中，以狀遮勝非自訴。淵聞叛，遣小校張青以五十騎衛勝非，因紿進曰：「軍士剽攘，非汝之過，其招集叛亡來會。」青誘進詣勝非，至則斬之。

38 戊午，帝將發平江，中書侍郎朱勝非自鎮江來，以晡入見。初，帝以吳江之險可恃，議留大臣鎮守。勝非既對，帝諭曰：「黃濳善自渡江失措，朕所過見居民皆被焚劫，蓋軍民數日乏食至此。」勝非曰：「誠如聖諭。陛下離此，亦復擾矣。」帝欲除勝非兼知秀州，輔臣言秀非大臣鎮守之地，乃以御札命勝非充平江府、秀州控扼使。勝非再對，留自（身）言：「臣雖備員執政，與諸軍無素，更乞從官一員同治事。」帝曰：「從官何嘗預軍事？」勝非曰：「如呂頤浩、張浚，皆兼御營司參贊軍事，可用也。」于是帝問近臣：「誰能佐勝非者？」浚慷慨願留，遂命浚同節制控扼等事，仍詔勝非：「行移如尚書省體式，事有奏陳不及者，聽便宜施行訖奏。」浚受命，即出城，決水溉田，以限戎馬，列烽燧，募土豪，措置捍禦，長兵至平江者三千餘人。

39 忠訓郎劉俊民爲秉義郎、閤門祗候。

初，帝聞金人尚在揚州，募能使軍前者，俊民願行；俊民嘗在敵中，頗知其情僞。帝已乘舟，召俊民就御舟賜對，與語，甚款，遂使持書以往，賜賚極厚。俊民請張邦昌一子弟同行，庶可藉口。帝與黃潛善、汪伯彥、朱勝非共議，因下詔尊禮邦昌。邦昌之在南都也，嘗奉詔貽書金人，言約和事，其稾在李綱家，遂下常州取之。邦昌之死也，其子直祕閣元亨與其兄中奉大夫邦榮，皆坐累拘管，至是悉令錄用。太學博士廉布，娶邦昌女，太學正吳若，娶邦昌兄女，先亦坐廢，詔並乘驛赴行在。

帝臨發，又以勝非兼御營副使，留御營都統制王淵總兵守平江府。

是夕，帝舟泊吳江。

40 是日，金人破滄州。

先是明州觀察使劉錫知滄州，聞金兵且至，將數百騎棄城走。道遇葛進，乃知青州尚爲朝廷守，即趨青州，駐麻家臺，留不進。劉洪道遣人邀入城，錫曰：「青州屢遭寇擾，人心未寧，不可。」洪道出見錫，且犒其師。錫竟不入城，青州人高其義。錫遂將其餘衆赴行在。

金兵至入（校者按：入字衍。）城下，通判孔德基以城降。

41 己未，帝次秀州。

庚申，御舟次崇德縣。資政殿大學士、江淮制置使呂頤浩從帝行，即拜同簽書樞密院事、江淮、西（兩）浙制置使，所除職去大字。頤浩夜見帝于內殿，帝諭以「金人尚留江北，卿可還屯京口，令劉光世、楊惟忠並受節制。」頤浩以王淵所部精兵二千人還鎮江府，命恩州觀察使張思正統之。

42 遣御營中軍統制張俊以所部八千人往吳江縣防扼。

時朝廷方以金人渡江爲慮，故命大將楊惟忠守金陵，劉光世守京口，王淵守姑蘇，分授〔受〕二大臣節度。于是韓世忠在海道未還，而范瓊自壽春渡淮，引兵之淮西境上，扈駕者惟苗傅一軍而已。

43 吏部員外郞鄭資之爲沿淮防扼，自池州上至荆南府；監察御史林之（平）爲沿海防扼，自泰州下至杭州。資之，望之兄也。資之請募客舟二百艘，分番運綱把隘，之爲〔平〕請募海舟六百艘防扼，從之。

44 辛酉，帝至臨平鎮。

45 壬戌，帝至杭州，以州治爲行宮，顯寧寺爲尚書省。帝以百官家屬未至，獨寢于堂外。帝御白木床，上施蒲薦、黄羅褥。舊制，御膳日百品，靖康初，損其七十，渡江後，日一羊煎肉炊餅而已。

46 是日，金人破晉寧軍，守臣忠州刺史徐徽言死之。

初，徽言在晉寧間，河東遺民日望王師之至，乃陰結汾、晉土豪，約以復故地則奏官爲守長，聽其世襲。會朝論與金結好，恐出兵則敗和議，抑其所請，不報。金人忌徽言，欲速拔晉寧以除其患，圍之三月，屢破卻之。久之，城中矢石皆盡，士困餓不能興，會監門官石贇夜啓關納金人，城遂破。徽言聞兵入，即縱火自焚其家，而率親兵力戰；比曉，左右略盡，徽言爲金所執。金人知其忠，使之拜，不拜；臨之以兵，不動；命降將折可求諭之降，指可求大罵；與之酒，徽言以杯擲其面曰：「我尚飲汝酒乎！」嫚罵不已。金人怒，持刀刺徽言，徽言罵不絕聲而死。後贈晉州觀察，謚忠壯。

初，晉寧之圍也，太原府路兵馬都監孫昂率殘兵與徽言共守。及城破，昂引所部三百人巷戰，自夜達旦，格殺數百人，士卒死亡殆盡。昂自度不免，引刃欲自刺，金兵擁至軍前，以甘言誘之，昂終不屈而死。父翊，宣和末，以相州觀察使知朔寧府，救太原，死于陣。後贈昂左武功大夫、成州團練使。【考異】金史，己巳，破晉寧軍，其守徐徽言據子城拒戰。庚午，擒殺之。宋史作壬戌，與繫年要錄同，今從之。

47癸亥，朝羣臣于行宮，降詔罪己，求直言。令杭州守臣具舟往常州迎濟衣冠軍民家屬。省儀物膳羞，出宮人之無職掌者。

48乙丑，德音釋諸路囚雜犯死罪已下，士大夫流徙者悉還之。惟李綱不以赦徙，蓋黃潛善建陳，猶欲罪綱以謝金也。

49初，冀州雲騎卒孫琪，聚兵爲盜，號「一海蝦」，江淮制置使劉光世招降之。維揚之役，行在諸軍皆潰，琪擁光世之妻向氏在軍中，由眞、滁奔淮西，事之如光世。琪至廬州，帥臣胡舜陟乘城拒守，琪邀索資糧，舜陟不與。自部使者以下，皆請以粟遺之，舜陟曰：「吾非有所愛，顧賊必無厭，與之則示弱。彼無能爲也。」乃時出兵擊其抄掠者，凡六日，琪遁去，舜陟伏兵狙擊之，得其輜重而歸。是日，琪引兵之安豐縣。琪所至不殺人，但掠取金帛而去。後以向氏歸光世，光世德之。向氏，漢東郡王宗回女也。

50丁卯，百官入見。杭州寄居迪功郎以上，並許造朝。

51直龍圖閣、知杭州康允之，言維揚無斥候，故金人奄至而不知，于是初置擺鋪。凡十里一鋪，置遞卒五人，限三刻承傳。五鋪以使臣一員蒞之，一季無違滯，遷一官，令尉減半推賞。

52 戊辰，呂頤浩、劉光世移兵屯瓜洲渡，與金人對壘。

53 金人焚揚州。

初，金遣甲士數十【考異】北盟會編作丁卯復入城。入揚州，諭士民出西城，人皆疑之，猶未有出城者。是日，又遣人大呼，告以不出城者皆殺，于是西北人自西門出，出則悉留木柵中，惟東城人不出。夜，金縱火焚城，士民皆死，存者才數千人而已。

54 己巳，尚書左僕射黃潛善、右僕射汪伯彥罷。

時御史中丞張澂上疏劾潛善、伯彥大罪二十，大略謂：「潛善等初無措置，但固留陛下，致萬乘蒙塵，其罪一。禁止士大夫搬家，立法過嚴，議者咸云：『天子六宮過江靜處，我輩豈不是人，使一旦委敵！』歸怨人主，其罪二。自眞、楚、通、泰以南州郡，皆碎于潰兵，其罪三。祖宗神主、神御不先渡江，一旦車駕起，則僅一兩卒舁致，傾搖暴露，行路酸鼻，其罪四。建炎初年，河南止破三郡，自潛善等柄任以來，直至淮上，所存無幾，其罪五。士大夫旣不預知渡江之期，一旦流離，多被屠殺，其罪六。行在軍兵，津渡不時，倉卒潰散，流毒東南，其罪七。左帑金帛甚多，不令裝載，盡爲敵有，其罪八。自澶、濮至揚州，咸被殺掠，生靈塗炭，其罪九。謝克家、李擢，俱受僞命而反進用，其罪十。潛善于王黼爲相時，致位侍從，故今日侍從、卿監多王黼之客，伯彥則引用梁子美親黨，牢不可破，罪十一。職事官言時病者，皆付御史臺抄節申尙書省，壅塞言路，罪十二。用朝廷名爵以脅士大夫，罪十三。行在京師各置百司，設官重複，耗蠹國用，如以巡幸而置御營使司，則樞密院爲虛設，置提舉財用，則戶部爲備員，罪十四。許景衡建渡江之議，擠之至死，罪十五。身爲御營使，多占兵衞，不避嫌疑，罪十六。敵人相距，斥候全無，止據道塗之言爲眞，致此狼狽，罪十七。敵騎已近，尙敢挽留車駕，罪十八。盧益自散官中引爲八座，遂進樞副；伯彥之客爲起居郎，有罪補外，遂除集英修撰；二人朋比，專務欺君，罪十九。國家殆辱，不知引罪，罪二十。」疏入，未報，遂以狀申尙書省，潛善、伯彥乃復求去。簽書樞密院事路允迪奏曰：「時方艱棘，不宜遽易輔相，乞責以後效。」詔押赴都堂治事。已而皆罷爲觀文殿大學士，潛善知江寧府，伯彥知洪州。

55 戶部尙書葉夢得守尙書左丞，御史中丞張澂守尙書右丞。

56 庚午，金人去揚州。

57 辛未，湖州民王永從獻錢五萬緡以佐國用，帝不納。（或）曰：「曩已納其五萬緡矣，今卻之，則前受〔後〕異同。」乃命併先獻者還之。仍詔：「自今富民毋得輒有陳獻。」

58 詔：「御營使司止管行在五軍，其邊防措置等事，並依祖宗法釐正，歸三省、樞密院。」

59 金人自揚還，至高郵軍城下，守臣趙士瑗棄城走，判官齊志行率軍、縣官出城投拜，金人劫掠而去。

60 癸酉，靳賽犯通州。城垂破，中書侍郎朱勝非、禮部侍郎張浚在平江，作蠟書招之，賽卽聽命，訴以無食，乃漕米給之。

61 韓世忠提轄使臣李在，自沭陽潰散，聚徒百餘人居寶應縣。會金人棄高郵去，在乃詐稱五臺山信王下忠義軍，率衆至高郵，有監北較酒務、保義郎唐思問先往迎之。在既入城，遂以其徒時正臣知高郵軍，思問通判州事，執投拜官齊志行等，皆殺之。乃遣人截金後軍，得金寶數艘，故其軍極富。時端明殿學士董耘，朝議大夫李釜，皆寓居高郵，在因以爲參議，又聚集潰卒數千，遂據高郵。

62 甲戌，黄潛善、汪伯彥落職，奉祠。

63 金主以醫巫閭山有遼代山陵，詔禁民樵采。

64 乙亥，詔：「陳東、歐陽澈，並贈承事郎，(官)有服親一人，令所居州縣存卹其家。降授奉議郎、監濮州酒務馬伸除衞尉少卿，赴行在。」

先是尚書左丞葉夢得初謝，帝諭宰執曰：「始罪東等，出于倉卒，終是以言責人，朕甚悔之。今方降詔求言，當令中外皆知此意。」帝復曰：「伸前責去，亦非罪，可召還。」或奏曰：「聞伸已死。」帝曰：「不問其死，朝廷召之，以示不以前責爲罪之意。」既又贈伸直龍圖閣。

65丙子，詔曰：「朕遭時多故，知人不明，事出倉皇，匹馬南渡，深思厥咎，在予一人。既以悔過責躬，洗心改事，罷黜宰輔，收召雋良，尙慮多方未知朕志。自今政事闕遺，民俗利病，或有關于國體，或有益于邊防，並許中外士民直言聞奏，朕當躬覽，采擇施行。」

66御營前軍統制張俊自戍所赴行在，詔復還吳江。【考異】繫年要錄引行在錄云：俊領把隘吳江，軍士怨俊渡江日脫身獨走，致失家屬，欲殺俊。俊遜謝得脫，奔走至行在，上釋之，卻令再往招集軍。今附見。

67戊寅，江、淮、兩浙制置使呂頤浩奏已復揚州，詔尙書省榜諭士民。

是日，以龍圖閣待制、知延安府、節制六路軍馬王庶爲陝西節制使、知京兆府，涇州防禦使、陝西節制司都統制曲端爲鄜延路經略安撫司〔使〕、知延安府。時延安新殘破，未可居，端不欲離涇原，乃以知涇州郭浩權鄜延經略司公事。浩，成子也。

68溫州觀察使、新知鳳翔府王𤫉，自興元以輕兵赴行在，以𤫉爲御營前軍統制。𤫉表請幸西州〔川〕，不從。

69宮儀自卽墨引兵攻密州，圍安丘縣，築外城守之。

70張用自淮寧引衆趨蔡州，至黃離；距城二十里，守臣程昌寓度其未食，遣汝陽縣尉杜湛以輕兵誘之，賊果以萬人追至城東，遇伏，大敗。于是用駐于確山，連亙數州，上自確山，下徹光、壽，號「張莽蕩」，鈔掠糧食，所至一空。

續資治通鑑卷第一百四

賜進士及第兵部尚書兼都察院右都御史總督湖北湖南等處地方軍務兼理糧餉世襲二等輕車都尉 畢沅 編集

宋紀一百四 起屠維作噩（己酉）三月，盡一月。

高宗受命中興全功至德聖神武文昭仁憲孝皇帝

建炎三年 金天會七年。（己酉、一一二九）

1 三月，己卯朔，日中有黑子。

2 庚辰，中書侍郎兼御營副使朱勝非守尚書右僕射兼中書侍郎兼御營使。

3 金人攻江陰，至夏港，距城八里而近。守臣胡紡遣統制官王晙等拒敵，且謂簽書判官廳公事李易曰：「吾曹有死城郭之義，公有母，宜少避。」易歸，告其母蔣氏，蔣氏誓同生死，聞者感泣。既而金人以有備，亦引去。

4 和州防禦使馬擴上言前計之誤失：「翠華奄處淮甸，泥於請和，勢力日益窮蹙，此誤計也。信王脫于拘囚，結集忠義，所得壯勇不啻數十萬，日望王師相爲策應；乃以羣言潛〔譖〕

沮，禁其渡河，反使金人簽軍南渡，既連破大名、東平，略不爲備，遂使金人大肆蹂躪，此失計也。金人遠來，人馬疲乏，且自爭玉帛子女，飽其負載，兼淮西仍多民兵，彼顧前無利，計後有害；又有江北不及渡者，西兵與諸軍潰卒，往往奪路，會合于范瓊；敵又睥睨金陵、鎮江，守把舟船，而天雨連降，平地水發，道塗泥濘，馬步俱不能進，是以敵心頓沮，不思渡江以迫大駕；此皆上天眷祐有宋，計（許）陛下得以圖回。臣今輒以機速利害，畫爲三策：願陛下幸巴蜀之地，用陝右之兵，留重臣以鎮江南，委健吏以撫淮甸，破敵人之計，回天下之心，是爲上策；都守武昌，襟帶荆湖，控引川、廣，招集義兵，屯布上流，扼據形勢，密約河南諸路豪傑，許以得地世守，用爲屏翰，是爲中策；駐蹕金陵，備禦江口，通達漕運，亟制戰艦，精習水軍，厚激將士，以幸一勝，觀敵事勢，預備遷徙，是爲下策。若貪顧江湖陂澤之險，納探報之虛言，緩經營之實績，倚長江爲可恃，幸敵人之不來，猶豫遷延，候至秋冬，使敵人再舉，驅集舟楫，江、淮千里，數道並進，然後悔其已晚，是爲無策。」累數千言，皆切事機。

5 辛巳，尚書左丞葉夢得初執政，帝諭之曰：「今日兵食二事最大，當擇大臣分掌。」門下侍郎顏岐等頗疾之，乃語知杭州康允之曰：「上欲以次對授公，而爲左丞沮止。」允之怒，與其將曹英謀，以爲陳通餘黨在者三千餘人，聞夢得秉政，不自安，皆謀爲亂，帝不信，岐等證之。夢得與朱勝非舊不相能，勝非入相，首言夢得議論不協。會杭州士民上書訟夢得過失，有及其閨門者。詔以夢得深曉財賦，可除資政殿學士、提舉中太一宮兼侍讀，提領戶部財用、充車駕巡幸頓遞使。夢得執政凡十四日而罷，辭不拜，遂徑歸卞山。

6 瀛德軍節度使、御營使司都統制王淵同簽書樞密院事，仍兼都統制。淵自平江赴行在，遂有是命，諸將多不悅者。淵輕財好義，家無宿儲，每曰：「朝廷官人以爵，使祿足代耕。若切切事錐刀，愛爵祿，我何不爲富商大賈耶！」

7 尚書吏部侍郎兼直學士院孫覿試戶部尚書。

8 資政殿學士、同簽書樞密院事、江·淮·兩浙制置使呂頤浩爲江南東路安撫制置使兼知江寧府。自乾德以來，輔臣以本職典藩者，惟呂餘慶、郭逵及頤浩。

9 壬午，詔：「新除簽書樞密院事王淵，免進呈書押本院公事。」

初，扈從統制、鼎州團練使苗傅，自負世將有勞，以淵驟得君，頗觖望；威州刺史劉正彥，常招降劇盜丁進等，以賞薄怨望；又淵旣薦正彥，後瞰（橄）取其所予供（兵），正彥執不遣，以此怨淵。帝在維揚，入內內侍省押班康履頗用事，妄作威福，諸將多疾之。及幸浙西，道吳江，左右宦者以射鴨爲樂；比至杭州，江下觀潮，中官供帳，赫然遮道。傅等切齒曰：「汝輩使天下顚沛至此，猶敢爾耶！」有中大夫王世修者，能甫兄子也，靖康末，知滎澤縣，以守禦功改京秩，遂爲傅幕賓。世修常疾閹宦恣橫，爲尚書右丞張澂言之，澂不納，乃退爲正彥言之，正彥曰：「君言甚忠，當與君同去此輩。」俄聞淵入右府，傅、正彥以爲由宦者所薦，愈不平，遂與世修及其徒王鈞甫、馬柔吉、張逵等謀先斬淵，然後殺內侍。鈞甫、柔吉，皆燕人，所將號「赤心軍」。議已定，是日，宰相朱勝非奏言：「王淵除命，諸將有語。」乃令淵依執政恩例，不與院事。

傅等卽部分兵馬，且使人告淵以臨安縣境有劇盜，欲出兵捕之。康履之從者有得小黃卷文書，卷末字兩行，曰「統制官田押；統制官金押。」履問：「此何謂也？」曰：「軍中有謀爲變者，以此爲信號，從之者書其名于後。」履密以奏。帝命履至都堂諭勝非，使召淵爲備。勝非問：「知其謀否？」履曰：「略知。期以來早集于天竺寺，方諭其意，田卽苗，金卽劉也；詐言謀于城外以誤淵，使遣部曲出外耳。」勝非卽召淵告之。日暮，淵遣一將將精兵五百人伏于寺側。是夜，城中驚惶，居民杜門不敢出，皆通夕不寐。

癸未，神宗皇帝忌，百官行香罷，制以檢校少傅、奉國軍節度使、制置使劉光世爲檢校太保、殿前都指揮使，百官入聽宣制。苗傅（傳）、劉正彥令王世修伏兵城北橋下，俟王淵退朝，卽捽下馬，誣以結宦官謀反，正彥手斬之。【考異】宋史王淵傳云：俟淵入朝，伏兵殺之。老學菴筆記云：臨安父老言苗、劉殺王淵，在朝天門外，今都進奏院前。然日曆及諸公記錄皆不書，但云死於路衢而已。邵彪所錄，謂淵死於第，尤非也。今從繫年要錄作退朝被害。遂遣人圍康履家，分兵捕內官，凡無鬚者皆殺。

傅揭榜于市。正彥即與傅擁兵至行宮北門外，衞士出刃以指其軍，傅、正彥遂陳兵于門下。中軍統制官吳湛，與傅等通，爲囊橐，被甲持刃守宮門，宮門亟閉。時尚書右丞張澂方留身曲謝，康履遽前奏：「有軍士于通衢要截行人，履馳馬獲免。」帝召朱勝非等告之。勝非曰：「吳湛在北門下營，專委伺察非常，今有報否？」帝曰：「無也。」俄而湛遣人口奏：「傅、正彥手殺王淵，以兵來內前，欲奏事。」帝大駭愕，不覺起立。勝非曰：「旣殺王淵，反狀甚著，臣請往問之。」及門，吳湛迎語曰：「人已逼，門不可開。」勝非、澂遂與門下侍郎顏岐、簽書樞密院事路允迪急趨樓上，傅、正彥與鈞甫、柔吉、世修、逵等介胄立樓下，以竿梟淵首。勝非厲聲詰問專殺之由，吳湛引傅所遣使臣入內附奏曰：「苗傅不負國家，止爲天下除害耳。」

知杭州康允之見事急，率從官扣內東門求見，請帝御樓慰諭軍民，不然，無以止變。俄獨召允之入，日將午，帝步自內殿，登闕門，蓋杭州雙門也，百官皆從。權主管殿前司公事王允〔元〕大呼曰：「聖駕來！」傅等見黃蓋，猶山呼而拜。帝憑欄呼傅、正彥問故，傅厲聲曰：「陛下信任中官，賞罰不公，軍士有功者不賞，內侍所主者乃得美官。黃潛善、汪伯彥誤國至此，猶未遠竄。王淵遇敵不戰，因交康履，乃除樞密。臣自陛下即位以來，立功不少，顧止作遙郡團練使。臣已將王淵斬首，中官在外者皆誅訖，更乞康履、藍珪、曾擇斬之，以謝三軍。」帝諭以「內侍有過，當流海島。卿可與軍士歸營。」傳曰：「今日之事，盡出臣意，三軍無預焉。且天下生靈無辜，肝腦塗地，止緣中官擅權。若不斬履、擇，歸寨未得！」帝曰：「知卿等忠義，已除苗傳承宣使、御營都統制，劉正彥觀察使、御前副都統制，軍士皆放罪。」傳不退。其下揚言：「我等欲遷官，第須控兩匹馬與內侍，何必來此！」帝問百官：「策安出？」主管浙西安撫司機宜文字時希孟曰：「中官之患，至此爲極，若不悉除之，天下之患未已。」軍器監葉宗諤曰：「陛下何惜一康履！姑以慰三軍。」帝不得已，命吳湛執履，捕得于清漏閣仰塵上，衞士擒至閤門，遂以付傳等，卽樓下腰斬之，梟其首，與淵首相對。希孟，君卿子也。

履既死，帝諭傳等歸寨。傳等因前，出不遜語，大略謂：「上不當卽大位，將來淵聖皇帝來歸，不知何以處？」帝命朱勝非縋出樓下，委曲諭之。傳請隆祐太后同聽政，及遣使金人議和。帝許諾，卽下詔書，恭請隆祐太后垂簾，權同聽政。百官皆出門外。傳、正彥聞詔不拜，曰：「自有皇太子可立，況道君皇帝已有故事。」張逵曰：「民爲貴，社稷次之，君爲輕。今日之事，當爲社稷百姓。」又曰：「天無二日。」衆皆驚愕失色。百官復入言：「傳、正彥不拜。」帝問故，衆莫敢對，希孟獨曰：「有二說：一則率百官死社稷；一則從三軍之言。」通判杭州事浦城章誼叱之曰：「此何等語也！三軍之言，豈可從耶！」帝謂勝非等曰：「朕當退避，但須稟于太后。」勝非言：「無此理。」顏岐曰：「若得太后自諭之，則無辭矣。」帝乃令岐入奏，又命吳湛諭傅等曰：「已令請太后御樓商議。」是日，北風勁甚，門無簾帷，帝坐一竹椅，無藉褥，既請太后御樓上，卽立楹側不復坐，百官固請，帝曰：「不當坐此矣。」

少頃，太后御黑竹輿，從四老宮監出宮。太后不登樓，內侍報帝，密語帝曰：「太后欲出門諭諸軍，如何？」執政皆以爲不可，曰：「若爲邀去，柰何？」勝非曰：「必不敢！臣請從太后出，傳道語言，可觀羣凶之意。」遂肩輿出立樓前見傅等，執政皆從之。傅、正彥拜于輿前曰：「今百姓無辜，肝腦塗地，望太后爲天下主張。」太后曰：「自道君皇帝任蔡京、王黼，更祖宗法度，童貫起邊事，所以招致金人，養成今日之禍，豈關今上皇帝事！況皇帝聖孝，初無失德，止爲黃潛善、汪伯彥所誤，今已竄逐，統制豈不知！」傅曰：「臣等已議定，豈可猶豫！」太后曰：「待依所請，且權同聽政。」傅等抗言必欲立皇子，太后曰：「以承平時，此事猶不易。況今強敵在外，皇子幼小，決不可行。不得已，當與皇帝同聽政。」正彥曰：「今日大計已定，有死無二，望太后早賜許可。」太后曰：「皇子方三歲，以婦人之身，簾前抱三歲小兒，何以令天下！敵國聞之，豈不轉加輕侮！」傅、正彥號哭固請，太后不聽。傅、正彥呼其衆曰：「太后不允所請，吾當解衣就戮。」遂作解衣袒背之狀。太后復呼之曰：「統制名家子孫，豈不明曉！今日之事，實難聽從。」傅曰：「三軍之士，自早至今未飯，事久不決，恐生他變。」顧朱勝非曰：「相公何無一言？今日大事，正要大臣果決。」勝非不能對。適顏岐自帝前來，奏太后曰：「皇帝令臣奏知，已決意從苗傅所請，乞太后宣諭。」太后猶不允。傅等語言益迫。

太后還入門，帝遣白以事無可柰何，須禪位。勝非泣曰：「逆謀一至于此，臣位宰臣，義當死國，請下樓面詰二凶。」帝曰：「凶焰如此，卿往必不全。既殺王淵，又害卿，將置朕何地！」乃揮左右稍卻，附耳曰：「朕今與卿利害正同，當爲後圖；圖之不成，死亦未晚。」遂命勝非以四事約束傅：一曰尊事皇帝如道君皇帝故事，供奉之禮，務極豐厚；二曰禪位之後，諸事並聽太后及嗣君處分；三曰降詔畢，將佐軍士即時解甲歸寨；四曰禁止軍士，無肆劫掠、殺人、縱火。如遵依約束，即降詔遜位。傅等皆曰：「諾。」

帝顧兵部侍郎兼權直學士院李邴令草詔，邴請帝御札。帝即所御椅上作詔曰：「朕自即位以來，強敵侵淩，遠至淮甸，其意專以朕躬爲言。朕恐其興兵不已，枉害生靈，畏天順人，退避大位。朕有元子，毓德東宮，可即皇帝位，恭請隆祐太后垂簾同聽政事，庶幾消弭天變，慰安人心，敵國聞之，息兵講好。」帝書詔已，遣人持下宣示。勝非至樓下，呼傅幕屬將佐問之，王鈞甫進曰：「二將忠有餘而學不足耳。」宣詔畢，傅、正彥麾其軍退，移屯祥符寺。時巳未刻，帝徒步歸禁中。軍士退去，尚喧呼于市曰：「天下太平也！」

是時諸門，皆傅等以甲士守視，不聽人出入。方事之未決也，康允之奏：「恐軍士乘勢攘殺，請出門慰撫。」乃見傅、正彥，告以故，正彥以一甲馬、二十甲士授之。允之周行井衢，杭人賴以安堵。

帝既還內，宰執從至殿門。勝非呼與班高琳附奏：「今夕宰執內宿。」帝獨召勝非至後殿，垂簾，太后見勝非號泣。帝曰：「康履、曾擇，陵忽諸將，至於馬前聲喏，或倨坐跣足，使諸將立于前，此皆招禍之事也。」勝非曰：「履、擇必有所求，求而不得則怨矣。」帝曰：「此事終如何？」勝非曰：「王鈞甫輩皆其腹心，適嘗語臣云：『二將忠有餘而學不足，』此語可爲後圖之緒。」帝曰：「朕來早不出，太后御殿。」勝非曰：「來日當降赦。蓋羣凶既殺王淵，又劫掠，意必望赦。他日勢可行遣，豈復論此！今當召李邴就草赦，庶可共議。」帝曰：「卿自爲之，如何？」勝非曰：「當宣召學士內宿，令御史臺集百官宣讀，一如平日，庶羣凶不疑。」勝非又奏：「母后垂簾，當二人同對；臣有獨奏事不可形于紙筆者，豈可與他人同之！欲降旨，以時事艱難，許臣僚奏對。」太后曰：「彼不疑否？」勝非曰：「宜自苗傅始；仍與其徒日引一人上殿，以弭其疑。」勝非退，太后語帝曰：「賴相此人，若汪、黃未退，事已不可收拾矣。」他日，傅等入對，太后勞勉之，傅等皆喜。由是臣僚獨見論機事，賊亦不疑。

是日，上移御顯忠寺，宰執（百）官侍衞如儀，內人六十四人肩輿以從。傅等遣人伺察，恐匿內侍故也。【考異】高宗移御之日，趙甡之遺史在十二日庚寅，王庭秀聞世錄在十六日甲午，惟朱勝非閒居錄云，是日，上幸別宮，繼有旨，以睿聖爲宮名，與日曆合。蓋自上移御之後，百官未嘗朝，至庚寅始往朝謁而外人乃知，因誤記耳。日曆云，以杭州顯寧寺爲睿聖宮。按顯靈〔寧〕寺已爲尚書省，王庭秀云上出居顯忠寺，寺卽劉正夫第，故閒居錄云正夫賜第也。

甲午〔申〕，太后與魏國公垂簾，朱勝非稱疾不出，太后命執政詣其府，勝非乃出。是日，上徽號曰睿聖仁孝皇帝。以顯忠寺爲睿聖宮，留內侍十五人，餘諸州編置。降制大赦。

10 詔：「有司月以錢米廩給司馬光之後。」

11 起復定國軍承宣使、帶御器械、鄜延路馬步總管、御營平寇左將軍韓世忠爲捧日天武四廂都指揮使、御營使司專一提舉一行事務都巡檢使，【考異】世忠此除，日曆及碑誌皆不載，季陵外制集有制詞。按世忠實代劉光世當在此時，今因張俊除軍〔職〕，連書之。武寧軍承宣使、帶御器械、秦鳳路馬步軍副總管、御營前軍統制張俊爲捧日天武四廂都指揮使。仍命俊以三百人赴秦鳳，二千人付統制官陳思恭，一千人付將官楊沂中留吳江把隘，餘令以次統領官押赴行在。

12 丙戌，京東東路安撫使劉洪道失青州，乃率官吏奔仰天陂寄治，士民多從之者。

13 江東制置使呂頤浩方至江寧，忽奉內禪詔赦，遂會監司議，皆莫敢對。退，謂其屬官李承邁曰：「是必有兵變。」承邁曰：「詔詞有畏天順人之語，此恐其出于不得已也。」其子抗侍側，曰：「兵變無疑矣。」頤浩卽遣人入杭伺賊，并寓書于張浚、劉光世，痛述國家艱難之狀。別以片紙遺浚曰：「時事如此，吾儕可但已乎！」承邁，淸臣孫，嘗通判雄州，避亂南渡，頤浩引用之。

時有自杭州賫傳等檄文至平江者，浚讀，慟哭，乃決策舉兵。夜，召兩浙路提點刑獄公事趙哲，告以故，令哲盡調浙西射士，以急切防江爲名，使湯東野密治財計。

14戊子，召端明殿學士王孝迪爲中書侍郎，資政殿學士盧益爲尚書右丞。後二日，詔：「孝迪、益並充奉使大金國信使，武功大夫·忠州防禦使辛道宗、武功大夫·永州團練使·兩浙西路兵馬都監鄭大年副之。」孝迪，下蔡人，靖康初，嘗爲中書侍郎，及是再用。

有進士黃大本者，浪迹江湖，舊爲蔡絛客。二凶將遣使，朱勝非以金在江北，恐挾此而來，乃建言：「未知敵帥所在，宜先遣小使。」會大本上書求試用，乃以爲承奉郎、假朝奉大夫、直祕閣、賜金紫，進武校尉吳時敏爲秉義郎、閤門祗候、假武義大夫、閤門宣贊舍人，並爲先期告請使以行。

15是日，御營前軍統制、秦鳳路馬步軍副總管張俊，以兵至平江府。俊初屯吳江縣，苗傅等以其兵屬趙哲，使俊之鳳翔。會統制官辛永宗自杭乘小舟至俊軍，具言城中事。將士洶洶，俊諭之曰：「若等無譁，當詣張侍郎求決，侍郎忠孝，必有籌畫。」至是俊引所部八千人至平江，平江人大恐。

會張浚被省劄召赴行在，令將所部人馬盡付趙哲。浚披衣起坐，不能支持。頃之，湯東野倉皇至，浚問，知俊來。浚知帝遇俊厚，可與謀事，諭東野急開門納之。浚語俊曰：「太尉知皇帝遜位之由否？此蓋苗傅等欲危社稷。」言未訖，泣數行下，俊亦大哭。浚諭決策起兵問罪，俊泣拜，且曰：「此事須侍郎濟以機術，勿令驚動官家。」浚哽噎首肯。移時，辛永宗、趙哲至，爲浚言：「傅每事取決王鈞甫、馬柔吉，傅素乏心機，而劉正彥輕疎，聞公舊識鈞甫，當先以書離間二人，然後徐爲之計。」浚然其說，卽同趙哲馳入張俊軍中撫諭，且厚犒之，人情大悅。浚以蠟書諭呂頤浩、劉光世起兵狀，又令俊先遣精兵二千扼吳江。永宗，道宗弟也。

16 己丑，改建炎三年爲明受元年。

先是王世修見朱勝非，勝非諭曰：「國家艱難，可謂功名之秋。古人見機而作，能易亂爲治，轉禍爲福，在反掌間耳。亦有意于此乎？」世修喜曰：「世修無意從軍，因循至此；朝廷若有除授，固所願也。」勝非曰：「尋常等級序進，所以待常士；若能奮身立事，雖從官可卽得。」世修益喜，于是爲之往來傳道。

會苗傅乞改年號，劉正彥乞移蹕建康。勝非留身，太后諭以二事，勝非曰：「移蹕豈可遽議！金近在江北，沿江皆未有備。」太后曰：「何以卻之？」勝非曰：「俟降出文字，朝廷且與判收，徐議區處可也。」后曰：「審慎處置，此是第一次理會事。」勝非曰：「臣近察二凶，愚無英氣。鈞甫、世修皆有悔意，未敢深詰，但以利動之，約其再來。」后遽曰：「如何？」勝非請屏左右，后曰：「惟張夫人在此。」勝非問：「夫人何人？」后曰：「張夫人年高習事，官品亦尊，嘗教哲宗、道君讀書，朝廷文字皆經其手，禁中事莫不預知，即令往來睿聖宮。卿但奏事。」勝非曰：「主上反正，已有端緒；二凶之力，至此極矣。向張逵建議誘說諸軍，掠取王淵及諸內臣家，人人可以致富。及掠索之後，所得不副所聞，人有悔意，數日來，小校有遁去者。此皆傅所親統領官張昕言之，請因張夫人密奏主上。」昕，秦州人，本王淵部曲，後在傅軍中，以正彥手殺淵，極銜之。

又二日，傅、正彥至都堂申言二事，勝非以移蹕為不可。苗傅趣之，勝非曰：「已議朝夕行。」傅曰：「人言『炎』字是兩火，故多盜，乞早改元。」勝非以聞。太后曰：「三事中年號稍輕，若全然不從，恐別生事。」會世修再至，勝非與語，因論二將所陳如改元等事，未得請，頗以為言。語未畢，內批傅第三奏云：「可改元明德或明受。」勝非以示世修曰：「已從請矣。」世修曰：「乞姑留此奏，明日降下。俟還軍中，為言已論改元事，庶于世修無疑。」勝非以為然，至是降制。

17 尙書禮部侍郎、節制平江府、常、秀、湖州、江陰軍軍馬張浚上言：「睿聖皇帝方春秋鼎盛，而遽爾退避，恐四方聞之，不無疑惑，萬一別生他事。尙望詳酌施行。」

先是苗傅等以省劄趣浚行，浚戒湯東野、趙哲各密具奏，稱：「金未盡退，及靳賽之衆窺伺平江，若張浚朝就道，夕敗事。」浚亦奏：「今張俊人馬乍回平江，人情震讋，若臣不少留彈壓，恐致敗事。」浚欲奏請帝復辟，張俊、辛永宗、趙哲共以爲：「若此，恐傅等自疑罪大不容，或別生姦謀，請以計款之。」浚用其策，自遞發奏狀，幷以其副申尙書省，乞率文武百官力賜祈請。又以手書遺傅、正彥，言：「太后垂簾，皇帝嗣位，固天下所願。向所慮者，宦官無知，時撓庶政；今悉戮其無狀者，最快人望。惟睿聖退避一事，若不力請，俾聖意必回，與太母分憂同患，中興之業，未易可圖。二公忠義之著，有如白日，若不身任此事，人其謂何！浚愚拙，死生出處，當與二公同之。」

前密州州學敎授邵彪見浚于軍中，浚問策安出，彪曰：「以至順誅大逆，易于反掌，公處之何如耳？」浚曰：「張俊指天誓地，願以死援君父之辱，韓世忠有仗節死難之志，二人可以集事。惟浚士卒單弱，恐不足以任兹事。然呂樞密屯兵江寧，其威望爲人所信向，且通亮剛決，能斷大事，當爲天下倡。劉光世屯兵鎭江，兵力強悍，謀議沈鷙，可以倚仗。浚皆馳書往矣。」彪曰：「兵貴神速，呂樞密在數百里外，柰何？」浚曰：「呂樞密睹事明而剛決，聞國家之難，必先衆倡義而起，何患不速！」

是日，張浚書至江寧，呂頤浩執書以泣曰：「果如所料，事不可緩矣！」再發書與浚及諸大將，約會兵。時議論不一，人情洶甚。江寧士民知頤浩起兵，議留頤浩，頤浩乃檄主管侍衞馬軍司公事楊惟忠留屯江寧府，以安人心，且諭惟忠以苗傅等計窮，恐挾至尊以遁，由廣德渡江，當日夜爲控扼之備。

18 庚寅，百官朝謁於睿聖宮。

19 檢校太保、殿前都指揮使、奉國軍節度使劉光世爲太尉、淮南制置使，捧日天武四廂都指揮使、定武軍承宣使、權同主管侍衞步軍司公事、御營平寇前將軍范瓊爲慶遠軍節度、湖北制置使。苗傅、劉正彥素憚劉光世，又知其與韓世忠、張俊舊不平，欲間之使爲己用；而瓊素跋扈，至是乃引兵屯淮西，故首擢之。

20 資政殿學士、同簽書樞密院事、江、淮、兩浙制置使兼知建康府呂頤浩上言：「近聞將相大臣勦戮內侍，誠可以快天下之心。但方今強敵乘戰勝之威，諸盜有蜂起之勢，興衰撥亂，事屬艱難，望太后、皇帝不憚再三，祈請睿聖皇帝亟復皇帝位，親總萬機。從此以往，屏絕內侍近習之人，褒賞立功將帥之士，然後駕幸江寧，以圖恢復。臣年六十，疾病衰殘，目覩今日之事，實社稷存亡安危之所繫，不敢愛身，謹泣血雨淚拜章，望聖慈聽納。」仍傳檄諸軍將，又遣其屬敕令所删定官李承造至鎮江，趣劉光世起兵。承造，承邁弟也。

先是張浚欲遣辯士持書說二賊，使無他圖，以待諸將之集，念無可遣者，浚客遂寧進士馮轓，素負氣節，聞之，慷慨請行，且曰：「事成預竊名，不成不過死。」是日，頤浩所遣書至，浚知頤浩已有定謀，大喜，再發書，報以所部軍馬數及舉事次敍。

浚知苗傅等所恃獨赤心軍，會燕人張觓與其弟觷，自傅軍中間行至平江，爲浚言：「此軍無負朝廷意，特王鈞甫以術驅役之。然觓觀將士之情，往往惴恐，非堅附苗、劉者。二賊聞風聲鶴唳，皆以爲大兵至，安能成事！」

21 晉寧既破，金人返軍趣鄜州。權鄜延經略使郭浩駐兵境上，金人遂破鄜州。

22 辛卯，張浚遣馮轓赴行在。浚爲咨目，請主上親總要務，兼致書馬柔吉、王鈞甫，大略云：「浚與二公最厚，聞苗廣道、劉子直頗前席二公，事每計議而行，今日責在二公。浚初聞道路傳餘杭事，不覺驚疑。繼聞廣道、子直實有意于宗社大計，然此事不反正，終恐無以解天下後世之惑。」浚遂備奏兼檄報諸路，且約呂頤浩、劉光世會平江。

時苗傅以堂帖趣張俊赴秦州，命趙哲領俊軍。哲不敢受，又以付統領官陳思恭。浚召思恭審問，思恭言：「張俊總此軍日久，思恭豈能從人爲亂！」浚皆令具以報。是日，張浚檄至江寧。

23 壬辰，右諫議大夫鄭慤〔瑴〕試御史中丞。慤〔瑴〕常面折二凶，朱勝非言于太后，故有是命。

【考異】朱勝非閒居錄：十五日晚朝，留身奏言：「自事變以來，今十餘日，能爲朝廷之助者，從官中惟兵部侍郎、直學士院李邴，諫議大夫鄭慤〔瑴〕。邴舊爲內翰，今乞再除。慤〔瑴〕乞遷御史中丞。」太后俱以爲可。復奏曰：「遭此異變，士大夫在朝廷者固是不幸，然須蒙恥奮忠義，共濟艱危，如中書舍人林遹、刑部侍郎衞膚敏，皆杜門不出，坐觀成敗，是何用心！臣所以欲稍遷二人以爲激勸。」考日紀〔曆〕，邴初六日已先除學士，與勝非所記不同。

24 徽猷閣學士、提舉西京嵩山崇福宮曾楙爲翰林學士，楙不受。

25 尚書刑部侍郎衞膚敏移禮部侍郎。膚敏至杭州，已屬疾，聞變慟哭，舟中卽請老，不許；請就醫秀州，許之。

26 大理卿商守拙試尚書刑部侍郎，起居郎季陵試中書舍人，尚書右司員外郎葉三省爲起居郎，朝奉郎袁植、宣教郎張延壽並爲監察御史。植，正功兄，宣和中嘗挂冠去，至是復用。延壽，舒城人也。

27 中書舍人林遹充徽猷閣待制，在外宮觀。遹，閩縣人。二凶之亂，遹首請納祿，故有是命。

28 武功大夫、忠州防禦使王彥致仕。

彥疾愈，自眞州渡江，苗傅等以彥爲御營司統制，彥曰：「鴟梟逆子，行卽誅鋤，乃欲汙我！」卽稱疾力辭，不聽。彥乃佯狂，乞致仕，許之。

29 兩浙轉運副使王琮言：「本路上供和買紬絹，歲爲一百七十萬匹有奇，請每匹折納錢兩千，計三百五萬緡，以助國用。」東南折帛錢蓋自此始。

30 甲午，貶內侍官曾擇等于嶺南。

苗傅使人捕得擇等，詔貶擇昭州，藍珪賀州，高邈象州，張去爲廉州，張旦梧州。

先是御史中丞鄭瑴〔瑴〕言：「黃門宦官之設，本以給事內庭，供掃除而已。俾與政事則貪暴無厭，付以兵權則慘毒不已，皆前世已行之驗也。故宦官用事于上，則生民受禍于下，匹夫抗憤，處士橫議，力不能勝，然後羣起而攻之，衆怨所集，故其被害亦莫之救。本朝懲歷代之失，祖宗以來，不任以事。崇、觀之間，始侵事權，搖毒肆虐，天下不勝其忿。靖康之初，羣起而攻之者，庶民也。建炎以來，此徒〔徒〕復熾。睿聖皇帝倉皇南渡，江北生靈莫知所歸，扈從之臣，請權駐蹕鎭江，會兵聚糧，以援淮甸，以渡民兵，睿聖俞允，羣臣鼓舞，方分事以治。內侍陳恐動之言，卽時南來，官吏兵民，顚仆道塗，江北民庶，號天無告，怨怒所鍾，駐蹕未安，羣起而攻之者，衆兵也。今陛下卽位之初，太后垂簾共政，當原宦侍所以招禍之由，痛革前弊，蠲汰而清除之，然後內外協安。望聖慈垂省，凡內侍之處大內及睿聖宮者，並選擇純實謹愿椎朴之人，勿任以事，惟令掌門闌，備掃除而已。官高職隆，曾經事任，招權納寵者，屏之遠方，輕者補以外任，俾無浸淫以激衆怒，則賞罰之柄自朝廷出，而國勢尊矣。仍告諭都統制官苗傅等，自後軍法便宜，止行于所轄軍伍，其他有犯，當具申朝廷，付之有司，明正典刑，所以昭尊君親上之禮，而全其臣子忠義之節也。」疏留中不出。

擇行一程，傅復追還斬之。

31 苗傅、劉正彥詣都堂，欲分所部代禁衞守睿聖宮，尙書右丞張澂以爲不可，固止之。傅等又欲挾帝幸徽、越，朱勝非曲折諭以禍福，且以忠義歸之，傅乃已。

時正彥日以殺人爲事，每至都堂，傳呼滿道，從以悍卒，行者皆避之。馮轓再見傅、正彥于軍中，從容白之曰：「轓爲國事而來，今已再日，未聞將軍之命，願一言而決。今日之事，言之觸怒，立死于將軍之前，不言則他日事故愈大，亦死于亂兵之手。等死耳，孰若言而死，使將軍知轓非苟生者！自古宦官亂政，根株相連，不可誅鋤，誅必受禍。東漢末年事，可攷而知也。二公一旦爲國家去數十年之患，天下蒙福甚大。然主上春秋鼎盛，天下不聞其過，豈可遽傳位于襁褓之子！且前日之事，名爲傳位，其實廢立。自古廢立在朝廷，不在軍中，二公本有爲國之心，豈可以此負謗天下！」少頃，傅按劍瞪視曰：「金人之意在建炎皇帝。今主上當極，太母垂簾，將復見太平，天下咸以爲是。如張侍郎處侍從，嘗建立，何事而敢梗議？」輻曰：「太母深居九重，安能勒兵與金從事！天下自有清議，太尉幸孰思。」傅益發怒。正彥見輻辭色不屈，即與王鈞甫、馬柔吉引傅耳語，遂諭輻曰：「侍郎欲復辟，此事固善，然須面議。」詞語甚遜。翊日，即遣歸朝官宣義郎趙休與輻偕還，遺張浚書，約浚至杭同議。

32同簽書樞密院事呂頤浩以勤王兵發江寧。

初，苗傅等以詔召頤浩赴行在，命以所部付楊惟忠。頤浩知其意，以羸弱千餘人授惟忠，自將精兵萬人討賊。至是發江寧，而府中揭榜，尚空年號。其屬請以族行，頤浩不許，但與其從子擢俱，使掌文字之職。頤浩躬擐甲冑，據鞍執鞭誓衆，士皆感勵。師次句容驛，頤浩援筆記起師之日，且大書建炎之號，諭縣令宋石刻之，以堅將士之心。

先是張俊三遣劉光世書，諭以勤王，且遣參議軍事楊可輔至鎮江趣之，光世不報。是日，俊被朝旨領張浚人馬，從浚所請也。

33初，保義郎甄援在城中，竊錄明受詔赦及二凶檄書以出，至餘杭門，爲邏者所得，苗傅命斬之，援笑曰：「將軍方爲宗社立功，柰何斬壯士！」傅嫚罵，且詰其故，援曰：「今誤國姦臣，多散處于外，願賫將軍之文，糾忠義之士，誅漏網以報將軍耳。」傅意解。劉正彥曰：「此未可信。」即令拘之。居數日，防禁少緩，更衣踰牆而出。至是見張浚于平江，援詭言嘗更服見睿聖皇帝于別宮，帝謂曰：「今日張浚、呂頤浩必起兵，劉光世、韓世忠、張俊等必竭力相輔，語令早來。」詞旨甚切。浚微察其意，不復問，即遣詣張俊軍，與其將士聞之，皆感慟；浚遂令援徧往韓世忠、劉光世諸軍宣諭。援明辯，善爲說詞，諸將人人自以爲帝所倚望，感泣自奮，繇是士氣甚振。

34 丙申，韓世忠以所部至平江。

初，世忠在常熟舟中，聞張浚遣人來，被甲持刃，不肯就岸；取浚及統制官張俊所遣書，使人讀之，世忠乃大哭，舉酒酹神曰：「誓不與此賊共戴天！」舟中士卒皆奮。世忠見浚曰：「今日大事已成，世忠與張俊以身任之，願公毋憂。」世忠欲即進兵，浚諭之曰：「事不可急。投鼠忌器，急則恐有不測。浚已遣馮轓甘言誘賊矣。」【考異】熊克小紀云：始，王淵識韓世忠于微時，待之絕等。至是世忠奮發，討賊尤力。攷世忠雖王淵舊將，然其人忠誠最著，故首有「便去救官家」之語。及臨平之戰，身在前行，皆緣國事，非但感王淵疇昔之恩而爲之復讐也。今不取。

35 賊張彥寇和州，統領官王德，聲言往廬州，即日進發。行三十里，彥衆稍息，飲酒大醉。德伺知之，率數百人徑入，彥之衆不能執戈，彥與數十騎遁去，至宣化，爲人所殺，德又幷其軍。

先是朱勝非在平江，嘗以蠟書招德，劉光世又以告身數通及所被服戰袍細甲等隨之，德遂將所部自采石渡江。光世得之，其軍復振，遂趣平江，以德爲前軍統制。光世因言苗、劉逆狀，德曰：「救亂之軍，當百舍一息。請先率輕兵由桐川趨餘杭，出其不意，則擒二賊易于反掌。」光世以諸帥之議已定，遂不從。

36 丁酉，呂頤浩帥師次常州，與守臣周杞約，治兵扼其險要。先是文林郎、監常州倉趙雋之聞變，請于杞，率宗室數十人詣秀州，見權兩浙提點刑獄公事趙子璘，請團結兵民勤王；子璘不從，事遂止。杞命雋之措置大軍錢糧，以俟頤浩。

37 戊戌，御營平寇左將軍韓世忠以所部發平江。

初，苗傅聞世忠自海道還，以都統司檄命世忠屯江陰。世忠至平江，卽詭爲好詞報傅，以所部殘零，人馬不多，欲赴行在，傅大喜，許之。是日，張浚大犒世忠及張俊兩軍，酒五行罷，浚引諸將至後園，屏左右問曰：「今日之事，孰逆孰順？」衆皆曰：「我順彼逆。」浚曰：「浚若迷天悖人，可直取浚頭顱歸賊，卽日富貴矣。不然，一有退縮，當以軍法從事。」衆皆諾。

初，沭陽之潰，世忠部曲皆散，幾不能軍，浚以其兵少，命前軍統制張俊以統領官劉寶二千人借之。世忠發平江，舟行不絕者三十里，軍勢甚振。浚恐傅等以僞命易置，乃令世忠偏將張世慶搜絕郵傳〔傳〕，凡自杭來，悉投之水中。

38 己亥，張浚復遣馮轓入杭，移苗傅等，告以禍福，使之改圖。先是傅又移浚書云：「朝廷以右丞待侍郎，伊尹、周公之事，非侍郎其孰當之！請速赴行在。」浚報書曰：「自古言涉不順，則謂之指斥乘輿；事涉不順，則謂之震驚宮闕。至于遜位之說，則必其子若孫年長又賢，因託以政事，使之利天下而福蒼生；不然，謂之廢立。廢立之事，惟宰相大臣得專之，伊尹、霍光之任是也；不然，則謂之大逆，族誅。凡爲人臣者，握兵在手，遂可以責其君之細故而議廢立，自古豈有是理也哉！今建炎皇帝春秋鼎盛，不聞失德于天下，一旦遜位，似非所宜。浚豈不知廢置生殺，二公得專之，蓋其心自處已定，言之雖死無悔。嗚呼！天祐我宋，所以保祐皇帝者，歷歷可數。出質則金人欽畏而不敢拘，奉使則百姓謳歌而有所屬，天之所興，孰能廢之！願二公畏天順人，無顧一身利害。借使事正而或有不測，猶愈于暴不忠不義之名而得罪于天下後世也。」初，浚發書及所措置事，皆託他詞，未敢訟言誅之，傅等雖聞大集兵，猶未深信。得此書，始悟見討，奏請誅浚以令天下。始，張俊所部統領官安義，陰與傅合，欲代俊而奪其兵，乃斷吳江橋以應賊，浚卽令韓世忠屯秀以伐其謀。世忠至秀，稱疾不行，造雲梯，治器械，傅等始懼。

先是祕書省正字馮檝，嘗與直龍圖閣黃概、軍器監葉宗諤密議，欲說二賊令自請復辟，宗諤以爲然，因市小舟，欲見浚于平江而不得出。有承議郎、直祕閣范仲熊者，沖之子也，嘗爲河内丞，留金得歸，舊厚王鈞甫、馬柔吉二人，諷顔岐薦之，除吏部員外郎。檝問仲熊以鈞甫、柔吉之爲人。仲熊曰：「鈞甫疎，柔吉直。」檝曰：「因此説二將，可乎？」仲熊曰：「軍中氣盛，未可。」庚子，檝再扣之。仲熊曰：「可矣。近日遣人出問卜，是必有所疑也。」

39 辛丑，詔新除禮部尚書張浚責黄州團練副使、郴州安置。

時兩宮音問幾不相通，太后遣小黄門至睿聖宮白曰：「早來不得已，已貶張浚。」帝方啜羹，不覺覆羹于手。

初，苗傅得浚手書，卽請絀浚，右僕射朱勝非沮止之，至于五六。及是傅等至都堂見勝非，且言：「浚見詆爲逆賊，所不能堪，如呂樞密則曉事」，意欲殺浚。勝非見其悖甚，恐生他變，謂之曰：「罷浚兵權而以付呂樞密，必無事矣。」傅意稍解，遂有郴州之命。

40 御營都統司統領官苗瑀、參議官馬柔吉以赤心隊及王淵舊部精鋭駐臨平，以拒勤王之兵。時韓世忠扼秀州，張俊前軍在吴江，賊氣始沮。節制司參議官辛道宗總舟師，與統領官陳思恭亦自華亭進發。

41 呂頤浩軍行至平江之北。先是頤浩以所部萬人發江寧，道募得三千人與俱，至平江之北四十五里，張浚乘輕舟迓之。道遇小舟，得郵筒，屏人發封，乃浚郴州謫命，浚得之，恐將士觀望不盡力，讀書曰：「得書，趨（趣）赴行在，卽日起發。」浚見頤浩，相與對泣，以大計咨之，頤浩曰：「事不諧，不過赤族。頤浩曩諫開邊之失，幾死宦官之手；承乏漕輓，又幾陷窮邊；近者倉卒南渡，舉室幾喪；今日爲社稷死，豈不甚快耶！」浚壯其言。頤浩卽召其屬官李承造于舟中草檄，而浚爲潤色之。

42 初，苗傅聞韓世忠在秀州，取其妻梁氏及其子保義郎亮于軍中以爲質。朱勝非聞之，乃好謂傅曰：「今當啓太后，招二人慰撫，使報知平江，諸人益安矣。」傅許諾。勝非喜曰：「二凶眞無能爲也！」太后召梁氏入見，封爲安國夫人，錫予甚渥。后執其手曰：「國家艱難至此，太尉首來救駕，可令速來。」梁氏馳出都城，遇苗翊于塗，告之故，翊色動，手自捽其耳。梁氏覺翊意非善，愈疾驅，一日夜會世忠于秀州。

俄而傅等遣使以麻制授世忠，世忠曰：「吾但知有建炎，豈知有明受！」斬其使，焚其詔。又遣使持麻制授張俊，俊械以送獄。

馮轓又說王鈞甫曰：「此事若了在他人，公何以贖過？」鈞甫頗以爲然。

43 呂頤浩、張浚議進兵，韓世忠爲前軍，張俊以精兵翼之，劉光世親以選卒爲遊擊，頤浩、浚總中軍，光世分兵殿後。遂以勤王爲名，癸卯，頤浩、浚傳檄中外。遣迪功郎王彥覺持檄諭江寧府，迪功郎洪光祖諭越州，又遣統制官張道率兵三千人屯湖州安吉縣以分賊勢。光祖，丹陽人也。

初，頤浩至平江，張俊見之，涕泣曰：「主上待我輩厚，今日惟以一死報國，日夜望樞密之至以爲盟主。」頤浩慰勉之。

是日，光世亦以所部至平江。光世見張俊，相與釋憾，苗傅等計不行。

44 丁未，宰相朱勝非召苗傅、劉正彥至都堂，議復辟事。傅、正彥至，勝非語之曰：「反正事已定日迎請朝廷，百官皆有章奏，公自可別作一章。」傅面頸發赤，慚恧不語，回顧正彥。正彥起曰：「遽請反正，前後事體相違。」勝非責之曰：「前日王淵不當作樞密，人情猶能如此。今日之事，孰爲輕重？不然，下詔率百官與六軍請上還宮，公等六人置身何地？」正彥卻立不對。傅長吁曰：「獨有死耳！」勝非以二將反覆責王世修，又以言逼傅，不能答。勝非令世修卽廡間草奏，持歸軍中，自準備將已上皆書名。執政晚朝，至漏舍，世修持軍中請復辟奏狀納勝非，勝非進呈。皇太后極喜，曰：「吾責塞矣！」勝非卽召詞臣張守至都堂，與李邴分作百官章，三奏三答及太后手詔與復辟赦文皆具。

45 同簽書樞密院事呂頤浩、制置使劉光世、禮部侍郎張浚、平寇左將軍韓世忠、御營前軍統制張俊等上言：「建炎皇帝卽位以來，恭儉憂勤，過失不聞。今天下多事之際，乃人主馬上圖治之時，深恐太母垂簾，嗣君尙幼，未能勘定禍亂。臣等今統諸路兵遠詣行在，恭請建炎皇帝還卽尊位，或太后、陛下同共聽政，庶幾人心厭服。」

時頤浩、浚大軍已次吳江，王世修聞之，遣人至軍中云：「上已處分兵馬重事，止勤王師屯秀，俾頤浩、浚以單騎入朝。」頤浩奏曰：「臣等所統將士，忠義所激，可合不可離，願提軍入覲。」傅等計窮，益懼。

是晚，苗傅、劉正彥至都堂見朱勝非，請詣睿聖宮見帝謝過，勝非難之，不得已白于帝。傅、正彥自知罪大，疑不得見，憂懼失色，抵宮門，日已晡矣。帝開門納之，且令衛士掖以陛殿。傅、正彥請降御札以緩外師，帝曰：「人主親札，非所以取信，其取信于天下者，以有御寶。今朕退處別宮，不與國事，用何符璽以爲信？自古廢君杜門省愆，豈敢更預軍事！」傅等巽請，帝乃賜韓世忠手詔曰：「知卿已到秀州，遠來不易。朕居此極安寧。苗傅、劉正彥本爲宗社，始終可嘉。卿宜知此意，徧諭諸將，務爲協和以安國家。」傅等退，以手加額曰：「乃知聖天子度量如此！」遂遣杭州兵馬鈐轄張永載持詔世忠，世忠得之，謂永載曰：「主上卽復位，事乃可緩。不然，吾以死決之。」傅等大恐。

46 是月，金人破京東諸郡。

時山東大饑，人相食，嘯聚蜂起，巨寇宮儀、王江，每車載乾尸以爲糧。時當兵火之餘，又值河決，州郡互不相顧。金再攻青州，守臣京東東路安撫使劉洪道力不能守，率餘兵二千棄城去，金人以前知濱州向大猷知青州。于是右副元帥宗輔乘勢盡取山東地，惟濟、單、興仁、廣濟，以水阻尚存焉。洪道在仰天陂，遣其將崔邦弼至安丘縣求援于宮儀，儀發兵迓洪道，別爲一寨以處之。

47 徐州武衞都虞候趙立，聞金兵北歸，知城中弛備，鼓率殘兵邀擊于外，斷其歸路，奪舟船金帛以千計，軍聲復振。立盡團鄉民爲兵，誓以平敵，退者必斬。叔父晟後期至，立謂曰：「叔以立故亂法，何以臨衆！」促命斬之，士皆感厲。詔授立忠翊郎、權知徐州事。立乘瘡痍之後，撫循其民，恩意周至，召使復業，井邑一新。

48 金尚書左僕射高貞罷。

49 金主詔曰：「軍興以來，良人被掠爲奴者，聽其父母夫妻子贖之。」

50 金左副元帥宗翰聞帝渡江，徙濟南叛臣劉豫知東平府，充京東、西、淮南等路安撫使，節度大名、開德府、濮、濱、博、棣、德、滄等州，而以其子承務郎麟知濟南府。自舊河以南，皆豫所統也。

續資治通鑑卷第一百五

賜進士及第兵部尚書兼都察院右都御史總督湖北湖南等處地方軍務兼理糧餉世襲二等輕車都尉畢沅編集

宋紀一百五 起屠維作噩（己酉）四月，盡八月，凡五月。

高宗受命中興全功至德聖神武文昭仁憲孝皇帝

建炎三年金天會七年。（己酉、一一二九）

1夏，四月，戊申朔，宰相朱勝非等言：「臣等召苗傅、劉正彥等到都堂，諭以今國家多事，干戈未弭，當急防秋之計，睿聖皇帝宜還尊位，總萬機，苗傅等一皆聽從。」太后詔曰：「甚契吾心，可依所請。」

勝非乃率百官上第一表，請上還宮，詔不允。太后內出札與帝曰：「今日朔日，宜入見禁中。」帝奏曰：「臣疾作，已奉表起居，容臣望日趨詣。」太后又詔曰：「嗣君沖幼，強敵未寧，事尤急於防秋，理難安于垂箔。臣僚懇請，不可重違，宜復御朝，以安中外。」百官再上奏，帝答以：「太后垂簾，當共圖國事；不然，不敢獨當。」太后詔許之。百官三表畢，時已巳刻，上始御殿，百官起居。帝猶未肯入內，勝非再請，遂就西廊，搢笏，掖帝乘馬還行宮，都人夾道焚香，衆情大悅。【考異】熊克小紀載上還內在三月丁未，蓋誤。朱勝非閒居錄云：三十日，上還宮。按是月無三十日，其實是月一日也。

帝及太后同御前殿，垂簾，下詔曰：「朕顧德弗類，遭時多艱，永惟責躬避位之因，專爲講好息民之計。今露章狎至，復辟爲期，朕惟東朝有垂簾保佑之勞，元子有踐阼纂承之托，太后宜上尊號曰隆祐皇太后，嗣君宜立爲皇太子。所有三月六日赦書應干恩賞等事，令有司疾速施行。」

2 是日，呂頤浩、張浚次秀州，韓世忠以下出郊迓之。頤浩謂諸將曰：「國家艱危，君父廢辱，一行將佐，力圖興復。今幸已反正，而賊猶握兵，包藏姦謀，事若不濟，必反以惡名加我。諸公勉之，漢翟義、唐徐敬業之事，可爲戒也。」【考異】宋史張浚傳云：浚次秀州，嘗夜坐，警備甚嚴。忽有客至前，出一紙懷中曰：「此苗傅、劉正彥募賊公賞格也。」浚問：「欲何如？」客曰：「僕河北人，粗讀書，知順逆，豈以身爲賊用！特見爲備不嚴，恐有後來者耳。」浚下，執其手問姓名，不告而去。浚翼日，斬死囚徇于衆曰：「此苗、劉刺客也。」私識其狀貌物色之，終不遇云。建炎以來繫年要錄亦略載此事。沈世泊就正編極辨此事之誣，以爲影射韓魏公事而爲此說也，今不取。

3 己酉，帝與太后垂簾聽政。初，太后卽欲撤簾，日高猶不出。帝令朱勝非陳請，勝非言：「當先降詔。」于是暫出御殿。后曰：「官家既還內，吾便不當出。」遂詔以四日撤簾。

4 張浚除中大夫、知樞密院事。浚時年三十三，國朝執政，自寇準以後，未有如浚之年少者。

5 是日，呂頤浩、張浚次臨平。苗翊、馬柔吉以重兵負山阻河，爲陣于中流，植木爲鹿角，以梗行舟，翊以旗招世忠出戰。始，世忠以劉寶軍非所部，乃悉收其家屬詣軍；將戰，世忠艤家屬舟于岸下，率將士當前力戰，張浚〔俊〕次之，劉光世又次之。軍小卻，世忠叱其將馬彥溥揮兵以進。塗濘，騎不得騁，世忠下馬持矛突前，令其將士曰：「今日各以死報國，若面不帶幾箭者，必斬之！」頤浩在中軍，被甲立水次，出入行伍間督戰。翊等敗走，傅、正彥遣兵援之，不能進。

頤浩等進兵北關。傅、正彥見帝，請設盟誓，兩不相害，帝賜金劵遣。傅、正彥退詣都堂，趣賜鐵劵，勝非命所屬檢詳故事，如法製造。是夕，傅、正彥引精兵二千人，開湧金門以出，命其徒所在縱火，遇大雨，火不能起，遂遁。夜，尚書省檄諸道捕傅等。

世忠、浚〔俊〕、光世馳入城，至行宮門。世忠欲入，其下張介曰：「不可，雖聞二賊已去，尚未可知。」其闔者以聞，上步至宮門，握世忠手慟哭。光世、浚〔俊〕繼至，並見于內殿，上嘉勞久之。

6辛亥，皇太后撤簾。

呂頤浩、張浚引勤王兵入城，都人夾道聳觀，或以手加額。頤浩、浚與諸將見勝非于殿廬，因求對，閤門白：「故事，無與宰執同對者。」勝非曰：「呂樞密固可隨班，然亦須降旨免見，餘人則不知也。」

7是日，平寇左將軍韓世忠手執工部侍郎王世修以屬吏，并拘其妻子，詔制置使劉光世鞫其始謀以聞。

8苗傅犯富陽，遣統制官喬仲(福)追擊之。

9壬子，帝初御殿受朝。

10知樞密院事張浚等言：「逆臣苗傅、劉正彥引兵遁走，請行下諸州，生擒傅、正彥者，白身除觀察使，不願就者賞錢十萬緡，斬首者依比(此)。捕獲王鈞甫、馬柔吉、張逵、苗瑀、苗翊，並轉七官。其餘官兵，將校，並與放罪，一切不問。仍降黃榜曉諭。」從之。

11詔：「前日皇太子嗣位赦文內，優賞諸軍，改作復辟優賞，餘不行。」

12是日，執政奏事畢，朱勝非乞罷，帝未許，勝非曰：「臣若不去，人必以爲有所壅蔽。臣去之後，公議乃見。」帝問可代者，勝非曰：「以時事言，須呂頤浩、張浚。」帝曰：「二人孰優？」勝非曰：「頤浩練事而粗暴，浚喜事而疎淺。」帝曰：「人俱輕浚太少年。」勝非曰：「臣向日蘇州被召，軍旅錢穀，悉以付浚；後來勤王事力皆出于此，浚實主之。」

勝非拜辭，將退，帝曰：「卽令更押卿赴都堂，令劉光世、韓世忠、張浚（俊）等皆參堂，以正朝廷之體。」勝非曰：「臣聞唐李晟平朱泚之亂，奏云：『謹已肅清宮禁，祇奉寢園。』當時寇汙宮禁，晟擊出之，故云肅清。今陛下還宮已數日，將士直突呼叫，入至殿門，誠爲不知理道。」

勝非退，見光世已下于都堂，世忠曰：「金人固難敵，若苗傅，但有少許漢兒，何足畏者！」勝非曰：「請太尉速追討，毋令過江。」

癸丑，尚書右僕射兼中書侍郎兼御營使朱勝非，罷爲觀文殿大學士、知洪州，從所請也。勝非在相位凡三十三日。

13 資政殿學士、大中大夫、同簽書樞密院事呂頤浩遷宣奉大夫、守尙書右僕射兼中書侍郎兼御營使，端明殿學士、同簽書樞密院事李邴守尙書右丞，端明殿學士、（同）簽書樞密事鄭穀（瑴）進簽書樞密院事。

14 監察御史陳戩鞫王世修于軍中，具伏同苗傅等謀亂狀，詔斬于市。

15 苗傅犯桐廬縣。

16 起復定國軍承宣使、帶御器械、鄜延路馬步軍總管、御營平寇左將軍韓世忠爲武勝軍節度使，充御營左軍都統制；寧武軍承宣使、帶御器械、秦鳳路馬步軍副總管、御營前軍管御營前軍（校者按：管御營前軍五字衍。）統制張俊爲鎮西軍節度（使），充御營右軍都統制；祕閣修撰、知平江府湯東野充徽猷閣待制，朝奉大夫、知常州周杞充右文殿修撰；自餘將佐，咸進官二等。張浚言：「迪功郎呂摭，自城中以蠟書陳二凶反狀；進士呂擢，掌文字有勞。」得旨，摭改京秩，擢命以官。

始，王淵識韓世忠於微時，待之絕等，至是世忠爲請地厚葬，經紀其家。久之，詔贈淵開府儀同三司；而康履亦贈官，謚榮節。淵死年五十三。

17 斬御營中軍統制官、權主管侍衛步軍司公事吳湛。

初，帝見韓世忠，握手語曰：「吳湛最佐逆，尚留朕肘腋，能先除乎？」世忠曰：「此易與耳。」時湛已不能自安，嚴兵爲備。世忠詣湛，與語，手折其中指，遂執以出；門下兵衞驚擾，世忠按劍叱之，無敢動者。詔戮湛于市。以統制官辛永宗爲帶御器械、充御營使司中軍統制。

18 乙卯，赦天下。舉行仁宗法度，錄用元祐黨籍。嘉祐法有與元豐不同者，賞格聽從重，條約聽從寬。係石刻黨人，並給還元官職及合得恩澤。諸路上供木炭、油、蠟之類，有困民力非急用之物者並罷。天下民庶，許置弓弩，技精者保試推恩。

19丙辰，苗傅至白沙渡，所過焚橋梁以遏王師，劉光世遣其前軍統制王德助喬仲福討之。

20丁巳，詔：「自崇寧以來，內侍用事，循習至今，理宜痛革。自今內侍不許與主兵官交通、假貸、饋遺及干預朝政，如違，並行軍法。」

21苗傅犯壽昌縣，所至掠居人，黥以爲軍。

22戊午，統制官喬仲福追擊苗傅至梅嶺，與戰，敗之，傅走烏石山。

23庚申，尚書右僕射兼中書侍郎呂頤浩改同中書門下平章事仍兼御營使，尚書右丞李邴參知政事。

時言者復引司馬光併三省狀，請舉行之，詔侍從、臺諫議。御史中丞張守言：「光之所奏，較然可行。若便集衆，徒爲紛紛。」頤浩乃請以尚書左右僕射並同中書門下平章事，門下、中書侍郎並爲參知政事，尚書左右丞並減罷。自元豐改官制，肇三省，凡軍國事，中書揆而議（之），門下審而覆之，尚書承而行之，三省皆不置長官，以左右僕射兼兩省侍郎。二相既分班進呈，自是首相不復與朝廷議論。宣仁后垂簾，大臣覺其不便，始請三省合班奏事，分省治事，歷紹聖至崇寧，皆不能改。議者謂門下相既同進呈公事，則不應自駁已行之命，是東省之職可廢也。及是帝納頤浩等言，始合三省爲一，如祖宗之故。

24辛相呂頤浩、知樞密院事張浚言：「今天下多事，宜命庶僚各舉內外官及布衣隱士材堪大用之才，擢爲輔弼，協濟大功。」詔行在職官各舉所知以聞。

25權罷祕書省，紹興元年二月丙戌復置。廢翰林天文局，紹興二年正月壬寅復置。并宗正寺歸太常，紹興三年六月復置少卿。五年閏二月辛未復置寺。省太府、司農寺歸戶部，紹興二年五月戊午復太府。三年十一月庚戌復司農。鴻臚、光祿寺、國子監歸禮部，紹興三年六月丁未復國子監。二十三年二月丙子復光祿。二十五年十月庚辰復鴻臚。衞尉寺歸兵部，後不復置。太僕寺歸駕部，後不復置。少府、將作、軍器監歸工部，紹興三年十一月庚戌復將作、軍器二監，惟少府監不復。皆以軍興併省也。

祕書少監方閭，罷爲祕閣修撰、知台州，其餘丞、郎、著作、正字十餘人，皆出守或奉祠而去。于是館、學、寺、監盡廢，士人外召而至者，率以尙書郎處之，郎選始輕矣。

26減尙書六曹吏，自主事至守當官凡四等，定爲九百二十人。吏部七司，三百五十九；戶部五司，二百八十八；禮部四司，五十六；兵部四司，一百三十五；刑部四司，六十三；工部四司，一十九；（其分案）總爲一百七十有三。

27苗傅犯衢州，守臣胡唐老據城拒之。大雨雹，城上矢石俱發，不克攻，遂引去。

28辛酉，武泰軍節度使、知大宗正事仲誸，請自江寧府移司虔州，許之。未幾，仲誸薨，追封平原郡王。

29 癸亥，喬仲福、王德至衢州。【考異】琬炎集載趙雄撰韓世忠碑云：王兼程追襲二賊，賊方圍三衢，聞王師來，卽解去。攷此時世忠猶未受制置之命，碑蓋誤也。

30 丙寅，詔：「諸路靖勝軍並撥隸御營右軍都統制張俊。」

31 苗傅犯常山縣。

32 丁卯，帝發杭州，留簽書樞密院事鄭穀（瑴）衞皇太后。

33 丁卯，御營左軍都統制韓世忠請身往討賊；以世忠爲江浙制置使，自衢、信追擊之。世忠入辭，請曰：「臣當撲滅二賊，未審聖意欲生得之耶，或函首以獻也？」帝曰：「殺之足矣。」世忠曰：「臣誓生致之，顯戮都市，爲宗社刷恥。」時衞士宋金剛、張小眼者，號有膂力，世忠乞以行，欲使護俘來上。帝壯之，酌巨觥以餞世忠。

34 戊辰，苗傅犯玉山縣。

辛未，苗傅屯沙溪鎭，統制官喬仲福、王德乘間入信州。會統制官巨師古自江東討賊還，與仲福會。傅未至信州十里，聞官軍在彼，遂還屯衢、信之間。

35 壬申，立皇子檢校少保、集慶軍節度使魏國公旉爲皇太子。

36 丙子，初定兩省吏額，自錄事至守當官分五等，凡二百三十八人。中書省六分，門下省四分；其分房十有四，大凡六房外，又有制敕庫及班簿、章奏、知雜、催驅、開拆、賞功等房，而刑房分上下，諸吏守闕者百五十人，其餘爲正額。

丁丑，初定尙書省自都事而下凡二百二十四，其間守闕如兩省之數，分房十，自吏、戶、工、刑之外，有監印、奏鈔、知雜、開拆等房及制敕庫，後又增催驅三省、催驅六曹、御史刑、封椿〔樁〕戶、營田工等房，通舊爲十有五。

37 是月，御營平寇前將軍范瓊自壽春渡淮，遣卒五人之廬州，從安撫使胡舜陟責贍軍錢帛，舜陟執殺之，遣一騎還報，諭之曰：「將軍受命北討，今棄而南，自爲寇，吾豈竭生靈膏血以爲汝資！宜急去，不然，將厲兵與將軍周旋于城下，必盡殺乃止！」瓊乃止。舜陟又檄諸郡勿給其糧，瓊遂自光、蘄渡江，引兵之洪州屯駐。

38 五月，戊寅朔，帝次常州。詔知樞密院事兼御營副使張浚爲宣撫處置使，以川、陝、京西、湖南、湖北路爲所部。

初，上問浚以方今大計，浚請身任陝、蜀之事，置司秦、川，而別委大臣與韓世忠鎭淮東，令呂頤浩扈駕來武昌，張俊、劉光世從行，庶與秦、川首尾相應，帝然之。監登聞檢院汪若海亦曰：「天下若常山蛇勢，秦、蜀爲首，東南爲尾，中原爲脊，將圖恢復，必在川、陝。」議遂決。始，除浚招討使，左司員外郎兼權中書舍人李正民言：「川、陝吾境，不當以招討名，請用唐裴度故事。」帝是其言，浚乃改命。帝許浚便宜黜陟，親作詔賜之。

39 右司諫袁植言：「前宰相黃潛善、汪伯彥，國之姦賊，其罪不在王黼、蔡攸之下。且怙寵擅權，蔽賢嫉能，登相府曾未踰年，三分天下幾失其二，釋而不誅，奈宗廟社稷何！望遂送二人，斬之都市，以崇國體。」詔責授鎭東軍節度副使、英州安置黃潛善降充江州團練副使，責授秘書少監、永州居住汪伯彥降充寧遠軍節度副使，並即其州安置。

40 韓世忠引兵發杭州。

41 庚辰，江、浙制置使周望引兵至衢州，而苗傅與其徒犯江山縣。

傅之行也，常以王鈞甫、馬柔吉將赤心隊爲先鋒，去大軍十里而屯。時帝命諸將，以罪止傅兄弟及劉正彥、鈞甫、柔吉、張逵，餘皆罔治。赤心軍士聞詔寬大，乃叛傅，鈞甫遂焚河梁以斷其路，率赤心之衆降于望。望使人受降書，未成，其前軍統領、右武大夫、歸州防禦使張翼等七人，謂鈞甫反覆，斬鈞甫及柔吉首以降，賊黨大懼。詔以翼爲翊衞大夫、溫州觀察使，諸將趙秉淵、楊忠憫，歸朝官趙棫、趙休，並進三官，仍以棫、休爲直祕閣。秉淵，易縣人，宣和末，殺契丹瘦（廋）軍，以城來降。忠憫，其先檢夾人也。

42 苗傅等聞韓世忠且至，遂引兵趨信州；世忠聞之，恐其滋蔓閩、廣，乃自浦城捷出以邀之。

43 辛巳，帝次鎭江府。翰林學士滕康請命有司祭陳東之墓，御筆令守臣併張慤致祭。帝諭執政，以懿古之遺直，東忠諫而死，皆厚卹其家焉。

44 乙酉，帝至江寧府，駐神霄宮，改江寧府爲建康府。

45 起復朝散郎洪皓爲徽猷閣待制、假禮部尚書，充大金通問使。

初，議遣人使金，張浚因薦皓；呂頤浩召與語，大悅。俄詔賜對，時皓方墨衰絰，頤浩脫巾衣服之。既對，帝以國步艱難，兩宮遠狩爲憂。皓極言：「天道好還，金人安能久據中土！此正春秋邲、鄢之役，天其或者警晉訓楚也。」帝悅，晉皓五官，擢待制，而以武功郎龔璹爲右武大夫、假明州觀察使，副之。

帝遺左副元帥宗翰書，稱：「宋康王構謹致書元帥閤下：願用正朔，比於藩臣。」上令皓與宰執議國書，皓欲有所易，頤浩不樂，遂罷遷官之命。【考異】洪适盤洲集撰行述云：近例，遠使得修職郎四人，時先君有六子，獨适與名，三以官其弟姪。李心傳云：據日曆，紹興十二年二月十九日，左從政郎洪适狀，父皓出使，依例合得五名恩澤。當時蒙指揮，令候回日陳乞。伏望先次一併給還。有旨，依傅雱例施行。據此，則皓出疆日止實放行一名，故獨官适也。其後紹興元年、四年、七年、十一年，皓皆用待制恩例，奏子京官。十二年還朝，則适、遵已入館矣。官其弟姪，乃在此時，今不取。

46 潰卒朱海，有衆數千人，入定遠縣界。知縣事魏孝友率兵至永康鎮，迓海請戰，海曰：「我假道而過，秋毫不敢犯，何與公戰乎！」孝友不從，以兵擊之。海怒，與戰，民兵皆潰。

海執孝友至縣，殺之。

47苗傅寇浦城縣。時御營副使司前軍統制王德，既殺江、浙制置司裨將陳彥章，欲與制置使韓世忠戰，世忠曰：「苗、劉未平，若與之戰，乃是更生一敵，不如避之。」

夜，世忠將至浦城北十里，與傅、正彥遇于漁梁驛。正彥屯溪北，傅屯溪南，跨溪據險設伏，相約為應。世忠率諸軍力戰，驍將李忠信、趙竭節恃勇陷陣，右軍統制官馬彥溥馳救，死之。賊乘勝至中軍，世忠瞋目大呼，挺矛而入，正彥望見，失聲曰：「吾以為王德，乃韓將軍也！」正彥少卻，世忠揮兵以進。正彥墜馬，世忠生擒之，盡得其金帛子女。傅棄軍遁去。苗瑀收餘卒得千六百人，進破劍川縣，又犯虔州。事聞，再贈彥溥武成軍節度使，謚忠壯。

先是朝散郎劉晏在正彥軍中，傅使統赤心隊，晏謂其部曲曰：「吾豈從逆黨反者邪！韓制使來，吾濟事矣。」遂率衆歸世忠。浦城之戰，世忠以晏騎六百為疑兵于浦山之陽，賊見，大駭。晏以所部力戰，世忠上其功，遷一官。

48初，薛慶據高郵，兵至數萬人，附者日衆。知樞密院事張浚聞慶等無所係屬，欲親往招之。浚既渡江，斬賽以兵降。戊子，至高郵，入慶壘，從者不滿百人。浚出榜示以朝廷恩意，慶遂感悅歸服。

49己亥，都省言：「自軍興以來，天下多事，四方文移增倍。前日宰執疲耗于案牘，而邊防軍政所當急者，反致稽緩。此無他，中書別無屬官故也。請用熙寧故事，復置中書、門下省檢正官二員，分書六房事，省左右郎官二員。」從之。

50是日，苗翊率衆出降，未解甲，復從其將孟皐計，欲遁之溫、台。裨將江池聞之，殺皐，擒翊，降于制置使周望，其衆皆解甲。

有舉子程妥者，崇安人，時在溥（傅）軍爲傅謀，與苗瑀、張逵收餘兵入崇安縣，統制官喬仲福、王德共追之，盡降其衆。傅夜脫身去，變姓名爲商人，與其愛將張政亡之建陽縣，土豪承節郎詹標，覺而邀之，留連數日。政知不免，密告標曰：「此苗傅也。」標執以告南劍州同巡檢呂熙，以赴福建提點刑獄公事林杞。杞恐政分其功，與熙謀，使護兵殺政崇安境上，自以傅追世忠授之，遂檻赴行在。

51辛丑，張浚自高郵至行在。復以浚知樞密院事。

先是浚入薛慶軍，人傳事有不測，淮南招撫使王𤩽卽以兵渡江。會薛慶既得厚賞，從其黨王存計，亟以兵衞浚而出。帝聞之，卽日趣浚歸，浚辭曰：「高郵之行，徒仗忠信，雖不至如所傳聞，然身爲大臣，輕動損威，罪莫甚焉。」詔不允，以慶守高郵軍。帝親書御製中和堂詩賜浚曰：「願同越勾踐，焦思先吾身。」卒章曰：「高風動君子，屬意種、蠡臣。」

是行也，御營使司主管機宜文字、承直郎任貺，至高郵遇賊，墜馬死，命以銀帛賜其家，錄其子仲全爲忠州文學。

52 丁未，尚書省請以江、池、饒、信州爲江州路，建康府、太平、宣、徽州、廣德（軍爲建康府）路，並以守臣充安撫制置使，其江州守臣，更不帶江東、湖北字入銜，從之。

53 六月，戊申朔，升盱眙縣爲盱眙軍。

54 徽猷閣待制洪皓奉使至淮南，邀宿、泗州都大捉殺使李成以兵護送。而成方與遙郡防禦使耿堅共圍楚州，責通判權州事賈敦詩，謂其降敵。堅，河北人，初以義兵保護鄉井，既而率所部南來，至襲慶府與成會，及是俱在淮東。皓先以書抵成，成曰：「汴涸，虹有紅巾，非五千騎不可往，軍食絕，不克如命。」皓聞堅可撼，陰遣說之曰：「君越數千里赴國家急，山陽縱有罪，當稟于朝。今擅興兵，名勤王，實作賊耳。」堅意動，遂強成斂兵。皓行至泗境，諜報有迎騎介而來，皓復還，且上疏言：「李成以朝廷不卹之而稽饋餉，有引衆納命建康之語。今靳賽據揚州，薛慶據高郵，萬一三叛連衡，何以待之！此含垢之時，宜遣辯士諭意，優進其秩，畀以京口綱運，如晉待王敦可也。」帝遂遣閤門宣贊舍人賀子儀撫諭成，給米五萬斛。呂頤浩亦爲書遺成，言：「左右欲圖王圖霸，須有天命。若無天命，雖以項羽之強，終必滅亡。」頤浩怒皓不先自己，乃奏其稽留生事，貶秩二等。皓遂轉由滁陽以行。耿堅後亦爲李成所幷。

55己酉，帝以久雨不止，諭輔臣，恐下有陰謀或人怨所致，于是呂頤浩、張浚皆謝罪求去。帝曰：「宰執豈可容易去位！來日可召郎官以上赴都堂言闕政。」

御史中丞張守上言：「陛下罪己之詔數下矣，而天未悔禍，實有所未至爾。儻能應天以實不以文，則安知譴告警懼，非誘掖陛下以啓中興之業乎！」先是守嘗進修德之說，疏凡三上，且曰：「願陛下處宮室之安，則思二帝、母后氈廬毳幕之居；享膳羞之奉，則思二帝、母后羶肉酪漿之味；服細煖之衣，則思二帝、母后窮邊絕塞之寒苦；操予奪之柄，則思二帝、母后語言、動作受制于人；享嬪御之適，則思二帝、母后誰爲之使令；對臣下之朝，則思二帝、母后誰爲之尊禮。要如舜之兢業，湯之危懼，大禹之菲惡，文、武之憂勤，聖心不倦，盛德日隆，而天不之助順者，萬無是理也。」及是又申言之，且曰：「天時人事，至此極矣，陛下覩今日之勢與去年孰愈？而朝廷之措置施設，與前日未始異也。俟其如維揚之變而後言之，則雖斥逐大臣，無救于禍。漢世災異策免三公，今位宰相者雖有勳績，然其才可以辦一職而識不足以幹萬機，願更擇文武全才海內所共推者擢任之。」

中書舍人季陵言：「金人累歲南侵，生靈塗炭，城邑丘墟，怨氣所積，災異之來，固不足怪。惟先格王正厥事，則在我者其可忽耶！臣觀廟堂之上無擅命之人，惟將帥之權太盛；

宫闈之内無女謁之私，惟宦寺之習未革。今將帥位高身貴，家溫祿厚，擁兵自衞，浸成跋扈之風。去年禦敵，嘗遣王淵，桀驁不行；改命范瓊，心懷怏怏。苗、劉二賊乘間竊發，豈一朝一夕之故哉！逮勤王之師一至錢塘，拘占房舍，攘奪舟船，凌轢官吏，侵漁百姓，恃功益驕，莫敢誰何，此將帥之權太盛也。宦寺撓權，爲日固久，不幸維揚大臣闇於事機，渡江之初，得以自衒，竊弄威柄，有輕外朝之心，上下共憤，卒碎賊手，亦可以戒矣。比聞藍珪之流，復有召命，黨與相賀，氣燄益張，衆召僧徒，廣設齋會，以追薦錢塘之被害者，行路見之，疑其復用，莫不切齒，此宦寺之習未革也。自古天子之出，必載廟主而行，示有尊也。前日南渡，事出倉卒，有司迎奉，不能如禮。既至錢塘，置太廟于道宫而薦饗有闕，留神御于河滸而安奉後時，行路之人，見者流涕。今茲駐蹕，又幾月矣，未聞下款謁之詔，慰在天之靈，洪範不肅之咎，臣意宗廟當之。比年盜賊殺戮長吏，如封孤豚，殘虐百姓，如刈草艾，朝廷苟且，例許招安，未幾再叛，反墮賊計。元兇之罪罔獲，忠臣之憤不雪，赤子之冤未報，不謀之咎，臣意盜賊當之。昨太母臨朝，姦臣馬擴上疏，謂上策入蜀，中策都武昌，下策都江寧，臣常詰之，第言『天子必憚遠涉，由下引之以及中，由中引之以及上。』此姦謀也。擴乃西人，知關陝殘破不可以遽往，欲先幸蜀以便私耳。側聞道路之言，謂鑾輿不久居此，人情皇皇，未知死所，立賞禁止，終莫之信。雖自臆度，決無是事，萬一有之，不幾於狂乎！洪範常雨之證，恐或由此。自軍興以來，既結保甲，又改巡社，既招弓手，又募民兵，追呼急於星火，割剝侵於肌膚，民力竭矣，而猶求焉，不幾於急乎！洪範常寒之證，恐或由此。且陽爲德，陰爲刑，常雨常寒，陰道太盛，陛下正當修德以應天。能制將帥，乃德之剛，能抑宦寺，乃德之正，事宗廟以孝，禁盜賊以義，謀國以智，安民以仁，如此行之，則人心悅而天意得矣。」帝嘉納之。

司勳員外郎趙鼎言：「自熙寧間王安石用事，肆爲紛更，祖宗之法掃地而生民始病。至崇寧初，蔡京托名紹述，盡祖安石之政以致大患。今安石猶配饗廟庭，而京之黨未族，臣謂時政之闕，無大于此，何以收人心而召和氣哉！」帝納其言，遂罷安石配饗神宗廟庭。靖康初，廷臣有請罷安石配饗者，爭議紛然，至是始決。

56乙卯，詔：「軍興以來忠義死節之家，令中書省、樞密院籍記姓名，優加存卹，訪其子孫，量材錄用。」

57丙辰，詔：「諸路監司、郡守，遇朔望率見任官望拜二聖。」

58是日，苗傅後軍部將韓雋犯光澤縣，陷之。

傅之敗也，雋以兵六百趣邵武軍，守臣朝散大夫張毣先期遁去。雋入城，焚掠皆盡，遂引兵趨建昌軍。官吏軍民皆欲逃去，守臣方昭以六十口爲質，揭榜通衢：「敢言去者，以軍法從事！」率衆嬰城，親督守備。儁攻圍之，凡六晝夜，昭鼓衆益厲。賊死者十三四，一夕，遁去，儁乃入城縱掠。既（校者按：儁乃入城縱掠既七字衍。）陷臨川，又攻湖口縣，遂渡江至蘄州，守臣中大夫王牲與官吏皆逃去。儁引兵欲依楊進于京西，道爲王善、張用所邀，且聞進死，乃還居黃陂境上。會劉光世駐軍江州，遣人招儁，儁往見光世，光世命還屯蘄州，因更名世清，號小韓。尋詔世清添差蘄州兵馬鈐轄。

59 戊午，命江、浙、淮南開畎瀦水，以限戎馬。

60 庚申，隆祐皇太后至建康，帝率羣臣迎於郊外。徽猷閣待制、知平江府湯東野扈太母至行在，遂以東野試尚書戶部侍郎，張浚奏以東野兼宣撫司參贊軍事。東野建言：「欲圖中興，當先守關中，據形勝以固根本。」

61 辛酉，帝手詔以四事自責：一曰昧經邦之遠圖，二曰乏戡難之大略，三曰無綏人之德，四曰失馭臣之柄。仍命出榜朝堂，徧諭天下，使知朕悔過之意。

62 丁卯，右司諫袁植罷。

初，植請再貶汪伯彥而誅黃潛善及失守者權邦彥、朱琳等九人，帝曰：「渡江之役，朕方念舊責己，豈可盡歸罪大臣！植乃朕親擢，雖敢言，然導朕以殺人，此非善事。」呂頤浩曰：「聖朝弼臣，罪雖大止貶嶺外，故盛德可以祈天永命。植發此念，已傷和氣。」滕康曰：「如植言，傷陛下好生之德矣。」乃下詔，略曰：「朕親擢袁植，置之諫垣，意其補過拾遺以救闕失。而植供職以來，忠厚之言未聞，殺戮之事宜戒，可出知池州。」明日，康見帝曰：「大哉王言，太祖以來未嘗戮大臣，國祚長過於兩漢者，此也。」未幾，潛善卒于梅州。

63 戊辰，詔：「以防秋在近，自荆南至鎮江府，沿江巡檢五十員，令樞密院各擇材武可仗者一人爲之貳；其土軍有闕者，並招塡之。」

64 升公安縣爲軍，以其能捍禦也。

65 甲戌，帝自神霄宮入居建康府行宮。

66 乙亥，詔諭軍民：「以迫近防秋，已令杜充提重兵準備。又于七月下旬，恭請隆祐皇太后率六宮、宗室近屬迎奉神主，前去江表，朕與謀臣宿將，戮力同心以備大敵，進援中原。應官吏士民家屬南去者，官司毋得禁。」

67 先是東京留守杜充將赴行在，檄直龍圖閣、知蔡州程昌寓爲留守判官，至是昌寓入京城視事。時京城自四門外皆闔，人以爲病，昌寓至，欲盡闢之；又游手雜食，市多竄竊，犯者雖一錢亦死，昌寓欲寬爲一千；副留守郭仲荀皆不聽。始，昌寓之離蔡也，吏士皆持半月糧，既而食盡，乃挑野菜而食。

68 是日，金人破磁州。

初，金人圍城急，軍校楊再興等作亂，殺權守趙子節，推將官蘇珪領州事，珪曰：「吾有三事，能從我則可。」衆曰：「試言之。」珪曰：「我欲率軍民奪路歸京師。」衆曰：「不可。」「力戰，如何？」又不可。珪曰：「盍開門乎？」衆不應。于是珪率衆請降。金人以大隊至城下，且折箭爲誓曰：「不殺人。」丙子，金人縱米麪入城，其價頓減數十倍。時武安城守甚固，金不能攻，及聞磁降，乃下。

69 秋，七月，己卯，詔：東京宗室並移虔州。

70 辛巳，韓世忠軍還，執苗傅、劉正彥、苗翊詣都堂，審驗畢，磔于建康市，梟其首。正彥臨刑，瞋目罵傅曰：「苗傅匹夫，不用吾言，遂至于此！」

時張逵、苗瑀及傅二子先已死，議者欲孥戮之，大理少卿王衣曰：「此曹在律當誅，顧其中婦女有雇買及鹵掠以從者，儻殺之，未免無辜。」帝矍然，卽詔自傅正彥妻子外皆免。衣，歷城人也。【考異】建炎復辟記，二凶伏誅在六月己酉，趙甡之遺史在六月癸丑，臧梓勤王記在六月壬戌，三書不同。攷此乃呂頤浩在相位所行，梓所記不應有誤。而勤王記復云，二十有六日而主上反正，又百有三日而傅、正彥伏誅。以日記（計）之，則二凶之誅當在七月辛卯，不知何以前後又自不同？今從日曆及會要。

71 癸未，武勝軍節度使、御前右軍都統制韓世忠爲檢校少保、武勝、昭慶軍節度使，賞平苗、劉之功也。帝遣使賜世忠金合，且御書「忠勇」二字表其旗幟，又封其妻梁氏爲護國夫人，給內中俸以寵之。將臣兼兩鎮，功臣妻給俸，皆自此始。

72 言者論備江之策，宜以鐵索爲沈網，橫鎖江岸，以防浮江順流之舟；以木爲臥柵，密藏于岸步之下，使戰艦不可得而入。此二者，用力甚少而收功甚大。乙酉，詔付水軍制置使。

73 丙戌，慶遠軍節度使、捧日天武四廂都指揮使、御營平寇前將軍、權主管侍衞步軍使司提舉一行事務范瓊入見。

初，瓊在江西，右正言呂祉首奏其罪，且進取瓊之策，乃召瓊赴行在。瓊往軍南昌，徘徊觀望，詔監察御史陳戩趣其入覲。瓊未拜詔，先陳兵見戩，且剝人以懼之，戩不爲動，徐曰：「將軍不見苗、劉之事乎？願熟計。」瓊乃朝服北向謝恩，遂引兵赴闕。既至，未肯釋兵，及入見，面奏乞貸左言等朋附苗、劉之罪；且言自祖宗以來，三衙不任河東、北及陝人，今殿帥闕官，乞除殿前司職事；又言招到淮南、京東盜賊十九萬人，皆願聽臣節制。帝怒。

知樞密院事張浚奏：「瓊大逆不道，罪惡滿盈。臣自平江勤王，凡五遣人致書，約令進兵，瓊皆不答。今呼吸羣凶，布在列郡，以待竊發，若不乘時誅戮，他日必有王敦、蘇峻之患。」帝許之。右僕射呂頤浩曰：「臣與瓊舊有嫌隙，不敢獨任其事，願付張浚。」浚退，與集英殿修撰、權樞密院檢詳文字劉子羽謀，夜，鎖吏於浚府中，使作文書皆備。

丁亥，朝退，僞遣御前右將軍都統制張俊以千人渡江，若捕他盜者，因召俊、瓊及御前營副使杜充（校者按：杜克應作劉光世。）赴都堂計事，使俊將其衆甲以來。瓊從兵滿街，意氣自若。食已，頤浩等相顧未發，子羽坐廡下，遽取寫敕黃紙詣前曰：「有敕，將軍可詣大理置對。」浚數瓊罪，瓊貽愕，遂以俊兵擁縛付大理，使光世出，撫其衆曰：「所誅止瓊耳，若等固天子自將之兵也。」衆皆投刃曰：「諾。」于是復以八字軍還付武功大夫、忠州防禦使、新知洮州王彥，而餘兵分隸御營五軍。【考異】熊克小紀載瓊下大理寺在壬辰，蓋誤。壬辰乃獄上降旨之日，今從日曆附丁亥。中興聖政大事記：蓋自宣和末，羣盜蠭起，建炎以來，祝〔靖〕、薛廣、黨忠、閻謹〔瑾〕、王存之徒，雖皆招安，而淮寧、山東、河北之盜，皆擁兵數萬。拱州之黎驛，單州之魚臺，亦有潰卒數千。趙萬襲常州，張遇焚眞州，丁進據壽春，桑仲據襄陽，戚方犯鎭江，楊勍犯處州，劉超據京南，王闢犯房州，崔增犯太平州，張用據桂陽軍，趙延壽犯德安軍，皆隨滅隨起。甚而范瓊召見，亦不肯釋兵，則天子之兵盜矣。所幸事變興而人才見，保護聖躬，勝非之力居多，倡義勤王，張浚之力居多，故一月而除二凶。而范瓊入見，浚又與劉子羽謀之，府中之文字夜成，廡下之黃紙且〔旦〕出，瓊遂就擒。三大姦既除，而內盜始息矣。

74 是日，太子旉薨。太子病未瘳，有鼎置于地，宮人誤蹴之有聲，太子卽驚搐不止，上命斬宮人。少頃，太子薨，年三歲。詔輟五日朝，殯金陵之佛寺。

75 戊子，端明殿學士、簽書樞密院事鄭慤〔瑴〕卒，年五十。慤〔瑴〕執政甫百日，上甚悼之，謂大臣曰：「朕元子猶能自排遣，慤〔瑴〕訃至，殆不能釋也！」常賻外，特賜田十頃，第一區，以撫其孤。

76辛卯，詔：「諫官別置局，不隸後省，許與兩省官相見議事。」元豐初，用唐制置諫官八員，分左右，隸兩省，至是始復之如祖宗之故。

77升杭州爲臨安府。

78壬辰，詔范瓊就大理寺賜死。

時大理少卿王衣奉詔鞫瓊，瓊不伏。言者又論瓊逼遷上皇、擅戮吳革、迎立張邦昌等事。章下大理，衣具以責之，瓊詞服。詔以臺諫三章，責爲單州團練副使、衡州安置。章再上，乃賜瓊死，親屬將佐並釋之。獄吏殺瓊，瓊猶不肯，吏以刀自缺盆插入，叫呼移時死。其弟及三子皆流嶺南。

79罷內香藥庫，以其物歸左藏。

80甲午，張用與馬友分軍屯確山，麥且盡，衆皆乏食，乃議復往山東。友請所部沿淮巡綽，用識其意，許之。友以本部兵數萬去，自分爲七軍。用與曹成、李宏屯光州境內，沿淮劄木寨，爲久駐之計。

初，京城失守，統制官閻瑾遁去，留其壻劉紹先以兵數千屯光州，守臣任詩厚遇之。詩在光四年，頗得其用。故自靖康以來，諸郡多破，而光獨得全。

81時金左副元帥宗翰自東平還雲中，右副元帥宗輔自濱州還燕，留左監軍完顏昌守山東地。帝慮其再至，復遣使議和。

82庚子，尙書戶部侍郎、宣撫處置使司參贊軍事湯東野試工部侍郎兼知建康。時建康寓治保寧僧舍，而浙江制置使韓世忠屯蔣山，逐守臣顯謨閣直學士連南夫而奪其治寺。殿中侍御史趙鼎言：「南夫緩不及事，固可罪；然世忠躬率使臣排闥而入，逐天子之京尹，此豈可訓！請下詔切責世忠而罷南夫，仍治其使臣之先入者，此爲兩得。」上曰：「唐肅宗與靈武諸軍草創，得一李勉，然後朝廷尊。今朕得卿，無愧昔人也。」乃降南夫知桂州，而以東野知建康府。

戍兵故皆羣盜，喜攘奪市井，東野峻法繩之不少縱，民恃以安。

83知樞密院事、御營副使、宣撫處置使張浚，以親兵千五百人、騎三百發行在。帝賜川、陝官吏軍民詔曰：「朕嗣承大統，遭時多故，夙夜以思，未知攸濟。正賴中外有位，悉力自效，共拯傾危。今遣知樞密院事張浚往諭密旨，黜陟之典，得以便宜施行。卿等其念祖宗積累之勤，勉人臣忠義之節，以身徇國，無貽名教之羞，同德一心，共建興隆之業，當有茂賞，以答殊勳。」

自王𤫉、謝亮之歸，朝廷聞鄜延經略使曲端欲斬王庶，疑其有反心，乃以御營使司提舉一行事務召端，端疑不行，權陝西轉運判官張彬勸端，不聽。議者喧言端反，端無以自明，至是浚入辭，以百口明端不反。

時明州觀察使劉錫、親衞大夫·明州觀察使趙哲皆在浚軍，浚辟集英殿修撰、知秦州劉子羽參議軍事，尚書考功員外郎傅雱、兵部員外郎馮康國主管機宜文字，武功大夫、忠州防禦使王彥爲前軍統制。彥將八字軍以從，太學博士何洋、閤門祗候甄援等俱從行。康國將行，往辭臺諫，趙鼎謂之曰：「元樞新立大功，出當川、陝，半天下之責，自邊事外，悉當奏稟，蓋大臣在外，忌權太重也。」

是日，浚軍行，屯雨花臺。時東京米升四五千，留守杜充既還朝，副留守郭仲荀以敵逼京畿，糧儲告竭，遂率餘兵赴行在。充先行至江寧鎮，與浚遇，屏人語久之。

84 初，以靳賽爲淮東馬步副總管，屯揚州，已而復叛。辛丑，招撫使王瓔與遇於興化縣，瓔軍不整，爲賽所乘，大敗，制書、金鼓、印文皆爲賽所得，瓔僅以身免。

85 壬寅，詔：「迎奉皇太后，率六宮往豫章，且奉太廟神主、景靈宮祖宗神御以行，百司非預軍旅之事者悉從。」

86 八月，戊申，環慶經略使王似言：「方今用兵之際，關陝六路帥，請皆用武臣。」呂頤浩曰：「臣少識种諤，眇小而爲西夏信服。今之武帥，類皆鬬將，非智將，罕見如諤之比。」杜充曰：「方今艱難，帥臣不得坐運帷幄，當以冒矢石爲事。」帝曰：「王似未知武臣少能知義理；若文臣中有智勇兼資、練達邊事如范仲淹者，豈必親臨矢石，何爲多藉武帥！」

87 己酉，移浙西安撫司于鎮江府。臨安守臣改帶管內安撫使。

88 壬子，資政殿學士、權知三省、樞密院事李邴，以本職提舉杭州洞霄宮。邴與呂頤浩論不合，力請免，乃有是命。【考異】宋史作庚戌，今從要錄。

資政殿學士、同知三省、樞密院事滕康進權知三省、樞密院事，吏部尚書劉珏爲端明殿學士、權同知三省、樞密院事，仍許珏綴執政班奏事。

89 詔尚書吏部侍郎高衞往洪州，仍兼御營使司參贊軍事，沿路因便處置控扼，及具形勢以聞。

時雖下詔堅守建康，而議者以爲朝廷陰爲避敵之計。呂頤浩因奏事爲帝言：「如曾楙尚疑之，況小民乎！宜量留嬪御，掌批奏牘，以固人心。且免令內臣權管，恐其不密，或緣此開端。」帝納之。

90 甲寅，劉文舜寇舒州，通判權州事鄭嚴，遣人以禮待之，文舜喜，遂入城，秋毫不敢犯。嚴請于朝，以文舜爲淮西都巡檢使，賜金帶。嚴，鍾離人也。

91 龍圖閣待制、陝西節制使王庶罷，徽猷閣直學士、知慶陽府王似爲陝西節制使。

初，庶聞金兵退，復入延安，而城不可守，乃移駐洛交，收招散亡。會詔似守長安，庶益治軍，且上章請不能守延安之罪，遂罷去。延安之破也，金人移兵趨環慶路，似選勁兵邀擊于險，兵不能進，故用之。

92 壬戌，隆祐皇太后登舟發建康，百官辭于內東門。帝猶慮金人南侵，密諭滕康、劉珏，令緩急取太后聖旨，便宜以行。

93 癸亥，徽猷閣待制洪晧，奏自壽春府由東京出界，呂頤浩曰：「將來崔縱未必不先到。」帝曰：「今奉使欲如王雲者豈易得！」

先是羣盜張俊、俊，即小張俊也，後賜名守忠。李貴嘯聚潁上，道益梗，提舉官范渼、張鋭嘗招慰之，旋復亂。晧至順昌，聞賊有至近郊以牛驢市物者，約與相見譙門下，晧曉譬切至，曰：「自古無白頭賊。」(賊)竦悟，請歸報其渠帥。迺爲書至其窟穴，俊、貴皆聽命，率所領入宿衞。

94 乙丑，直龍圖閣、權東京留守判官程昌寓自京城還蔡，副留守郭仲荀亦引餘兵歸行在，遂以直徽猷閣、京畿轉運副使上官悟權京城留守。仲荀既行，都人從之來者以萬數，離京師數日，始得穀食，自此京師人來者遂絕矣。

先是知唐州滕牧爲董平所逐，會羣盜八籛針王民等犯京西，牧自襄陽遣使招之，皆聽命，遂以其衆還桐柏，攻平。民取道蔡州，昌寓不納，民營城東兩日，無所得而去。牧以民之軍與平戰，平敗，執通判事李祁以行。未幾，牧遷京西轉運判官，唐州遂無主將。京師自悟留守後，命令不復能行，留守司名存而已。

95丙寅，帝謂大臣曰：「國用匱乏，政以所費處多。」呂頤浩曰：「用兵費財，最號不貲，故漢文帝不言兵而天下富。」帝曰：「用兵與營造，最費國用，深可戒之。」

96丁卯，朝議大夫、京東路轉運判官杜時亮爲祕閣修撰、假資政殿學士，充奉使大金軍前使；進士宋汝爲授修武郎、假武功大夫、開州刺史，副之。

時朝議以爲敵兵且至，而洪晧、崔縱未得前，求可使緩師者。時亮，宣和末嘗爲燕山路幹辦官，金許王宗傑入燕，與呂頤浩等五人俱被執，既而釋之。汝爲，豐縣人，身長七尺餘，博聞強記，徐州之破，闔族百餘人皆死；至是聞金人南侵，見部使者陳邊事，遣詣行在所。帝納其說，命持書遺金主請和，且致書左副元帥宗翰，略曰：「古之有國家而迫于危亡者，不過守與奔而已。今以守則無人，奔則無地，此所以諰諰然惟冀閣下之見哀而赦己。故前者連奉書，願削去舊號，是天地之間，皆大金之國而尊無二上，亦何必勞師遠涉而後爲快哉！」時劉豫節制東平，呂頤浩因以書遺之，俾汝爲面陳朝廷密意。

光祿少卿范寅敷自金來歸，詔寅敷都堂審問。先是知陝州李彥仙遺小將趙成往雲、朔覘事，比還，念無以自明，乃挾寅數以歸，至是赴行在。成，正平人也。

97庚午，奉安滁州端命殿太祖皇帝御容于建康府天寧萬壽觀。

98壬申，帝謂輔臣曰：「高麗入貢人使將至，聞上皇遣內臣、宮女二人來。朕聞之，一則以喜，一則以悲。朕違遠二聖，已及三年，忽得安信，豈得不喜！上皇當承平之久，以天下之養奉一人，彼中居處服食，凡百粗陋，而朕居深宮廣殿，極不遑安。且朕父母兄弟及妻皆在遠域，惟一子近已薨逝，孑然一身，當此艱難，所以悲也。」言未已，淚下。呂頤浩曰：「願陛下少寬聖抱，恢中興之業。」周望曰：「二聖忽有使來，南歸之期可望，此必金人之意。若非彼意，數人者雖至高麗，高麗亦不肯令來也。」

續資治通鑑卷第一百六

賜進士及第兵部尚書兼都察院右都御史總督湖北湖南等處地方軍務兼理糧餉世襲二等輕車都尉畢沅編集

宋紀一百六 起屠維作噩（己酉）閏八月，盡十二月，凡五月。

高宗受命中興全功至德聖神武文昭仁憲孝皇帝

建炎三年金天會七年。（己酉、一一二九）

1閏八月，乙（丁）丑朔，詔曰：「敵人迫逐，未有寧息之期。朕若定居建康，不復移蹕，與夫右趨鄂、岳，左駐吳、越，山川形勢，地利人情，孰安孰否，孰利孰害？三省可示行在職事、管兵官，條具以聞。」

始，張浚建武昌之議，呂頤浩是之，有成說矣。浚行未幾，江、浙士大夫搖動，頤浩遂變初議。是日，詔隨駕百官及諸統制赴都堂，至晚，封進入，大率皆言：「鄂、岳道遠，饋餉難繼，又慮上駕一動，則江北羣盜乘虛過江，東南非我有矣。」翼日，輔臣入對，上猶未覩，謂頤浩曰：「但恐封事中趣向不一。昔眞宗澶淵之役，陳堯叟蜀人，則欲幸蜀，王欽若南人，則欲幸金陵，惟寇準決策親征。人臣若不以家謀，專爲國計，則無不安利矣。」然卒定東行之策。

2戊寅，徽猷閣待制、知廬州胡舜陟知建康府，充沿江都制置使，集英殿修撰王羲叔副之。

先是舜陟言：「欲專治軍旅，前迎大敵，以謀與戰，仰護行在。」王綯曰：「舜陟語甚壯，似可托以方面。」上曰：「言未可信，須在行事。」會兵部侍郎、沿江措置使陳彥文引疾，罷爲龍圖閣直學士，在外宮觀，乃卒〔卒〕用之。自軍興後，淮西八郡，羣盜攻蹂無全城。舜陟守廬二年，安堵如故，由是廬人德之。

3丁亥，輔逵攻漣水軍南寨，大掠之，殺漣水軍使、朝散〔請〕大夫郝璘，丞、修職郎吳深，遂以其衆降于淮南招撫使王𤫉。先是太學博士孟健，自海州率民兵數千勤王，至漣水軍南寨，因留焉。逵攻之數月，及陷，健與其家皆死。後贈璘等官，錄其家有差。

4是日，帝召諸將，問以移蹕之地。御前右軍都統制張俊，御營都統制辛企宗，勸帝自鄂、岳幸長沙。左軍都統制韓世忠後至，曰：「國家已失河北、山東，若又棄江、淮，更有何地！」帝乃命內侍押三人赴都堂議。帝聞俊等退避之說，殊怫然，至晚不食。戊子，呂頤浩等入奏，帝謂曰：「俊、企宗不敢戰，故欲避于湖南。朕以爲金人所恃者騎衆耳，浙西水鄉，騎雖衆，不得騁也。且人心一搖，雖至川、廣，恐所至皆敵國爾。」頤浩曰：「金人之謀，以陛下所至爲邊面。今當且戰且避，但奉陛下于萬全之地。臣頤浩留常、潤死守。」帝曰：「朕左右豈可無宰相？」周望曰：「臣觀翟興、李彥仙輩，以潰卒羣盜，猶能與金兵對壘，拒守陝、洛；臣等備位宰執，若不能死戰以守，異日何顏見彥仙輩！臣實恥之。」帝曰：「張守入對，言不如留杜充建康，不可過江。」頤浩曰：「臣與王綯、周望、韓世忠議，本自如此。」帝又欲令世忠守鎮江府，劉光世守太平及池州，頤浩等以爲然，防淮之議遂格。

5己丑，尚書右僕射、同中書門下平章事呂頤浩進左僕射，同知樞密院事杜充守右僕射，並同平章事兼御營使。充既升秩，自言中風，在告。上知其不滿，且以充久司留鑰，天下屬望，將授以兵柄，故越次用之。制下四日，充即起視事。

6武功大夫、忠州刺史、知濟南府宮儀屯盤石河，數與金人戰，勝負略相當。金人患之，乃宣言：「宮太尉馬軍五不能當我之一，然步軍絕勝。」儀聞之，以爲然。金人屯密州北二十里，時出兵而南，儀禦之。敵佯若不勝而退，儀易之；敵伺知懈，至是引兵攻儀，馬步俱進，方戰，馬軍少卻，既而分爲兩翼，直攻中軍，儀猶不知，衆遂大潰。儀與京東經略安撫制置使劉供〔洪〕道奔九仙山，金人又逼之，供〔洪〕道以餘兵二千奔海州，李逵、吳順乃以密州降金。供〔洪〕道過楚州，爲郭中威所敗，遂至眞州。詔議〔儀〕即眞州屯駐。

7 淮東副總管靳賽，以所部詣御營副使劉光世降，光世因以爲將，就統其軍。

8 庚寅，起居郎胡寅上疏曰：「臣爲陛下畫七策爲中興之術：其一曰罷和議而修戰略。蓋和之所以可講者，兩地用兵，勢力相敵，利害相當故也，非強弱盛衰不相侔所能成也。而其議則出于耿南仲，南仲依李邦彥，諧謔小人，不知遠慮，分朋値〔植〕黨，必欲自勝。主戰伐者，李綱、种師道兩人而已。幾〔機〕會一去，國論紛然，中制河東之師，必使陷沒，以伸和議之必信。二帝遠去，宗族盡徙，中原塗炭，至今益甚。使其可和，則淵聖執德不回，馴致禍敗，而陛下卑詞厚禮，避地稱臣，宜其少緩師矣，何乃累年尙無效耶？若以爲強弱絕不相侔，則自古徒步奮臂，無尺寸之地而爭帝王之圖者，彼何人哉！伏望陛下明照利害之原，罷絕和議，刻意講武，以使命之幣爲養兵之費，此乃晉惠公征繕立圉之策，漢高祖迎太公、呂后之謀，斷而行之，庶幾敵國知我有含怒必鬭之志，沙漠之駕，或有還期。不然，則僻處東南，萬事不競，納賂則孰富於京室？納質則孰重于二帝？飾子女則孰多於中原之佳麗？遣大臣則孰加于汴京之宰輔？如此計出萬全，而強敵之來日甚一日，陛下可以深長思矣。其二曰置行臺以區別緩急之務。或建康，或南昌，或江陵，審擇一處以安太后、六宮、百司，以耆哲諳練大臣總臺，從事郎吏而下，不輕移易，其虛名無實，徒費國用之所，一切省罷。陛下奉廟社之主，提兵按行，廣治軍旅，周旋彼此，不爲定居，惟侍從（臣）寮、帥（臣）監司、要害守牧，以時進退其賢不肖功罪之著明者。而餽餉之權，自宜專責宰相，如漢委蕭何以關中，唐委劉晏以東南；經制得人，加以歲月，量入爲出，何患無財！所謂宰相之任，代天理物，扶鎮〔顛〕持危，其責甚重，非特早朝晚見，坐政事堂，弊弊然於文具無益之末，移那闕次以處親舊，濟其私欲而已也。其三曰務實效而去虛文。大亂之後，風俗靡然，丕變之者，則在陛下。夫將帥之材，智必能謀，勇必能戰。庸奴下材，本無智勇，見敵輒潰，無異于賊，賜予過度，官職逾涯，將以收其心，適足致其慢（者），任將之虛文也。分屯所在，無所別擇，一切安養姑息之，惟恐一夫變色，教習擊刺，有如聚戲，紀律蕩然，雖其將帥不敢自保者，治軍之虛文也。詔音出于上，虐吏沮于下，誑以出力自保，則調發其丁夫；誘以犒設贍軍，則厚裒其錢穀。弓材弩料、竹箭皮革，于〔干〕涉軍需之具，日日征求，因緣姦弊，乃復蠲其租稅，載之赦令，實不能免，苟以欺之者，愛民（之）虛文也。望陛下留意實效，勿愛虛文。其四曰大起天下之兵。今宿衞單弱，國威銷挫，乞早匄〔勾〕發京師衞士赴行在，又降等杖于兩浙、福建、江東、西、湖南、北、四川、二廣，抽揀禁軍，貢發充御營正兵，厚其月廩，精加訓閱，陛下自將之。天子之軍既強，則中國之變自弭。其五曰定根本。自古圖王霸之業者，必定根本之地。建康固是六朝舊邦，但陛下之責，與晉元不同。陛下父兄在敵中無恙，其聞陛下登寶位也，必旦夕南望曰：『吾有子弟爲中國帝王，吾之歸庶有日矣！』而獻謀者乃欲導陛下南狩，別求建都之所，遂無復國之心。況今河北、河東之民，久知朝廷不復顧惜；而山東、京西、淮甸，猶冀陛下未忍遽棄。若更遲延歲月，則爲敵國者，所至皆然矣。臣願陛下先命呂頤浩、杜充分部諸將過江，廣斥堠，治盜賊，自以精兵二三萬爲輿衞，于穩密州郡速置營屋，以安存其老弱；陛下提兵渡江而北，遣使巡問父老，撫綏梃刃之餘民。至於荆、襄，規模措置，爲根本之地，猶漢高之于關中，光武之于河內。況巡歷往來，征伐四出，而所固守必爭而勿失者，以荆、襄爲重。陛下春秋方富，非如昔人白首舉事；誠能堅忍聳厲，坐薪嘗膽，悠久爲之而不能濟，陛下聰明洞照，必不謂然。其六曰選宗室之賢才者封建任使之。陛下之族，北轅者衆矣，所幸免者幾何？黄潛善、鄭谷〔瑴〕小人之見，爲陛下以支子入繼，又不緣傳付之命，恐肺腑之間，不無非望之冀，必曾進言恫疑虛喝，恐動宸心。故自南都以至維揚，誅竄之形，疑忌之意，相尋繼見，雖其罪戾或自貽戚，然亦恐未必盡出於治親齊家之美意。宜漸爲茅土之制，星羅棋列，以慰祖宗在天之靈，以續國家如綫之緒，使讎敵知趙氏之居中國者尙如此其衆，旣失而復得者，非特陛下一人而已，則其横心逆謀，庶其少息。其七曰存紀綱以立國體。今萬物之原，本于陛下，苟力行孝弟，則天下忠順者來矣；好賢遠佞，則天下名節者出矣；賞淸白，則貪汙者屛矣；崇行義，則奔競者息矣；旌能實，則謬誕者懲矣；貴忠厚，則殘刻者遠矣。苟反此道，則頽波日慢，必至於糜爛而後已。至於文詞之麗，言語之工，倒置是非，移易黑白，誠不宜任以爲浮薄之勸也。靖康二年，著作郎顏博文佞諛張邦昌，則曰『非湯、武之干戈，同堯、舜之禪讓』；及爲邦昌作請罪表，則曰『仲尼從佛肹之召，本爲興周，紀信乘漢王之車，固將誑楚』；博文，近世所謂能文之士也，其操術反覆如此。故廉恥道消，四維大壞，則社稷隨之，陛下有何利焉！古人稱中興之治者，曰撥亂世反之正，今日之事，反正而興之在陛下，其逶遲不振，亦在陛下。」

疏入，呂頤浩惡其切直，罷之。

9 辛卯，命尚書右僕射杜充兼江、淮宣撫使，領行營之衆十餘萬守建康，留中書印付充，統制官王民、顏孝恭、孟涓、劉經、魯珏、殿前副都指揮使郭仲荀皆隸之，又以御前前軍統制王瓊爲之援。御前左軍（都）統制韓世忠爲浙西制置使，守鎮江府；太尉、御營副使劉光世爲江東宣撫使，守太平及池州，光世仍受充節制。御營使司都統制辛企宗守吳江縣，御營後軍統制陳思恭守福山口，統制官王𤩽守常州。時仲荀雖已離京師，猶未至也。

10 壬寅，帝如浙西。

初，太白犯前星次，逼明堂纔一舍，帝心甚懼。至是稍北，復歸黃道，帝語宰執曰：「天之愛君，猶父之于子，見其過告戒之，及其改則益愛之。」王綯曰：「今夜必益遠。」既而果然。

是日，帝發建康，遣戶部侍郎葉份先按視頓遞。御前右軍都統制張俊、御營使司都統制辛企宗從上行。

時劉光世、韓世忠各持重兵，畏杜充嚴峻，論說紛紜。光世又上書言受杜充節制有不可者六，帝怒，趣令過江，且詔毋令光世入殿門。光世惶恐受命，帝喜，賜以銀合湯藥。光世得楊惟忠所失空頭黃敕，即以便宜復郴州編管人王德武略大夫、閤門宣贊舍人，充前軍統制，德行至潭州而還。

先是邵青以舟師擾楚、泗間，後受江東帥司招安，充因以青爲平江措置司水軍統制。時江、浙人皆倚充爲重，而充日事誅殺，殊無制御之方，識者爲寒心焉。

11 甲辰，帝次鎭江府。

12 乙巳，宣撫處置使張浚，自建康至襄陽，留二十日，召帥守監司，令預儲蓄以侍〔待〕帝西行。

浚方搜攬豪傑以爲用，以涇州防禦使、新除御營使司提舉一行事務曲端在陝西，屢與敵角，欲仗其威聲，承制拜端威武大將軍、宣州觀察使，充本司都統制。登壇，將士歡聲雷動。端退，謂人曰：「使劉平子在，端安敢居此！」平子，濮陽劉銓也，靖康末，以知懷德軍死事。

13劉豫遣人說東京副留守上官悟，令降于金，悟斬其使；豫乃賂悟之左右喬思恭、宋頤與之同說，悟復斬之。

14九月，丙午朔，日有食之。故事，日食不視朝。呂頤浩言：「今車駕巡幸，事務至繁。」乃以晚朝進呈公事。

15是日，帝至登雲門外閱水軍。時諜報金人破登、萊、密州，且于梁山泊造舟，恐由海道以窺江、浙。初，命杜充居建康護諸將，至是輔臣言：「建康至杭州千里，至明、越又數百里，緩急稟命，恐失事機，請以左軍都統制韓世忠充兩浙、江、淮守禦使，自鎮江至蘇、常界，圌山、福山諸要害處，悉以隸之。」帝曰：「未可。此曹少能深識義理，若權勢稍盛，將來必與杜充爭衡，止令兼圌山足矣。」

16己酉，帝次常州；庚戌，次無錫縣。周望言：「昨晚望天象，牛宿光明，正在東南。敵騎不渡江，第恐擾關陝，襄、鄧，爲五路災爾。」帝曰：「大率皆本晉天文志。本朝自祖宗禁星緯之學，故自太史外，世罕知者。金人不禁，其人往往習知之。」

17辛亥，帝次平江府。

18壬子，金人降單州，取興仁府，遂破南京。守臣直徽猷閣淩唐佐爲所執，金人因而用之。

19癸丑，端明殿學士、簽書樞密院事周望充兩浙、荆、湖等路宣撫使。既而帝以時尙書左僕射呂頤浩，請自留平江督諸將拒戰，而命望駐兵鄂渚以控上流。頤浩不可去行在，乃以望爲兩浙宣撫使、總兵守平江府。

20詔江東宣撫使劉光世移屯江州。時隆祐皇太后在南昌，議者以爲自蘄、黄渡江，陸行二百餘里可至。帝憂之，遂命光世自姑孰移軍，以爲南昌屛蔽。

21丙辰，迪功郎張邵爲奉議郎、直龍圖閣、假禮部尙書，充大金軍前通問使；起復武翼郎楊憲爲武義大夫，副之。

時將復遣使入金，邵以上書得見，因請行。邵自楚渡淮，則逢金軍，遂見左監軍完顏昌于昌邑，前御史中丞秦檜在焉。知萊州吳銖〔鉥〕者，宣和間爲太學生，與邵善，昌使與邵飲酒，銖〔鉥〕頗有德色。初，邵之至軍也，昌責邵禮拜，邵不從，昌怒，使人拘入昌邑。久之，憲與其從者謀欲共殺監己者，脫身來歸；事泄，金人執憲鞭之，與其徒囚祚山寨土牢，邵以不同謀得免。

22高麗請入貢，詔不許。給事中兼直學士院汪藻草詔，略曰：「壞晉館以納車，庶無後悔；閉玉關而謝質，匪用前規。」帝大善之，以爲得體。

23金人攻沂州，守臣以城降。

24（壬申），耿靜言：「太微垣正（在）午，推步今歲熒惑躔次方在己未，應至太微垣。」帝曰：「此人不深知。朕夜以星圖仰張殿中，四更親起，見其已至，昨夜已退（二）度半。」呂頤浩曰：「宋景出人君之言三而熒惑退舍，或者疑焉。陛下寅畏，天應之速如此，信傳記之非虛也。」

25甲戌，金陝西都統洛索（舊作婁室。）大合兵渡渭，攻長安。是日，經略使郭炎遁去。

26是秋，金元帥府復試遼國及兩河學人于蔚州；遼人試詞賦，河北人試經義。始用契丹三歲之制，初鄉薦，以（次）府解，次省試，乃曰及第。時有士人不願赴者，州縣必根刷遣之。雲中路察判張孝純主文，得趙洞、孫九鼎諸人。九鼎，忻州人也，宣和間嘗游太學，入金五年始登第。

27金詔樞密院分河間、眞定爲河北東、西路，平陽、太原府爲河東南、北路。去中山、慶源、隆德、信德、河中府名，復舊州名。去慶成軍名，復舊縣名。改安肅軍爲徐州，廣信軍爲遂州，威勝軍爲沁州，順安軍爲安州，永寧軍爲寧州，升樂壽縣爲樂壽州，降北平軍爲永平縣。

28青州觀察使李邈，留金三年，金欲以邈知滄州，笑而不答。及髡髮令下，邈憤詆之，金人以撾擊其口流血，復吮血噀之。翼日，自祝髮爲浮屠，金人大怒，命擊殺之。邈將死，顏色不變，謂行刑者曰：「願容我辭南朝皇帝。」拜訖，南向端坐就戮，燕山之人皆爲流涕。邈，清江人，家世業儒，其母，曾鞏女兄弟也。後秦檜還，言其忠，贈昭化軍節度使，謚忠壯。

初，宣武卒閻進，從朱弁出使，至是逃歸，爲邏者所獲，西京留守高慶義而釋之。進逃遁至三，乃見殺，進南向受刃而斃。保義郎李舟者，被拘，髡其首，舟憤懣，一夕死。

29 冬，十月，戊寅，帝發平江府。自渡江以來，駕後諸軍多乘勢爲亂，至是詔駕後諸軍先發，獨以禁衞諸班扈蹕，由是平江得安。

癸未，帝至臨安府。

30 丙戌，執政登御舟奏事，呂頤浩曰：「陛下邇來聖容清癯，恐以艱難，聖慮焦勞所致。然願以宗廟社稷付託之重，少寬聖抱以圖中興。」帝曰：「朕嘗夜觀天象，見熒惑星次稍差，食素已二十餘日，須俟復行軌道，當復常膳。」

31 辛卯，李成陷滁州。

先是李成攻瑯琊山寨，知滁州、中奉大夫向子伋遣僧智修持書遺成通好，且犒師，成不從，攻之益急。寨中惟有澗水，不足以供數萬人之食，軍中皆食炒米，多得渴疾，于是往往越城遁。鴉觜山高而逼，城成，累土運薪，塡其坳處，遂與城平。是日，賊攻城，大肆殺掠，溝澗流血。成執子伋殺之，盡取強壯以充軍。

32壬辰，帝至越州，入居州廨，百司分寓。

33戊戌，知樞密院事、宣撫處置使張浚至興元，上奏曰：「漢中實天下形勢之地，號令中原，必基于此。謹于興元積粟理財以待巡幸，願陛下早爲西行之謀，前控六路之師，後據西川之粟，左通荆、襄之財，右出秦、隴之馬，天下大計，斯可定矣。」

浚治兵興元，欲易置陝右諸帥，乃徙端明殿學士、知熙州張深知利州，充利州路兵馬鈐轄、安撫使，而以明州觀察使劉錫代之。于是徽猷閣直學士、知成都府盧法原去利州路兵馬鈐轄，不兼利路，置帥成都。帥臣不兼利路自此始。既而趙哲帥慶，劉錡帥渭，孫渥帥秦，于是諸路帥臣悉用武人矣。錡，錫弟也。

張浚又以武功大夫、忠州防禦使、本司前軍統制王彥爲利州路兵馬鈐轄。浚初至漢中，問諸將以大舉之策，彥曰：「陝西兵將，上下之情皆未相通，若少有不利，則五路俱失。不若且屯兵利、閬、興、洋以固根本，若敵人來侵，則檄諸將帥互爲應援以禦敵，若不捷亦未至爲大失也。」時浚之幕客皆輕銳，聞彥之言，相視而笑。彥以言不行求去，故浚因而授之。

34是日，金人破壽春府。

時金人大起燕、雲、河朔民兵南侵，又使萬戶尼楚赫、（舊作銀朮可。）布爾噶蘇、（舊作拔束。）托卜嘉、（舊作撻不也。）王伯彥（隆）等將女直、渤海、漢軍，以宗弼爲統帥。

初，鄧紹密既死，淮西提點刑獄、閤門宣贊舍人馬識遠代知府事。識遠不開門，司法參軍王尙功聞之，夜見識遠，說以迎降，識遠拒不可。府人藉藉言郡守有異志，識遠懼不敢出，以印授通判府事、朝散郎王擴，卽自爲降書，啓城迎拜。金人亦不入城，但邀識遠至軍中三日。已而以其將周企知府事，遂南行。

35 修武郎宋汝爲奉詔副京(東)轉運判官杜時亮使金請和，行至壽春，遇完顏宗弼軍，不克與時亮會，汝爲獨馳入金壁，奉上國書。宗弼怒，命執之，欲加戮辱，汝爲色不變，曰：「一死固不辭，然銜命出疆，願達書吐一詞，死未晚。」宗弼顧汝爲不屈，遂解縛，延之坐，且問其邑里，謂左右曰：「此山東忠義士也。」以金帛酒食遺之，命引至東平見劉豫，汝爲曰：「願伏劍爲南朝鬼，豈忍背主，不忠于所事！」宗弼亦感歎，遂留之軍中。

36 庚子，金人攻黃州，守臣直龍圖閣趙令峸死之。

先是張用屯光州境內，沿淮爲柵，上下百里，盡收禾稼入寨中，儲蓄甚富，光州患之。及敵聞隆祐皇太后駐南昌，欲自蘄、黃濟，乃遣精騎五百直攻其寨，用之衆數萬悉奔散，金人遂焚用積聚，徑趨黃州。敵之未至也，令峸以內艱去，詔移州治武昌縣，命下而令峸起復。前一日辰刻，敵攻黃州，守衙軍校晏興得其木笴鑿頭箭，遣軍士潘明浮江白令峸，令峸視之，驚曰：「金兵也。」夜半，以官軍渡江入黃。金人治兵攻城，翼日，城破，令峸在西壁被執。金猶欲降之，令晟大罵曰：「汝輩殺害生靈，我雖死不屈。」金人飲以酒，令晟揮之，又衣以戰袍，令晟罵不絕口，遂敲殺之。兵馬都監王達，軍事判官吳源，巡檢劉卓，皆爲所殺。令晟守黃踰再歲，羣盜李成、丁進、張遇、貴仲正之徒俱不能犯，至是卒以節死。事聞，贈徽猷閣待制，謚曰忠愍。

37 辛丑，張浚承制以朝請郎、同主管川·陝茶馬鹽牧公事趙開兼宣撫司隨軍轉運使，專一統領四川財賦。開言：「蜀民已困，惟榷率尚有盈餘，而貪猾認以爲己私。惟不恤怨詈，斷而行之，庶救一時之急。」浚以爲然，于是大變酒法。自成都始，先罷公帑，賣公給酒，卽舊撲買坊場所置隔槽，聽民以米赴官自釀。每一斛，輸錢三千，頭子錢二十二，多寡不限數。明年，遂徧四路行其法。夔路舊無酒禁，開始榷之。舊四川酒課歲爲錢一百四十萬緡，自是遞增至六百九十餘萬緡。

38 是日，金人自黃州濟江。

初，金人得岸下小舟，其數不多，乃毀民居爲筏，以舟引之而行。集英殿修撰、荆湖沿江措置副使王羲叔，聞敵逼黃州，引舟遁去。金人遂渡江，凡三日，濟江盡絕。時江東宣撫使劉光世在江州，日與朝奉大夫韓梠置酒高會，無有知敵至者。比知之，以爲蘄、黃間小盜，遣前軍統制王德拒之于興國軍，始知爲金人至，遂遁。梠，粹彥子，宣和末爲戶部侍郎，責黃州安置。于是金人自大冶縣徑趨洪州。

39 癸卯，李鄴被旨造明舉甲，每副工料之費凡八千緡有奇。帝召大將張俊、辛企宗示之曰：「是甲分毫以上，皆生民膏血，若棄擲一甲葉，是棄生民方寸之膚。諸軍用之，當思愛惜。」時王綯在側，曰：「陛下愛民如此，凡百臣下，當體此意。」

40 是月，盜入宿州，保義郎、權通判州事盛修己守節不屈，爲所害。久之，州人爲之請，遂贈武翼郎、閤門宣贊舍人，封表其墓。

41 十一月，乙巳朔，金人攻廬州，守臣徽猷閣直學士、淮南西路安撫使李會以城降。

先是王善自淮寧分軍由宿、亳而南，無駐兵之地，遂犯廬州，聞金人至，乃移屯于巢縣，旣又以其衆降；金遂拘善于軍中，盡散其衆。其將祝友、張淵輩各以所部行，自是兩淮皆被善餘黨之擾矣。

42 初，閤門宣贊舍人韓世清在蘄州，州人請以爲兵馬鈐轄，帝許之，仍以世清兼蘄、黃、光、江州、興國軍都巡檢使。世清聞金渡江，是日，將吏會于州治。世清有酒，卽取黃衣，被兵馬鈐轄趙令晙于東廳，俾令晙卽皇帝位。令晙號呼不聽，褫其黃衣。知蘄州、朝請郎甄采等共勸之，世清乃止。

43 丁未，以帝至越州，命釋諸路徒以下囚，罷邠州歲貢火筋、襄陽漆器、象州藤合、揚州照子之屬。

44初，未行鈔鹽以前，兩浙民戶，每丁官給蠶鹽一斗，令民輸錢一百六十六，謂之「丁鹽錢」。皇祐中，許民以紬絹從時價折納，謂之「丁絹」。自行鈔法後，官不給鹽，每丁增錢爲三百六十，謂之「身丁錢」。大觀中，始令三丁輸絹一匹。時絹直猶賤，未有陪費；其後物價益貴，乃令民每丁輸絹一丈，綿一兩。軍興丁少，遂均科之，民甚以爲患。至是聽五等下戶以爲半折帛、半納見錢。于是歲爲絹二十四萬匹，綿百萬兩，錢二十四萬緡。

45勘會宋齊愈所犯當置于法，然已經大赦，祇緣憎愛之私，致抵極刑，可追復通直郎，仍與一子恩澤。勘會責授軍（單）州團練副使、昌化軍安置李綱，罪在不赦，更不放還，緣累經恩赦，特許自便。綱行至瓊州而還。

46初，京西制置使程千秋旣軍襄陽，有劇盜曹端者，自京城聚衆，擾于京西，號「曹火星」，千秋遣人招之，屯于城下。是時桑仲在唐州，盡取強壯爲兵，唐州之民在桐柏者，先爲董平攢集；其不屬平者，進退無所依，皆盡室歸仲。仲之衆漸盛，遂自光化軍而南；千秋亦招之，屯漢水之北。始，范瓊討李孝忠，至襄陽，留五百兵戍守，使東南第五將徐彥領之。仲故識彥，遺以刀，千秋怒其通寇。是日南至，諸將入賀；酒三行，千秋叱彥起，數其與仲通書之罪，遂斬之。仲怒，引兵犯襄陽，千秋命端出師，并檄知鄧州譚兗爲援。端與仲遇于高車，急擊之，仲敗，稍引退。會兗遣騎兵策應，千秋賞其精銳；端慍，遂率衆軍于中廬、南漳之間。仲諜知，整衆復進，至孛羅岡，與馬軍遇，岡地坡仰而有低林，非騎兵之利，鄧州兵大敗，仲進薄襄陽。千秋公安親隨兵，未嘗歷行陣，皆輕跳，欲出戰，千秋不許，至于再三，乃令戰。親隨兵無器甲，仲以馬軍數百伏路兩傍，俟其過未盡，卽突出，大呼令坐，以棍杖次第敲殺之；統制官貴仲(正)等聞之，遁去。千秋棄城奔中廬，仲遂據襄陽。千秋密遣人說端裨將王闢使殺端，端軍多潰；惟後軍李忠寨差遠獨不散，自稱權京西南路副總管，與其徒寇〔冠〕白巾，聲言爲端報仇。千秋不可居，乃自金州入蜀。貴正仲〔仲正〕以潰卒寇荆南，兵馬鈐轄、武功郎渠成與戰，殺之。提點刑獄公事李允文在郢，亦不能守，引所部往鄂州。于是京西列城皆爲仲所據。

47戊申，金宗弼攻和州，守臣李儔以城降。

時奉使崔縱從行官屬盧伸自北逃歸，宗弼得歸朝官程暉，令攜招降書，與伸皆赴行在。

48己酉，宣撫處置使張浚，以便宜增印錢引一百萬緡以助軍食，其後八年間，累增二千五十四萬緡。浚又置錢引務于秦州，以佐邊用。

49是日，金人破無爲軍，守臣朝散大夫李知幾挈其帑藏與其民俱渡江南歸，歷陽縣丞王之道率遺民據山澤以守。之道，無爲人也。

50庚戌，金人攻采石渡，知太平州郭偉率將士拒敵，敗之；翼日，又敗之。金人退，攻蕪湖，偉又敗之，金人趨馬家渡。

51壬子，隆祐皇太后退保虔州。

前數日，江西轉運司得報，敵騎至大冶縣，未辨虛實。會江東宣撫使劉光世馳輕騎以聞，翼日，乃知敵至。滕康、劉珏共議奉太后及近上妃嬪陸行，餘皆舟行，百官從便路起發。集英殿修撰、江西安撫制置使、知洪州王子獻，棄城遁走撫州，衆推士人朝請郎李積中權州事。于是中書舍人李公彥、徽猷閣待制、權兵部侍郎李擢皆遁，司勳員外郎馮檝匿廬山佛舍，郎官以下多潛去者。

既而檝貽書光世，勸以出兵掩敵，大略言：「金人深入，最兵家之忌。又進則拒山，退則背江，百無一利。而敢如此橫行者，以前無抗拒，後無襲逐，如入無人之境，故無所忌憚，非敵之能也。觀邨人之強壯者尚敢與之敵，其間勝負亦或相半，豈有國家素練之兵，反不如者？但望風畏之耳，實不足畏也。太尉儻選精兵萬人，厚立賞格，自將而來洪州等處援救，開一路令歸，伏兵于前而掩之，可使匹馬不還。」光世不能用。

52丁巳，金人破六合縣，又破臨江軍，守臣中奉大夫、直祕閣吳將之遁去。將之，吳興人也。

53 （戊午），金人攻洪州，權知州事李積中以城降。

54 賊劉忠犯蘄州，蘄、黄都巡檢使韓世清與戰，破之，忠遂轉入湖南。

55 庚申，金人破眞州，守臣向子忞棄城保沙上，其所携金帛，悉爲韓世清〔忠〕所奪。

56 辛酉，隆祐皇太后至吉州。

57 壬戌，金人自馬家渡濟江。

初，完顏宗弼既破和州，與叛將李成同攻烏江縣，尚書右僕射、江淮宣撫使杜充在建康，諜言成師老可擊，充遽遣兵，而金師已大入。充聞金且至，以其兵六萬人列戍江南岸，而閉門不出，統制官岳飛泣諫，請視師，充不從。會將官張超失守，金人遂過江，充急遣都統制陳淬率飛及劉綱等十七人將兵三萬人與戰，又命御營前軍統制王璞以所部萬三千人往援。金人攻溧水縣，尉潘振死之。

58 癸亥，保寧軍承宣使、主管侍衛步軍司公事閻勍，奉迎祖宗神御至越州，詔奉安于天慶觀。

59 甲子，陳淬與宗弼遇于馬家渡，凡戰十餘合，勝負略相當。王璞引西兵先遁，淬孤軍力不能敵，還屯蔣山。水軍統制邵青，以一舟十八人當金人于江中，舟師張青中十七矢，遂退于竹篠港，統赤心隊朝請郎劉晏所部走常州。浙西制置使韓世忠在鎭江，悉所儲之資，盡裝海舶，焚其城郭。既聞金人南渡，卽引舟之江陰，知江陰軍胡紡厚待之。

先是璦部將輔逵在東陽，被檄策應，璦與遇中途，曰：「已失渡口。」遂與逵引其軍自信州入閩，所過大擾。

60 丁卯，金人攻吉州，知州事直龍圖閣楊淵棄城去。

隆祐皇太后離吉州，至寧米市。金人遣兵追御舟，有見金人于市，乃解維夜行，質明，至太和縣。舟人耿信及龍神衞四廂都指揮使楊惟忠所領衞兵萬人皆潰，其將傅選、司全、胡友、馬琳、楊臬、趙萬、王璉、柴卞、張擬等九人，悉去爲盜，乘輿服御物皆棄之，欽先孝思殿神御頗有失者。內藏庫南廊金帛，爲盜所攘，計直數百萬，宮人失一百六十人。惟忠與權知三省樞密院滕康、劉珏皆竄山谷中，兵衞不滿百，從者惟中官何漸、使臣王公濟、快行張明而已。金人追至太和縣，太后乃自萬安捨舟而陸，遂幸虔州。后及潘賢妃皆以農夫肩輿，宮人死者甚衆。

從事郎、三省樞密院幹辦官劉德老，亦爲敵所殺，後官其家一人。先是康、珏爲幹辦官汪若海、何大圭所間，二人不和，遂有兵火之禍。潰兵之作亂也，知永豐縣、承議郎趙訓之，尉、修職郎陳自仁爲所害。後贈訓之直祕閣，自仁通直郎。

時金分兵攻撫州，守臣王仲山以城降，金以其子權知州事，令括管內金銀赴洪州送納。

及攻袁州，守臣顯謨閣待制王仲嶷亦降。仲山，珪子；仲嶷，仲山兄也。

61 金人攻六安軍，知軍事邊琪降，金人遣北軍三百人屯城中，不殺不掠。已又破建平縣。

62 己巳，帝發越州，次錢清堰，夜，得杜充敗書。帝如浙西迎敵，侍御史趙鼎力諫，以爲衆寡不敵，不若爲退避之計。帝謂呂頤浩曰：「事迫矣，若何？」頤浩曰：「金人以騎兵取勝，今鑾輿一行，皇族、百司官吏、兵衞，家小甚衆，皆陸行山險之路，糧運不給，必致生變。衆金人既渡浙江，必分遣輕騎追襲。今若車駕乘海舟以避敵，既登海舟之後，敵騎必不能襲我；浙江地熱，敵亦不能久留。俟其退去，復還二浙，彼入我出，彼出我入，此正兵家之奇也。」帝沈吟久之，曰：「此事可行，卿等熟議。」來日，召侍從、臺諫至都堂，參議可否。」庚午，帝還越州，遂定策航海，乃移四明。頤浩奏令從官已下各從便去，帝曰：「士大夫當知義理，豈可不扈從！若如此，則朕所至，乃同寇盜耳。」于是郎官已下，或留越，或徑歸者多矣。

63 辛未，金人破建康。

初，宗弼既濟江，士馬皆集，遂鼓行逼城下。戶部尙書李梲與顯謨閣直學士、沿江都制置使陳邦光具降狀，遣人郎十里亭投之。宗弼喜曰：「金陵不煩攻擊，大事成矣！」宗弼入建康，邦光率官屬出門迎拜，通判府事、奉議郎楊邦乂不從，大書其衣曰：「寧作趙氏鬼，不爲他邦臣。」既見，邦乂獨不拜。遣人誘以官，以首觸階求死，宗弼不能屈。

居民爭出城，取蔣山路而去。金人馳騎往蔣山遮其路，約居民復回城中。

64 癸酉，帝發越州。

65 是日，金人攻建昌軍。

先是金既破撫州，遣人賫檄諭降。守臣方昭，慮爲軍民所脅，以印授承事郎、通判軍事晁公邁而去。未幾，公邁亦以募兵爲詞而出，衆推承信郎、兵馬監押蔡延世以守。公邁，任城人，嘗爲少府監主簿。延世，建昌人，本太學諸生。先是金人既入洪，遣十人持檄至城下，延世盡斬之。及是敵兵臨城，問十人所在，延世示之以其首。金人怒，求戰，延世擊卻之。公邁歸，延世拒不納，遂領軍事。公邁坐罷去。

66 甲戌，奉議郎、通判建康府楊邦乂爲金人所殺。

前一日，金帥與李梲、陳邦光宴，樂方作，召邦乂立堂下。邦乂見梲、邦光，叱之。宗弼再引邦乂，邦乂不勝憤，遙望大罵，宗弼大怒，擊殺之，剖腹，取其心。邦乂死年四十四，初贈直祕閣，官其二子，賜田二頃。後謚忠襄。

67 十二月，戊寅，徽猷閣待制、知鎭江府兼浙西安撫使胡唐老，爲軍賊戚方所殺。

方勇悍善射，初爲敎駿卒，軍興，盜起，在九朵花行伍中，未知名。方殺其爲首人，遂率衆赴建康，歸杜充，充以爲準備將。建康失利，諸軍皆散，方率潰卒數千走金壇縣。時鎭江無兵，獨倚浙西制置使韓世忠軍爲重。世忠既去，唐老力不能拒，因撫定之。方欲引兵犯臨安，妄言赴行在，請唐老部衆以行，唐老不從，爲所害，主管安撫司機宜文字、迪功郎鄭凝之亦以兵死。後贈唐老徽猷閣直學士，謚定愍；官凝之家一人。

68 己卯，帝次明州。提領海船張公裕奏已得千舟，帝甚喜。王綯曰：「豈非天邪！」先是監察御史林之平，自春初遣詣泉、福召募閩、廣海舟，爲防托之計，故大舟自閩中至者二百餘艘，遂獲善濟。

69 辛巳，金人破廣德軍。

時宗弼既得建康，區處已定，乃率衆自溧水路徑趨臨安，道路之人，但知潰卒爲亂，不虞金人之至也。金游騎至廣德軍，周烈遣人迎之，且許其犒軍，約以毋擾，宗弼許之。俄頃，傳箭至，招其投拜，烈大驚，索馬而奔，遂破其城，烈爲金人所殺。

70 壬午，金人攻安吉縣，知縣事曾綽聚鄉兵往石郭守隘，或覘其矢曰：「金人也。」鄉兵皆棄紙甲竹槍而遁。金人入縣，遂焚之。

71 江淮宣撫司潰卒李選，號「鐵爪鷹」，與其徒數千攻陷鎮江府。【考異】繫年要錄據日曆作壬午，日曆又云，李選就杜充招安，此時充已離眞州，恐誤。趙雄撰韓世忠碑又云：烏珠（舊作兀朮。）北還，王提兵邀之，先降其將鐵爪鷹李選。此蓋誤，或是選先降烏珠，其後又爲世忠所降，然實非金將也。

72是日，定議航海避敵。執政請每舟載六十衞士，人不得過兩口，衞士皆曰：「我有父母，有妻子，不知兩者如何去留？」訴于主管禁衞入內內侍省都知陳宥，宥不能決。宰相呂頤浩入朝，衞士張寶等百餘人遮道，問以欲乘海舟何往，因出語不遜，頤浩詰之曰：「班直平日教閱，何嘗有兩箭上貼！今日之事，誰爲國家死戰者？」衆欲殺頤浩，參知政事范宗尹曰：「此豈可以口舌爭？」引其裾入殿門。門閉，衆不得入。帝謂輔臣曰：「聞人事紛紛，不欲入海，緩急之際，豈可如二聖不避敵，坐貽大禍。今以御筆諭之。」頤浩與參知政事王綯捧御案近御座前，上御翰墨撫諭中軍，人情稍定，遂三呼于殿門外。帝密諭宰執曰：「此輩欲沮大事，朕今夕伏中軍甲士五百人于後苑，卿等翼日率中軍入朝，捕爲首者誅之。」頤浩退，密諭中軍統制辛企宗及親軍將姚端，令爲之備。

癸未，執政早朝，命御營使司參議官劉洪道部兵在宮門防變，而中軍及姚端已整娖于行宮門外。二府引中軍入，遇直宿兵衞，皆擒之，其徒驚潰，或升屋，或踰牆遁去。帝自便殿御介胄，引伏兵出，彎弓手發二矢，中二人，墜于屋下。其衆駭懼，悉就擒。帝命召頤浩至都堂，詰爲首者以奏，其餘皆囚之。甲申，誅衞士張寶等十七人于明州市。【考異】趙鼎扈從日記作二十人，今從要錄。

73乙酉，金宗弼攻臨安府，錢塘令朱蹕率民兵迎戰，傷甚，猶叱左右負己擊敵。守臣浙西同安撫使康允之，未知爲金人，遣將迎敵于湖州市，得二級，允之視之曰：「金人也！」遂棄城遁，保赭山。時直顯謨閣劉誨自楚州赴召，在城中，軍民推之以守。

74 己丑，帝如定海縣，御樓船，詔止以親軍三千餘人自隨。【考異】呂頤浩逢辰記作精兵萬餘，今從熊克小紀。百官有司，隨便寓浙東諸郡。時上既廢諸班直，獨神武中軍辛永宗有衆數千，而御營使呂頤浩之親兵將姚端衆最盛，上皆優遇之。晚朝，二府登舟奏事，參知政事范宗尹曰：「敵騎雖百萬，必不能追襲，可以免禍矣。」上曰：「惟斷乃成此事也。」

75 詔行在諸軍支雪寒錢。自是遂爲故事。

76 是日，金人破臨安府。

初，宗弼旣圍城，遣前知和州李儔入城招諭。儔與權府事劉誨善，至是服金衣冠而來，二人執手而言，儔欷歔不能止。有唱言誨欲以城降金者，軍民因殺誨。是晚，城破，錢塘令朱蹕在天竺山，亦遇害。宗弼留杭州，遣將追襲。

77 庚寅，扈從泛海者，宰執外惟御史中丞趙鼎、右諫議大夫富直柔、權戶部侍郎葉份、中書舍人李正民、綦崈禮、太常少卿陳戩六人，而昕夕密衞于舟中者，御營都統制辛企宗兄弟而已。時留者有兵火之虞，去者有風濤之患，皆面無人色。

78 辛卯，帝次定海縣。癸巳，帝至昌國縣。

79甲午，右監門衛大將軍、眉州防御使、知南外宗正事士樽言：「自鎮江募海舟，載宗子及其婦女三百四十餘人至泉州避兵，乞下泉州應副請給。」許之。于是祕閣修撰、知西外宗正事令應，亦自泰州、高郵軍(遷)宗子等百八十人至福州避兵，而已(已而)又移潮州。

80乙未，金人屠洪州。

81丙申，浙西制置使韓世忠以前軍駐通惠鎮，中軍駐江灣，後軍駐海口。世忠知金人不能久，大治戰艦，俟其歸而擊之。

82浙東制置使張俊，自越州引兵至明州。俊軍士在明州頗肆擄掠，時城中居民少，遂出城以清野爲名，環城三十里皆遭其焚劫。

83資政殿學士、新知鼎州范致虛薨于岳州。

84戊戌，金人破越州。

初，兩浙宣撫副使郭仲荀在越州，聞敵破臨安，遂乘海舟潛遁。知越州、充兩浙東路安撫使李鄴，遣兵邀于浙江，三捷。旣而衆寡不敵，鄴乃用主管機宜文字、宣教郎袁潭計，遣人賫書降。

敵引兵入城，以巴哩巴舊作琶八，今改。爲守。親事官唐琦，袖石擊巴哩巴不中，詰之，答曰：「欲碎爾首，死爲趙氏鬼耳！」巴哩巴曰：「汝殺我奚益，胡不率衆救汝主！」琦曰：「在是汝爲尊，故欲殺汝耳。」巴哩巴歎曰：「使人人如此，趙氏豈至是哉！」琦顧鄴曰：「汝享國厚恩，今若此，非人也！」聲色俱厲，不少屈，巴哩巴殺之。後爲立祠，名旌忠。【考異】熊克小紀云：親事唐璲袖石擊烏珠，不中，死之。據宋史忠義傳及常實封事皆作唐琦。又琦所擊乃巴哩巴，實封事所言甚詳，當以爲信。趙甡之遺史云：烏珠在越州，乘馬往來市中，班直唐琦憤怒，以石擊之，被執，罵不絕口，亦罵李鄴降敵不忠，被殺。以王庭秀所記焚明州事攷之，則烏珠未嘗過江也。金史宗弼傳云：宋主聞杭州不守，遂自奔明州，宗弼留杭州，蓋得其實。

初，鄴之降也，提點刑獄公事王諤遁居城外，僚吏皆迎拜。朝散郎、新通判溫州曾忞監三江寨，獨拒敵不屈。敵驅諤至城內，執忞，併其家殺之，惟稚子崈得免。忞，悬兄也。事平，特命忞弟怤及崈以官。

85 金宗弼使富勒渾舊作蒲盧渾，今改。追南師，及于會稽之東關，敗之，遂渡曹娥江。

86 己亥，徽猷閣直學士、知平江府湯東野，奏杜充自眞州至天長軍，與劉位、趙立會合。先是立以右武大夫、忠州刺史知徐州，朝廷聞金人入侵，詔諸路兵援行在。立以徐州城孤，且乏糧，不可守，乃率親兵、禁、民兵約三萬人南歸。會知楚州劉誨已赴召，宣撫使杜充以楚州闕守，命立率所部赴之。

立至臨淮，被充之命，兼程至龜山。時金左監軍完顏昌圍楚州急，立斬刈道路乃能行。

至淮陰，與敵遇，其下以山陽不可往，勸立歸彭城，立奮怒，嚼其齒曰：「正欲與金人相殺，何謂不可！」乃令諸將曰：「回顧者斬！」于是率衆先登，自旦至暮，且戰且行，出沒敵中，凡七破敵，無有當其鋒者，遂得以數千人入城，而後軍孟城〔成〕、張慶，皆以所部渡淮北去。方其入城也，立口中流矢貫其兩頰，口不能言，以手指揮，軍士皆憩而拔其矢。立之未至也，通判州事、直祕閣賈敦詩欲以城降，至是乃止。

87李鄴之未降也，上奏，言金分兵自諸暨趨嵊縣，徑入明州。是日奏至，乃議移舟之溫、台以避之。

庚子，帝發昌國縣。

先是金分兵攻餘姚，知縣事李穎士募鄉兵數千，列旗幟以捍敵，把隘官陳彥助之。金人既不知其地勢，又不測兵之多寡，爲之彷徨不敢進者一晝夜，由是帝得以登舟航海。進穎士兩官，擢通判越州。

88癸卯，浙東制置使張俊，與金人戰於明州，敗之。

先是金兵追襲至城下，俊遣統制官劉寶戰于高橋，兵少卻，其將黨用、丘橫死之。統制官楊沂中、田師中、統領官趙密皆殊死戰，主管殿前司公事李賔率所部以舟師來助，知州事劉洪道率舟兵射其榜〔傍〕，遂敗之。金人自城下呼請遣人至寨中計事，俊令小校徐姓往。

敵釋甲與語，欲招之降，俊拒之。

89是月，隆祐皇太后命統制官楊琪軍臨江軍，張忠彥屯吉州，以爲行宮聲援。

90金陝西諸路都統洛索將數萬衆圍陝府，守將李彥仙悉力拒之。

初，彥仙在陝，增陴浚隍，利器械，積糧食，鼓士氣，且戰且守，人心益堅固可用。又嘗渡河與金人戰蒲、解間，民皆陽從金人而陰歸彥仙。敵必欲下陝州，然後併力西向。彥仙亦自料金人必併兵來攻，卽遣人詣宣撫處置使張浚求三千騎，俟金人攻陝，卽空城渡河，趨晉、絳、幷、汾，擣其心腹，金人必自救，乃由嵐、石西渡河，道鄜、延以歸，浚不從。浚貽書勸彥仙空城清野，據嶮保聚，俾敵無所掠，我亦無傷，俟隙而動，庶乎功成，彥仙亦不從，守城之意益堅。至是洛索、尼楚赫及知府州折可求合兵來攻，彥仙以死拒之，且告急于浚。

91李成知金人已南渡，自滁州率衆往淮西。時成之黨周虎據蕪湖，水軍統制邵青與戰，一日七敗。參議魏曦，以小舟觀戰于中流，既而告青曰：「吾知所以勝矣，彼以紅巾輭纏，與我之號同，與我戰則不能分彼我，所以必敗。宜易其號，則勝矣。」青然之，乃令其徒更作鑽風角子，一戰勝虎，青遂據蕪湖。

初，杜充之衆既潰，其統制官岳飛、劉經，自芳山引衆入廣德軍。後軍扈成駐于金壇縣，爲戚方所殺。

續資治通鑑卷第一百七

賜進士及第兵部尚書兼都察院右都御史總督湖北湖南等處地方軍務兼理糧餉世襲二等輕車都尉　畢　沅　編集

宋紀一百七 起上章掩茂（庚戌）正月，盡六月，凡六月。

高宗受命中興全功至德聖神武文昭仁憲孝皇帝

建炎四年 金天會八年。（庚戌、一一三〇）

1 春，正月，甲辰朔，大風，御舟碇海中。

2 乙巳午，西風忽起，金人乘之攻明州。御前右軍都統制、浙東制置使張俊與守臣徽猷閣待制劉洪道坐城樓上，遣兵掩擊，殺傷相當；金人奔北，墮田間或墜水。俊急令收兵赴台州。是夜，金人拔寨去，屯餘姚，且請濟師於宗弼。

3 丙午，帝遣中使召御前左軍都統制、浙西制置使韓世忠赴行在。世忠已治舟師於通惠鎮，乃請往鎮江邀敵歸師，盡死一戰，帝從之。

4 己酉，詔遣使自海道至福建、虔州，問隆祐皇太后饑舟所在。帝慮太后徑入閩、廣，乃遣使問安焉。

乙卯，滕康言太后已至虔州。

5 張俊既去，明州士民皆散。有士人率衆扣劉洪道馬首，願留以禦敵，洪道曰：「予嘗數剋敵而勝，若等毋慮。」丙辰夜，洪道微服而遁，與浙東副總管張思正引所部奔天童山，所過盡撤其橋，民不得濟，數千人哀號震天。城中惟崇節馬軍與惡少僅千人，以酒官李木將之。

6 江、淮宣撫司右軍統制岳飛，自廣德軍移屯宜興縣。杜充之敗也，其將士潰去，多行剽掠，獨飛嚴戢所部，不擾居民，士大夫避寇者皆賴以免。

7 丁巳，張俊自台州赴行在。

8 金以同中書門下平章事韓企先爲尚書左僕射。企先善於其職，宗翰、宗幹皆重之。

9 是日，金陝西都統洛索（舊作婁室。）破陝府，守臣右武大夫、寧州觀察使李彥仙死之。金自去冬以重兵來攻，彥仙守禦甚備，遇士卒有恩，食既盡，煮豆以啖其下而取汁自飲，至是亦盡。宣撫處置使張浚，間道遺以金幣，使犒其軍，且檄都統制曲端以涇原兵往援。端素疾彥仙出己上，無出兵意。浚屬官資陽謝昇言于浚曰：「敵朝夕下陝，莫以爲憂者，殆未知敵意也。敵已得長安，今取陝，則全據大河，且窺蜀矣。」衆議不決，力爭數日，師乃出，至長安，而敵先壅阻，不得進。

彥仙日與敵戰，將士未嘗解甲。洛索命自正月旦爲始，以一軍攻擊，一日不下則翼日更遣一軍，每一旬則聚十軍併攻一日，期以三旬必拔之。彥仙意氣如平常，登譙門，大作伎，潛使人隧而出，焚其攻具，敵愕而卻。洛索雅奇彥仙才，嘗招之，彥仙斬其使。至是遂欲降之，使人呼曰：「卽降，當富貴。」彥仙不應，日鉤取敵兵數十磔城上，雖殺傷大當，而敵兵沓至，守埤者久，傷殘日就盡。既而金兵亦乏食，欲引去，或告以急擊可入，金人益衆攻之。每隊以鼓在前，擊鼓一聲則進一步，既渡濠池，鼓聲漸促，莫不爭先，疾聲併力齊登，死傷者雖滿地而不敢返顧。是日，有鳶鴉數萬噪于城上，與戰聲相亂，洛索曰：「城陷矣！」促使急攻，城遂破。彥仙率士卒巷戰，左臂中刃，不殊，猶不已。金人惜其才，以重賞募人生致之。彥仙易敝衣雜羣伍中，走渡河，曰：「吾不甘以身受敵人之刃。」敵縱兵屠掠，彥仙聞之曰：「金人所以殺過當者，以我堅守不下故也，我何面目復見世人乎！」遂投河而死。金人取其家而殺之，陝民無噍類。浚聞，承制贈彥仙彰武軍節度使，卽商州立廟，且官其子。久之，賜謚忠威。

彥仙守陝再踰年，大小戰二百，及城破，其屬官陳思道、李岳、杜開、通守王滸、趙叔憑、職官劉效、馮經、縣令張玘、將佐盧亨、邵雲、閻平、趙成、賈何、呂圓登、宋炎等同死，無屈降者。

叔憑，宗室子，初爲兵馬都監，積功武翼大夫、通判府事，及城危，有子爲盧氏吏，間使語之曰：「吾托肺腑，死國難固其所，若則走也。」

雲，龍門人，金人破蒲城，雲獨與少年數百保聚山谷，初事邵興，後爲彥仙部曲，累官閤門宣贊舍人。金人得雲，欲以爲將，雲罵怒（怒罵）不屈。洛索怒，釘雲五日而磔之。

平，湖城人，官閤門祗候。何，陝縣人，與成皆修武郎。

圓登，夏縣人，嘗爲僧，城垂破，自外來援，與彥仙相持而泣曰：「圍久，不知公安否；今得見公，死且無恨。」創甚，方臥，聞城壞，遽起，戰死。

炎，陝縣人，善蹴張。敵圍城，炎取大弩數百調治，所射洞殺傷敵兵甚衆。城破，敵欲將炎，呼炎出，不應，戰死。

後自雲以下皆贈官，錄其家一人。

10 己未，金人破明州。

先是金益兵而來，前二日，駐軍廣德湖舊寨前，遣老弱婦女運瓦礫塡塹。次夕，植礮架十餘，對西門。是日，以數礮碎城樓，守者奔散而出，城遂破，金兵入城。

11 庚申，金主詔曰：「避役之民，以微直鬻身權貴之家者，悉出還本貫。」

12 辛酉，御舟離章安鎮；甲子，泊溫州港口。

丙寅，御舟移次溫州之館頭。先是金人自明州引兵攻定海，破之，遂以舟師絕洋，侵昌國，欲襲御舟，至碕頭，風雨大作。和州防禦使、樞密院提領海船張公裕引大舶擊散之，金人乃去。帝聞明州失守，遂引舟而南，與金人纔隔一日。

13 丁卯，虔州從衞諸軍作亂。

初，隆祐皇太后既至虔州，府庫所有既盡，衞軍上請，惟得沙錢及二折（折二）錢，市買諸物不售。軍士與鄉民相爭，軍士遂縱火肆掠。

14 初，趙立既至楚州，朝廷因以立知州事，會金右監軍昌親率數萬人圍城，攻其南壁，自爲旗頭，引衆出戰，相持四十餘日。己巳，金人以礮擊三敵樓，遂登城。立先取生槐木爲鹿角以槎其破處，而下修月城以裹之，月城之中，實以柴薪，城之內爲鎔鑪；敵自月城中入，立命以金汁澆之，死者以百數。金人不能入，遂退守孫邨大寨，時遣數百騎出沒于城下，以掠取求糧采薪者；由是城中人不能出，而薪糧日竭。

15 二月，乙亥，御舟至溫州江心寺駐蹕，更名龍翔。

16 奉安啓聖宮祖宗神御於福州。

17 金人既破江西諸郡，乃移兵趨湖南。帥臣直龍圖閣向子諲，初聞警報，率軍民固守，且禁士庶無得出城。敵騎至潭州，呼令開門投拜，軍民皆不從，請以死守。宗室成忠郎聿之隸東壁，子諲巡城，督察官吏，顧謂聿之曰：「君宗室，不可效此曹苟簡。」聿之感激流涕。敵圍之八日，既而登城，四面縱火。子諲率官吏奪南楚門亡去，城遂破，聿之拔刃自殺。

城之始破也，將官成忠郎劉玠，率餘兵巷戰，身中數十矢，戰愈力。敵又以槍中之，衆欲扶持而去，玠揮衆直前，死于陣。敦武郎、新杭州兵馬都監王暕，部民兵守朝宗門，亦死。聿之，魏悼王後，安定郡王叔東子也。金人掠潭州六日，屠其城而去，子諲乃復入。後贈玠武經大夫，暕武德郎，聿之右監門衞將軍。又一日，金人遂引去。

18 丙子，金人自明州引兵還臨安。

初，金既破明州，遣人聽命于宗弼，且云搜山檢海已畢。宗弼曰：「如揚州例。」金人遂焚其城，惟東南角數佛寺與僻巷居民偶有存者。金人留明州七十日，引兵去。

19 初，宗弼留臨安，聞浙西制置使韓世忠自江陰趨鎮江，恐邀其後。是月庚辰，宗弼斂兵于吳山、七寶山，遂縱火，三日夜烟焰不絕。癸未，火息。甲申，縱兵大掠，且東裝。丙戌，退軍，以擄掠輜重不可遵陸，乃由蘇、秀取塘岸路行。先是武功大夫、成州團練使陸漸迎降，宗弼以爲臨安府兵馬鈴〔鈐〕轄。漸勸宗弼括金銀，焚臨安，因從軍北去

方金人未退軍也，有衢州軍事判官錢官〔觀〕復者，以衢當路衝，白郡守，縱民老弱出，

戶留一丁，不留與留而瘦弱不堪任，論如軍法。其後諸兵欲乘時爲變，顧城中金帛子女無異獲，乃止。時李濤、李鄴、鄭億年皆在軍中，宗弼因擕之以北。

金人分兵侵海鹽，縣尉朱良率射士百餘拒之，卒力戰以死。

20先是金人破京師時，河南之北悉爲金所有，睢、洛皆屯重兵，惟汴京及畿邑猶爲宋固守，而糧儲乏絕，四面不通，多飢死。有河北簽軍首領聶淵者，與其徒十十五五，以食物與守城者博易，積久稔熟，遂不之疑。是日，淵與其徒數百人，夜登城之北壁，縱火焚樓櫓，猶未敢下城，乃爲慢道自守。是時城之東有羣盜李漬、蘇大刀等，權留守上官悟皆招入城。旣入城，則焚掠不止，城中亂，悟及副留守趙倫出奔。悟至唐州，爲董平所殺。金人得京師，以前都水使者王夔爲留守，時在京強壯不滿萬人。自是四京皆沒矣。【考異】熊克小紀載京師之陷在今年三月，又云，城破，上官悟爲敵所害。考北盟會編所載甚詳，今從之。

21江東宣撫使劉光世奏：「杜充敗事，未知存亡，王𤫊所統前軍亦潰，韓世忠徑上海船而去。臣今以孤軍駐南康，移檄諸路，會兵勤王，望陛下遠避賊鋒，俟春暄，破之不難。」詔：「光世所部軍不少，今又會兵，深慮騷動；可止統本部乘間擊之，毋失機會。」

22己丑，奉安景靈宮祖宗神御于溫州開元寺。

23庚寅，帝入溫州，駐蹕州治。

24 辛卯，金人破秀州。

先是兩浙宣撫使周望在平江，有言敵自越州還金陵者。望素不嚴斥堠，但以傳聞之語爲信，乃遣統制官陳思恭、張俊按此卽小張俊。統兵入杭，以規收復之功。思恭至秀州，偵知傳言之妄，間道走湖州之烏墩鎭以觀變。至是金宗弼過秀州，通直郎、權州事鄧根留武翼郎、本部兵馬都監趙士醫，乘城拒敵。城破，士醫爲流矢所中而死，後贈武翼大夫。望聞金師至崇德縣，壬辰，調太湖舟千艘赴吳江禦之。

25 鼎州人鍾相作亂，自稱楚王。

初，金人去潭州，羣盜乃大起，東北流移之人，相率渡江。武經大夫、濰州團練使孔彥舟自淮西收潰兵，侵據荆南、鼎、澧諸郡，祕閣修撰、知荆南府唐慤棄城去。

相以左道惑衆，自號大聖，言有神靈與天通，能救人疾患；陰語其徒，則曰：「法分貴賤貧富，非善法也。我行法，當等貴賤，均貧富。」持此語以動小民，故環數百里間，小民無知者翕然從之，備糧謁相，謂之拜父。如此者二十餘年，相以故家貲鉅萬。及湖、湘盜起，相與其徒結集爲忠義民兵，士大夫避亂者多依之。相所居邨，有山曰天子岡，遂卽其處築壘浚濠，以捍賊爲名。會孔彥舟入澧州，相乘人情驚擾，因托言拒彥舟以聚衆，至是起兵，鼎、澧、荆南之民響應。相遂稱楚王，改元天載，立妻伊氏爲皇后，子子昂爲太子，行移稱聖旨，補授用黃牒，一方騷然。時鼎州闕守臣，而湖南提點刑獄公事王彥成、單世卿，皆挈家順流東下，僅以身免。賊遂焚官府、城市、寺觀及豪右之家，凡官吏、儒生、僧道、巫醫、卜祝之流，皆爲所殺。自是鼎州之武陵、桃源、辰陽、沅江，澧州之澧陽、安鄉、石門、慈利，荆南之枝江、松滋、公安、石首，潭州之益陽、寧鄉、湘陰、江化，峽州之宜都，岳州之華容，辰州之沅陵，凡十九縣，皆爲盜區矣。

26 乙未，尚書右僕射、同中書門下平章事兼江、淮宣撫使杜充罷，爲觀文殿大學士、提舉江州太平觀。

充自眞州而北，宗弼遣人說充，許以中原地封之，如張邦昌故事，充遂降于金。知眞州向子忞以聞，帝聞之，不食者累日。御史中丞趙鼎、右諫議大夫富直柔同對，請先罷充，俟得其北降的報，則別議罪，故有是命。

27 丙申，以帝還溫州，德音釋天下徒刑，一應士民家屬有自金來歸者，所在量給錢米，于寺院安泊，訪還其家。

28 徽猷閣直學士、知慶陽府兼陝西制置使王似知成都府。

時宣撫處置使張浚，聞帝親征，亟治兵，自秦州入衞，留參議軍事劉子羽掌留司事，凡川陝軍政民事，皆得專決；又徙似知成都府，而以親衞大夫、明州觀察使趙哲代之。徽猷閣直學士盧法原，時守成都，乃命法原赴行在。

29是日，金游騎至平江城東，統制官郭仲威，兵未交而退。同知樞密院事、兩浙宣撫使周望奔太湖，市人請留，不可，則極口嫚罵，望不顧而去。守臣徽猷閣直學士湯東野，聞望已出，則挈家潛遁，以府印付仲威。次日，仲威與將官魯珏縱火城中，夜，望及仲威皆遁。其下自城南轉劫居民，北出齊門而去，民之得出郭者，多爲所殺。

戊戌，宗弼入平江，駐兵府治，擄掠金帛子女既盡，又縱火燔城，煙焰見百餘里，火五日乃滅。

三月，癸卯朔，宗弼去平江府。

30甲辰，初，洛索既破陝，遂與其副完顏杲長驅入關。宣撫處置使司都統制曲端，聞敵至，遣右武大夫、忠州刺史、涇原路馬步軍副總管吳玠及統制官張忠孚、李彥琪，將所部拒之於彭原店，【考異】熊克小紀作自原店，蓋因張匯節要所書也。吳玠功績記、趙甡之遺史皆作彭原店，從之。端自擁大兵屯於邠州之宜祿以爲聲援。敵乘高而陣，洛索引兵來戰，玠擊敗之。既而金師復振，宋軍敗，端退屯涇州，金人亦引去。端劾玠違節，降武顯大夫，罷總管，復知懷德軍。宣撫處置使張浚素奇玠，尋擢玠秦鳳副總管兼知鳳翔府。時當兵火之餘，玠勞來安集，民賴以生。始，青溪嶺之戰，玠牙兵皆潰，及是玠治兵秦鳳，諸潰卒復出就招。玠問訊再三，搜索非是者五六人，斥遣之，餘悉斬于遠亭下，去秦州十里，軍中股慄。自是每戰皆效死，無復潰散者矣。

31己酉，張浚言大食獻珠玉，已至熙州，詔津遣赴行在。右正言呂祉，言所獻珍珠、犀牙、乳香、龍涎、珊瑚、梔子、玻璃，非服食器用之物，不當受，帝諭大臣曰：「捐數十萬緡亦〔易〕無用珠玉，曷若愛惜其財以養戰士！」遂命宣撫司無得受，仍加賜遣之。

32壬子，金人攻常州，守臣右文殿修撰周杞，聞敵至，棄城走宜興縣，金人遂入常州。

33甲寅，權知三省樞密院事盧益至行在，詔趣令入對。先是帝諭呂頤浩曰：「朕初不識隆祐皇太后，自建炎初迎奉至南京，方始識之，愛朕不啻己出，宮中奉養及一年半，朕之衣服飲食，必親調製。今朕父母兄弟皆在遠方，尊長中唯皇太后。不唯相別數千里外，加之敵騎衝突，又兵民不相得，縱火交兵，五六日乃定，復爾驚擾。當早遣大臣領兵奉迎，以稱朕朝夕慕念之意。」遂命益與御營使司都統制辛企宗、帶御器械潘永思偕行。

34丁巳，金人至鎮江府，浙西制置使韓世忠已屯焦山寺以邀之，降其將鐵爪鷹李選。（選）者，江淮宣撫使潰卒也。

宗弼遣使通問，世忠亦遣使臣石皋報之，約日會戰。世忠謂諸將曰：「是間形勢，無如龍王廟者，敵必登此覘我虛實。」乃遣將蘇德將二百卒伏廟中，又遣二百卒伏廟下，戒曰：

「聞江中鼓聲，岸兵先入，廟兵繼出。」敵至，果有五騎趣龍王廟，廟中之伏喜，先鼓而出，五騎振策以馳，僅得其二；有紅袍白馬，既墜乃跳馳而脫者，詰之，則宗弼也。【考異】宋史韓世忠傳作金山廟，後人多疑其地理不符。閻若璩潛丘劄記引鎮江舊志，謂龍王廟在銀山，宋史誤也。考熊克小紀祇作龍王廟，今從之。既而戰數十合，世忠妻和國夫人梁氏在行間，親執桴鼓，敵終不得濟。復使致詞，願還所掠假道，世忠不從；益以名馬，又不從。時左監軍完顏昌在濰州，乃遣貝勒（舊作孛堇。）托雲（舊作太一。）趣淮東，以爲宗弼聲援。【考異】熊克小紀于宗弼至京口，不書其日。趙雄撰世忠碑，云相持四十有八日，趙甡之遺史，云世忠以四月丙申敗于建康，逆數之，其初與宗弼相遇，當在三月戊申、己酉之間。李心傳云：據諸書，宗弼以三月癸卯去平江，壬子破常州，則到鎮江又必在壬子之後數日矣。

35 己未，帝詣開元寺，朝辭九廟神主，宰執百官皆扈從。自渡江至是，始有此禮。是日，上御舟復還浙西。

36 庚申，詔：「昨金人所破州縣，其投拜官除知、通別取旨外，于〔餘〕并罷。內統兵官以衆寡不敵，致有潰散，理宜矜卹，可特放罪，仍舊統押人馬。」時朝廷恐將士潰散者衆，乘亂爲變，故貸之。

37 辛酉，御舟發溫州。

壬戌，御舟次章安鎮。

乙丑，帝次台州松門寨。宰執奏事。呂頤浩因言：「此行未審且駐會稽，爲復須到浙右？」帝曰：「須由蘇、杭往湖州，或如卿所奏往宣州。朕以爲會稽只可暫駐，若稍久，則人懷安而不樂屢遷。」頤浩又曰：「將來且在浙右爲當，徐謀入蜀。」帝曰：「朕謂倚雍之強，資蜀之富，固善。但張浚奏漢中止可備萬人糧，恐太少。兩浙若委付得人，錢帛猶可泝流而西。至於糧斛，豈可漕運！」頤浩曰：「若第擕萬兵入蜀，則淮、浙、江、湖以至閩、廣，將爲盜區，皆非國家之有矣。」帝曰：「當益進上流，用淮、浙榷貨鹽錢以贍軍費，運江、浙、荆、湖之粟以爲軍食。」王綯曰：「議者但知輕議晉元帝還都建鄴，不能恢復中原，而多言入蜀便。殊不知自秦用張儀至本朝遣王繼恩，下蜀者八矣，取輒得之，不勞再舉，則亦未可謂之便也。」范宗尹曰：「臣謂若便入蜀，恐兩失之；據江表而徐圖關陝之事，則兩得之。決擇取舍，不可不審。」帝曰：「然。」既而浚復上疏言：「陛下果有意於中興，非幸關陝不可。願先幸鄂渚，臣當糾率將士奉迎鑾輿，永爲定都大計。」帝不許。

38 詔賜故資政殿學士許景衡家所僦溫州官物一區。帝因言：「朕自卽位以來，執政中張慤第一，忠直至誠，遇事敢言，無所迴避，其次則景衡；若郭三益，則善人而已。」

39 辛未，帝次定海縣。【考異】宋史高宗紀，于建炎四年春事，所載大〔太〕略。黃宗羲宋史節要據李正民航海記，遂以爲高宗由海道徑還越州，未嘗復至明州。殊不知正民雖從航海，旋奉使江西，故不載四年春事。今考趙鼎忠正德文集所載建炎日記，則高宗仍由明州還越州，鼎蓋得之親歷也，今據書之。帝見定海爲金人所焚，惻然曰：「朕爲民父母，不能保民，使至此。」王綯曰：「陛下留杜充守建康，留周望守平江，非輕棄江、浙而遽適南方。不幸充、望不稱任使，乃至如此。」呂頤浩因言承平之久，士多文學，而罕有練達兵財可濟今日者。帝曰：「前此太平，朝士若乘馬馳騁，言者必以爲失體；纔置良弓利劍，議者將以爲謀叛。」綯曰：「大抵文學之士未必應務，有才者或短于行，自非陛下棄瑕錄用，則舉世無全人也。」

40 是春，金左副元帥宗翰、右監軍希尹、右都監耶律伊都（舊作余覩。）皆在大同，右副元帥宗輔在析律〔津〕府，遣貝勒托雲率衆圍楚州，守臣趙立乘城禦之，不能下，進圍揚州。

41 初，金人破山東，左監軍完顏昌，密有許封劉豫之意。會濟南有漁得鱣者，豫妄謂神物之應，乃祀之；既而北京順豫門下生禾，三穗同本，其黨以爲豫受命之符。豫乃使其子僞知濟南府麟賫重寶賂昌，求僭立，大同尹高慶裔，左副元帥宗翰心腹也，恐爲昌所先，乃說宗翰曰：「吾舉兵止欲取兩河，故汴京既得，則立張邦昌，後以邦昌廢逐，故再有河南之役。方今河南州郡，官制不易，風俗不更者，可見吾君意非貪土，亦欲循邦昌之故事也。元帥盍建此議，無以恩歸他人。」宗翰乃令希尹馳白金主，金主許之。

宗翰遂遣慶裔自河陽越舊河之南首至豫所隸景州，會官吏軍民於州治，諭以求賢建國之意，皆莫敢言，曰：「願聽所舉。」慶裔徐露意以屬豫，郡人迎合敵情，懼豫權勢；又，豫適景人也，故進士張浹等遂共舉之。慶裔至德、博、大名，一如景州之故；既至東平，則分遞諸郡以取願狀而已。慶裔歸，具陳諸州郡推戴之意，宗翰許之。【考異】張匯節要云：劉豫之立，或謂本鄆州叛臣張剛中獻策于慶裔，以三班奉職酬之，復以爲已見獻于尼瑪哈（舊作粘沒喝。）非也。金人攻山東，止以邦昌爲名，不易官制、風俗者，其議素已定矣。不然，達蘭（舊作撻懶。）豈敢擅許于人耶？劉豫揣意求于昌，慶裔懷私屬于豫，其所由來漸矣，非自剛中始也。匯久在金地，當得其實，今從之。

42 夏，四月，甲戌，御舟至明州。丙子，次餘姚縣，海舟大不能進，詔易小舟，仍許百官從便先發。癸未，帝次越州，駐蹕州治。【考異】熊克小紀作丙午至餘姚，癸丑至越州，今從要錄。

43 浙西制置使韓世忠，與金宗弼相持于黃天蕩，而貝勒托雲圍揚州。朝廷恐守臣張績力不能支，許還屯京口，績不爲動，敵乃趨眞州。績，金壇人也。

時托雲軍于北，宗弼軍于南，【考異】趙雄撰世忠神道碑云：烏珠（舊作兀朮。）軍于南，達蘭（舊作撻懶。）軍于北，誤也。是時達蘭正在濰州，遣兵來援。張匯節要所記甚悉，今從之。世忠以海艦進泊金山下。將戰，世忠預命工鍛鐵相連爲長綆，貫以大鈎，以授士之驍捷者。平旦，敵以舟噪而前，世忠分海舟爲兩道出其背，每縋一綆，則曳一舟而入，敵竟不得濟。乃求與世忠語，世忠酬答如響，時于所佩金瓶傳酒縱飲示之。宗弼見世忠整暇，色益沮，乃求假道甚恭，世忠曰：「是不難，但迎還兩宮，復舊疆土，歸報明主，足相全也。」

呂頤浩聞敵窮蹙，乃請帝如浙西，且下詔親征以爲先聲，而亟出銳兵策應世忠，庶幾必擒烏珠；參知政事王綯，亦言宜遣兵與世忠夾擊。帝納之，甲申，下詔親征。御史中丞趙鼎言：「臣在溫、台，屢言當俟浙西寧靜及建康之兵盡渡江，然後回蹕。今遽有此舉，必韓世忠之報敵騎窮蹙，可以翦除耳。萬一所報不實，及建康之衆未退，回戈衝突，何以待之？」時有妖人王念經者，聚衆數萬，反於信州之貴溪，鼎言：「饒、信魔賊未除，王𤫉潰軍方熾，陛下遽捨而去，茲乃社稷存亡至危之幾也。」

戊子，韓世忠奏捷。帝曰：「金人南下以來，諸軍率望風奔潰，今歲知（如）世忠輩雖不成大功，皆累獲捷；若益訓卒繕兵，今冬金人南來，似有可勝之理。」范宗尹曰：「前此兵將望風奔潰，而今歲皆能力戰，此天意似稍回；更願陛下修德，庶幾天意必回。」乃出世忠奏，命尚書省以黃榜諭中外。

時敵衆十萬餘，而世忠戰士才八千。宗弼求登岸會語，世忠以二人從，見之。宗弼招之降，世忠怒，引弓且射之，亟馳去。

44 壬辰，近臣言：「陛下卽位以來，灼見禍亂之源，痛思懲艾，故以元祐黨籍，屢下詔旨，特加追敍，欲以竦動四方觀聽，甚盛舉也。止緣使逐家各自陳乞，故或子孫零落，不能申請，或子孫雖在而誥敕散失，至有誥敕具在而爲有司以微文沮止者，致使往往未被贈典。雖如呂公著、呂大防、韓維、蘇轍、顧臨、梁濤〔燾〕、張舜民、范祖禹、王古輩，尚未沾昭洗之澤，其他可不言而知也。臣私竊恨之。夫名黨籍，率皆一時之望，所歷官職，衆所共知，不容稍有僞濫，而特命追復，又非尋常之比。謂宜誥命從中而下，使異數齊頒，四方改觀，豈宜以有司微文沮格邪！欲望睿旨俾三省條具，不必更待逐家陳乞。」疏奏，詔依德音許本家自陳而已。

45丙申，通議大夫、守尚書右僕射、同中書門下平章事兼御營使呂頤浩罷。

先是趙鼎復辭吏部尚書之命，且攻頤浩之過，章十數上，頤浩乃求去，帝宣還之。前一日，頤浩入見畢，面東而立，不預進呈，帝諭王綯等曰：「頤浩功臣，兼無悞國大罪，與李綱、黃潛善不同，朕眷遇始終不替。」是夕，遂召給事中兼直學士院汪藻草制罷頤浩。制略曰：「占吏員而有虧銓法，專兵柄而幾廢樞庭。下吳門之詔，則慮失于先時；請浙右之行，則力違于衆論。」遂罷爲鎮南軍節度使、開封儀同三司、充醴泉觀使。後二日，復詔中外，以頤浩倡義勤王，故從優禮焉。

時王綯與頤浩論頗同，乃累章乞免。于是范宗尹攝行相事，遂留會稽，無復進居上流之意矣。

46是日，浙西制置使韓世忠及宗弼再戰于江中，敗績。

宗弼既爲世忠所扼，欲自建康謀北歸，不得去。或獻謀于金人曰：「江水方漲，宜于蘆場地鑿大渠二十餘里，上接江口，舟出江背，在世忠之上流矣。」宗弼從之，傍治城西南隅鑿渠，一夜渠成，次日早出舟，世忠大驚。金人悉趨建康，世忠尾擊，敗之，金人終不得濟。

先是宗弼在鎭江，世忠以海舟扼于江中，乘風使篷，往來如飛，乃揭榜募人獻所以破海舟之策。有福州王某，僑居建康，教金人于舟中載土，以平板鋪之，穴船板以櫂槳，俟風息則出江，有風則勿出，海舟無風，不可動也，以火箭射其篛篷，則不攻自破矣。一夜造火箭成，及是引舟出江，其疾如飛，天霽無風，海舟皆不能動。世忠舟師，本備水陸之戰，每舟有兵，有馬，有家屬，有輜重。金人以火箭射其篛篷，火烘日曝，人亂而呼，馬驚而嘶，被焚與墮江者，不可勝數。所焚之舟，蔽江而下，金人鼓櫂，以輕舟追襲之，金鼓之聲，震動天地。統制官、右武大夫、成州團練使孫世詢，武功大夫、吉州防禦使嚴永吉，皆力戰死。世忠與餘軍至瓜步，棄舟而陸，旋還鎭江聚兵，沿江避兵之人，往往取其糧食，亦有得軍儲銀帛者，宗弼乃得絕江遁去。後贈世詢五官，永吉四官，仍並爲承宣使，錄其子。世詢，開封人也。

【考異】趙雄撰世忠碑載此事，但云風弱帆緩，敵得以輕舸渡去，全不載世忠敗績及金人火攻等事，蓋諱之也。孫覿作世忠墓誌，云敵乘南風縱火抗舟師，差近事實。今從沈與求劾范宗尹章疏，趙甡之遺史及中興姓氏錄、世詢傳修入。

47 辛丑，詔：「諸路曾經殘破州軍發解舉人，以靖康元年就試終場人數爲率，紐計取放。」

48 是月，金人侵江西者，自荆門北歸，留守司統制牛皋潛軍于寶豐之宋村，擊敗之。京西捉殺副使王俊，以皋爲武功大夫、和州防禦使、充五軍都統制。

49 夏，五月，壬寅朔，詔孟夏饗景靈宮，令平江府、溫州守臣分詣；其後福州、潮州準此。

50 癸卯，金禁私度僧尼，及繼父、繼母之男女無相婚配。

51 甲辰，參知政事、權樞密院事范宗尹爲通議大夫、守尚書右僕射、同中書門下平章事兼御營使。

時江北、荆湖諸路盜益起，大者至數萬人，據有州郡。朝廷力不能制，盜所不能至者，則以土豪、潰將或攝官守之，皆羈縻而已。【考異】諸路鎮撫使桑仲、李成、孔彥舟、薛慶皆起于羣盜，翟興、劉位皆土豪，李彥先、郭仲威皆潰將，吳翊、趙霖、馮長寧皆攝官，朝廷及大臣出使所除，惟陳潛、岳飛、范之才而已。宗尹以爲此皆烏合之衆，急之則併死力以拒官軍，莫若析地以處之，盜有所歸，則可以漸制，乃言于帝曰：「昔太祖受命，收藩鎮之權，天下無事，百有五十年，可謂良法。然國家多難，四方帥守，事力單寡，束手而莫知所出，此法之弊也。今日救弊之道，當稍復藩鎮之法，亦不盡行之天下，且裂河南、河北數十州爲之，少與之地而專付以權，擇人久任，以屛王室。」羣臣多以爲不可，宗尹曰：「今諸郡爲盜據者以十數，則藩鎮之勢駸駸成矣。曷若朝廷命之，使恩有所歸。」帝決意行之，遂以爲相。宗尹時年三十三。

52己巳，起復承務郎張斛言：「淮南兩路見有歸正人守官或寄居者，慮人情猜忌，妄生事端，望量移入以南州軍，各令自言願往何州居止。」從之。時給事中兼直學士院汪藻亦言：「自東晉以來，中原失據，故江南、北僑立州郡，納其流亡之人。比金人南侵，多驅兩河之民列之行陣，號爲簽軍，彼其劫質以來，蓋非得已。今年建康、鎮江爲將臣所招，遁歸者無慮萬人，此其情可見。莫若用六朝僑寓法，分浙西諸縣，皆以兩河州郡名之。假如金壇謂之南相州，許相州之人皆就金壇而居，其他類此，俟其南侵，徐以其職招之。彼既知所居各有定處，粗成井邑，父兄骨肉親戚故舊皆在，亦何爲而不歸我哉！況浙西州縣，昨經殺戮之後，戶絶必多。如令有司籍定田產頃畝，以僑寓之人計口而給，俟稍安居，料其丁壯，敎以戰陣，皆精兵也，必爭先用命，永無潰散。與夫從彼驅擄，反爲我敵者，其利害豈止相萬哉！」

53丁未，金左副元帥宗翰與諸帥分往山後避暑。先是大同尹高慶裔自東平還雲中，言推戴劉豫之意。宗翰復令慶裔馳至東平，問豫可否；（豫）陽推張孝純。宗翰報曰：「戴爾者河南萬姓，推孝純者獨爾一人，難以一人之情而阻萬姓之願。爾當就位，我當以孝純輔爾。」其議遂決。宗翰與右監軍希尹、右都監耶律伊都同之白水泊避暑。于是右副元帥宗輔之儒州望雲縣之望國崖，左監軍昌留居濰州，而宗弼自江南還屯六合縣。

54 戊申，金主詔曰：「河北、河東簽軍，其家屬流寓河南，被俘掠爲奴婢者，官爲贖之，俾復其業。」

55 辛亥，朝請郎、直龍圖閣、統領赤心隊軍馬劉晏，及戚方戰于宣州，死之。

初，宣州圍急，朝廷命統領官巨師古統兵三千人自平江往援，又命晏自常州以所部赴之。晏始至城下，未安營壘，乘賊不意，自城南轉城西，直趨城北以擣方之帳，方大驚，退走。晏恃勇，欲生致方，乃單騎追之。賊見官軍不多，乃自駱駝山設伏以斷其歸路，方率龍隨迎戰。晏力不能敵，退還，至天寧寺前，馬陷淖，不可出，橋左有伏賊，以鉤槍搭晏，晏猶手殺數十人，以無援被害。師古踵至，連戰不勝，遂引衆入城。事聞，贈晏龍圖閣待制，官其四子，爲立廟曰義烈，歲時祀之。

56 壬子，金人焚建康府，執李棁、陳邦光，自靜安渡宣化而去。

時宗弼屯六合縣，其輜重自瓜步口舳艫相銜，至六合不絕，建康城中悉爲煨燼。棁道死，宗弼以邦光歸于劉豫。淮南宣撫司右軍統制岳飛，聞金人去，以所部邀擊于靜安，勝之，飛還屯溧陽。後軍統制劉經欲殺飛而并其軍，飛誘經殺之。

初，金人既渡江，淮東猶無警，安撫使、直寶文閣張縝尙守揚州，節度濠州軍馬劉位、領衆在橫山中，惟飲博而已。逮金人據六合，于是眞州爲羣賊所擾，不可居。守臣王冠率軍民渡江，駐于溧水、溧陽之間。金人又入眞州，而揚州亦不可守，張績乃棄揚州。

敵在建康凡半年，自采石至和州，道路往來不絕。宗弼既破浙西，和州粗留兵戍守，然無一官軍乘虛至城下者。水軍統制邵青屯竹篠，諜知建康敵騎絕少，欲引兵入之，會青爲牛所傷，創甚，遂不能行。有都團陳德，結衆欲殺金人，部勒已定，前期爲其徒所告，德舉家被害，兵馬都監金沔死之。

岳飛之擊金人於靜安也，通直郎、權通判建康府錢需，糾率鄉兵，邀敵之後，遂從飛入城，因權府事。

57 夜，有赤雲亙天，其中白氣貫之，犯北斗及紫微，由東南而散。殿中侍御史沈與求言：「此天愛陛下，出變以示警也。願陛下隨宜措置，略修宗廟、陵寢之祀；多遣親信之臣，迎護柔德帝姬還宮；及取越王之子，使奉朝請，擇謹畏儒臣教之。又，天子所在，謂之朝廷，今號令出于四方者多矣，盡假便宜，即同聖旨。然其大者，虔州一朝廷，秦州一朝廷，號令之極，至爲詔矣。願條約便宜事件，度其緩急，特罷行之。申節張浚等，止降指揮，勿爲詔令。」

58 甲寅，金人破定遠縣，龍神衞四廂都指揮(使)、保寧軍承宣使、節制淮南軍馬閻勍爲所執。至南京，金人欲降之，不可；欲以爲京東安撫使，又不可；敵怒，敲殺之。訃聞，贈檢校少保、昭化軍節度使，謚壯節。

59是日，統制官巨師古與戚方戰于宣州城下，方三戰三敗，遂引去。宣州受圍，凡二十有九日，方既去，城之東壁摧裂者數十丈。

60乙卯，朝奉郎趙霖知和州。

始，宗弼既渡江，和人共推兵馬都監、武德大夫宋昌祚權領州事，率軍兵固守。逮敵北歸，復圍之。禁軍左指揮使鄭立，亦拳勇忠憤，共激士卒，晝夜備禦不少怠。閱數日，宗弼親督衆攻城，軍士胡廣伏城東北角，發強弩射之，中其左臂。宗弼大怒，立擊破之，昌祚與權通判州事、奉議郎唐景、歷陽令奮□〔譽〕、司戶參軍徐銑、歷陽尉·成忠郎邵元通皆死譙樓上，敵裂其尸以徇。時士多不降，潰圍而出，保州之須〔西〕麻湖水寨，推鄉人一二豪者爲統領。霖時在江東，間關赴難，軍民言于朝，故命爲守。浚〔後〕贈昌祚三官，錄其二子，景、銑、元通皆推恩有差。霖嘗爲直徽猷閣，坐贓廢。

61戊午，初，帝在明州，諸班直爲亂，既誅爲首者，遂廢其班。事見三年十一月壬午。及還會稽，乃命御前中軍統制辛永宗更選兵三百人直殿，然皆烏合之衆。至是趙鼎因奏事言：「陛下初卽位，議復祖宗之政，至今未行一二。而祖宗于兵政最爲留意，熙寧變舊章，獨不改議。蓋自藝祖踐阼，與趙普講明利害，著爲令典，萬世守之，不可失也。昨明州班直緣訴事紛亂，非其本謀，乃盡廢之，是因咽而廢食。今諸將各總重兵，不隸三衙，則民政已壞，獨衛兵彷彿舊制，亦掃蕩不存。是祖宗之法廢于陛下之手，臣甚惜之。仁宗時，親事官謀不軌，直入禁廷，幾成大禍，既獲而誅，不復窮治，未聞盡棄之也。」帝悟，尋復舊制。

62 甲子，詔曰：「周建侯邦，四國有藩垣之助；唐分藩鎮，北邊無強敵之虞。永惟涼渺之資，履此艱難之運，遠巡南國，久隔中原，蓋因豪傑之徒，各奠方隅之守。是用攷古之制，權時之宜，斷自荆、淮，接于畿甸，豈獨植藩籬于江表，蓋將崇屏翰于京都。欲隆鎮撫之名，爲輟按廉之使。有民有社，得專制于境中；足食足兵，聽專征于閫外。若轉移其財用，與廢置夫官僚，理或應聞，事無待報。惟寵光之所被，既並享於終身；苟功烈之克彰，當永傳于後裔。尚賴連衡之力，共輸夾輔之忠。」詔詞，直學士院綦崈禮所草也。

先是范宗尹言：「從官集議分鎮事宜，請以京畿、淮南、湖北、京東、西地方，并分爲鎮。除茶鹽之利，國計所繫，合歸朝廷置官提舉外，他監司並罷；上供財賦，權免三年，餘令帥臣移用。管內州縣官許辟置，知、通令帥臣具名奏差，朝廷審量除授，遇軍興，聽從便宜。其帥臣不因朝廷召擢，更不除代。如能捍禦外寇，顯立大功，當議特許世襲。」

63 乙丑，右武大夫、忠州刺史知楚州兼管內安撫使趙立爲楚、泗州、漣水軍鎮撫使，兼知楚州。時宗弼自六合歸，屯于楚州之九里徑，欲斷立糧道，立又大破之。

先是劉豫在東平，遣立故人葛進等賫書誘立，令貢稅賦，立大怒，不撤封，斬之。已而又遣沂州舉人劉偲持旗榜招立，具言金人大軍且至，必屠一城生聚，立令將出就戮。偲大呼曰：「公非吾故人乎？」立曰：「吾知忠義爲國，豈問故人耶！」趣令纏以油布，焚死市中，且表其旗榜于朝。由是忠義之聲傾天下，遠邇嚮風歸之。

64 戊辰，統制官岳飛獻靜安金人之俘。帝呼入譯問，得女眞八人，磔之；餘漢兒分隸諸軍。帝因謂大臣曰：「金人頗能言二聖動靜，云今在韓州，及皇后、宮人皆無恙。」帝感動，不懌久之。

65 三省言：「江道遼遠，緩急恐失機會。欲分江東、西爲三帥：鄂州路，領岳、筠、袁、虔、吉州、南安軍；江州路，領洪、撫、信州、興國、南昌、臨江、建昌軍；池州路，領建康府、太平、饒、宣、徽州、廣德軍；並爲安撫使。」從之。

先是浙西帥府移治鎭江，故范宗尹請置安撫使于鄂與江、池，謂建康本帥治，緣近鎭江，而去江州千四百里，獨池在其間，若置帥于此，則沿江道里甚均，三帥相去各七百里。然池陽僻陋，乃置江東大帥，而建康重地，反爲支郡隸之，議者不以爲是。

66 六月，壬申，權通判建康府錢需言捕敵兵一人，自言涿州人，上曰：「此吾民，不可殺也。」令隸諸軍。

67 金以故遼舊臣耶律哈哩質舊作曷里質，今改。等十人分治新附州鎭。

68 癸酉，金主命以昏德公女六人爲宗婦。

69 甲戌，以宰相范宗尹兼知樞密院事，罷御營使。議者以爲「宰相之職，無所不統。本朝沿五代之制，政事分爲兩府，兵權付于樞密，比年又置御營使，是政出于三也。望罷御營司，以兵權歸之密院，而宰相兼知。凡軍額有闕，並申樞密增補，不得非時招收，仍用符以遣發。庶幾可以收兵柄，一賞罰，節財用。」于是罷御營使及官屬，而以其事歸樞密院爲機速房焉。自慶曆後，宰相不兼樞密者八十餘年，其復兼蓋自此始。

70 詔：「初除執政官，正謝日賜衣帶、鞍馬如故事。」

71 乙亥，詔：「六品以上官及初度〔改〕京官並給告身，朝官以上給敕，初授官人給綾紙。」

72 丁丑，太尉、御營副使劉光世充御前巡衛軍都統制。光世所領部曲既無所隸，因號太尉兵，侍御史沈與求論其非宜。會御營司廢，乃以巡衛名其軍，除光世都統制。

73 戊寅，詔：「御前五軍改爲神武軍，御營五軍改爲神武副軍，其將佐並屬樞密院。」

74徽猷閣待制、知臨安府季陵復爲中書舍人。陵入對，首上奏曰：「臣觀今日國勢，危如綴旒。大駕時巡，未有駐蹕之地；賢人遠遁，皆無經世之心。兵柄分于下而將不和，政權去于上而主益弱，所恃以僅存者，人心未厭而已。前年議渡江，人以爲可，朝廷以爲不可，故諱言南渡而降詔回鑾。去年議幸蜀，人以爲不可，朝廷以爲可，故弛備江、淮而經營關陝。以今觀之，孰得孰失？張浚出爲宣撫處置使，不過欲迎陛下耳。金人長驅，深入吳、越，至今尚在淮甸，曾無一騎入援王室者。維揚之變，朝廷不及知，而功歸于宦寺；錢塘之變，朝廷不能救，而功歸于將帥。是致陛下信任此曹，有輕朝士之心。黃潛善好自用而不能用人，呂頤浩知使能而不知任賢。自張確、許景衡飲恨而死，劉豫、杜充相繼颺去，凡知幾自重者，往往卷懷退縮矣。今天下不可謂無兵，若劉光世、韓世忠、張俊者，各率諸將，同心而謀，協力而行，何所往而不克！然兵柄既分，其情易睽；各招亡命以張軍勢，各效小勞以報主恩；勝不相遜，敗不相救，大敵一至，人自爲謀，其能成功哉！君臣之間，義同一體，廟堂出命，百官承稟，知有陛下，不知有大臣。大臣在外，事涉形迹，其可作威福以自便乎！張浚在陝右，區處軍事，恐失機會，便宜可也；乃若自降詔書，得無竊命之嫌耶？官吏責以辦事，便宜可也；若安置從臣，得無忌器之嫌耶？以至賜姓氏，改寺額，事類此者，無與治亂，待報何損！是浚在外傷于太專矣。

三代之得天下者，得其民也；得其民者，得其心也。民墜塗炭，無甚于今日，發掘丘墓，焚燒屋廬，六親不能相保，而戴宋惟舊，實祖宗德澤在人心者未厭也，所望以中興，惟此一事耳。然人心無常，固亦難保，陛下宜有以結之。今欲薄斂以裕民財，而用度方闕；今欲輕傜以舒民力，而師旅方興。罪己之詔屢降，憂民之言屢聞，丁寧切至，終莫之信。蓋動民以行不以言，臣意陛下舉事當，人心服，自足以結之也。爵當賢，祿當功，刑當罪，施設注措無不當于理，天下不心悅而誠服者，未之有也。臣願陛下以其所當慮者，使一二大臣謀之，無偏聽，無自賢，無畏強禦，無徇私昵，處之得其當則人心服，人心服則盜賊將自息而外患亦可圖矣。」

75 是日，滁、濠鎮撫使劉位爲張文孝所殺。

前一日，位引兵入滁州，克之，文孝遁去。詰旦，文孝以其衆復至城下，位卽引兵迎敵。位逢兵衆數百，以爲己之兵也，乃指揮殺賊，而所逢者賊兵也。位覺之，欲急戰，爲賊所殺，權知州事苟某與州縣官皆散走。事聞，詔其子武德郎、閤門宣贊舍人、知泗州綱，起復滁、濠州鎮撫使，贈位武功大夫、忠州防禦使，後爲立祠，名剛烈。

76 己卯，罷臨安府守臣兼浙西同安撫使，以防秋在近，欲責任之專故也。

77 庚辰，和州進士龔楫率民丁襲金人于新塘，爲所殺。

時和州、無爲軍鎮撫使趙霖，雖已受命，然寓治水寨，未入城，水寨之衆，乘間出掠敵營。宗弼乃遣偏師築堡新塘，以遏絶濡須之路，楫率二千人襲之，入其營，獲敵兵數百，所掠男女盡縱之。楫歸，道遇敵救大至，其衆多赴水死。楫爲敵所得，戟手大駡不絶，敵臠割之，時年二十二。霖上其事于朝，有司以楫率衆無所受命而格其恩。楫，原孫也。

敵之得歷陽也，有士人蔣子春者，平日教授鄉里，敵見其人物秀整，喜，欲命之以官。子春怒駡，爲所殺。

78 乙酉，詔皇兄右監門衛大將軍、忠州防禦使安時權主奉益王祭祀。

先是安時請襲封，事下禮官，以安時非嫡，遂不許。自仁宗以來，諸王後各以一人襲封，至渡江始廢。

79 戊子，詔遣使撫諭邵青、戚方，以所部赴行在。

時方引兵犯安吉縣之上鄉，浙西、江東制置使張俊以兵討之。或言上鄉路狹，不可行兵，俊乃遣其將王再興招之。會統制官岳飛追襲其後，方無路進退，始詣俊乞降。方上兵簿，有馬六百匹，所獻金玉珍珠不可計。至行在，日與中貴人蒱博，不勝，取黑漆如馬蹄者用火熁去，皆黄金也，以償博，不下數枚。詔遷方武翼大夫，以其軍六千人隸王瓊軍，後因以方爲裨將。時人爲之語曰：「要高官，受招安。」

80 乙丑，樞密院進呈劉光世所獲敵人幷簽軍狀。參知政事張守曰：「光世謂簽軍不宜留，蓋知吾山川險易，他日叛亡，恐爲敵人鄉道。」帝曰：「此皆吾民也，不幸陷于敵，驅質而來，豈其得已！」守曰：「若分置軍伍中，每隊留一二人，豈能遽叛！」帝以爲然。

81 辛卯，大理寺奏魔賊王宗石等款狀，帝曰：「此皆愚民無知，自抵大戮。朕思貴溪兩時間二十萬人無辜就死，不勝痛傷。」乃誅宗石等二十六人于越州市，其餘皆釋之。先是浙西、江東制置使張俊，以全軍討饒、信妖盜，大〔太〕尉劉光世因命統制官王德、靳賽總兵會之，獲王念經。德等凡屠兩縣，所殺不可勝計。帝聞之不樂，故有此諭。

82 壬辰，初，山東之破，其士人多不降，有滄州人李齊聚衆沙門島，密人徐文聚衆靈山寺，萊州人范溫聚衆福山島。會河北忠義人獲〔護〕送宗室士幹泛海南歸，文劫之。至是文自稱忠訓郎、權密州都巡檢使，其副宋穩自稱忠翊郎、權兵馬監押，請以所部五千人、海舟百五十泛海來歸，詔各進一官，赴行在。

83 己亥，封才人張氏爲婕妤，和義夫人吳氏爲才人。吳氏，開封人，時年十六。自上即位以來，嬪御未備，及是潘賢妃從隆祐皇太后在虔州，後宮近侍者，惟二人而已。

84 是月，資政殿大學士陳過庭沒于燕山，年六十，後謚忠肅。

續資治通鑑卷第一百八

賜進士及第兵部尚書兼都察院右都御史總督湖北湖南等處地方軍務兼理糧餉世襲二等輕車都尉　畢沅　編集

宋紀一百八 起上章掩茂(庚戌)七月,盡十二月,凡六月。

高宗受命中興全功至德聖神武文昭仁憲孝皇帝

建炎四年 金天會八年。(庚戌、一一三〇)

1 秋,七月,癸卯,詔:「諸道守臣,自軍興以來得便宜指揮者並罷。」

2 蘄神武前軍統領官胡仁參于越州市,宣教郎袁潭除名、韶州編管,坐與李鄴同謀投拜,又擅殺兩浙提點刑獄王翿故也。尋詔以翿死事,贈朝請大夫,官其家三人。既而言者以爲「翿嘗降敵,比敵兵之去,遂以印付翿,不當褒贈。」范宗尹主之,卒贈翿一官,錄其子云。

3 甲辰,執政奏以朝議大夫、提舉江州太平觀劉洪道爲建康府路安撫大使司參謀官,帝曰:「不可,是又欲與呂頤浩同官。」趙鼎曰:「頤浩之來尚遲,今先令洪道往池州措置防江。」帝曰：「此固勿害，但議者謂頤浩多引用山東之人，故不欲遣。且頤浩身爲宰相，當收攬天下人材，盡爲我用，獨私鄉曲，非公道也。」

先是中書舍人季陵入對，言：「強敵之患，已無寧歲，焚劫殺擄，幾徧天下，夏則北去，秋則南牧，往年休士馬于燕山，次年移于河北，次年移于京東，今寓淮甸，無復去意，患在朝夕，可謂急矣。張浚〔俊〕提兵已赴公安，劉光世提兵已赴鎭江，亟召亟遣，事倘可及。若呂頤浩既去，朱勝非未來，使七月受命，八月之鎭，九月弓勁馬肥，敵人向南，兵不素練，糧不素積，又不設險，何以禦之！臣願陛下急與大臣謀，先遣軍馬儲運，更擇賢副經畫，以待其來。不然，雖位望崇重，號前宰相，無益也。今日注意將相，非爲安危，實爲存亡。朝謀夕行，當如拯溺，豈可不惜分陰哉！」至是遂命洪道趣之池州，權管本州及安撫司事，以統制官張俊、李貴、王進、王渙所部合四千人隸本州諸軍，權聽節制。洪道請用便宜指揮，許之。

4 戊申，詔：「臣僚至都堂，自正一品外，他並在執政之下，著爲令。」爲劉光世也。

5 辛亥，金主命給泰州都統博勒和舊作婆盧火，今改。所部諸穆昆舊作謀克，今改。甲冑各五十。

6 先是金都統洛索舊作婁室，今改。經略陝西，所下城邑，旋歸附于宋。監戰阿里布舊作阿魯布，今改。請益兵，于是諸將會議于帥府。宗翰曰：「前以伐宋故，分西師合于東軍，而陝西五路，兵力雄勁，當併力功〔攻〕取。宜令達蘭舊作撻懶，今改。撫定江北，宗弼以精兵二萬先往洛陽，以八月往陝西，或使宗弼遂將以行。」諸將曰：「陝西兵威非不足，今叛服不常，綏懷之道有未盡爾。誠得位望隆重、恩威並濟者以往，可指日而定。當以皇子右副元帥宗輔往涖其事，或于宗翰、希尹中擇一人以往。」各具議以聞。金主曰：「往者洛索所向輒克，今使專征陝西，淹延未定。豈倦于兵而自愛邪？關陝重城，卿等其戮力焉！」遂命宗輔往洛陽治兵。

7乙卯，金主命徙昏德公、重昏侯于五國城，以將立劉豫故也。【考異】宋二帝徙五國城，金史作丁卯，宋史作乙卯，蓋以北狩行錄爲據也。繫年要錄與宋史同，今從之。

金烏登路統軍錫庫，（舊作習古乃。）傳金主命，減去隨行宗室官吏。上皇力懇之，不從，乃謂從者曰：「遠道相隨，本圖哀樂與共，但事屬他人，無如之何。」言訖，泣下，從者皆號呼而出。于是宗室仲琨等五百餘人、內侍黎安國數百人皆留，從行者惟晉康郡王孝騫、和義郡王有奕等六人而已。

8丁巳，申命元祐黨人子孫經所在自陳，盡還應得恩數。

9丁卯，金主如東京溫湯。遣高慶裔、韓昉册命劉豫爲皇帝，國號大齊，都大名府。【考異】熊克小紀以金册劉豫爲五月間事，蓋據劉豫傳也。張匯節要作九月九日，按九月九日係戊申，故金史亦云，九月戊申，立劉豫爲大齊皇帝，世修子禮，似戊申爲得其實矣。繫年要錄載僞齊册文，首云「維天會八年，歲次庚戌，七月辛丑朔，二十七日丁卯，皇帝若曰云云」，是金人命使册豫，實在七月丁卯；至九月戊申，乃豫受册僭位之日，故宋史云九月戊申，劉豫僭位于北京也。今從繫年要錄，前後分載。又，册文云：「遣使留守西京、特進、檢校太尉、尙書右僕射、大同尹兼山西兵馬都部署、上柱國、廣陵郡開國公、食邑二千戶、實封二百戶高慶裔，副使金紫光祿大夫、尙書禮部侍郎、知制誥、(護軍)、南陽縣開國侯、食邑一千戶、實封二百戶韓昉。」按金史不爲高慶裔立傳，而韓昉傳所載官職，亦言之不詳。今附錄以備金史參考。

10 八月，辛未朔，浙西安撫大使(司)副使(校者按：二字衍。)置參謀、參議官各二員，俸賜視雜監司。自是諸路以爲例。

11 壬申，詔：「福、建、溫、台、明、越、通、泰、蘇、秀等州，有海船民戶及嘗作水手之人，權行籍定，五家爲保，毋得發船往京東，犯者並行軍法。」

12 癸亥，詔：「神武中軍益選親兵，通舊作六百人，更三番入直禁中，不隸禁衞所，命統制官辛永宗提舉之。」

13 甲戌，詔：「日輪侍從一員，具前代及本朝關治體者一兩事進入。」

14 初，朝散郎、知蘄州甄采，以得柔福帝姬聞于朝，會采爲淮西都巡檢使劉文舜所破，乃脫身從韓世淸，衞送帝姬赴行在。時帝猶在溫、台，先遣入內內侍省押班馮益、宗婦吳心兒往越州驗視。戊寅，乃取入宮，封福國長公主。【考異】柔福帝姬始封長公主，宋史不載其日。據汪藻浮溪集，有草福國長公主制云：「彭城方急，魯元嘗困于面〔南〕馳；江右復興，益壽宜充于禁臠。」又有代福國長公主奉迎隆祐皇太后起居表。是長公主之封，在隆祐皇太后未還之前明矣。宋史高宗紀，以太后至自虔州繫于庚辰，今從繫年要錄作戊寅封長公主。

15 庚辰，隆祐皇太后至自虔州，上出行宮門外奉迎，因歷問太母所過守臣治狀，后性恭謹，未嘗毫髮聞於朝廷。然喜飲酒，上以越酒不可飲，令別市醴，后使持錢往酤，未嘗直取也。后在禁中，嘗微覺風眩，有宮人自言善用符水咒疾可瘳者，或以啓后，后曰：「又是此語，吾豈敢復聞也！此等人其可留禁中邪？」立命出之。

16 是日，拱衞大夫、福州觀察使、承州、天長軍鎭撫使薛慶，及金人戰于揚州城下，死之。宗弼既屯六合縣，欲自運河引舟北歸，而趙立在楚，薛慶在承，扼其衝，不得進，宗弼患之。左監軍昌自孫郵來，見宗弼計事，欲會兵攻楚州。眞、揚鎭撫使郭仲威聞之，約慶俱往迎敵，慶以是月戊寅出兵，己卯，至揚州。仲威殊無行意，置酒高會，慶怒曰：「此豈縱酒時邪！我爲先鋒，汝當繼後。」上馬，疾馳去。平旦，出揚州西門，從騎不滿百，轉戰十餘里，亡騎三人，仲威迄不至。慶與其下走還揚州，仲威閉門拒之。慶倉皇墜馬，爲追騎所擒。馬尋舊路歸承州，軍中見之，曰：「馬空還矣，太尉其死乎！」仲威棄揚州，奔興化。敵長驅攻承州，兵馬鈴〔鈐〕轄王林出城迎敵，不勝，遁。承州破，金懼慶復歸，遂殺之。

慶在承久，軍食既足，不復斂取于民；王官自京師至者，館穀甚厚，皆按格賦祿；官兵隸承州者，月糧時帛，舉如令給之；至視其徒，則戰士計日廩食，老弱計日受劵而已。金人自浙歸，大寨于天長、六合間，慶親率衆劫之，得牛數百，悉賤其估，分畀民之力田者。民懷其惠，亦賴其捍禦以自固。敵假道於承以攻楚，慶不聽，至是被害。慶起羣盜，其衆多驍雋敢鬭。慶臨敵勇，亦能以少擊衆。故慶死，承州遂破，楚勢孤，卒無以抗敵，人皆惜之。計聞，贈保寧軍承宣使。

17 癸未，宣撫處置使張浚復取永興軍。

初，浚之西行也，帝命浚三年而後用師進取。及是金左監軍昌與宗弼皆在淮東，約秋高南下。浚度宗弼必將侵東南，議出師分撓其勢。召諸將議出師，都統制、威武大將軍、宣州觀察使曲端曰：「平原廣野，敵便于衝突，而我軍未嘗習戰。且金人新造之勢，難與爭鋒。宜訓兵秣馬，保疆而已，俟十年乃可議戰。」浚不聽。

復以人言浸潤，不能無疑，乃遣本司主管機宜文字張彬往渭州，以招塡禁軍爲名，實欲伺察端意。彬至渭見端，問曰：「公嘗患諸路兵不得盡合，及財物不足以供事。今張公之來，兵合財備，洛索孤軍深入吾境，我合諸路攻之不難。今失不擊，若尼瑪哈（舊作粘沒喝。）併兵而來，何以待之？」端曰：「不然。兵法先較彼己，必先計吾不可勝與敵之可勝。今敵可勝，只洛索孤軍一事；然彼兵技之習，戰士之銳，分合之熟，無異前日。我不可勝，亦只合五路之兵一事；然將帥移易，士不素練，兵將未嘗相識，所以待敵者，亦未見有大異于前日。萬一輕舉，脫不如意，雖有智者，無以善其後。又，自敵來侵，因糧于我，彼去來自如，而我自救不暇，是以我嘗爲客，彼嘗爲主。今當反之，精練士卒，按兵據險，使我常有不可勝之勢，然後徐出偏師，俾出必有所獲。彼所謂關中陸海者，春不得耕，秋不得穫，則必取糧于河東，是我爲主，彼爲客，不一二年，必自困斃，因而乘之，可一舉滅矣。」彬以端言復命。

先是吳玠以彭原之敗，望端不濟師；而端謂玠前軍已敗，惟長武有險可捍衝突；二人爭不已。浚積前疑，卒用彭原事罷端兵柄，與宮觀，再責海州團練副使、萬州安置；統制官張中孚、李彥琪諸州羈管。陝西人倚端爲重，及貶，軍情頗不悅。【考異】趙甡之遺史載金人敗吳玠于彭原店，復歸河東。張浚欲大舉，問曲端有何計策，端謂：「承平之久，人不經戰。金人新造，難與爭鋒。宜訓兵秣馬，保疆而已，俟十年方可議戰。」浚不喜，乃曰：「將軍持不戰之說，豈可以當大將？」端曰：「唯。」遂納威武大將軍印，猶用爲參謀。時王庶亦爲參謀，議論不協，固辭，遂以爲都轉運使，隨軍而已。浚發秦亭，見兵馬俱集，大喜，謂當自此便可以徑入幽燕，問端如何，端曰：「必敗。」浚曰：「若不敗，如何？」端曰：「若宣撫之兵不敗，端伏劍而死。」浚曰：「可責狀否？」端卽索紙筆，責軍令狀曰：「如不敗，當伏軍法。」浚曰：「若不勝，當復以頭與將軍。」遂大不協。與宋史異。

浚遂決策治兵，移檄河東左副元帥宗翰問罪；宣撫司幹辦公事萬年郭奕力言不可，浚不從。乃以玠權永興軍路經略司公事，遂取永興軍。玠以功陞忠州防禦使。

18 丙戌，寧遠軍節度使、醴泉觀使孟忠厚，乞蠲太母所過秋稅，范宗尹曰：「頃已免夏稅，若復蠲放，虞州郡經費有缺，必致橫斂。」帝愀然曰：「常賦外科斂及贓吏害民，最宜留意。祖宗雖崇好生之德，而贓吏死徙，未嘗末減。自今官吏犯贓，雖未加誅戮，若杖脊流配，不可貸也。」

19 己丑，詔通、泰鎮撫使岳飛以所部救楚州。

時揚、承二鎮已破，楚勢亦危，趙立遣人告急，簽書樞密院事趙鼎欲遣神武右軍都統制張俊往救之，俊曰：「敵方濟師，達賚（校者按：前作達蘭，卽舊譯之撻懶。）善兵，其鋒不可當。立孤壘，危在旦夕，若以兵委之，譬徒手搏虎，併亡無益。」鼎曰：「楚當敵衝，所以蔽兩淮，委而不救，則失諸鎮之心。」俊曰：「救之誠是。但南渡以來，根本未固，而宿衞寡弱，人心易搖，此行失利，何以善後？」鼎見帝曰：「江東新造，全籍兩淮，若失楚，則大事去矣。是舉也，不惟救垂亡之城，且使諸將殫力，不爲養寇自便之計。若俊憚行，臣願與之偕往。」俊復力辭。乃命飛、立腹背掩擊，仍令劉光世遣兵往援，毋失事機。

20庚寅，詔：「景靈宮神御，自海道迎至溫州奉安。」

21金人欲發陵寢，河南鎮撫使翟興遣其子琮及統領官趙林率兵自河陽南城至鞏縣、永安軍，邀擊之，屢戰皆勝，追奔至澠池而還。

22九月，辛丑，建昌府路安撫大使兼知池州呂頤浩，請兵五萬人分屯建康等處。「內建康府萬五千人，太平州萬人，池州二萬人，饒州五千人。除參謀官劉洪道見管崔邦弼及李貴等兵約五千人，韓世清約六七千人外，乞朝廷貼足，付臣使喚。昔王翦伐楚，謂非六十萬人不可，終如所料。杜充以五萬人祗守建康，猶不免敗事。況本路上下近千里，多是緊要渡口，今臣乞兵五萬，委爲不多。」又言：「劉光世有部曲約二三萬人，其勢稍強，乃可殫（彈）壓烏合之衆。今臣素無部曲，非得知兵政統制官及正兵二萬人，難以鎮服衆心。乞以神武前軍統制王𤫩所部前軍及諸臣巨師古、顏孝恭自隸。」又請招捕水寇邵青、崔增及賜諸軍衣甲。詔賜樞密院見甲千副，本路上供經制錢四千萬緡，米二十萬斛，餘從之。

頤浩將行，見帝言：「臣自去國，不知金人之實，聞已渡淮北去。然金人多詐而難測，臣比經四明，見朝廷集海舟于岸上，是必爲避敵備。夫避敵固當預辦，然禦敵之計，尤不可緩。臣料聖駕萬一避敵，不過如永嘉及閩中耳。望鑒去歲敵騎追襲之事，選兵二萬，分爲二項：一項浙西，一項浙東。或據水鄉，或扼山險，邀而擊之，使將士戮力，如四明城下之戰，則無不勝矣。萬一敵不渡江，則願宰執預爲之計，俟來夏則遣北向，分二萬由海道赴文登以搖青、齊，分二萬由淮陽趨彭城以撼鄆、濮。蓋金人用兵，深忌夏月，我必乘其忌而攻之。故暑月用兵，臣前後屢陳此計。然安危治亂之要，尤在人主能察，願留聖意。」

23 壬寅，劉光世奏：「淮南諸鎮，郭仲威潰散，薛慶身亡，趙立不知存亡，岳飛現在江陰軍，不見赴鎮，劉綱以所部渡江赴行在，散在南北岸作過。金人見留承州，臣遣王德渡江過邵伯埭，擒敵軍四百餘人。」詔光世以所俘赴行在。既而德自天長引兵趨承州，不得入，斬所部左軍統領官劉鎮而還。

24 甲辰，太上皇后鄭氏殂于五國城，年五十二。

25 乙巳，詔劉光世、岳飛、趙立、王林掎角逼逐金兵渡淮。

時金左監軍完顏昌，圍楚州已百餘日，鎮撫使趙立，一日擁六騎出城，呼曰：「我鎮撫也，首領驍將，其來接戰！」南寨有二騎襲其背，立手奪二槍，俱墜地，奪雙騎，將還；俄北寨中遣五十餘騎追立，立瞋目大呼，人馬俱辟易。明日，立三幟邀戰，立以三騎應之。伏發，立中飛矢，奮身突圍以出，敵益攻之。

26 戊申，劉豫僭位于北京。初，軍民聞豫至，殺金人，閉門拒豫。豫擊而降之，遂即皇帝位，國號大齊，大赦僞境。

27乙卯，金左監軍昌攻楚州，守臣右武大夫、徐州觀察使、楚·泗州、漣水軍鎮撫使趙立死之。

前一日，昌大進攻具臨城，翼日，塡濠將進，立率士卒禦之。忽報敵進城矣，立笑曰：「將士不用相隨，吾將觀其詭計，且令其匹馬隻輪不返。」上城東門未半，飛礮碎其首。左右馳救之，立猶曰：「吾終不能與國破敵矣！可舁至三聖廟中，聲言疾病祈禱，使敵不悟。」言終而絕，年三十七。然人聞其死，知城必破，失聲巷哭不可止。衆以參議官程括權鎮撫使以守，敵益攻之。

28己未，帝曰：「昨韓世忠進一馬，高五尺一寸，云非人臣所敢乘。朕答以九重之中，未嘗出入，何所用之！卿可自留爲戰備。」時世忠妻和國夫人梁氏言積俸未支，三省奏：「近惟隆祐皇太后殿下所積供俸物，計直供支；潘賢妃勘請已不給。」帝曰：「將帥，朕所委用，當厚卹其家，可特予之，餘人毋得援例。」

29是日，金、均、房安撫使王彥，及桑仲戰于平麗縣之長沙平，敗之。

仲既陷均、房，有窺蜀之志，擁衆犯金州白土關，彥以官軍保長沙平。仲故爲彥部曲，以書請曰：「仲于公無所犯，願假道入蜀以就食耳。」彥語僚佐曰：「吾知仲之爲人，能馭士卒，輕財善鬬；然勇而無謀，決爲諸公破之。」乃遣統領官門立爲先鋒。立鏖戰不勝，馬陷淖，其子璋馳過，立呼之，璋不應而去。立罵賊不絕口而死，人心震恐。時官軍纔一千，糧且不給，或請少避賊鋒，彥曰：「今敵在陜西，若賊至安康，則四川腹背受敵矣。敢有言避賊者斬！」遂率同統制王宗尹相爲掎角，士皆爭奮。賊張步騎，六道並進，彥執旗大呼麾士，士殊死鬬，自辰及酉，賊大敗，追至竹山縣而還。仲遂據房陵。

仲之未敗也，王闢在房州，與仲遙爲聲援，至是彥遣人招闢，闢遂降。彥欲造其營，衆不可，彥曰：「我以誠待闢，闢雖詐，亦何能爲！」遂肩輿至闢營，闢大驚，與其黨皆聽命。張浚承制以彥爲左武大夫。闢後腰斬于興元府。

30 辛酉，金安班貝勒（舊作諳班孛極烈。）都元帥杲卒。杲，太祖母弟也，後封遼王，謚智烈。

31 癸亥，知樞密院事、宣撫處置使張浚，以都統制劉錫及金人戰于富平縣，敗積（績）。初，浚既定議出師，幕客將士皆心知其非，而口不敢言，唯諾相應和。會帝亦以金人聚兵淮上，命浚出兵，分道由同州、鄜延以擣其虛。時權永興軍經略使吳玠已得長安，而環慶經略使趙哲收復鄜延諸郡。浚乃檄召熙河經略使劉錫、秦鳳經略使孫渥、涇原經略使劉錡各以兵會合；諸路兵四十萬人，馬七萬，以錫爲統帥，浚又貸民賦五年，金錢糧帛之運，不絕于道，所在山積。

浚親往邠州督戰。金左副元帥宗翰聞之，急調宗弼自西京入關，與洛索會。我軍行至耀州之富平，金人已屯下邽縣，相去八十里。而洛索方在綏德軍，衆請擊之，浚不可，乃約日會戰，金人不報。書凡數往，洛索乃自綏德軍來，移軍與我軍對壘，親率數十騎，登山以望南師，曰：「人雖多，壁壘不固，千瘡萬孔，極易破耳。」浚猶遣使約戰，金人許之；至期，輒不出兵，以爲常。浚以洛索爲怯，曰：「吾破敵必矣！」幕客有請以巾幗婦人之服遺洛索者。諸路鄉民運芻粟者，絡繹未已，至軍，則每州縣自爲小寨，以車馬爲衛，相連不絕。

錫令諸將議戰，玠曰：「兵以利動，地勢不利，將何以戰？宜徙據高阜，使敵馬衝突，吾足以禦之。」秦鳳路提點刑獄公事郭浩亦曰：「敵未可爭鋒，當分地守之，以待其弊。」諸將皆曰：「我師數倍于敵，又前阻葦澤，敵有騎不得施，何用他徙！」

將戰，命立故將曲端旗以懼敵，洛索曰：「彼紿我也。」是日，洛索選三千騎蓐食，令扎哈貝勒舊作折合孛堇，今改。率之，囊土踰淖，徑赴鄉民小寨，鄉民奔亂不止，踐寨而入，諸軍驚亂，遂薄我軍。錡身先士卒禦之，自辰至未，勝負未分。金人更薄環慶軍，他路軍無與援者。會哲擅離所部，將士望塵起，驚遁，軍遂大潰。哲旗牌未及卷，衆呼曰：「環慶趙經略先走！」至邠州，乃稍定。金人得勝不追，所獲軍資不可計。【考異】張浚行狀云：金人尼堪（舊作粘罕，一作粘沒喝。）益兵二萬，聲言必取環慶。公遂決策問罪。敵大恐，急調大帥烏珠（舊作兀朮。）等由京西路星夜來陝右，以九月二十間，與尼堪等會。攷張（匯）節（要）及諸書，宗翰此時在雲中，未嘗親入關，行狀誤以洛索爲尼堪也。熊克小紀云右監軍烏珠與洛索同行，烏珠，紹興二年春末始除右監軍，克不詳考耳。趙甡之遺史敍此事，云諸軍驚亂，浚乘騎急奔，諸軍皆潰。是時浚只在邠州，甡之亦誤，今並不取。

32 戊辰，金左監軍昌急攻楚州，破之。

初，趙立之入城也，有徐州軍民老弱僅數千，而勝兵居半，又有楚州將兵二千，四縣民兵約五千，共不滿萬人。圍城初，有野豆、野麥可以爲糧，後皆無生物，有鳧茨、蘆根，男女無貴賤斸之。後爲水所沒，城中絕糧，至食草木，有屑榆皮而食者。徐州將士殘暴，席勢淩楚軍，二州衆不相能。立善彈壓，使各效其所長，無敢校私隙。其後忿鬩日聞，敵諜知之，然猶深忌立，疑其詐死，不敢動。無何，守者稍怠，徐人多潰圍而去。敵用降人衞進言，專攻北壁，凡四十餘日，至是乃破。

始，立遣人告急，帝命浙西安撫大使劉光世督淮南諸鎮往援之。東海李彥先首以兵至淮濱，扼敵不得進。高郵薛慶至揚州，轉戰被執死。光世前軍將王德至承州，其下不用命。揚州郭仲威按兵天長，陰懷顧望。獨海陵岳飛屯三墪，僅能爲援，而亦衆寡不敵。敵知外援絕，攻圍益急。

立家屬先死于徐，其赴鎮，以單騎入楚，後得女子知書者，使侍左右，讀軍中書記，城破而沒。立爲人木強，不知書，其忠義蓋出天性；善騎射，容貌甚壯；不喜聲色財貨，月俸給皆取其半，與士卒同甘苦。每戰，擐甲冑先登，有退卻者，必大呼疾馳至其側，捽而斬之；衆畏服，亦樂爲用。其視金人如仇，每言及，必嚙齒而怒。常戒士卒，惟以殺金人爲言，且自誓必死。

城破，州人扶傷巷戰，惟民兵奪門而出，首領萬五、石琦、蔚亨，號千人敵，皆得全。自金人南侵，所過名城大都，多以虛聲脅降，如探囊取之，惟冀州堅守踰二年，濮州城破巷戰，殺傷略相當，皆爲金所憚。而立威名戰多〔功〕，咸出其上。

是役也，金銳意深入，會張浚出師圍陝，宗弼往援之，又立以其軍蔽遮江、淮，故金師亦困弊而止。議者謂立之功雖張巡、許遠不能過云。【考異】趙甡之遺史，立以己未之日死，城以甲子之日破，今從王銍所作立傳及日紀附傳。甡之又云：立一妻、一妹，一女年十餘歲，男子方總角，或遭掠，或被殺害，皆盡。

33 初，海州、淮陽軍鎮撫使李彥先，在韓世忠軍；有李進彥者，犯罪流嶺南，道爲防送者所釋，亦投世忠軍。世忠之潰沭陽，彥先入海聚衆，後有兵數千，與進彥分統之。至是進彥累官武節郎、閤門宣贊舍人、海州兵馬鈐轄。及楚州受圍，彥先以舟師援趙立，與之刺臂爲義兄弟。城破之日，彥先舟師猶在北神鎮淮水中，前後扼于金人，不得去。金以樓船併力攻彥先，彥先所乘舟下碇石，急收不應。金人擊之，彥先與其家皆死。時進彥在東海縣，招集彥先餘衆，後渡海至秀州，遂受呂頤浩節制。

34冬，十月，庚午朔，張浚斬同州觀察使、環慶路經略安撫使趙哲于邠州，【考異】趙哲之誅，繫年要錄引日紀作紹興四年八月二十一日。又載承節郎趙甡進狀云：父哲，建炎三年落階官，除同州觀察使，于當年十月十一日，宣撫張浚挾私，輒從軍法，身死。按宋史作庚午朔，今從之。遂責本帥〔司〕都統制、明州觀察使、熙河路經略安撫使劉錫爲海州團練副使、合州安置。

初，諸軍既敗還，浚召錫等計事。浚立堂上，諸將帥立堂下。浚問：「誤國大事，誰當任其咎者？」衆皆言環慶兵先走，浚命擁哲斬之。哲不伏，且自言有復辟功，浚親校以檛擊其口，斬于堠下，軍士爲之喪氣，浚遂以黃榜放諸軍罪。哲已死，諸將帥聽命，浚命各歸路歇泊。令方脫口，諸路之兵已行，俄頃皆盡。浚率帳下退保秦州，陝西大震。

35辛未，宣撫處置使司參謀官王以寧言：「乞下詔幸蜀，俾敵人罔測乘輿所在。」帝曰：「詔令所以取信于民，自非必行之事，不可降詔，使民何所適從！」張守曰：「昨已降旨，令沿江儲峙。」

36秦檜自楚州孫邨歸于漣水軍丁禩水寨。

初，金人以檜請存趙氏，執還燕山，既而從二帝之上京。上皇之遺金書請和也，檜與聞之。逮二帝東徙韓州，金主以檜賜左監軍昌爲在〔任〕用。任用者，猶執事也。昌之提兵南下也，檜以任用隨軍，以計得與其妻王氏俱行。昌至淮陰，以檜爲參謀軍事，又以爲隨軍轉運使。及楚城(破)之三日，檜與王氏及臧獲硯童興兒、御史臺街司翁順及親信高益恭等，以小舟至漣水軍界，爲禩邏者所得，將縛而殺之。檜曰：「我御史中丞秦檜也。」寨兵皆鄉民，不曉其說，以爲姦細，稍凌辱之。檜曰：「此中有士人，當知我姓名。」時王安道者爲酒監，衆呼示之。安道佯爲識檜，長揖之曰：「中丞良苦！」衆信之，乃不殺。翼日，謁禩于軍中，其下諸將招與飲，有副將劉靖者，欲殺檜而取其貲，檜知而責之，靖不得發。檜遂泛海赴行在。

37 乙亥，金主至自東京。

38 癸未，帝謂輔臣曰：「聞城中百物貴湧，將士經此，寒苦可念。太母日饋朕盤飧，問內侍，云一兔至直五六千，鵪鶉亦數百，朕知之，飭尚食勿進鵪、兔久矣。」范宗尹曰：「陛下恭儉如此，天下幸甚！」

39 甲申，言者論防海利害，有可慮者三，不足畏者三。大略謂：「海道風帆，瞬息千里，舟師猝至，勢難支吾；又，出沒示疑，牽制我師，揚旗伐鼓，中夜而至；我若驚潰，彼計得行；此可慮者三也。冒涉洪濤，敵衆方病，乘其未定，易以進擊；又，或爲風阻，咫尺不前；港道回曲，加以泥濘，其隙易乘；此不足畏者三也。由是言之，無備則可慮，有備則弗畏。今莫若委沿海巡尉及民社，分地防扼。大抵海舟不能齊一，及其未集而擊之，必可成功。」從之。

40是日，金主命遼、宋諸官之降者，各上其本國誥命，等第換授。

41乙酉，言者論：「三年天下之通喪，後世有從權奪服之舉者，所以移孝爲忠，徇國家之急也。而比來所起之士，多非金革之故，幾習宣、政之風，如權邦彥爲發運使、姜仲謙爲湖北轉運使，以至幕職之官，亦行起復。又有貪緣請托三省、樞密院而圖起復者，此何理邪？欲望一切罷去，于以明人倫而厚風俗。」詔邦彥專委催發諸路錢糧，應付行在大軍支遣，其餘皆罷之。

42庚寅，右正言吳表臣言：「臣向嘗論奏，乞諭張浚，令提關陝鋭旅疾速入援。伏計朝廷必屢已督促，然至今寂然，未有來耗，中外人情，不勝失望。臣伏念朝廷待浚之意亦至矣，浚之奏請，無有不行，浚之官屬，推賞甚厚，蓋望其竭力爲報，緩急有助也。今冬候已深，敵情叵測，在浚臣子之心，亦豈遑安居！若不恤君父之急，于義如何？欲望更遣使臣，由間道相繼督促張浚、曲端等，令統帥精騎，星夜前來應援，無使後時。若強敵深入，亦有後顧之虞。此事迫切，不宜緩者。」時朝廷猶未知浚敗于富平，乃詔樞密院遣使臣二人趣浚入援。

初，浚既斬趙哲，以陝西轉運判官孫恂權環慶經略使。或謂環慶諸將曰：「汝等戰勇而帥獨被誅，天下寧有是事？」參議軍事劉子羽聞之，令恂陰圖諸將，恂遂以敗軍斬統領官張忠、喬澤。統制官慕容洧與諸將列告于庭，恂叱之曰：「爾等頭亦未牢！」洧，環州屬戶，其族甚大，聞此，懼誅，遂首以兵叛，進攻環州。浚命統制官張中彥、幹辦公事承務郎趙郴守渭州，二人皆曲端舊部曲，素輕劉錡；又，浚已還秦，恐金人至，不能守，乃相與謀逐錡而據涇原。錡至環州，與洧相拒；金以輕兵破涇州，次潘原縣，錡留彥琪捍洧，親率精銳赴渭州。錡至瓦亭而金兵已迫，錡進不敢追洧，退不敢入渭，遂走德順軍。彥琪以孤軍無援，亦懼，遁歸古原州。中彥、郴聞之，遂遣人詣金軍通款。

43 甲午，僞齊劉豫遣尚書右丞相張孝純册其母令人爲皇太后，立其妾錢氏爲皇后。錢氏，本宣、政間宮人，出爲民婢，入豫家，有寵，托言吳越王後而立之。

44 丁酉，詔爲趙立輟二日朝，贈立奉國軍節度使、開府儀同三司，謚忠烈，官子孫十人，且令訪其遺骸，官給葬事。後爲立祠，名顯忠。

45 己亥，河南鎮撫司兵馬鈐轄翟宗率裨將李興渡河，敗金人于陽城縣，遂進之〔至〕絳州之垣曲。橫山義士史準等以其衆來附。興歸，以所部屯商州。

46 杜充自南京至雲中，金右副元帥宗翰薄其節，不之禮，久而命知相州。

47 十一月，癸卯，詔曰：「呂公著、呂大防、范純仁，皆盛德元老，同居廟堂，國勢尊安，四裔順服；而遭罹貶斥，久歷歲時，尚拘微文，未獲昭雪。朕經此時巡之久，益知致治之難，念茲老臣，是宜褒稱。三省可檢舉速行褒贈，並其餘黨籍臣僚，下有司責以近限，具名取旨施行。」

初，帝既下詔褒錄元祐忠賢，而朝廷多故，有司未暇檢舉。及是帝諭大臣曰：「此事議論已久，終是行遣未盡。內中收得元祐黨碑，卽降出，令錄所司，一一契勘褒贈。」遂追封公著魯國公，諡正獻；大防宣國公，諡正愍；純仁許國公，諡忠宣；皆贈太師。

48 是日，建康府路安撫大使呂頤浩復南康軍。

頤浩既駐軍鄱陽，會建武軍節度使楊惟忠有兵七千屯州境，頤浩請與俱。是月朔，官軍至都昌縣，後三日，遂渡江，入居南康軍，【考異】熊克小紀，庚子朔，遂復南康軍，誤也。又據要錄頤浩所奏，復南康軍在十一月初四日，今從之。分守要害。遣統制官巨師古以所部三千七百人救江州。是夜，賊衆三萬人至南康，與官軍鏖戰。頤浩及楊惟忠皆失利，引兵渡江避之，陣于北溪洲。翼日，師古引兵未至江州五十里而營，詰朝出戰，遇伏，爲所敗，其衆潰去，師古奔洪州。頤浩乃傳檄王瓊、韓世清會兵，未敢進。

49 甲辰，端明殿學士、簽書樞密院事趙鼎罷。

初，帝欲除神武副軍都統制辛企宗爲節度使，鼎以企宗非有軍功，持不下，帝不樂，詔鼎累乞宮祠，可本職提舉臨安府洞霄宮，免謝罪。鼎既免，帝欲申前命，參知政事謝克家曰：「企宗非有大功，今驟命之，是使鼎得名，企宗得利，而陛下獨負謗于天下後世也。」帝乃止。

50 乙巳，權尚書工部侍郎韓肖胄請復天地、日月、星辰、社稷之祀，事下太常。其後禮寺言：「自車駕巡幸以來，宗廟之祭，文雖省而義存，則歲所常行者，亦當姑存其意，而天地、社稷之祀不可輟。今裁定，每歲孟春上辛祈穀，孟夏雩祀，季秋及冬日至四祀天，夏日至一祀地，孟冬上辛祀感生帝，立冬後祭神（州地）祇，春秋二社及臘前一日祭太社、太稷，並于越州天慶觀設位，免玉與牲，權用酒脯，乃（仍）依方色奠幣，以輔臣爲初獻，禮官亞終獻，宗室奏告，並常服行事。」從之。

51 丙午，秦檜入見。

初，檜發漣水軍寨，權軍事丁禩令參議王安道、馮由義輔行，前二日至行在。檜自言殺監己者，奪舟來歸。朝士多疑之者，謂其與何㮚、孫傅等同被拘執，而檜獨還；又自燕至楚二千八百里，踰河越淮，豈無譏訶之者，安得殺監而南行！就令達蘭縱之，必質妻屬，安得與王氏俱歸！唯范宗尹、李回素與檜善，力薦其忠，乃命先見宰執于政事堂。翼日，引對，檜言：「如欲天下無事，須是南自南，北自北。」遂建議講和，且乞帝致書左監軍昌求好。【考異】宋史作乙巳秦檜入見，今從繫年要錄。

52是日，通、泰鎮撫使岳飛，自柴墟鎮渡江。金左監軍昌既得楚州，有經營南渡之意，乃攻張榮鼉潭湖水寨。金人屢攻榮，阻湖淖，不得進。及是天寒水深，遂併力攻其茭城，榮不能當，焚其積聚而去。金人進攻泰州，飛以泰州不可守，棄城去，率衆渡江，屯江陰軍沙上。

53丁未，朝請郎、試御史中丞致仕秦檜試禮部尚書，賜銀帛二百匹兩。范宗尹等進呈檜所草國書，帝曰：「檜樸忠過人，朕得之，喜而不寐。」檜請以本身合得恩澤授王安道、馮由義官，尋並改京秩，而舟人孫靜亦補承信郎。始，帝雖數遣使，然但且守且和，而專與金人解仇議和，則自檜始。【考異】檜初歸見上之語，以檜紹興中奏疏中自敍語增入。熊克小紀，檜除尚書在戊申，與日紀不同，蓋誤。

54壬子，日南至，帝率百官遙拜二帝。自渡江至是，始有此禮。

55丙辰，金左監軍昌破泰州。時昌有渡江之意，欲耕地而守，遂親率萬人下蔡〔泰〕州而屯之。

56己未，金人破通州。

57辛酉，僞齊劉豫改元阜昌。豫初僭立，止用天會之號。至是奉金命，乃改之。

58甲子，建康府路安撫大使呂頤浩，乞益兵討李成，帝曰：「頤浩奮不顧身，爲國討賊，羣臣所不能及。但與賊相距，不度彼己，容易輕進，此其失也。今兵既少衄，須令且持重，急遣王𤫉引兵助之。」范宗尹曰：「頤浩意欲更得韓世忠兵馬爲助。」帝曰：「若遣韓世忠提全軍，破賊有餘力；但敵騎尚在江北，未可遽行。」李回曰：「成敢擁衆跨江跳梁，正倚金人南侵，朝廷不能遣發大兵。若陛下親御六師，移蹕饒、信間，則成敗膽矣。」帝曰：「朕日夜念此不少置，決意須親征，俟敵騎稍北，遣世忠先行，朕繼總兵臨之。先以賞招攜其衆，許歸自新，則成必易擒，亦不欲多殺士衆也。」

59 丙寅，詔神武前軍統制王𤫉以本部萬人速往呂頤浩軍策應。

60 是月，宣撫處置使張浚，自秦州退軍興州。

初，浚兵既潰于富平，金人以所得陝西金幣悉歸河東帥府。會張中孚、趙彬送款于金人，知慕容洧叛，乃遂引兵而西，走秦鳳路。馬步軍副總管吳玠，自鳳翔走保大散關之東和尚原，權環慶經略使孫恂，由隴關入秦，與浚會。金人至渭州，得其情實，乃入德順軍。浚聞敵入德順，遂移司興州，簿書輜重，悉皆焚棄。

浚之出師也，幹辦公事、朝請郎楊晟惇力言其不可，浚不從，晟惇乃求行邊，不隨幕下。及是來見浚，浚稍以諸事委之，晟惇言：「金人必欲舉川、秦，然後歸國。不若引兵金、洋一帶，俟敵騎既去，然後收復川、陝，事乃永定。」浚雖不用其說，然已置陝西于度外矣。起復朝議大夫、知興元府王庶亦來，見浚計事，力陳保秦之策。衆議不同，庶請歸持餘服。浚之自邠南歸也，將士皆散，惟親兵千餘人自隨，其屬官皆懼。有建議當保夔州者，參議官劉子羽曰：「議者可斬也。宣撫司豈可過興州一步！繫關陝之望，安全蜀之心。」幹辦公事謝昇亦言不當遠去，請築靑陽潭左右四關、六屯，浚以爲然，乃劾異議者，遣子羽單騎至秦州，訪諸將所在。時敵騎四出，道阻不通，將士無所歸，忽聞子羽在近，宣撫使留蜀口，乃各引所部來會，凡十數萬人，軍勢復振。浚哀死問傷，錄善咎己，人心粗安。

或謂吳玠：「宜移屯漢中以保巴蜀。」玠曰：「敵不破我，詎敢輕進！吾堅壁重兵，下瞰雍甸，敵懼吾乘虛襲其後，此保蜀良策也。」諸將乃服。時玠在原，軍食不繼，鳳翔之民感其遺惠，相與夜負芻粟輸之；玠亦憐其遠意，悉厚賞以銀帛，民人益喜。敵怒，遣兵伏渭南，邀而殺之，又令保伍相坐，犯者皆死，而民益冒禁輸之，數年然後止。

61 十二月，庚午，交趾郡王李乾德請入貢，詔卻之。

62 辛未，金左副元帥宗翰，命諸路州縣同以是日大索南人及拘之于路；至癸酉，罷籍客戶，拘之入官；至次年春，盡以鐵索鎖之雲中，于耳上刺官字以誌之，散養民間。既而立價賣之，餘者驅之夏國以易馬，亦有賣於蒙古、室韋、高麗之域者。時金既立劉豫，復以舊河爲界。宗翰恐兩河陷沒士庶非本土之人，逃歸豫地，故有是舉。

63丁丑，金陝西都統洛索卒，後贈金源郡王，謚莊義。

64己卯，詔戶部進錢萬緡，奉隆祐皇太后生辰。

時帝以太后誕日，置酒宮中，從容語及前朝事。后曰：「吾老矣，幸相聚于此，他時身後，吾復何患，然有一事當爲官家言之。吾逮事宣仁聖烈皇后，求之古今，母后之賢，未見其比。因姦臣快其私憤，肆加誣謗，有玷盛德。建炎初雖嘗下詔辨明，而史錄所載，未經刪定，豈足傳信後世！吾意在天之靈，不無望於官家也。」帝聞之惕然。其後更修神宗、哲宗兩朝實錄，（蓋張本於此）。

65癸未，詔：「監司、守倅，並以三年爲任。」

66乙未，神武右軍都統制張俊爲江南路招討使，進解江州之圍，且平羣盜，事急速者許便宜。

時李成乘金人侵略之餘，據江、淮六七州，連兵數萬，有席卷東南之意，使其徒多爲文書、符讖，幻惑中外，朝廷患之。至是聞金不渡江，帝乃止饒、信之行。范宗尹因請大將討成，故有是命；仍令前軍統制王𤫉、後軍統制陳思恭、鎮撫使岳飛皆屬俊。

67詔：「招討使位宣撫使下，制置使上，著爲令。」

68翰林學士汪藻言：「古者兩敵相持，所貴機會，此勝負存亡之分也。金師既退，國家非暫都金陵不可；而都金陵，非盡得淮南不可。淮南之地，金人決不能守。若爲劉豫經營，不過留簽軍數萬人而已，蓋可驅而去也。淮南近經兵禍，民去本業，十室而九，其不耕之田，千里相望，流移之人，非朝夕可還。國家欲保淮南，勢須屯田，則此田皆可耕墾。臣愚以爲正二月間，可使遣劉光世或呂頤浩，率所部招安人馬過江營建寨柵，使之分地而耕，既固行在藩籬，且清東西羣盜，此萬世一時也。」疏奏，未克行。中興後言屯田者，蓋自此始。

69 是歲，行在大軍月費見錢五千餘萬緡，銀帛、芻粟在外，而諸養兵之費不與焉。

70 紅巾賊屢犯均州，知武當縣、奉議郎王煥率邑人保山寨，賊軍大至，或勸之使遁，煥曰：「使吾有此心，則不能與邑人來此矣。」遂與一家俱死。後錄其家一人。

71 僞齊劉豫立陳東、歐陽澈廟于歸德府，封東爲安義侯，澈爲全節侯，取張巡、許遠廟制，立爲雙廟以祀之。

72 初，徽猷閣待制洪晧，與右武大夫龔璹持命至太原，金令其陽曲縣主簿張維館伴。留幾歲，金遇使人禮益削。是歲，始遣晧、璹至雲中。時通問使·朝奉郎王倫、閤門宣贊舍人朱弁已被拘，倫、晧因以金遺商人陳忠，密令通問兩宮。已而左副元帥宗翰召晧等遣官僞齊，晧力辭不可，宗翰怒，命壯士擁以下，執劍夾承之，晧不爲動。傍貴人噎曰：「此忠臣也！」止劍士以目，爲跽請，宗翰怒少霽，遂流遞於冷山，與假吏沈珍、隸卒丘德、黨超、張福、柯辛俱。流遞，猶編竄也。雲中至冷山行兩月程，監軍希尹使誨其八子。

73 是歲，金渤海萬戶大托不嘉舊作撻不也，今改。北歸，過淮，與知軍張滶飲於舟中，因語及冊立劉豫事，托卜嘉歎曰：「某，遼之大臣，渤海之大姓，曩者大金見招，許以開國遼東，累載從軍，披堅執銳，今求一郡之安，亦不可得。豫不過山東郡守，勢孤而降，乃當是任，豈不負我哉！」滶，孝純從子也。

續資治通鑑卷第一百九

賜進士及第兵部尚書兼都察院右都御史總督湖北湖南等處地方軍務兼理糧餉世襲二等輕車都尉畢沅編集

宋紀一百九 起重光大淵獻（辛亥）正月，盡九月，凡九月。

高宗受命中興全功至德聖神武文昭仁憲孝皇帝

紹興元年 金天會九年。（辛亥、一一三一）

1 春，正月，己亥朔，帝在越州。平旦，率百官遙拜二帝於行宮北門外，退，御常朝殿，朝參官起居。自是朔望皆如之。

2 改元紹興。德音降諸路雜犯死罪以下囚，釋流以下；羣盜限一月出首自新，仍官（其首領）；令州縣存恤陣亡戰傷將士及奉使金國與取過軍前未還之家；民戶今日已前倚閣稅租，一切除放；復賢良方正直言極諫科；令有司條具元祐黨籍臣僚未經褒贈人，吏刑部限一月檢舉。自紹聖廢制科，至是始因德音下禮官講求故事，然未有應者。

3 金人掠天水縣徙治翰（榆）林。承奉郎、知縣事趙璧方受賀，忽敵騎三百突入，坐上縛璧及統領官雷震、主簿張青以去，璧等不屈，皆殺之。

4 己酉，金人攻揚州。

5 金同中書門下平章事時立愛〔愛〕，嘗在宗望軍中數年，謀畫居多，至是求解機務，不聽。癸丑，以立愛爲侍中、知樞密院事，以張忠嗣爲資政殿大學士、知三司使事。

6 丙辰，初許百司每旬休沐。宰執因奏事，帝曰：「一日休務，不至廢使事〔事，使〕一月間措置得十事，雖二十日休務何害；若無所施設，雖窮夕何補也！」

7 己未，浙西安撫大使劉光世言：「自去臘至今，招到女直及簽軍共六百六十餘人，乞補官。」詔補忠訓郎已下，至效用甲頭，內無姓人賜姓趙。

先是左監軍完顏昌屯海陵，光世知其衆久戍思歸，乃鑄金、銀、銅三色爲錢，文曰「招納信寶」，皆有使押字，以爲信號。獲戎人之解事者，貸而不殺，俾密示儕輩，有欲歸附者，扣江執錢爲信而納之。自是歸者不絕，遂創立奇兵、赤心兩軍。

8 辛酉，詔曰：「朕念太祖皇帝創業垂統，德被萬世。神祖詔封子孫一人爲安定郡王，世世勿絕。乃至宣和之末，以太常、禮部各有所主，依違不決，使安定之封至今不舉，朕甚憫之！有司其上合襲封人名，遵依故事施行。」

是日，輔臣進次，帝因論此事曰：「太祖功德如此，世襲王爵，宜不爲過。」范宗尹曰：

「太祖嘗云：『天下初定，朕思得長君以撫之。』而授太祖〔宗〕，則其意專爲天下。」

帝又曰：「朕頃在藩邸，入見淵聖皇帝，率用家人禮。一日，論及金人事，嘗奏曰：『京師甲士雖不少，然皆游惰羸弱，未嘗簡練，敵人若來，不敗即潰耳。陛下宜少避其鋒以保萬全。』淵聖皇帝曰：『朕爲祖宗守宗廟社稷，勢不可動。』其後敵復逼京師，朕在相州得淵聖親筆，謂悔不用卿言。是時近習小人，爭言用兵，熒惑聖聽，殊不量力，遂至今日之禍。」

9癸亥，監察御史韓璜言：「臣誤蒙使令，將命湖外，民間疾苦，法當奏聞。自江西至湖南，無問郡縣與村落，極目灰燼，所至殘破，十室九空。詢其所以，皆緣金人未到而潰散之兵先之，金人既去而襲逐之師繼至。官兵盜賊，劫掠一同，城市鄉村，搜索殆徧。盜賊既退，瘡痍未蘇，官吏不務安集而更加刻剝；兵將所過縱暴而唯事誅求，嗷嗷之聲，比比皆是，民心散叛，不絕如系，此臣所欲告於陛下者。然道中伏讀改元德音，不覺感泣。州縣情僞，陛下既已盡知，蠲煩去苛，恩意已備。臣之餘忠，欲陛下謹信詔令，務在必行。」詔：「比降德音寬卹事件，州縣自宜悉意奉行。違者監察按劾，御史臺察之。」

10是月，金人以萬騎攻河南寄治所西碧潭。

時鎭撫使翟興，以乏糧，方散遣所部就食於諸邑，所存惟親兵數千。報至，人情危懼。興安坐自若，徐遣驍將彭玘往，授以方略。設伏於井谷，遇敵至，陽爲奔北；金人以精騎追之，遇伏，爲所擒，餘衆潰去。

11 初，順昌盜余勝等既作亂，官吏皆散，土軍陳望素喜禍，與射士張袞謀，欲舉寨應之。軍校范旺叱之曰：「吾等父母妻子皆取活於國，今力不能討賊，更助爲虐，是無天地也！」凶黨忿，剔其目而殺之，暴屍於市。旺妻馬氏聞之，行且哭，賊脅汙之，不從，又殺之。賊既平，屍迹在地，隱隱不沒，邑人驚異，爲設香火。事聞，贈承信郎，賜祠號忠節。

12 二月，戊辰朔，祝友以其軍降於劉光世。

初，友在新店，欲侵宣州，阻水，不克渡。會光世遣人招之，友留其使彌旬，然後受招。時江東路兵馬副鈐轄王冠在溧水駐軍，友移書假道以趨鎮江，冠不從。友引兵擊之，冠軍大敗。友遂自句容之鎮江，光世分其軍，以友知楚州。

先是史康民在淮南，與友合軍。康民之軍極富，以金寶賂光世，光世喜，康民遂得進用。

13 庚午，改行宮禁衞所爲行在皇城司。

14 壬申，初定每歲祭天地社稷，如奏告之禮。

15 己卯，日中有黑子，四日乃沒。

16 辛巳，禮部尚書兼侍讀秦檜參知政事。【考異】建炎雜錄作壬午，今從宋史。孫覿鴻慶集有賀檜啓曰：

「盡室航海，復還中州，四方傳聞，感涕交下。漢蘇武節旄盡落，止得屬國；唐杜甫麻鞋入見，乃拜拾遺；未有如公，獨參大政。」要錄云：檜以爲譏己，始大怒之。

17 癸未，范宗尹言：「天象有變，當避殿減膳。今人情危懼之際，恐不可以虛文搖動羣聽，望陛下修德以消弭之。臣等輔政無狀，義當罷免。」帝曰：「日爲太陽，人主之象，豈關卿等！惟在君臣同心，行安人利物實事，庶幾天變不致爲災也。」

18 癸未，詔以季秋大饗明堂。江、淮招討司隨軍轉運使詹至言：「大敵在前，國勢不力，請停大饗，以其費佐軍。仍督諸軍分道攻守，以慰在天之靈。繼志述事，莫大於此。」

19 甲申，詔：「郡守在任改移，並俟新官分〔合〕符，方得離任。」

20 丙戌，復祕書省，仍詔監、少不並置，置丞、郎、著佐各一員，校書郎、正字各二員。范宗尹嘗因奏事，言無史官誠朝廷闕典，繇是復置。

21 有崔紹祖者，爲金人所掠，自南京遁歸，詐稱越王次子保信軍承宣使，受上皇蠟詔爲天下兵馬大元帥，興師取陷沒州郡。是日，至壽春府，和州鎮撫使趙霖以聞。詔文字不得奉行，召皇姪赴行在。【考異】雜錄作趙不瓌。繫年要錄引龔相記歷陽死事及王亨乞奏薦狀，皆稱僞元帥趙不瓌，蓋紹祖七月丙午初赴獄，自稱趙不瓌故也。紹祖九月乙卯，因御史臺檢法官晏敦復審問，稱所詔不實，移御史獄方招。今附見。

22庚寅，張浚奏：「本司都統制曲端，自聞吳玠兵馬到郡，坐擁重兵，更不遣兵策應，已責海州團練副使、萬州安置。」詔依已行事理。

初，浚自富平敗歸，始思端及王庶之言可用。庶時以朝議大夫持母喪居蜀，乃併召之。庶地近先至，力陳撫秦保蜀之策，勸浚收熙河、秦鳳兵，扼關、隴以爲後圖，浚不納；求終制，不許，乃特授參議官。

浚徐念端與庶必不相容，暨端至平道，但復其官，移恭州。宣撫處置使司主管機宜文字楊斌，素與庶厚，知庶怨端深，乃盛言端反以求合。又慮端復用，謂端反有實跡者十，又言端客趙彬揭榜鳳州，欲以兵迎之。秦鳳副總管吳玠，亦懼端嚴明，譖端不已。庶因言於浚曰：「端有反心久矣，盍早圖之！」會蜀人多上書爲端訟冤，浚亦畏其得衆心，始有殺端意矣。

23癸巳，詔侍從、臺諫條具保明（民）弭盜、遏敵患、生國財之策。

翰林學士汪藻上馭將三說：一曰示之以法，二曰運之以權，三曰別之以分。大略謂：「諸將過失，不可不治。今陛下對大臣不過數刻，而諸將皆得出入禁中，是大臣見陛下有時而諸將無時也。道路流傳，遂謂陛下進退人材，諸將與焉。又，廟堂者，具瞻之地，大臣爲天子立政事以令四方者也。今諸將率驟謁，徑至便衣密坐，視大臣如僚友，百端營求，期於必得，朝廷豈不自卑哉！祖宗時，三衙見大臣，必執梃趨庭，肅揖而退，蓋等威之嚴，乃足相制。又，遣將出師，詔侍從集議者，所以博衆人之見，今則諸將在焉。諸將，聽命者也，乃使之預謀。彼既各售其說，則利於公不利於私者，必不以爲可行，便於己不便於國者，必不以爲可罷，欲其冒鋒鏑，趨死地，難矣。自今諸將當律以朝儀，毋數燕見。其至政事堂，亦有祖宗故事，且無使參議論之餘，則分既正而可責其功。是三說果行，則足以馭諸將矣，何難乎弭盜，何憂乎遏敵哉！

若夫理財，則民窮至骨，臣願陛下毋以生財爲言也。今國家所有，不過數十州，所謂生者，必生於此數十州之民，何以堪之！惟通加裁損，庶乎其可耳。外之可損者，軍中之冒請；內之可損者，禁中之泛取。今軍中非戰士者率三分之一，有詭名而請者，則挾數人之名，有使臣而請者，則一使臣之俸兼十戰士之費；有借補而請者，則便支廩祿與命官一同。聞岳飛軍中，如此者數百人，州縣懼於憑陵，莫敢呵詰，其盜支之物，可勝計哉！臣竊觀禁中有時須索，而戶部銀絹以萬計，禮部度牒以百計者，月有進焉。人主用財，須要有名而使有司與聞。至於度牒，則以虛名而權實利，以濟軍興之用，誠非小補，幸無以方寸之紙捐以予人而不知惜也。

然臣復有私憂過計者。自古以兵權屬人久，未有不爲患者，蓋予之至易，收之至難，不早圖之，後悔無及。國家以三衙官管兵而出，一兵必待密院之符，祖宗於茲，蓋有深意。今諸將之驕，樞密院已不能制，臣恐賊平之後，方勞聖慮。自古偏霸之國，提兵者未嘗乏人，豈以四海之大而寥寥如此！意偏裨之中，必有英雄，特爲二三大將抑之而不得伸爾。謂宜精擇偏裨十餘人，各授以兵數千，直屬御前而不隸諸將，合爲數萬，以漸銷諸將之權，此萬世計也。」是時，諸將中劉光世尤橫，故汪藻有是言。

藻書既傳，諸將皆忿，有令門下作論以詆文臣者，其略曰：「今日誤國者皆文臣，自蔡京壞亂紀綱，王黼收復燕、雲之後，執政侍從以下，持節則喪節，守城則棄城，建議者進講和之論，奉使者持割地之說，提兵勤王則潰散，防河拒險則逃遁。自金人深入中原，蹂踐京東、西、淮南之地，爲王城〔臣〕而棄地、棄民、誤國、敗事者，皆文臣也；間有竭節死難，當橫潰之衝者，皆武臣也。又其甚者，張邦昌爲僞楚，劉豫爲僞齊，非文臣誰敢當之！」自此文武二途，若冰炭之不合矣。

24金人以舟載江、浙所掠輜重，自洪澤入淮，至清河口。假宣教郎國秦卿在趙瓊水寨，與瓊夜劫其舟，得李棁所攜戶部尚書之印。

25丙申，復詔諸路提刑司類省試。於是川陝宣撫處置使張浚，始以便宜合川、陝舉人，卽置司類省試。

26是月，金人至德順軍，經略使劉錫遁去。

金人以兵少，不敢由秦亭，聲言分三道，而獨出沿邊以掠。熙素多馬，金人駐兵，搜取無遺。馬步軍副總管、中亮大夫、同州觀察使劉惟輔將遁去，顧熙州尚有積粟，恐敵因之以守，急出，悉焚之。敵追及，所部皆走，惟輔與親信數百匿山寺中，遣人詣夏國求附屬，夏國不受；其親信趙某詣金軍降。金執惟輔，誘之百方，終不言，怒捽以出，惟輔奮首顧坐上客曰：「國家不負汝，一旦遂附賊邪！」卽閉口不復言。第六將韓青者，間行從惟輔，爲敵所得，罵敵不降而死。統制官□重以熙河降。知蘭州龕谷寨高子儒聞惟輔尚存，固守以待。及城破，先刃其家而後死。子儒，狄道人也。

金人既略熙河地，遂引歸。李彥琪在古原州，張中孚及其弟中彥導金人劫降之。趙彬引敵圍慶陽，守將楊可昇守，不降。五路破，秦鳳經略使孫渥，收本路兵保鳳州；統領官關師古，收熙河兵保鞏州。於是金人盡得關中地。【考異】李心傳云：陝西全陷，不見本月日，熊克小紀於建炎四年十一月末書之，趙甡之遺史分見四年十一月、紹興元年三月末，費士戣蜀口用兵錄所書尤略。考張鈞績忠義錄，紹興元年三月九日，金人大軍回自熙河，至弓門寨。鈞所書蓋據宣撫司案牘，則盡失六路，在二月間無疑，今併附此月末。

關陝之失也，士大夫守節死義者甚衆。隴州既失，守朝請郎、知州事劉化源不肯降，敵使人守之，不得死，遂驅入河北，販買蔬果，隱民間者十年，終不屈辱。奉議郎、通判原州米璞，亦杜門謝病，卒不受汚。化源、璞世家耀州，西人皆敬之。金人入鳳翔，秉義郎、權知扶風縣康傑，與敵將馮宣戰，宣愛而欲招之，傑奮曰：「吾當死於陣，不能死於敵。」遂戰死。忠翊郎、知天興縣李伸，爲金人所圍，堅守不下，城既破，伸曰：「豈使敵殺我！」遂自殺。時慶陽圍急，成忠郎盧大受，欲會合軍民收復邠、寧二州，解慶陽之圍，爲人所告，送寧州獄，論死。敦武郎、秦州定西寨都監兼知寨鄭涓，爲金人所攻，袒臂而戰，及城破，自刺不死，金人高其節，亦弗害也。是時守令，城下者金人皆因而命之；文林郎、知彭陽縣李喆獨不降，與其民移治境上，金人令執之以獻，欲官之，凡三辭。其後金人以爲歸附，命爲儒林郎，喆言於所司曰：「元係捕獲，不敢受歸附之賞。」以其牒還之。有武功大夫、知環州安寨田敢者，嘗得太祖御容，欲間行南歸以獻，事泄，杖之死。其後武功大夫、秦鳳路兵馬都監劉宣，以蠟書密遣人與吳玠相結，且率金將任拱等以所部歸朝。約日已定，有告之者，金人取宣縷擘之，其家屬配曹州。

豫又升渭州爲平涼府，去慶陽、延安府名，復舊州名，卽以叛將張中孚守平涼府，中彥守秦州，趙彬守慶州，慕容洧守環州。

27 三月，丙午，詔以京畿第二將兵千人隸神武中軍，用統制官辛永宗請也。於是中軍凡六千人。

28 金師還自熙河，至弓門寨，巡檢王琦禦之。金立招降旗榜，改阜昌年號。衆皆拜，琦獨不屈，金知平涼府張中孚執而殺之。

29庚戌，江淮招討使張俊復筠州。

初，俊引兵至豫章，而李成在江州，其將馬進在筠州，皆不進，俊喜曰：「我已得洪州，破賊必矣！」乃復斂兵，若無人者，金鼓不動，令：「將士登城者斬！」居月餘，進以大書文牒使來索戰，俊復細書答狀以驕之。又命神武前軍統制王𤫉閱水軍於江中，賊勢方強，謂俊爲怯戰。俊諜知賊稍怠，乃議遣諸將分道擊賊。中部統制官楊沂中曰：「兵分則力弱。」通、泰鎮撫使岳飛請自爲先鋒，沂中由上流徑絕生米渡，出賊不意，遇其鋒，擊破之，乘勝追奔，前一日至筠州。進出軍背筠河，先據要地，沂中語俊曰：「彼衆我寡，當以騎勝。願以騎見屬，公率步兵當其前。」沂中乃將騎數千，與神武後軍統制陳思恭分爲兩道，同出山後，嚴陣以出。鏖擊至午，精騎自山馳下，賊駭亂，退走，大敗之，俘獲八千。明日，又戰，俊疑其復叛，令思恭夜殪之，進力不支，乃遁，俊隨復筠州、臨江軍。馬進至南康，遇統制官巨師古，失利。進復還江州，與成會，俊整兵追之。

30壬子，朝奉郎、通判泰州馬尙就差知泰州，招諭軍民歸業，并興鹽場等事。

先是張榮在通州，以地勢不利，乃引舟入縮頭湖，作水寨以守。金右監軍昌在泰州，謀久駐之計，至是以舟師攻榮水寨；榮亦出數十舟載兵迎敵，望金人戰艦在前，榮惶遽，欲退不可，徐謂其衆曰：「無慮也！金人止有數艦在前，餘皆小舟，方水退，隔淖不能登岸，我捨舟而陸，擊之可盡。」遂棄舟登岸，大呼而殺之。金人不能騁，舟中自亂，溺水陷淖者不可勝計。昌收餘衆二千奔楚州，榮獲昌子壻佛寧，俘馘甚衆。榮自京東來，未(朱)嘗承王命，遂無路告捷，聞光世在鎮江，乃遣人願聽節制，且上其功。光世大喜，以榮知泰州。

31自渡江，國史散佚，至是衢州布衣何克忠獻太祖實錄、國朝寶訓，詔授下州文學。後八九年而國書始備。

32甲子，始下詔罪狀李成，募有能斬首及獲成者，除節度使，賜銀萬兩，錢萬緡，且赦成軍中脅從者。

初，馬進既敗，江淮招討使張俊，追之至奉新樓子莊。賊將商元，據草山設伏，俊熟視，見山險路狹，乃遣步兵從間道直趨山頂，殺伏奪險，遂至江州。進拒戰不勝，絕江而遁。乙丑，俊復江州。統制官楊沂中、趙密引兵追擊，又大敗之，成復還蘄州。自是俊軍有「鐵山」之號。

33是月，金人自階州引兵侵文州，而江漲不得渡，遂還，因棄城去；武德大夫、知岷州李惟德，亦率官吏棄城來歸。

惟德先守鄜州，城既破，敵就用之。張浚復以爲右武大夫、榮州刺史。於是盡失陝西地，但餘階、成、岷、鳳、洮五郡及鳳翔府之和尚原，隴州之方山原而已。

時興元帥府草創，倉廩乏絶，師旅寡弱，王庶撫教之，河東、陝西潰師，多舊部曲，往往來歸，不數月，有衆二萬。

34(四月)己巳，參知政事秦檜言：「臣昨與何㮚、陳過庭、孫傅、張叔夜同扈二聖出疆，今臣偶獲生還，驟蒙聖奬，擢居政府，而㮚、過庭、叔夜皆死異域，體骸不全，游魂無歸，可爲傷惻。欲望睿慈特依近者聶昌體例，追贈㮚等官職，仍給其家恩澤，以爲死事之勸。」詔贈㮚、過庭、傅、叔夜並開府儀同三司，官子孫各十人。

35癸酉，故承議郎刁羣，贈直龍圖閣。

先是羣通判登州，會金人南侵，羣率兵迎敵，至黃山館，與敵遇，軍敗，力戰，身被七矢而死。至是言者論其忠，特錄之。

36甲戌，復政州爲龍州，劍川、嘉祥、雷鄉、建城、辰陽、羅川、盈川、泉江、枳縣並復舊縣名，通會鎮復舊鎮名。以朝奉郎、新通判建昌軍莊綽言，自大觀以後，避龍、天、萬、載等字更易州縣名不當也。

37丁丑，刑部尚書、權禮部尚書胡直孺等言：「參酌皇祐詔書，將來請合祭昊天上帝、皇地祇於明堂，奉太祖、太宗以配天，庶幾禮專事簡。」從之。

38己卯，金主詔曰：「新徙戍邊戶，匱於衣食，有典質其親屬奴婢者，官爲贖之；戶計其口而有二三者，以官奴婢益之，使戶爲四口；又，乏耕牛者，給以官牛。別委官勸督田作，戍戶及邊軍資糧不繼，糴粟於民而與賑卹；其續遷戍戶在中路者，姑止之，卽其種藝，俟畢穫而行，及來春農時，以至戍所。」

39庚辰，隆祐皇太后崩於行宮之西殿，年五十九。

帝自后不豫，衣不解帶者連夕。至是范宗尹等見帝於殿之後閤，帝哀慟甚久，諭宗尹等，喪禮當從厚。

辛巳，詔：「隆祐皇太后應行典禮，並比擬欽聖憲肅皇后故事，討論以聞。朕以繼體之重，當從重服。」

40癸未，襄陽鎭撫使桑仲陷鄧州，殺右武大夫、淮康軍承宣使、河東招捉使、知汝州王俊。初，仲圍鄧州急，守臣武功郎譚兗遣人詣俊求授〔援〕，俊自繖蓋山引衆赴之。兗與飲宴，俊醉，兗率衆突圍出奔，遂入蜀。仲攻城陷，執俊歸襄陽，磔之。既，遂以其副都統制李横知鄧州。

仲，高密人，嘗爲黃河埽兵，以勇自負。仲雖嗜殺，然性頗孝，或盛怒欲殺人，其母戒之卽止。每自稱桑仲本王官，終當以死報國，故能服其下焉。

41甲申，同知樞密院事李回爲攢宮總護使，刑部尚書胡直孺爲橋道頓遞使，神武右〔左〕軍都統制韓世忠爲總管，內侍楊公弼爲都監。調三衙神武輜重越州卒千二百人穿復土。故事，園陵當置五使。議者以遺誥云權宜擇地攢殯，故第命大臣一員總護。

42乙酉，輔臣拜表，請帝爲隆祐服期，從之。

43丙戌，以太后崩，下詔卹刑。遣官告天地、社稷、宗室〔廟〕，并〔望〕告諸侯〔陵〕。

44丁亥，宣撫處置使張浚殺責授海州團練副使曲端於恭州。

端旣爲利、夔制置使王庶所譖，忠州防禦使、知渭州吳玠亦憾之，乃書「曲端謀反」四字于手心，因侍浚立，舉以示浚。浚素知端、庶不可並立，且方倚玠爲用，恐玠不自安。庶等知之，卽言：「端嘗作詩題柱，有指斥乘輿之意曰：『不向關中興事業，卻來江上泛漁舟，』此其罪也。」浚乃送端恭州獄。有武臣康隨者，在鳳翔，常以事忤端，鞭其背百，切骨憾端，浚以隨提點夔州路刑獄。端聞之曰：「吾其死矣！」呼天者數聲。端有馬名鐵象，日馳四百里，至是連呼「鐵象可惜」者數聲，乃赴逮。旣至，隨命獄吏縶維之，餬其口，熁之以火，端乾渴而死。士大夫莫不惜之，軍民亦皆悵恨，浚以是大失西人之心。

45是春，金左副元帥宗翰，使右都監耶律伊都（舊作余覩。）將燕、雲、女直二萬騎攻西遼於和勒城，（舊作可敦城。）調山西、河北夫饋餫，自雲中至和勒城，經沙漠三千餘里，民無一二得還。

始，金人侵中原，有擄掠，無戰鬬，計其從軍之費，及回日所獲數倍。自立劉豫之後，南侵淮，西侵蜀，生還者少而得不償費，人始患之。故漠北之行，民不勝其苦。伊都之軍和勒也，失其金牌，宗翰疑伊都與西遼暗合，遷其妻子於女直，伊都始貳。(校者按：此條應移34前。)

46 五月，己亥，手詔禮部、太常寺，討論隆祐皇太后合行册禮及奏告天地、宗廟等事。

初，進士黃縱，上書論隆祐皇太后頃年以誣謗廢斥，未嘗昭雪，雖復位號，然未正典禮及册告宗廟，朝議欲因升祔廟庭，特行册禮。帝諭大臣：「太母失位於紹聖之末，其後欽聖復之，再廢於崇寧之初；雖事出大臣，然天下不能戶曉，或得以竊議兩朝。」范宗尹曰：「太母聖德，人心所歸，自陛下推崇位號，海內莫不以爲當然。前後廢斥，實出章惇、蔡京，人皆知非二聖之過。」禮部員外郎王居正以謂：「國朝追册母后，皆由前日未極尊親之故。隆祐皇太后早儷(儷)宸極，雖蒙垢紹聖，退處道宮，而按元符三年五月詔書，則上皇受命欽聖憲肅皇后以復冢婦之意，亦已明甚。崇寧初，權臣擅政，悖違典禮，以卑廢尊，是太后之隆名定位，已正於元符，而不在靖康變故之日也。謂宜專用欽聖詔書及崇寧姦臣沮格之意，奏告天地宗廟，其册禮不須討論。」議遂定。

癸卯，侍從、臺諫集議隆祐皇太后謚曰昭慈獻烈后。

47 甲辰，帝始御正殿。

48 江西安撫大使朱勝非奏內侍李肖隨劉紹先出戰，功係第二等，帝曰：「恐無此理，肖安得有戰功！毋庸行出，懼貽笑四方。」張守曰：「不若但以傳宣之勞賞之。」

49 癸卯，帝出「大宋中興之寶」及上皇所獲元圭以示輔臣。寶，上新刻者。

50 中書舍人洪擬轉對，論帝王之學，中敍董仲舒、王吉之言，末以章句書藝爲非帝王之事。帝曰：「人欲明道見禮，非學問不可。惟能務學，則知古今治亂成敗與夫君子小人善惡之迹，善所當爲，惡所當戒，正心誠意，率由於此。」范宗尹曰：「人主欲以此爲先務。」因奏仇士良告其徒之言，帝然之。

51 忠州防禦使、秦鳳經略使吳玠及金人烏魯、折合戰於和尚原之北，敗之。

時金主之從姪沒立，與烏魯、折合以數萬騎分兩道西侵，沒立自鳳翔，二將由階、成，約日會和尚原。玠與其弟統領官、武翼郎、閤門宣贊舍人璘，以散卒數千人駐原上，朝問隔絕，軍儲匱乏，將士家屬，往往留敵，人無固志。有謀劫玠兄弟北去者，幕客陳遠猷夜入告。玠遽召諸將，勵以忠義，歃血而誓，諸將感泣，爲備益力。

是日，二將以勁騎先期而至，陣於原北，玠擊之，四戰皆捷。山谷中路狹而多石，馬不能行，敵棄馬，遂敗去。後三日，沒立自攻箭筈關，玠遣別將擊之，二軍卒不得合。又五日，敵移寨黃牛嶺，會大風雨雹，翼日引去。

張浚錄其功，承制（以）玠爲明州觀察使，璘爲武德大夫、康州團練使，賜金帶，擢秦鳳路兵馬都鈐轄，節制和尚原軍馬。

52丙午，江東安撫大使司奏捕虔賊李敦仁獲捷。

53眞、揚鎭撫使郭仲威爲劉光世所執。

初，仲威（聞）敵退，乃以其將李懷忠知揚州，而自往眞州屯駐。仲威與李成有舊，聞在九江，欲往從之。時滁濠鎭撫使劉綱，以所部屯建康之雨花臺，仲威爲所扼，不得進，復還揚州，謀據淮南以通劉豫。光世知其反復，遣前軍統制王德往捕之，宣言游徼淮上，至維揚，仲威迎謁於摘星臺，德手擒之，遂幷其衆。詔斬仲威於平江市，先是仲威焚掠平江，邦人怨甚，故就誅之。

54金分遣使者諸路勸農。

55丁未〔巳〕，詔江、淮州軍：「自今有金國南歸之人，賫到二聖密詔、文檄、蠟彈之類，未得奉行，具奏聽旨；違者重置典憲。」先是僞造者衆，故條約之。

56參知政事秦檜，乞以昨任御史中丞致仕日本家奏補兄彬、男熺恩澤文字毀抹，更用建炎二年大禮恩例補兄彬文資，從之。熺，王喚孽子也。檜娶喚女弟，無子。喚妻，鄭居中女，怙貴而妬，檜在北方，出嬉以爲檜後，奏官之。至是其家以嬉見檜，檜甚喜。

57 庚申，福建制置使辛企宗奏順昌盜余勝就招。

58 壬戌，范宗尹等以國用不足，奏鬻通直、修武郎已下官，帝曰：「不至人議論否？」張守曰：「祖宗時嘗亦有此，第止齋郎。」李回曰：「此猶愈於科斂百姓。」帝曰：「然。大凡施設，須可行於今，可傳於後，卽善耳。」宗尹乃退。其後遂止鬻承直郎已下官。

59 邵青受劉光世招安，太平州圍解。

初，青旣薄城下，與其徒單德忠、閻在等分寨四郊，開畎河水，盡淹圩岸以斷援兵來路。調民伐木爲慢道，怠緩者殺而幷棄之，一日之間，與城相平。賊攻具畢施，遂縱火焚樓櫓。刳孕婦，取胎以卜吉凶。敵樓爲砲所壞，守臣郭偉運土實之，賊不能近。偉方食於城上，青以砲擊其案，又以矢斃其侍吏，偉亦不顧。相持凡九日，偉募死士乘夜下城，因風焚其慢道；又二日，決姑溪水以灌其營。青窮蹙，會光世遣使來招安，翼日，青遂去。初，青之參議官魏曦多智，偉憚之，乃爲書，以響箭射于城外。已而曦力勸青就招，青怒，殺曦。人皆謂偉用間言，青信之也。

60 癸亥，初，馬進旣爲江、淮招討使張俊所敗，而李成猶在蘄州，至是俊引兵渡江，至黃梅縣，親與成戰。成據石幢坡，憑山以木石投人，俊乃先遣游卒進退若爭險狀以誤之。俊率衆攻險，賊徒奔潰，進爲追兵所殺。成去，以餘衆降僞齊。

61 六月，丙寅朔，詔：「自今朔望遙拜二聖于殿上，百官于殿下行禮。」先是帝與百官並拜於庭，而中書林遹以爲非宜，請用家人禮，故有是旨。

62 壬申，宰相范宗尹率百官奉上昭慈獻烈皇后謚册于太廟，寶用銀塗金，册以象簡，其文，參知政事秦檜所撰也。時太廟神主寓溫州，乃卽大善寺大殿上設祖宗寓室行禮。

63 丁丑，詔越州申嚴門禁。時有潰兵數百直入行在越州，泊于禹跡寺，闔城震駭。論者以爲言，乃命諸門增甲士守視，命官親書職位出入；軍馬自外至者，悉屯於城外。

64 戊寅，言者論：「朝廷暫駐江左，蓋非得已，當爲攘卻恢復之圖。頃歲駐蹕揚州，有兵數十萬，可以一戰；而斥堠不明，金人奄至，卒以奔走，踰江入越，此宰相黃潛善、汪伯彥之過也。前年移蹕建康，是時兵練將勇，食足財豐，據江上不測之險，當敵人疑懼之秋，可以守矣；而舟師不設，金人未至，先已奔走，遵海而南，此呂頤浩之過也。往者不可諫，來者猶可追。陛下今歲戰守之策，安所從出？萬一事起倉猝，大臣復欲棄土地，遺人民，委府庫，脫身奔走，此豈安國家定社稷之謀乎！臣愚以謂有江海，則必資舟楫戰守之具；有險阻，則必資郡縣固守之力；有兵將，則必駕馭馴擾，不可爲將帥自衞之資；有財賦，則必轉運灌輸，不可爲盜賊侵據之用。伏望委任大臣，早賜措畫。」

65 己卯，昭慈獻烈皇后靈駕發引，帝遣奠于行宮外門，參知政事張守撰哀册文，禮畢，易吉服還內。百僚服初喪之服，詣五雲門外奉辭，退，易常服，詣常朝殿門外立班，進名奉慰。故事，園陵用吉凶儀仗五千三十一人，至是太常請權用五百四十四人。

初，總護使李回既受命，有司猶援園陵之制，辟官分局，費用頗廣。寶文閣待制陳戩，時爲給事中，上疏論列，以爲異日歸祔泰陵，復用何禮？至謂會稽之山不可採，而欲取他山之石；廟〔廂〕禁之卒不足用，而欲調諸郡之夫；並緣爲姦，誇侈如此，豈不違太后慈儉之遺訓！于是一切鐫省。

66 辛巳，詔文林郎、越州上虞縣丞婁宗亮赴行在，以其言宗社大計也。

宗亮之書曰：「先正有言，太祖捨其子而立弟，此天下之大公也；周王薨，章聖取宗室子育之宮中，此天下之大慮也。仁宗皇帝感悟其說，詔英宗入繼大統，文子文孫，宜君宜王，遭罹變故，不斷如帶，今有天下者，獨陛下一人而已。恭惟陛下克己憂勤，備嘗艱難，春秋鼎盛，自當則百斯男。屬者椒寢未繁，前星不耀，孤立無助，有識寒心，天其或者深爲陛下追念祖宗仁心長慮之所及乎！崇寧以來，諛臣進說，推濮王子孫以爲近屬，餘皆謂之同姓，致使昌陵以後，寂寞無聞，奔迸藍縷，僅同民庶。恐祀豐于昵，仰違天監，藝祖在上，莫肯顧歆，此二聖所以未有回鑾之期，強敵所以未有悔禍之意，中原所以未有息肩之時也。欲望陛下於伯字行下，遴選太祖諸孫有賢德者，視秩親王，使牧九州，以待皇嗣之生，退處藩服。更加廣選宣祖、太宗之裔材武可稱之人，陞爲南班以備環列。庶幾上慰在天之靈，下係人心之望。臣本書生，白首選調，垂二十年，今將告歸，不敢緘默。位卑言高，罪當萬死，惟陛下幸赦！」疏入，帝讀之，大爲歎悟。

67 壬午，權攢昭慈獻烈皇后于會稽縣之上皇邨，神圍方百步，下宫深一丈五寸，明器止用鉛錫，置都監、巡檢各一員，衞卒百人，生日忌辰、旦望節序，排辦如天章閣之儀。改寶山證慈禪院爲泰寧寺，專奉香火，賜田十頃。帝事昭慈皇后，備極孝愛，故園陵儀範，率用母后臨朝之比焉。

68 癸未，江淮招討使張俊以大軍至瑞昌縣之丁家洲。

初，俊被密旨并收李允文，恐其拒命，乃與神武後軍統制陳思恭謀之，思恭言允文兵尙衆，須以計取。會英州編管人汪若海自江東赴貶，行至撫州，允文以書招之。招討使參議官湯東野，因引若海謁俊，俊曰：「君與李節制善，盍往說之與俱來，免盛夏提師至鄂。」若海曰：「與來而少保誅之，則若海爲賣友。」俊曰：「以百口保之。」若海先以書與允文曰：「張少保既破李成，欲移兵指武昌。若海言君無反狀，其屬曰：『節制非朝命，且殺袁植與留四川綱運，非反而何！』惟少保言『以百口相保』。今有三說：劉豫新立，君能引張用之衆，擒豫以取重賞，一也；或引衆西投宣撫司張樞密，既相辟，必爲君白于朝，二也；信少保百口相保之言，三也。君勿恃張用之徒爲強，彼見李成既破，皆已喪魄，若知朝廷怒君，必回戈相逐矣。」允文感悟，乃舉其軍東下。俊因檄若海併招新除舒蘄鎭撫使張用，時用自咸寧縣引兵趨分寧，爲通泰鎭撫使岳飛所逼逐，會俊于丁家洲。俊併將二軍，遣統制王緯〔偉〕護允文及參謀官滕膺赴行在。

69 甲申，昭慈獻烈皇后神主還越州。

70 戊子，帝諭大臣曰：「昨令廣選藝祖之後宗子二三歲者得四五人，資相皆非岐嶷，且令歸家，俟其至泉南選之。」先是尚書右僕射范宗尹有造膝之請，帝曰：「藝祖以聖武定天下，而子孫不得享之，遭時多艱，零落可閔。朕若不取法仁宗，爲天下計，何以慰在天之靈！」同知樞密院事李回曰：「自昔人君，惟堯、舜能以天下與賢，惟藝祖不以大位私子，聖明獨斷，發於至誠。陛下遠慮，上合藝祖，實可昭格天命。」帝曰：「此事亦不難行，祇是道理所在。朕止令於伯字行中選擇，庶昭穆順序。」秦檜曰：「須擇宗室閨門有禮法者。」帝曰：「當如此。」簽書樞密院事富直柔曰：「宮中有可付託否？」帝曰：「朕已得之。若不先擇宮嬪，則可慮之事更多。」宗尹曰：「陛下睿明，審慮如此，宗廟無疆之福。」帝所指宮嬪，蓋張婕妤、吳才人也。【考異】王明清揮麈錄餘話云：紹興壬子，詔知大宗正事安定郡王令時訪求宗子伯號七歲已下者十人入宮備選，十人中又選二人，得皐陵及伯浩。考令時以二十年閏月乙未除知宗正，皐陵五月乙亥育于禁中，相去才四十日，恐選擇未必如此之速；又，令時以舊事譴磒，爲上所薄，恐未必以此委之，明清誤也。

71 初，安南賊吳忠，與其徒宋破壇、劉洞天作亂，聚衆數千人，焚上猶、南康等三縣，殺巡尉，進犯軍城，統制官張中彥、李山屢舉兵討之，不克。是日，江南提點刑獄公事蘇恪，以從事郎田如鼇權南康縣丞，令與朝奉大夫、權通判魏彥杞往招捕。未幾，破壇爲彥杞所殺，如鼇尋遣兵焚賊寨，殺洞天。

72 壬辰，金賜昏德公、重昏侯時服各兩襲。

73 是夏，金左副元帥宗翰，右監軍希尹，自雲中之白水泊，右副元帥宗輔，自燕山之望國崖避暑。山西漢民賂宗翰執蓋者毒之，宗翰幾死。

74 秋，七月，乙未朔，劉光世以枯秸生穗爲瑞，奏之，帝曰：「歲豐，人不乏食，朝得賢輔佐，軍中有十萬鐵騎，乃可爲瑞，此外不足信。朕在藩邸時，梁間有芝草，府官皆欲上聞，朕手自碎之，不欲生此奇怪事。」輔臣歎服。

75 庚子，朝議大夫、新知澧州吳革爲潼川府路轉運副使。自置宣撫司後，四州監司以敕除者始此。

76 詔通泰鎭撫使岳飛一軍，權留洪州彈壓盜賊，以江淮招討使張俊將班師也。遂以飛爲神武右副軍統制。

77壬寅，復置翰林天文局、太史局學生，（太史局）五十人，天文局十人。

78丁未，太尉、兩浙西路安撫大使、淮南・揚・楚等州宣撫使劉光世兼海泗安撫使。時淮北之人歸附者甚衆，故命光世安輯之。

79殿中侍御史章誼言：「聞邵青自太平州乘船，經由鎮江府、江陰軍，遂入平江之常熟縣，所至劫掠，劉光世以驍將銳兵而不能應時擒制。以邵青所乘皆舟楫，而光世皆平陸之兵故也。國家既憑大江以爲險阻，而於舟師略不經意。今邵青小醜，光世大帥，乃敢越境深寇；使賊有大于此者，將何以禦之！臣聞古兵法，舟師有三等，其舟之大者爲陣脚船，其次爲戰船，其小者爲傳令船。蓋置陣尙持重，故用大舟；出戰尙輕捷，故用其次；至於江海波濤之間，旗幟金鼓，難以麾召進退，故用小舟。由此觀之，凡舟之大小，皆可以爲守戰之備，不必皆用大舟然後濟也。望於駐蹕之地置一水軍，帥以名將，計亦易辦。」詔淮南宣撫措置。時青已移舟通州海門鎭，而行在未知也。

80己酉，昭慈獻烈皇后虞主往溫州太廟。

81乙卯，中書舍人林遹轉對，論：「金雖北去，安知不示弱以怠我師！候秋高馬肥，遣李成招集瀕淮飢民，呼吸羣盜，侵軼江南，徐遣勁騎，由眞、揚、福山擣虛浙右。願乘此時，聚衆積粟，蒐將閱士，以備防秋之計。今日之弊，在於舟不習戰，將不用命，財用殫匱，民食艱鮮，州縣以軍興爲名而倍取無度，此迺腹心之深病，政事所當先；而盜賊、四裔，尙爲病在四肢，可以漸去也。惟陛下與大臣汲汲講圖之。」

82初，五湖捕魚人夏寧，聚其徒爲盜，後有衆千餘，專掠人以爲食，郭仲威嘗招之，不應命，至是受劉光世招安。又有仲威餘黨出沒于淮南，亦受光世招安，皆令（來）長蘆俟舟以濟。寧等無食，半月之間復啗萬餘人，是日，始具舟迎之。由是江北鄉邨愈覺凋殘矣。

83己未，昭慈獻烈皇后卒哭，命左監門衞大將軍士㒟，卽內中天章閣几筵前行卒哭之祭。帝不視事，百官進名奉慰。

84辛酉，召江東安撫大使兼知池州呂頤浩赴行在，欲代范宗尹也。

是日，頤浩督諸將與張琪戰于饒州城外，大敗之。琪自徽州引兵犯饒州，衆號五萬。時頤浩自左蠡班師，帳下兵不滿萬，郡人大恐。頤浩遣統制官巨師古招降之，琪詐受招，誘師古入其營，遂薄城下。統制官、右武大夫、宣州觀察使閻皋，頤浩愛將也，方捕盜于宜黃，走檄呼之，會皋平盜而歸，星馳以赴。頤浩召諸統兵官姚端、崔邦弼、顏孝恭、郝晸等駐軍城外，皆令聽皋節制。端軍爲左，邦弼軍爲右，皋將中軍，頤浩自畫陣圖授之。琪兵至近郊，前軍將張俊失利，琪恃其衆，直犯中軍，皋力戰，而端、邦弼兩軍夾擊，遂大破之，追奔三十里，殺賊甚衆。賊又別遣水軍分道自景德鎮來犯，頣浩遣統領官張慶以崔增餘衆禦之，琪遁去。是夜，其愛將姚興以所部詣巨師古降，琪遂走浮梁縣，復還徽州。

85 癸亥，尚書右僕射、同中書門下平章事兼知樞密院事范宗尹，充觀文殿學士、提舉臨安府洞霄宮。

宗尹既建討論濫賞之議，士大夫僥倖者爭排之。諸大將楊惟忠、劉光世、辛企宗兄弟，皆嘗從童貫行軍，論者疑其亦當貶削。同知樞密院事李回，亦言宣和間任中書舍人以校正御前文籍選〔遷〕官，乞削秩罷政。帝曰：「宣和政事，恐不必一一皆非。（人）主留意文籍，自是美事，豈可與其他濫賞同科！」參知政事秦檜曰：「此法一行，濁流者稍加削奪，便比無過之人，誠爲僥倖；清流者少挂吏議，卽爲辱甚大，不敢立朝，恐君子受弊。」帝顧謂宗尹，宗尹曰：「此事如回者無幾，其他亦不足惜。」遂降旨，侍從及館職兼領者罷。又詔，武臣濫賞，並免討論，令尚書省榜諭。其日，壬子也。

命既下，帝終以爲濫。後二日，帝批：「朕不欲歸過君父，歛怨士夫，可日下寢罷。」宗尹堅以爲可行，卽日求去。翼日，遂召直龍圖閣、新知台州沈與求赴行在。又一日，輔臣進呈，帝曰：「天下事不必堅執。至如人主有過，尚許言者極論，若遽沮遏，祇須人不進言，如此則於事有損。」始，宗尹之建議也，檜力贊之，至是見帝意堅，反以此擠宗尹。又五日，詔驛召呂頤浩。次日，遂召翰林學士汪藻草宗尹免制曰：「日者輕用人言，妄裁官簿，以廟堂之尊而負天下之謗，以人主之孝而暴君親之非。朕方丁寧德意而申命于朝，汝乃廢格詔書而持必于下。」宗尹入相踰一年。

始，宗尹與辛道宗兄弟往來甚密，帝不樂之，及是遽罷。于是崇、觀以來濫賞，悉免討論，但命吏部審量而已。

86八月，乙丑朔，詔奉安天章閣祖宗神御於法濟院，以乘輿播越，神御猶在舟中故也。

87丙寅，利州觀察使、湖東馬步軍副總管孔彥舟爲蘄黃鎮撫使兼知黃州，用張俊奏也。時彥舟在鄂州，舟多糧富，俊恐其盤據要地，故奏用之。

拱衞大夫、相州防禦使、新除舒蘄鎮撫使張用，有衆五萬在瑞昌，後數日，俊親揀其軍，精銳者留之；老弱者許自便，有投曹成者，有投岳飛者，有投韓世忠者，有自去而爲民者。俊既并其兵，遂以用爲本軍統制。

88乙亥，帝諭輔臣曰：「黨籍至今追贈未畢，卿等宜爲朕留意。程頤、任伯雨、龔夬、張舜民，此四人名德尤著，宜即褒贈。」乃贈夬直龍圖閣。

89丁丑，命右監門衞大將軍士芭祔昭慈獻烈皇后神主于溫州太廟哲宗室，用太常少卿蘇遲議，位在昭懷皇后之上。是日，韓肖胄題神主罷，藏虞主于西夾室，帝不視事，百官進名奉慰。故事，虞主瘞于殿後，議者以帝方巡幸，當竣〔俟〕還闕依故事施行，後遂爲例。士芭，濮王曾孫也，留金得歸，及是甫至行在。

90戊寅，同知樞密院事李回參知政事，端明殿學士、簽書樞密院事富直柔同知樞密院事。

91庚辰，故追復端明殿學士、降授奉議郎蘇軾特贈資政殿學士、朝奉大夫，以其孫宣教郎知蜀州（符言復官未盡也）。

92辛巳，詔尚書省復置催驅三省房及催驅六曹房。范宗尹之相也，事多留滯，比其罷相制下，省吏抱成案就宗尹書押者不可勝計，故有是命。

93丁亥，參知政事秦檜守尚書右僕射、同中書門下平章事兼知樞密院事。范宗尹既免，相位久虛。檜倡言曰：「我有二策，可以聳動天下。」或問：「何以不言？」檜曰：「今無相，不可行也。」語聞，遂有是命。【考異】林泉野記云：檜還朝爲禮部尚書，紹興初，除參知政事。檜曰：「陛下用臣，臣必能聳動天下之士。」後宰相范宗尹罷，帝欲用呂頤浩，已詔之。富直柔、韓璜、辛道宗、永宗皆懼其來，密薦檜爲相，俾塞其進，乃拜尚書右僕射。考諸書皆言檜與直柔爭進，故以道宗兄弟爲直柔之黨，深疾之，其後得政，竄斥無餘。今乃云道宗薦檜，誤也。

94戊子，贈張舜民寶文閣直學士，程頤、任伯雨並直龍圖閣。

制曰：「朕惟周衰，聖人之道不得其傳。世之學者，違道以趨利，捨己以爲人，其欲聞仁義道德之説者，孰從而聽之！間有老師大儒，不事章句，不習訓傳，自得于正心誠意之妙，則曲學阿世者又從而排陷之，卒使流離顛仆，其禍於斯文甚矣。爾頤潛心大業，無待而興。方退居洛陽，子弟從之，孝弟忠信；及進侍帷幄，拂心逆旨，務引君以當道。由其内察其外，以所已爲而逆所未爲，則高明自得之學，可信不疑。而浮僞之徒，自知其學問文采不足表見於世，乃竊其名以自售，外示恬默，中實奔競，外示樸魯，中實姦猾，外示嚴正，中實回僻，遂使天下聞其風而疾之，是不幸焉爾。朕錫以贊書，寵以延閣，所以振耀褒顯之者，以明上之所與，在此而不在彼也。」

先是頤子端中知六（安）軍，爲盜所殺，其孫將仕郎晟，在韓世清軍。伯雨子承務郎先由，建炎初嘗除御營使司主管機宜文字，不赴。至是詔並赴行在。

95 壬辰，詔：「夏國曆日自今更不頒賜。」

96 是日，吏部員外郎廖綱言：「古者天子必有親兵，實自將之，所以備不虞而強主威，使無太阿倒持之悔，漢北軍、唐神策之類是也。祖宗軍制尤嚴，如三衙四廂所統之兵，關防周盡。今此軍稍廢，所恃以備非常者，諸將外衛之兵而已。臣願稽舊制，選精鋭十數萬人以爲親兵，直自將之，居則以爲衛，動則爲中軍，此強幹弱支之道，最今日急務。昔段秀實嘗爲唐德宗言：『譬猶猛虎，所以百獸畏者，爪牙也。爪牙廢，則孤豚、特犬皆能爲敵。』正謂是也。願陛下留神毋忽。」

97戊戌，刑部奏軍士黃德等殺案目，其從二人俟于岸次，刑寺欲原其死，帝曰：「強盜不分首從，此何用貸！朕居常不敢生嗜(食生)物，懼多殺也。此時須當殺以止殺。」富直柔曰：「物不當死，雖蚤虱可矜；其當死，雖人不可恕。」帝甚以爲然。

98甲辰，初，朝廷以張琪、邵青反覆爲盜，命諸將毋得招安。而徽猷閣待制、知平江府胡松年言：「大將四合，連旬不能破賊。今青據通州崇明鎮沙上，寨柵之外，水淺舟不可行，泥深人不可涉。本府錢糧已費十三萬貫石，公私騷然，而賊未可睥睨。況劉光世兵將，類多西北人，一旦從事江海間，有掉眩不能飲食者，況能與賊較勝負於矢石間哉！」

先是光世奏已遣統制官王德討青，又奏青窮蹙，朝廷以爲然，及松年有是言，乃令光世措置。後二日，右司諫韓璜亦奏謂：「青擁舟數千艘，而朝廷未有舟師制禦，恐轉入海道，驚動浙東。且浙西正當收成之時，青若倏來，必誤國計。又，師老費財，或金、齊侵江，藉青爲用。」凡可慮者五事。疏奏，遂趣光世招降之。

99辛亥，合祭天地于明堂，太祖、太宗並配。赦天下。諸州守臣更不帶節制管內軍馬，免殘破州縣耕牛稅一年。越州人得解舉人，並免將來文解一次。諸路大辟，可免奏按，緣道路未通，並聽減等決遣。唐李氏、後漢劉氏、周郭氏、柴氏子孫，並各與一班行名目。錄用元符末上書人子孫。應遇兵道棄小人（兒）十五歲以下者，聽諸色人收養，即從其姓。諸盜許一月出首自新，前罪一切勿問。

是日，以常御殿增築地步爲明堂，止設天地祖宗四位，其位版朱漆青字，長二尺有五寸，博尺有一寸，厚亦如之，用丑時一刻行事。帝親書明堂及飛白門榜。時未有蒼璧、黃琮，禮官引故事，請以木爲璧，繪天地之色。帝以祀天不當計費，厚價市玉以製之。既而尺寸不及禮經，乃命有司隨宜置造。禮畢，就常御殿外宣赦書，以行宮門前地峻狹故也。

是歲，內外諸軍犒賜凡一百六萬緡，而戶部椿辦金錢帛三百五萬四千七百餘貫匹兩，皆委官根括於諸路。川、陝諸軍，則宣撫處置司就以川路助賞物帛給之。自諸軍外，宰執百官並權行住支，以貢賦未集故也。

時中書舍人兼直學士院席益草赦文，有曰：「上蒼懷悔禍之心，羣策竭定傾之力。六師奏凱，九扈成功，爰舉宗祈，聿修大報。」帝以其夸大，不悅。

100 壬子，嗣濮王仲湜請合西、南外宗正爲一司，以省官吏；事下給舍，中書舍人胡交修等言泉州乏財，不許。是時兩外宗子女歸（婦）合五百餘人，歲費錢九萬緡。

101 癸丑，鎮南軍節度使、開府儀同三司呂頤浩拜少保、尚書左僕射、同中書門下平章事兼知樞密院事。頤浩引故事辭所遷官，乃以特進就職。

102甲寅，詔官兩浙錢氏子孫嫡長者一人，以赦書所未及故也。

103丙辰，呂頤浩言：「先平內寇，然後可以禦外侮。今李成摧破，李允文革面，張用招安，李敦仁已敗，江、淮惟張琪、邵青兩寇，非久必可蕩平，惟閩中之寇不一。又，孔彥舟據鄂，馬友據潭，曹成、李宏在湘、湖、江西之間，而鄧慶、龔富剽掠南雄、英、韶諸郡，賊兵多寡不等。然閩中之寇最急，廣東之寇次之。蓋閩中去行在不遠，二廣未經殘破，若非疾速勦除，爲患不細。」詔樞密院措置。

104丁巳，金房鎮撫使王彥敗李忠于秦郊店，忠走降劉豫。

初，曹端既爲程千秋所殺，忠自稱京西南路副總管，爲端報仇，擾于京西，漸犯金州，謀入蜀。遂申宣撫司，乞下洋州關隘照會。張浚以爲憂，乃遣提舉一行事務、閤門宣贊舍人顏孝隆、稟議官·宣議郎蓋諒馳詣金州，以慰撫爲名，且以黃敕除忠知商州兼永興軍路總管。孝隆至軍中，爲所劫，以狀白浚，言忠實有兵二十餘萬，諒覘知，白浚乞爲備。浚恐孝隆爲忠所殺，委利夔路制置使王庶收接忠入關，仍散處其衆于梁、洋境內。庶檄忠令解甲給隊而入，忠去關二十里駐兵，回翔月餘，無解甲意。一夕，殺孝隆遁去，遂攻金州，彥率兵禦之。

忠沈鷙善戰，其下多河北驍果，官兵與戰，輒不利。一日，彥遣兵與忠戰于豐里，令提舉官趙璜率統領官門章駐于山趾，爲之策應，彥乘高視之。官軍少卻，彥麾璜救之，不應，官軍遂敗。彥退舍秦郊，忠遂陷諸關。彥令將士盡伏山谷間，偃旗幟，焚積聚，若將遁者；募死士得千餘人，設伏以俟其至。戰之前一日，彥度忠且入郡城，夜半，分官軍爲三以遏其衝。凌晨，果大至，官軍逆戰，聲震山谷，勝負未分，俄伏騎張兩翼繞出，忠大敗，追襲至永興軍之秦嶺。會王庶遣偏將鹿晟、馮賽來援，賽由間道乘之，斬其將曹威等三人。

浚錄其功，以彥爲拱衞大夫、溫州觀察使。賽，初除隆德府路經略使，自盧氏從邵隆至興元府，故庶用之。孝隆，博州人，後贈果州團練使。

105 是秋，金左副元帥宗翰盡遷祁州居民，以其城爲元帥府。民之當遷者，止許攜籠篋，其錢穀器用皆留之。

106 右都監耶律伊都至董城，西遼主率餘衆北遁。伊都以食盡，不克窮追而還。

107 時盜賊愈多，宗翰用大同尹高慶裔計，令竊盜贓一錢以上者皆死。雲中有一人拾遺錢于市，慶裔立斬之；蕭慶知平陽府，有行人拔葱于蔬圃，亦斬之。民知均死，由是竊盜少衰而劫盜日盛。慶裔又請諸州郡置地牢，深三丈，分三隔，死囚居其下，徒流居其中，笞杖居其上，外起夾城，圜以重塹，宗翰從而行之。

宗翰患百姓南歸及四方姦細入境，慶裔請禁諸路百姓人數行李，以告伍保鄰人，次(百人)長、巷長，次所司保明以申州府，方給番、漢公據以行；市肆驗之以鬻飲食，客舍驗之以安行李，至則繳之于官，回則易之以還。在路，日限一舍，違限若不告而出者，決沙袋二百，仍不許全家出及告出而轉之他處。于是人行不以緩急，動彌旬日，始得就道。又所費不貲，小商細民，坐閭里莫能出入，道路寂然，幾無人跡矣。

河東南路兵馬都總管蕭慶招降太行紅巾首領齊實、武淵、賈敢等，送于宗翰，盡殺之于獄。

續資治通鑑卷第一百十

賜進士及第兵部尚書兼都察院右都御史總督湖北湖南等處地方軍務兼理糧餉世襲二等輕車都尉畢沅編集

宋紀一百十 起重光大淵獻（辛亥）十月，盡玄黓困敦（壬子）四月，凡七月。

高宗受命中興金〔全〕功至德聖神武文昭仁憲孝皇帝

紹興元年 金天會九年。（辛亥、一一三一）

1 冬，十月，乙丑（丁卯），詔直祕閣李允文就大理寺賜死，坐擁兵跋扈，擅權專殺也。

2 己巳，浙西安撫大使司統制官王德以黃榜招水軍統制邵青，既而降之。

初，青自鎮江引舟師駐于崇明鎮，德往招捕，駐軍青龍鎮，自率親兵往崇明，而爲泥港所隔。青先遣人鋪板，布釘鐵，官軍不知，爭渡而過，多死于泥中。青遥語德曰：「太尉後隔潮水，我若以數百人掉〔棹〕舟扼守津要，則太尉糧食不通而自斃矣。然豈可扼人于險，太尉其速歸！」德曰：「邵統制，汝壯士，盍歸朝廷乎？」青曰：「諾。然軍中不能不犯朝廷之法，太尉可乞降一黃榜，應以前犯罪一切不問，則與太尉同歸。」德許之，折箭爲誓，言于朝。詔以青改過自新，可依所乞，日前罪犯，特與赦免。德遣使持榜示青，青見榜文，謂其乞降，大怒。其妻謂青曰：「汝不記作賊繫獄，我翦髮饋汝？今既如此，乃欲負朝廷耶？」時副統制、從義郎單德忠等皆欲就撫，惟統轄官閻在不欲。後數日，諸將晨謁青，德忠卽擊殺在于坐，謂衆曰：「敢有不歸朝廷者依此！」衆默然。青聞之，揮涕而出曰：「單統制若欲得印，當好相付，胡爲乃爾！」德忠食塊自明，然後勸青納兵以贖罪，青從之，遂受撫。

3 庚午，戶部尚書孟庾參知政事。

4 江東安撫大使司言李捧、華旺已就招，詔揀其兵隸諸將。

初，張琪既遁，捧等乃以所部就劉洪道招安，尋以捧爲武經大夫、壽春府兵馬鈐轄，旺爲池州兵馬都監。既而洪道言：「捧所部精銳，可得萬人。捧狀貌偉健，且勇于戰鬬，雖語言鄙俚，每合兵機，又能不貪，采用衆謀以得下情。觀捧所長，殆非庸將所及。」乃命神武前軍統制王𤫊以捧衆赴行在。

5 乙亥，起復明州觀察使、陝西諸路都統制、秦鳳路經略使吳玠，及金人戰于和尚原，大敗之。

初，金陝西都統洛索（舊作婁室。）卒，宗弼遂會諸道兵數萬謀西入，宣撫處置使張浚命玠先據鳳翔之和尚原以待之。宗弼造浮梁于寶雞縣，渡渭攻原，玠及其弟秦鳳兵馬都鈐轄璘率統制官雷仲等，選勁弓強弩與戰，分番迭射，號駐隊，矢接發不絕，且繁密如雨。金人稍卻，則以奇兵邀擊，斷其糧道，凡三日。是夜，大破之，俘馘首領及甲兵以萬計。宗弼中流矢二，僅以身免，得其麾。

于是浚承制以玠爲鎭西軍節度使，璘康州團練使、涇原路馬步軍副總管。是役也，玠所部全軍轉五官資，而朝請郎、通判鳳翔府兼經略司主管機宜文字陳遠猷，亦遷朝散大夫、直祕閣，秉義郎、閤門宣贊舍人王喜，遷左武大夫、威州刺史、宣撫司統領軍馬。

喜，滿城人。靖康初，金人攻京師，陝右大震，喜聚壯士十八人，不旬日，附者甚衆，喜爲立保伍法于常樂鎭，營建寨柵，號「王萬年」。王庶爲節制使，奏授成忠郎。已乃率所部歸玠，玠用爲秦州兵馬鈐轄，改知同州。至是以奇功，遂驟進。

宗弼自河東還燕山，左副元帥宗翰留宗弼在軍中，更以陝西副（統）完顏杲爲陝西經略使，將兵屯鳳翔府，與玠相持。【考異】王之望西事記曰：吳玠以一軍見據和尚原，金人屢攻之，不克，大破金人，殺其大帥，人多疑其不實。夫吳玠之勝，四太子之敗，固未可知，然金若不敗，則今無四川矣。今按金史云，宗弼與宋吳玠戰于和尚原，敗績，此其確證矣。又，張浚行狀云：尼堪（舊作粘罕。）在陝西時，病篤，召諸大帥謂曰：「吾自入中國來，未嘗有敢攖吾鋒者，獨張樞密與我抗。我在，猶不能取蜀，爾曹宜悉此意，當務自保而已。」烏珠（舊作兀朮。）出，怒曰：「是謂我不能耶！」尼堪死，卽合兵來侵。考金史，此時尼堪方持兵柄，死者洛索也。行狀多飾詞，不足據。

6壬午，福建民兵統領范汝爲入建州。汝爲據建安，衆十餘萬，至造黃、紅傘等，制置使辛企宗，用兵連年不能制。及是汝爲引兵入城，直祕閣王浚明以下皆遁，賊遂據其城。

7甲申，起復龍圖閣待制、知興元府、利夔路制置使王庶陞徽猷閣直學士。初，庶以本路軍籍單寡，乃籍興元府、興、洋州諸邑及三泉縣強壯，每兩丁取一，三丁取二，與免戶下物力錢二百千，號曰義士。每五十人爲一隊，知縣爲軍正，尉爲軍副，日閱武于縣，月閱武于州，不半年，有兵數萬。每遇敵，則厚犒賞之，敎閱有方，可以出戰，則令、尉皆改京秩。張浚言于朝，故有是命。其後合興、洋、三泉四郡義士至七萬餘人。

8戊子，斬有蔭人崔紹祖于越州市，其弟光祖配瓊州牢城，以僞造上皇手詔，自稱大元帥故也。

9己丑，升越州爲紹興府。

10張琪自宣州遁去，欲北降僞齊。是日，知承州王林所遣總轄官、閤門祗候張賽生擒之于楚州，檻赴行在。

11壬辰，錄程頤孫將仕郎易爲分寧令；後五日，又官其家一人。

12是月，僞齊劉豫遣其將王世沖寇廬州，守臣王亨以計誘世沖，斬之，大破其衆。

13十一月，乙未，江東安撫大使葉夢得始至建康。時建康荒殘，見兵不滿三千人，諸將散居他郡。夢得至，乃奏統制官韓世清一軍自宣州移屯建康，遣水軍統制官崔增屯采石，及統制官閻皋分守要害，而世清尚未至也。先是王才據橫澗山，降劉豫，遂引僞知宿州胡斌以兵入寇，詔淮南宣撫使劉光世遣兵招捕，夢得使統制官張俊自青陽間道會之。呂頤浩欲招才，乃命才以所部赴行在。于是夢得遣使臣張偉諭才如詔旨，才遂率其將丁順等三十餘人渡江。才懼罪，請留建康。頤浩議以淮西一郡授才，使統其兵之任，夢得以爲不可。乃詔才自顯武郎、閤門宣贊舍人遷武翼大夫、充建康府兵馬鈐轄。汰遣其衆，得正兵千餘人，分隸諸軍。

14戊戌，詔以會稽漕運不繼，移蹕臨安，命兩浙轉運副使徐康國兼權臨安府，與內侍楊公弼先營宮室。

先是尚書左僕射呂頤浩言：「今國步多艱，中原隔絕，江、淮之地，尚有盜賊，駐蹕之地，最爲急務。陛下當先定駐蹕之地，使號令易通于川、陝，將兵順流而可下，漕運不至於艱阻。然後速發大兵，一軍從江西、湖南以平羣寇，一軍往池州至建康府，處置已就，招安尚懷反側之人，于明年二三月間，使民得務耕桑，則在我之根本立矣。然後乘大暑之際，遣精銳之兵，與劉光世渡淮掎角而北去，由淮陽軍、沂州入密州以搖青、鄆，命張浚躬親統兵，由河中府入絳州以撼河東，乘兩路餘民心懷我宋未泯之時，知王師有收復中原之意，則中興之業可覬也。若不速爲之，逡巡過春夏，則金人他日再來，不惟大江之南，我之根本不可立，而日後之患不可勝言矣。臣嘗觀自古有爲之君，將以取天下者，弗躬弗親，則不能戡禍亂，定海內。伏望考漢高祖以馬上治之蹟，法唐太宗櫛風沐雨之事，以速圖之，不可緩也。三四年來，金人纔退，士大夫及獻言之人，便以爲太平無事，致機會可乘之便，往往沮抑不得行。今天下之勢，可謂危矣，既失中原，止存江、浙、閩、廣數路而已，其間亦多曾經殘破。浙江郡縣，往往已遭焚劫，浙東一路，在今形勢，漕運皆非所便。若不移蹕于上流州軍，保全此數路，及漸近川、陝，使國家命令易通于四方，則民失耕業，號令阻絕。俄傾之間，已至秋冬，金人復來，則雖欲追悔無及矣。」至是遂定移蹕之議。

15 參知政事孟庾爲福建、江西、荆湖宣撫使，神武左軍都統制韓世忠副之。時朝廷猶未知范汝爲據建州，而論者皆言神武副軍都統制、福建制置使辛企宗懦怯玩寇，故更遣世忠自台州進。

16 辛丑，太常少卿趙子晝言：「每歲春分日祀高禖，自巡幸不行，雖多故之時，禮文難徧，至于祓無子，祝多男，以係四方萬里之心，蓋不可闕，望自來歲舉行。」從之。

17 乙巳，磔武義大夫、閤門宣贊舍人張琪于越州市。

18辛亥，陞康州爲德慶府。

19壬子，手詔：「內外侍從各舉所知三人，限五日以聞。舉得其當，受上賞；毋以先得罪于朝廷及蔡京、王黼門人爲嫌。」

先是帝得陳襄薦司馬光等三十三人奏章，大善之，故有是詔。禮部侍郎李正民，以爲光等皆不合時宜者，由是帝薄之。

20詔天章閣祖宗神御二十四位，權于臨安府院奉安，朔望節序酌獻，供饗一分而已。

21癸丑，守尚書司封員外郎侍聘嘗言：「原廟之在郡國，有漢故事；而太廟神主，禮宜在都。今新邑未奠，宜考古師行載主之義，還之行闕，以彰聖孝。」

22丙辰，詔武功大夫、榮州團練使曹成以所部赴行在，命張俊遣使持詔書往攸縣就賜之。時朝奉大夫、提舉江西茶鹽公事侯懋言：「成今據衡山，控扼要害，毒流三千里，莫之誰何。馬友見與李宏潰卒合爲一軍，雖駐兵在潭，然素畏曹成。昔成在鄂，友自漢陽移軍潭、衡以避之，其忌成可知矣。臣料賊意，若成由衡山順流而下，友必棄潭而東入江西。蓋前有孔彥舟之隙，後逼曹成，西拒劉忠，萬一勢窮力盡，則必歸曹成而攻江西矣。聞友近招人買馬，打造兵器，度其狡獪之心，觀望向背，止在今春。朝廷若不早作措置，則江西諸郡，恐非朝廷有；江西失，則二廣危矣。」詔付宣撫司。

23 己未，金遷趙氏疏屬五百餘人于上京。

24 辛酉，僞齊秦鳳經略使郭振以數千騎掠白石鎭，武節大夫、閤門宣贊舍人、宣撫司選鋒將王彥與熙河統制官關師古併兵禦之。賊大敗，振爲官軍所獲，遂復秦州。張浚承制以彥爲康州刺史。

25 壬戌，曹成犯安仁縣，執湖東安撫使向子諲。

初，成既屯攸縣，而子諲兵不滿萬，駐司于衡之安仁，遣使招成，亦聽命。子諲乃檄成權本司都統制，而命諸將韓京以一軍西守衡陽，吳錫以一軍南定宜章，賊徒逡巡不敢南向者百有餘日，上江諸郡遂得以穫。既而援兵不至，成忿子諲扼己，卽擁衆而南。子諲遣從事郎·權安撫司幹辦公事何彥猷、迪功郎·隨軍餞（糧）官張節夫見成計事，遇于途，二人皆遁去。子諲率親兵與成相拒，自午至申，官軍悉潰。子諲度不可遏，單騎入成軍，諭以國家威靈。成不服，遂掠安仁縣，進攻道州，執子諲而去。

26 金房鎭撫使王彥斬中軍統制官趙横、統領官門璋。

彥既敗李忠，凱歌而歸，大賞將士，待横如初，終不言豐里之敗，横亦不疑。至是忽會諸將于毬場，酒四行，叱横起，數其豐里不策應之罪，併璋斬之，復飲數行而歸。

27 是月，金主以陝西地賜劉豫，從張邦昌所受封略故也。

28 十二月，乙丑，趙子晝權尚書禮部侍郎。宋以公族爲從官，自子晝始。

29 己巳，祕書少監傅崧卿權尚書吏部侍郎，充淮東宣諭使。

30 辛未，宣撫處置使張浚，承制以閤門宣贊舍人、知興州、同統領秦鳳等路軍馬李師顏知成州，閤門宣贊舍人、利州路第三將柴斌知興州。

金之破陝西也，師顏爲耀州守，獨率所部來歸，其家屬皆爲金所得。金人服其忠義，遣其弟師文招之，師顏不顧，師文卒爲所害，由是浚擢用之。

31 丁丑，手詔略曰：「比緣國難，盜起未息者，蓋姦贓之吏無卹民之意；及煩王師，而軍需不免又取于民，因循輾轉，日甚一日，欲民不盜，不可得也。可將建炎三年以前積欠，除形勢戶及公人外，一切蠲除。如州縣不奉詔，及監司迫脅州縣巧作催科者，並除名。並〔令〕御史臺糾察，多出黃榜曉諭。」又詔三省：「備以祖宗朝直決贓吏舊制鏤板行下，自今有犯，依法行遣，仍籍沒家財。」

32 曹成至道州，守臣直祕閣向子忞聞之，悉城中官軍，得百有二十五人，俾之迎敵，又遣使招之。兵行三十里，與成遇，士皆驚逸。成自東門入，子忞從西門跳奔獲免，成遂據道州。

33 戊寅，以彗見，許臣民實封言事。

34庚辰，桑仲遣兵攻復州，守臣修武郎祖遹棄城走。

35詔武翼大夫、閤門宣贊舍人知海州薛安靖，朝散郎、通判州事李彙，並赴行在。令揚、楚等州宣撫使劉光世遣將統兵戍守。

安靖本劉錫屬官，彙嘗爲沙河簿，在滄州，結約南歸。會劉豫使守海州，至郡踰年，遂誘率簽軍蓋諫等，殺金人所命沂南、淮北都巡檢使王企中及僞齊之戍守者，率軍民以城來歸。尋以安靖爲浙西兵馬副鈐轄，賜彙同進士出身、簽書海寧軍節度判官廳公事。

36甲申，右司諫方孟卿言：「祖宗故事，諫官置局于後省，號爲兩省官。蓋兩省，朝廷政令所自出，祖宗以諫官居之，不無深意。今行在諫院，許于皇城內建置，未有定處，望令依舊隨省置局。」詔諫院許於行在所都堂相近置局。

37丁亥，言者請贓吏當死者勿貸，帝曰：「朕本心欲專尚德化；顧贓吏害民，有不得已者，然亦豈忍遽置搢紳于死地！如前詔杖遣足矣。」

38戊子〔己丑〕，詔襄鄧鎮撫使桑仲，金房鎮撫使王彥，釋怨體國，不得自相侵擾。

初，仲雖受命，然猶恃兵衆，再圖取金州。是冬，以其衆分三道，一攻住口關，一出馬郎嶺，一擣洵陽縣，使其副都統制、武節大夫、榮州刺史李橫統之，前軍去金州三十里。彥曰：「賊兵以我爲寡，故寇三道以離吾之勢。今吾破其堅，則脆者自走矣。」時賊之大兵在馬郎嶺北，彥遣統制焦文通禦住口關，而自以親兵營馬郎嶺，與之對壘。大戰凡六日，賊奔潰。彥縱兵追擊，均州平。

紹興二年金天會十年。（壬子、一一三二）

1春，正月，癸巳朔，帝在紹興。是日，從官已下先發，以將還浙西也。

2甲午，詔：「自今科場復置賢良方正能直言極諫科。」

3丙申，福建、江西、荆湖宣撫副使韓世忠圍建州。

先是世忠行師至福州，守臣程邁以賊方銳，欲世忠少留以俟元夕，世忠笑曰：「吾以元夕凱旋見公矣！」師次延平，劍潭湍險，賊焚橋以拒王師。世忠單馬先浮以濟，師遂濟。距建寧百里許，范汝爲已伐木埋竹，及布鐵蒺藜，開陷馬坑，以拒諸要路。世忠乃偃兵，自間道急趨鳳凰山；是日旦，至城下，遂圍之。越四日辛丑，收建州。

初，范汝爲既被圍，固守不下。世忠以天橋、對樓、雲梯、火礮等急擊之，凡六日，賊衆稍怠。夜，官軍梯而上，城遂破，賊衆死者萬餘，生擒其將張雄等五百餘人，汝爲竄回源洞中自焚死。其將葉諒，以所部犯邵武軍，世忠擊斬之，餘衆悉平。

初，世忠疑城中人皆附賊，欲盡殺之，資政殿大學士李綱，時在福州，見世忠曰：「建州百姓多無辜。」世忠受教，及城破，世忠令軍人悉駐城上，毋得下。植旗于城之三面，令士民自相別，農者給牛種使耕，商賈者弛征禁，爲賊脅從者汰遣，獨取其附賊者誅之，由是多所全活。及還師，父老請祀之，世忠曰：「活爾曹者，李相公也。」

4 壬寅，帝御舟發紹興，神武右軍都統制張俊、中軍統制巨師古以其軍從；留右軍統制官劉寶殿後，以吏部侍郎李彌大權知紹興府，節制內外軍馬。時百司先渡江，扈衞者獨執政與給事中·直學士院胡交修、中書舍人程俱、侍御史沈與求而已。晚，執政登御舟奏事。帝至錢清堰，乘馬而行。

5 湖南安撫使向子諲，自曹成軍中復歸藍山縣。

初，成既入道州，會樞密院遣幹辦官左弼持詔書諭成，俾散遣江、淮等路民兵，獨與堪出戰人赴行在，聽張俊節制，其徒爲盜久，憚俊嚴明，不聽。湖廣宣撫使吳敏，時在桂州，以兵力微不能進。新中書舍人胡安國移書於敏，以謂：「帥臣見執而方伯不能治，此方伯之恥，不知策將安出？願速遣前軍進，由昭、賀以通春陵，北檄荆（校者按：「荆」字誤，應作韓京。）自衡移永，東檄吳錫嚴兵宜章，而親總中軍急渡嶺而北，下臨清湘，據三湖上流之地。然後詰問曹成擅移屯所與執帥臣之罪，就檄子諲赴軍前議事。若其悔罪自新，則與之招安；不然，斷而討之，勝負可決，若復延久，必生內變。矧迫東作之期，民失耕種，不待接刃，已投于溝壑矣。」敏然其言而不能用。

先是宣撫使〔司〕都統制衆參議馬擴,嘗駐軍大名,爲成所服,乃遣小校張布持敏檄諭成,成許受招,始釋子證。擴旋去。又數日,敏詞〔祠〕命亦至,成遂復爲亂。

6甲辰,帝次蕭山縣。丙午,帝至臨安。

7壬子,侍御史沈與求遷御史中丞。

時禁衞寡弱,兵權不在朝廷。與求言:「陛下移蹕東南,將圖恢復之舉,先務之急,宜莫如兵。漢有南北軍;唐自府兵、彍騎之法既壞,猶內有神策諸衞,外有諸鎮之兵,上下相維,使無偏重之勢。今圖大舉而兵權不在朝廷,雖有樞密院及三省兵房、尙書兵部,但奉行文書而已。願詔大臣講求利害而舉行之,使人情不駭而兵政益修,助成經理中興之志。」

8初,建昌軍石陂寨卒丁喜、饒青等爲亂,聚衆數千人,而蘆溪寨土兵揚招,與鄉民乘之縱掠。喜尋死,其徒姚達代領其衆,帝命徽猷閣待制、新知宣州劉洪道統領〔督統〕制官崔邦弼等往捕。至是劉洪道請濟師,乃詔統制官韓世清自宣州遣兵三千;時奉議郎、知貴溪縣符建中亦遣舉人劉銳往說諭土兵,衆皆聽命。詔官其首,餘衆分隸信州諸軍。

9金主詔曰:「昔遼人分士庶之族,賦役皆有等差,其悉均之。」

10戊午,三衙奏定臨安府左右廂巡爲百有十五鋪,用卒六百七十三人,三衙及本府兵各居其半。按二十二年十月己卯,又增爲百有五十鋪。

11 辛酉，武功大夫、忠州團練使楊勍以所部四千屯吉州，恣横不法。建武軍節度使、江西兵馬副總管楊惟忠欲圖之，乃與勍敍同姓之歡，邀會飲，伏兵誅之，遂并其兵，尋進惟忠軍職一等。勍自建炎中爲盜，踐蹂福建、湖南諸州，及是乃敗。

12 二月，丁卯，尚書吏部侍郎李光試禮部尚書，吏部侍郎李彌大試戶部尚書，徽猷閣直學士、知潭州綦崈禮試禮部侍郎，太常寺少卿程瑀試給事中。

13 庚午，資政殿大學士、提舉臨安府洞霄宫李綱爲觀文殿學士、荆湖、廣南路宣撫使，兼知潭州。

前五日，直祕閣、知道州向子忞奏曹成犯道、賀二州，宰相呂頤浩、秦檜，因陳：「天下大計，當用二廣財力，葺荆湖兩路，使通京西，接陝右，此天下右臂。如京東諸州爲叛臣所據，正如國初河東，且留以蔽敵。諸路先定，他時併力圖之，似爲未晚。」檜請身至湖外，自當一面，效羊祜襄陽故事，帝曰：「卿等當居中運裁，不可授人以柄。」至是命綱，仍令福建等路宣撫副使韓世忠以所部統制官任仕安一軍三千人授綱，由汀州之任，又命權河〔湖〕東安撫使岳飛率河〔湖〕東副總管馬友及諸將李宏、韓京、吳錫等共擊成。

時新除舍人胡安國，避地河〔湖〕東，亦以書遺檜，言：「吳敏兵寡，宜就遣世忠以爲之副，俾殲殄羣寇，收拾遺〔遺〕民。人言向子諲忠節，在今日可以扶持綱常，願憐其無救而陷于賊，復加任用，俾收後效。」

14 金賑上京路戍邊之民。

15 癸酉，起居舍人廖剛權尚書吏部侍郎。

16 丁丑，詔閤門宣贊舍人崔增、樞密院準備將領趙延壽、單德忠、李振、徐文、武功大夫李捧、樞密院水軍統制邵青所部兵，分爲七將，以御前忠鋭爲名，內增、青仍作水軍，並隸侍衞步軍司，非樞密院得旨，毋得擅發，仍鑄印賜之。

17 己卯，秦檜因奏事言：「每見陛下屈己從諫，中外士民，無不感悦。」帝曰：「如前日百姓揭牌題以『供御纈服』，問之，乃十年前京師鋪戶用其舊牌，已令毀撤。不知者將謂舊習未除，朕所服者多繒素，豈復有綺纈也！」

18 癸未，帝始御講殿。自巡幸以來，經筵久輟，至是復之。

19 乙酉，帝諭輔臣曰：「人主待臣下，當以至誠，若知其不可用，不若罷去，疑而留之，無益也。」又曰：「人主之德，莫大于仁。仁之一字，非堯、舜莫能當。」呂頤浩、秦檜曰：「聖學高明，以誠、仁二者治心，修身、正家、齊天下有餘裕矣。」

20 戊子，龍圖閣待制、知撫州高衞，落職，與宮觀。

衞言甘露降于州之祥符觀，且爲圖上之。王居正論今日恐非天降祥瑞之時，（言者劾衞）崇飾詔諛，老不知愧，望賜罷黜，從之。

21是月，知商州董先叛，附于劉豫。

先是閤門宣贊舍人李興，以節制軍馬屯于商州，會先爲陝虢安撫使〔司〕統制官耿嗣宗所迫來依，興以兄事之。未幾，河南鎮撫使翟興俾先知商州，先心慊之，密有害興意，因置酒，伏甲執興于坐，以鎮撫使之命械興赴河南，欲于中塗殺之。行兩程，宿山林庵舍中，興見羣卒熟寐，乃荷械而去。逮曉，至洛陽，農家人識之，咨嗟熟視，遂破其械，以糗糧遺興使去，其子女諸妾皆被害。興既脫，復得麾下舊兵千餘，往來商、虢間。先既與興爲仇，且劉豫勢漸盛，先不能軍，遂以商、虢二州降豫。

22初，淮西諸州多爲劇盜所據，朝廷因而授之。閤門宣贊舍人、知濠州寇宏，雖受朝命，陰與僞宿州守胡斌通。李成之敗也，褒信縣射士許約，收其潰兵，入光州城，以收復告，卽以約知光州。約與武節大夫、忠州刺史、知壽春府陳卞，皆與僞境往來，兼用紹興、阜昌年號。光州土豪張昂，獨率民兵據仙居縣之石額山爲寨。事聞，詔授昂忠翊郎、忠義兵民統領。至是北賈有至建康者，言中原之民苦劉豫虐政，皆望王師之來，江東安撫大使葉夢得聞之，卽遣使撫諭卞、宏，二人皆聽命。既而豫遣僞京西南路安撫使王彥先攻壽春，爲卞所敗，而宏遂與斌絕，卞尋復固始縣。會豫衆犯二州，卞棄城保南岸，夢得令統制官王冠、張俊等援之，豫衆引去。

23 三月，壬辰朔，虔化縣賊李敦仁補正修武郎、閤門祗候，其徒三十八人皆授官，分隸張俊等軍中。

敦仁起書生，爲盜三歲，蹂四州十縣，最後爲江東統制官顏子恭所破，至是始平。

24 淮西招撫使李光，執江東安撫大使司都統制韓世清于宣州。

初，光與副使王璦將忠銳、神武軍合萬餘，以辛卯晦抵城下，時日已暮，隔溪而營。世清將迎謁，其濠寨將曰：「不可，李尚書往淮西，而下寨甚嚴，非過軍也，必有謀耳。」世清曰：「我何罪？」遂將親兵千餘人來謁。是夜，光與璦共議。翼日，世清率諸將來賀月旦，守臣具食，璦先以甲士守其從者。光謂世清曰：「得旨，揀軍往淮北，可批報諸軍，令素隊出城。」世清欲上馬，馬已持去。光命持黃榜入城，統領官楊明、吉榮聞之，諭其徒擐甲毋出。世清不得已批報諸軍，衆乃聽命；擇其壯者五千餘人隸神武前軍，餘許自便。光又得世清所用舟九百艘，帛七十匹，遂執世清以歸。其中軍統領官趙琦，先以精銳二千討賊于建昌，亦命琦赴行在。

25 水賊翟進犯漢陽軍，殺武功大夫、權軍事趙令戣及吏民百餘人，掠舟船而去，遂以其衆歸于蘄黃鎮撫使孔彥舟。

26乙未，江西安撫大使李回言：「湖東名賊曹成在道州，馬友潭州，李宏岳州，劉忠處潭、岳之間，雖時相攻擊，其實聞二宣撫之來，陰相交結，分布一路，爲互援之計。馬友據潭州踰半年，漕臣錢糧不得移用。今朝廷以岳飛知潭州，友安得不疑！飛亦安能引兵直赴潭州，與友共處！若使飛先往道州捕曹成，友必懷疑，阻害糧饋，則飛有腹背受敵之患。不若且置成不問，先引兵往袁州約友、宏，云討忠以俟二宣撫之來，庶使成不便過嶺，最爲長策。」

飛之將行也，回既諭以此意，復言于朝。呂頤浩、秦檜進呈，因言：「湖廣大寇，曹成爲首，馬友、劉忠次之。數賊相與交結，爲輔車相依之勢。」帝曰：「宣撫使司兵到，必能平湖南諸寇，續次令轉往湖北襄、漢間以通川、陝。譬如漢高祖先遣韓信破趙，復破齊，然後擒項籍。」乃詔飛勘量賊勢，如未可進，且駐袁州以俟世忠會兵。時成已進犯嶺南，飛亦移兵茶陵，而朝廷未知也。

27戊戌，明州觀察使、襄陽府·鄧·隨·郢州鎮撫使兼知襄陽府桑仲，爲知郢州霍明所殺。

初，仲屢爲王彥所敗，欲再攻金州，鎮撫使(司)副統制兼知鄧州李橫曰：「不率三軍入西川，卽殺敵以圖報國，勿坐困于此。」仲檄明曰：「金州草寇當道，當盡剗除。」明不從，每報之曰：「不知金州草寇主名爲誰？」安復鎮撫使陳規聞之，亦遣人謂明曰：「朝廷以郡授汝矣，汝謹勿附仲。」仲怒，陰有殺明意。明措置郢州，漸成井邑，亦有戀郢之心。仲以二十騎疾馳入郢州，明聞，謂其黨曰：「太尉來，定見害。」明度仲以駿馬日馳三百里，髻必解散，預備有力者爲之束髮。坐定，明卑詞謝曰：「擇日即起兵，豈敢違令！事未須遽，莫要理髮否？」仲欣諾。有力者既得其髻，即擒而殺之，因其從者，而以反聞。

後鎮撫司參謀官趙去疾歸朝，帝問仲何如人，去疾曰：「忠義人也。」帝問其說，去疾曰：「仲嘗爲臣言，必欲取京師以獻朝廷，第乞二文資以祿其子。」帝憫然感動，授仲二子昕、維將仕郎。

28 己亥，制授故南越王李乾德子陽煥靜海軍節度使、特進、檢校太尉兼御史大夫、上柱國，封交趾郡王，仍賜推誠順化功臣。自元豐後，大臣功號悉除之，獨安南如故。

29 庚子，陝西都統司同統制軍馬楊政，及金戰于方山原，敗之。

時隴州移治方山原，守將范綜以散卒兵數千駐原上。金人所命陝西經略使薩里干，（舊作撒離喝。）與叛將張中彥、慕容洧合兵來侵，陝西都統制吳玠命政及吳璘、雷仲救之。大戰三日，焚其寨，翼日，敵引去。政，臨涇人，初爲弓箭手，驍勇過人，玠用爲統制。宣撫處置使張浚錄其功，擢知鳳州。

30 癸丑，武功大夫、忠州團練使、閤門宣贊舍人、河南府·孟·汝·唐州鎮撫使、知河南府兼節制應援河東、北兵馬使翟興，爲其將官楊偉所殺。

初，僞齊劉豫將移都汴京，以興屯伊陽山寨，憚之。豫每遣人往陝西，則假道于金人，由懷、衞、太行取蒲津濟河以達，豫深苦之，嘗遣廸功郎蔣頤持詔書遺興，誘以王爵，興剹頤而焚其書。豫計不行，乃陰遣人啗偉以厚利，偉遂殺興，攜其首奔豫。興死年六十。其子兵馬鈐轄琮，收合餘兵保故寨，自是不復能軍。事聞，詔贈興保信軍節度使。

31 甲寅，帝策試諸路類試奏名進士于講殿。

帝謂輔臣曰：「朕此舉，將以作成人才，爲異日之用。若其言鯁亮切直，他日必端方不回之士。自崇寧以來，惡人敢言，士氣不作；流弊至今，不可不革。」因手詔諭考官，直言者置之高等，尤〔凡〕諂佞者居下列。

鹽官進士張九成對策曰：「禍難之作，天所以開聖。願陛下以剛大爲心，無遽以驚憂自阻。彼劉豫者，素無勳德，殊乏聲稱，天下徒見其背叛於君親而委身于強敵耳，黠雛經營，有若兒戲。今日之計，當先用越王之法以驕之，使侈心肆意，無所忌憚，將見權臣爭強，篡奪之禍起矣。臣觀濱江郡縣爲守令者，類無遠圖，陽羨、惠山之民，何其被酷之深也！率斂之民〔名〕，種類閎大，秋苗之外，又有苗頭；苗頭未已，又行八折；八折未已，又曰大姓；大姓竭矣，又曰經實；經實均矣，又曰均敷；均敷之外，名字未易數也；流離奔竄，益以無聊。臣竊謂前世中興之主，大抵以剛德爲尙；去讒節慾，遠佞防姦，皆中興之本也。今閭巷之人，uF0AC隸之伍，皆知有父兄妻子之樂，室家聚處之歡。陛下雖貴爲天子，富有四海，徒以金人之故，使陛下冬不得其溫，夏不得其凊，昏無所定，晨無所省，問寢之私，何時可遂？在原之急，何時可救？日往月來，何時可歸？望遠傷懷，何時可釋？每感時遇物，想惟聖心雷厲，天淚雨流，思掃清鑾帳以迎二聖之車。若夫小民則不然，是以搜攬小蟲，馳驅駿馬，道路之言，有若上誣聖德者。深察其源，蓋自彼閹人私求禽馬，動以陛下爲名，國之不祥也。今此曹名字稍有聞，此臣之所憂也。賢士大夫宴見有時，宦官女子實居前後；有時者易疏，前後者難間，聖情荏苒不知其非。不若使之安掃除之役，復門戶之司，凡交結往來者有禁，干與政事者必誅。陛下日御便殿，親近儒者，講詩、書之指趣，論古今之成敗，將聞閹寺之言，如狐狸夜號而鴟梟晝舞也。」【考異】九成家傳云：公策言劉豫，比之狐狸鴟梟。豫怒，手劍屬客，欲刺之。乃策語不同，家傳小誤也。

帝感其言，擢九成第一，以下二百五十九人及第、出身、（同出身）。而川、陝類省試合格進士楊希仲等一百二十人，皆卽家賜第。

32 夏，四月，丁卯，金主詔曰：「諸良人知情嫁奴者，聽如故爲妻；其不知而嫁者，去住悉從所欲。」

33先是金主以皇弟安班舊作諳班，今改。貝勒舊作勃極烈，今改。嗣位，卽以安班貝勒授其弟杲。一名舍音，舊作斜也。杲既歿，久虛此位，而宗峻子亶，以太祖嫡孫當立，輔政大臣宗幹等不以言，金主亦無立亶意。至是左副元帥宗翰、右副元帥宗輔、左監軍完顏希尹等入朝，宗翰曰：「儲嗣虛位頗久，亶爲先帝嫡孫，當立；不早定之，恐授非其人。宗翰日夜未嘗忘此。」遂與宗輔、宗幹、希尹定議，入言于金主，請之再三，金主以宗翰等皆大臣，義不可奪，迺從之。庚午，詔亶曰：「爾爲太祖之嫡孫，故命爾爲安班貝勒。其無自謂幼沖，狎於童戲，惟敬厥德。」遂以皇子宗盤爲古論舊作國論，今改。貝勒，以左副元帥宗翰爲古論右貝勒兼都元帥，以右副元帥宗輔爲左副元帥。

34翰林學士承旨兼侍讀翟汝文參知政事。

35辛未，復置諸州學官四十三員。

時言者論：「文武之道，不可偏廢。東晉之初，首開學校。頃緣議者務減吏員，諸州教授，例從鐫減。今所在州郡添差筦庫捕盜者，無慮十數，何獨于此而吝之！欲望稍修學官，使士子有所矜式，且廉退之士，不至棄遺。」

36壬申，建武軍節度使、江西兵馬副總管楊惟忠討軍賊趙進，降之。

進寇江州之瑞昌，帥臣李回遣惟忠討捕，時賊衆萬二千，官軍八千而已。平旦，惟忠渡江，先鋒將武德郎、閤門宣贊舍人傅選悉五軍旗幟行，以壯軍聲。賊諜知之，曰：「先鋒尚如此，若全軍而來，何可當也！」遂遣使迎降。詔以進爲從義郎，其徒十三人皆授官，仍留江州屯駐。

37 己卯，執政奏事，帝諭二相曰：「頤浩專治軍旅，檜專理庶務，當如范蠡、大夫種分職。」先是呂頤浩聞桑仲進兵，乃大議出師，而身自督軍北向。且言：「近聞金、僞合兵以窺川、陝，若於來春舉兵，必可牽制陝西之急。萬一王師逐豫，則彼必震恐。因令韓世忠自西京入關，此亦一奇也。」及是帝諭輔臣，二人唯唯奉詔。

38 癸未，詔曰：「朕寤寐中興，累年于茲，任人共政，治效缺然。載加考績，登庸二相，蓋欲其謀斷，協濟事功，倚毗眷遇，體貌惟均。凡一時啓擬薦聞之士，顧朕拔擢任使之間，隨其才器，試可乃已，豈可二哉！倘慮進用之人，才或勝德，心則媚奥，潛效偏私，浸成離間，將見分朋植黨，互相傾搖，由辨之不早辨也，可不戒哉！繼自今，小大之臣，其各同心體國，敦尚中和，交修不逮。如或朋比阿附以害吾政治者，其令臺諫論列聞奏，朕當嚴置典刑，以誅其意。」時呂頤浩、秦檜同秉政，檜知頤浩不爲時論所與，乃多引知名之士爲助，欲傾頤浩而專朝權。帝頗覺之，故下是詔。

39 乙酉，呂頤浩言：「近至天竺祈晴，今雨少霽，可以上寬聖慮。」帝曰：「朕宮中亦自育蠶，此不惟可候歲事，亦欲知女工艱難，事事質驗。」

40 戊子，尚書左僕射、同中書門下平章事兼樞密院事呂頤浩都督江、淮、荆、浙諸軍事。制曰：「盡長江表裏之雄，悉歸經略；舉宿將王侯之貴，咸聽指呼。」時頤浩將謀出師，而秦檜之黨亦建言：「昔周宣王內修外攘，故能中興。今二相宜分任內外之事。」帝乃命頤浩總師，開府鎮江。頤浩請辟參謀官以下文武七十七員，鑄都督府印，賜激賞銀帛二萬匹兩，上供經制錢三十萬緡，米六萬斛，度牒八百道，月給公帑錢二千緡，仍許召諸州守臣時暫至軍前議事，皆從之。

41 己丑，給事中王叔敖守尚書戶部侍郎兼侍讀。

42 庚寅，金以鴨綠、混同江暴漲，命賑徙邊戍戶之在混同者。

43 是日，僞齊劉豫移都汴京，士民震駭，豫乃下詔以撫之，因與民約曰：「自今更不肆赦，不用宦官，不度僧道，文武雜用，不限資格。」尊其祖忠曰毅文皇帝，廟號徽祖；父曰睿仁皇帝，廟號衍祖。僞左丞相麟籍所(簽)鄉兵十餘萬爲皇子府十二軍，以尚書戶部郎中、兼權侍郎馮長寧參謀軍事，改(徙)汴京留守(益)爲京兆留守。

豫在開封，凡軍國事以至賞刑鬬訟，無巨細申元帥府取決。沿河、沿淮及陝西、山東等路，皆駐北軍。由是賦斂甚重，刑法太峻，民不聊生。時西京奉先卒李英賣玉椀與金人，豫疑其非人間物，驗治得實，遂以其臣劉從善爲河南沙淘官，谷浚爲汴京沙淘官。于是兩京民間窖藏及冢墓，破伐殆遍矣。

44（閏四月）癸巳，高麗國王楷遣其尚書禮部員外郎崔惟清、閤門祗候沈起入貢，詔祕書省校書郎王洋押伴。楷獻金百兩，銀千兩，帛二百匹，紙二百匹，人參五百斤，詔賜惟清、起金帶，賜酒食于同文館。

45直祕閣、主管洪州玉隆觀、衍聖公孔端友既卒，詔以其子玠爲右承奉郎，封衍聖公。

46丙申，神武副軍都統制岳飛引兵擊曹成于賀州境上，大破之。

初，成既得賀州，聞岳飛至，以兵守莫邪關。飛遣前軍統制張憲攻關，軍士郭進與旗頭二人先登，進揮槍而出，殺其旗頭，賊兵亂，官軍齊進，遂入關。飛喜，補進秉義郎，解金束帶以賜。官軍既入關，賊兵散亂，第五將韓順夫解鞍脱甲，以所虜婦人佐酒。賊黨楊再興率衆直犯順夫之營，官軍退卻，順夫爲再興斫臂而死。飛怒，盡誅親隨兵，責其副將王某擒再興以贖罪。會張憲與撞軍統制王經皆至，再興屢戰，又殺飛之弟翻。官軍追擊不已，成屢敗，衆死者萬數，成率餘兵屯桂嶺。

47丁酉，詔奉迎溫州開元寺眞宗神御赴行在。

初，章獻明肅皇后以黃金鑄章聖神御，帝恐其誨盜，故還焉。因愀然謂宰輔曰：「朕播遷至此，不能以時薦享宗廟，奉衣冠出游，令祖宗神御越在海隅，念之坐不安席。」

48丙午，神武副軍都統制岳飛敗曹成于桂嶺，成拔寨遁去。賊將楊再興爲追騎所及，跳入深澗中，軍士欲就殺之，再興曰：「勿殺，當與我見岳公。」遂受縛。飛見之，解其縛曰：「汝壯士，吾不汝殺，當以忠義報國家。」再興謝之。飛留以爲將。

時成既爲飛所破，遂走連州。飛命前軍統制張憲追之，成穿蹬，又走郴州，守臣趙不羣乘城固守，成轉入邵州。會福建、江西、荆湖宣撫使韓世忠既平閩盜，乃旋師永嘉，若將就休息者，而道處、信，徑至豫章江濱，連營數十里。羣賊不虞其至，大驚，以爲神。世忠聞成屢北，遣神武左軍提舉事務官、拱衞大夫、貴州刺史董旼往招之。成以其衆就招，有赦〔郝〕最獨不從，率衆走沅州，戴白巾，稱爲成報仇。最後歸于張憲。

49庚戌，武德大夫、知池州王進言已復太平州。

先是江東安撫大使司統制官張俊、耿進等攻城，未能下，進以所部赴之。叛兵陸德等受招，進挺身而入。其次周青者，言不順，進乃召使臣張錞叱令置對，乘賊不意，執青，斬其首。俄而耿進自西門，張俊自南門入，諸軍既不相一，遂殺人縱掠，城中亂，兵馬鈐轄、權州事趙子絅乘間遁去。俊執德以獻，伏誅。其後二人交訟其功，詔李光究實。光上進等及軍士五千八百餘人功狀于朝，帝命以功贖過，而子絅與錞皆勒停。

初，進在池州，嘗以事械司理參軍衞允迪而釘其手，言者交奏其狀，未及究，至是呂頤浩遂命進以所部二千屯饒州。

德之始叛也，懼官軍將至，謀盡黥城中少壯而屠其老弱，然後擁衆渡江。慈湖寨兵馬俊，適隸周青左右，得其謀，陰結其徒十人殺賊，然後諭衆開門，其徒許之。俊歸，語其妻孫氏，與之訣。至南門，伺青出上馬，斫中頰，九人懼不敢前。俊與妻子皆遇害。青被傷臥旬日，賊黨益落，官軍四合，遂就誅。後贈俊修武郎，立祠，號登勇。

續資治通鑑卷第一百十一

賜進士及第兵部尚書兼都察院右都御史總督湖北湖南等處地方軍務兼理糧餉世襲二等輕車都尉畢沅編集

宋紀一百十一 起玄默困敦（壬子）五月，盡十二月，凡八月。

高宗受命中興全功至德聖神武文昭仁憲孝皇帝

紹興二年金天會十年。（壬子、一一三二）

1 五月，庚申朔，日北至，祀皇地祇于天慶觀之望祭殿，始用牲玉。

2 辛酉，捧日天武四廂都指揮使、建武軍節度使、江西兵馬副總管楊惟忠卒。惟忠之討趙進也，卽軍中得疾，還洪州，一日死。安撫大使李回收其軍隸本司，以統制官傅選、胡友所部四千人爲前後軍，又命親衞大夫、鼎州團練使祁超將餘兵五千充本司統制。按此據此年七月六日李回所奏增入。

惟忠起行間，兼長戰守，宣、政間，在陝西，頗有威名；及從帝至東南，官崇志滿，不肯盡力，聲譽日衰。薨年六十六，後諡恭勇。

3庚午，岳飛奏破曹成于賀州。

4壬申，蘄黃鎮撫使孔彥舟言：「劉豫已遷汴京，金人留戍甚寡，人苦科役，日望王師。土豪人戶，尙有團練保險堅守不降者。誠能拜相臣爲大元帥，宿重兵于淮南要害之地以爲根本，指揮諸鎭，分道進兵，將見天戈所指，州縣望風降順。因民所欲，藉以爲兵，不必乞師于神武；取民所餘，資以爲糧，不必仰給于縣官。河南之地，指日可定，而京城孤立矣，一日會合，輻輳城下，而劉豫唾手可擒也。伏念臣昨任東平府鈐轄，統領巡社鄉兵，屢戰獲捷，京東軍民，粗知姓名。見今所部將士，又多東北人，皆曾隨臣出入行陣，習知山川，不煩鄉道。伏望聖慈假借名目，稍重事權，使臣獨當一路，自光之蔡，迤邐進兵。」詔賜敕書嘉獎，仍令就都督府計議。

5丁丑，尙書左僕射、都督江·淮·荆·浙諸軍事呂頤浩總師次常州，而其前軍將、武節大夫、榮州團練使趙延壽所部(忠)銳軍叛于呂城鎭。是日，叛兵過金壇縣，奉議郎、知縣事胡思忠率射士迎敵，爲所敗。賊以槍刺之，思忠曰：「寧殺令，毋掠藏庫，殺平民。」賊怒，逐之至市河，思忠溺死。浙西安撫大使劉光世遣前軍統制王德追叛兵至建平縣，及之，盡殲其衆。後贈思忠三官，錄其家一人。于是頤浩稱疾不進。

6壬午，詔：「泛海往山東者行軍法。」牒報劉豫于登、密、淮陽造舟，論者恐賈舟爲僞地所拘，則篙工柁師悉爲賊用，故有是旨。

[7]甲申，戶部請諸路上供絲帛並半折錢，許之。是時江、浙、湖北、夔路歲額綢三十九萬匹，江西、川、廣、湖南、兩浙絹二百七十三萬匹，東川、兩浙、湖南綾羅絁七萬匹，成都府錦綺千八百餘匹段，皆有奇。

[8]丙戌，詔置修政局。

時尚書左僕射呂頤浩既督軍于外，右僕射秦檜乃奏設此局，命檜提舉，而參知政事翟汝文同領之。又以尚書戶部侍郎黄叔敖爲參詳官，起居郎胡世將、太常少卿王居正爲參議，尚書右司員外郎吳表臣、(屯田)員外郎曾統、兵部員外郎樓炤、考功員外郎張觷並爲檢討官，置局如講議司故事。仍詔侍從、臺省寺監官、監司、守令各書所見。

[9]六月，庚寅朔，貴州團練使、新知復州李宏引兵入潭州，執湖東招撫使馬友，殺之。

時韓世忠將至長沙，宏遂有殺友之謀，是日，因其詣天慶觀還，襲殺之于市。其將王進、王俊以所部數千人遁去。宏屯潭州。

[10]辛卯，內殿進呈王大智所造軍器，帝曰：「車戰可用否？古法既廢，不復聞用車取勝，莫若且令多造強弩。」

[11]金遣使閱諸路丁壯，調赴軍中。

12 癸巳，命廣西經略司即韶州撥內帑錢三十萬緡市戰馬。至是經略司言：「比歲不逞之徒，多以金銀市馬，鬻于羣盜，故馬直踴貴，望于大觀格遞增二分。」許之。舊格八等：馬高四尺七寸者，直十五千；高四尺一寸者，直十三千；其餘以是爲差。于是神武諸軍皆缺馬，乃命經略司以三百騎賜岳飛，二百騎賜張俊，又選千騎赴行在。然蠻馬尤駔駿者，在其地或博黃金二十兩，日行四百里；但官價有定數，故不能致此等焉。

13 己亥，江東安撫大使李光乞行宮增創後殿，仍修蓋三省、樞密院、百司及營房等，許之。其後帝手詔光，第令具體而微，毋困民力。輔臣進呈，帝曰：「但令如州治足矣。若止一殿，雖用數萬緡，亦未爲過。必事事相稱，則土木之侈，傷財害民，何所不至！」

14 壬寅，翟汝文罷參知政事。

15 利州觀察使、蘄黃鎭撫使孔彥舟叛，降僞齊。

先是劉豫訪得彥舟母、妻及子，厚給以祿，使其舅盧某持書招之，彥舟乃有叛意，未發；會報權邦彥入樞府，彥舟與之有隙，心不自安。時韓世淸既伏誅，而韓世忠連破湖、湘羣盜，順流東歸，彥舟疑其圖己，遂決策叛去。幕客長洲王玠諫曰：「總管被命鎭撫三州，任優祿厚，豈可負朝廷恩，自陷不義！」彥舟不聽。玠再諫，遂面罵之；彥舟怒，殺玠，引所部降劉豫。

其統制官陳彥明不肯北去，與統領官、武翼郎、郭諒率衆千餘詣知江州劉紹先降。詔進彥明二官，與諒並爲都督府準備將，仍賜敕書獎諭。

江西安撫大使李回聞彥舟遁，乃以本司右軍統領李玠以所部知黃州。

16 乙巳，詔簽書樞密院事權邦彥兼權參知政事。

17 甲寅，詔尚書左僕射、都督江·淮·荆·浙諸軍事呂頤浩令赴行在奏事。

初，頤浩甫出師，而其前軍叛去。又聞桑仲死，頤浩不能進，遣參謀官傅崧卿以所部之建康，因引疾求罷，帝手詔封還所上章。頤浩復乞祠，乃命還朝，以崧卿權主管都督府職事。

18 乙卯，詔以辛企宗所部神武副軍隸湖廣宣撫使李綱，仍趣令之鎮。

19 福建、江、湖宣撫使前軍統制官解元，後軍統制官程振，以所部入潭州，屯于子城之內。新知福州李宏，稱疾不出，夜，宏中軍由恩波門以遁，元遣將李義追擊之。翼日，元盡拘宏舟楫之在江臯者，引兵至寨中，見宏計事，因悉其兵械以歸。世忠即以宏爲宣撫司統制。時朝廷始聞馬友死，以敕書勞宏，而宏已執矣。

20 是夏，金都元帥宗翰之白水泊避暑，試舉人以詞賦，得胡礪以下。先是試之日，宗翰立馬場中，呼舉人之年老者，諸生不諭其意，爭跪于馬前。宗翰據鞍，以鞭指麾，俾譯者諭之曰：「汝無力老奴婢，胡爲應試！汝能文章，則少年登科矣。今苟得官，自知日暮塗遠，必受賕爲子孫計，否則圖財假手，何補于國！我欲殺汝，又念汝罪未著，姑聽終場，倘有所犯，必殺毋赦。」諸生伏地叩頭，愧恐而去。是舉也，宗翰諭主司勿取中原人。

21 秋，七月，壬戌，復置湖北提舉茶鹽司。

22 癸亥，敕令廣西經略司以鹽博馬，其後歲撥欽州鹽二百萬斤與之。

23 乙丑，給事中胡安國入對，帝曰：「聞卿大名，何爲累召不至？」安國再拜辭謝，進曰：「臣聞保國必先定計，定計必先定都；建都擇地，必先設險；設險分土，必先尊制；制國以守，必先卹民。夫國之有斯民，猶人之有元氣，不可不卹也。除亂賊，選縣令，輕賦斂，更弊法，省官吏，皆卹民之事也。而行此有道，必先立政；立政有經，必先核實；是非毁譽各不亂眞，此致理之大要也。是非核實而後號令行，人心順從，惟上所命，以守則固，以戰則勝，以攻則服，天下定矣。然欲致此，顧人主志尚何如耳。尙志所以立本也，正心所以決事也，養氣所以制敵也，宏度所以用人也，寬隱所以明德也。具此五者，帝王之能事備矣。乞以核實而上十有五篇，付宰相參酌施行。」

24 己巳，江西安撫大使司奏孔彥舟北遁，詔趣岳飛移屯江州。

・左司諫吳表臣言：「風聞僞齊于京東路每戶科𪎭七斤，或者恐其以繩維舟，謀濟江之計。今沿江津渡，皆當爲備，就中采石，江稍狹而水緩，鑒之往事，備禦尤當嚴密。」樞密院勘會，已令韓世忠屯建康府，岳飛屯江州，防扼江道。詔送沿江諸帥。

25 丙子，初，韓世忠進師討劉忠，是日，至岳州之長樂渡，與賊對壘，賊開塹設伏以拒官軍。

26 己卯，呂頤浩自鎮江入見。庚辰，頤浩言：「金人頃侵建康，初自北岸掠小舟數十而濟，既至南岸，恣行掠船，濟渡軍馬。其取和州，渡江亦然。欲令江北諸渡，自九月朔日，惟于緊要渡口量留舟一二，以備轉送斥堠文字，餘舟皆泊南岸。至十月朔日以後，大江更不得通行，應公私舟船，悉令於南岸深港內隱藏；如違，篙梢並行軍法。俟過防秋如舊。」從之。

27 是日，韓世忠先遣中後左右四軍渡江，逼劉忠寨而屯。

先是世忠既移屯，乃弈棋飲酒，按兵不動者累日；衆莫窺其際。一夕，獨與親信蘇格便服聯小騎直穿賊營，警夜者呵問，世忠曰：「我也。」蓋已諜知賊中約以「我」字爲號，故所過不疑，遂周覽賊營而去。出，喜曰：「天賜我也！」即下令：「明日破賊會食。」遂命諸軍拔柵前行，而潛令銳卒二千銜枚夜進，伏于山上。翼日，辛巳日旦。世忠親率選鋒及前軍俱進。暨戰所，遣卒疾馳，入其中軍望樓，植麾張蓋，賊回顧驚潰，大敗遁去。忠據白面山跨三年，及是乃敗，其輜重皆爲世忠所得。始，世忠之出也，宣撫使孟庾以師久勞，止之，世忠請期半月當馳捷以獻，至是卒如所料。

28 甲申，呂頤浩言：「朝廷置沿海制置司，最爲得策。然敵人舟從大海北來，拋洋直至定海縣，此浙東路也。自通州入料角，放洋至青龍港，又沿流至全〔金〕山邨、海鹽縣，直泊臨安府江岸，此浙西路也。萬一有警，制置一司必不能照應。望令仇悆專管浙東、浙西路，別除制置使一員專管浙東、福建。」從之。

29 丙戌，御史中丞沈與求試吏部尚書兼權翰林學士，尚書戶部侍郎兼侍讀、提領榷貨務兼修政局詳定官黃叔敖試戶部尚書，試吏部侍郎兼直學士院綦崇禮與權兵部侍郎方孟卿兩易，祕閣修撰、都督府隨軍轉運使姚舜明權戶部侍郎，殿中侍御史江躋守侍御史。

30 八月，甲午，近歲官吏坐贓抵死之人，率皆貸配，故犯法者滋多。至是錢塘縣吏樂振，受賄當死，詔論如律，其徒始駭懼。大理寺丞姚焯因請以振刑名頒下諸州，從之。

31 金賑泰州戍邊戶。

32 金主如中京。

33 丙申，左司諫吳表臣言：「時方艱危，州郡獲全者無幾，正賴賢守以循撫之。望用藝祖、漢宣帝、唐太宗、明皇故事，應郡守初自行在除授及代歸赴闕者，並令引對。一則明示朝廷謹重郡守之意，使之盡心；二則可以揣知其人之賢否與其才之所堪，從而褒黜；三則自外來者，可詢其所以爲政與民情風俗之所安，而下情上通，不至壅蔽。」輔臣進呈，帝曰：「郡守，民之師帥，若不得人，千里受弊，宜從之。」

34 辛丑，左司諫吳表臣言：「大江之南，上自荆、鄂，下至常、潤，不過十郡之間，其要緊處不過七渡：上流最急者三，荆南公安、石首，岳之北津；中流最緊者二，鄂之武昌，太平之采石；下流最緊者二，建康之宣化，鎮江之瓜洲是也。惟此七渡，當擇官兵，修器械。其餘數十處，或道路迂曲，或水陸不便，非大軍往來徑捷之處，略爲之防足矣。又，十郡之間，地不過三千餘里，有一州占江面五百里者，有占百餘里者，遠近、多寡、勞逸大不均。如七處渡口外，宜每縣分定百里，專令巡尉守之，則力均而易守。」詔以付沿江守帥。

35 癸卯，淮東宣撫使劉光世言通問使、朝奉郎王倫還自金國。始，朝廷遣人使敵，自宇文虛中之後，率募小臣或布衣借官以行，如倫及朱弁、魏行可、崔縱、洪皓、張邵、孫悟輩，皆爲所拘。既而金都元帥宗翰在雲中，遣都點檢烏陵思謀至館中，具言息兵議和之意，俾倫南歸，須使人往議。宗翰貽帝書，略云：「既欲不絕祭祀，豈宜過於悋愛，使不成國！」于是皓、弁皆得以家問附倫而歸。倫至東京，與劉豫相見，豫遣僞閤門宣贊舍人馬某伴押至境上。光世以聞，詔倫赴行在。

36 乙巳，德安圍解。

李橫自夏來圍德安，未嘗攻城會戰，惟于城之西北隅造天橋成，塡壕皆畢，乃鼓衆臨城，鎮撫使陳規率軍民乘城禦之。規坐城樓，爲砲折其足指，容色不變。圍益急，糧餉不繼，諸將請殺牛以代軍食，規曰：「殺牛代食，事窮矣！」因出家財以勞軍，士氣益振。孝感令韓遹來告曰：「縣有粟百斛，路梗不能通。」會大風雨，規命乘勢呵殿而來，賊軍疑其（有）神卒，不敢擊。規以書求援于朝，未報。

橫遣人來，願得府之妓女而罷軍，規不可，諸將曰：「圍城七十日矣，以一婦人活一城之衆，不亦可乎？」規曰：「使橫卽退，是我以婦人求和；況得之而未必退乎！」卒不予。

時橫塡壕不實而天橋陷，規以六十人持火槍自西門出，焚其天橋，城上以火牛助之，倏忽皆盡，橫拔寨遁去。

37 甲寅，尚書右僕射、同中書門下平章事兼知樞密院事秦檜罷，爲觀文殿學士、提舉江州太平觀。

檜與左僕射呂頤浩不諧，頤浩旣引朱勝非還朝，復自內批今〔令〕日赴都堂議事，位知樞密院事上，欲以逼檜。會王倫來歸，殿中侍御史黃龜年因劾檜專主和議，沮止國家恢復遠圖；且植黨專權，漸不可長。檜卽上章辭位，帝未許。前一日，頤浩與參知政事權邦彥留身帝前，復言檜之短。帝乃召兵部侍郎兼直學士院綦崈禮入對，出檜所獻二策，大略欲以河北人還金，中原人還劉豫，如斯而已。帝謂宗禮曰：「檜言『南人歸南，北人歸北』，朕北人，將安歸？又檜言『臣爲相數日，可以使聳動天下』，今無聞。」宗禮請御筆付院。帝卽索紙筆〔書〕付宗禮。宗禮退，未至院，而麻制已成。翼日，制責檜曰：「自詭得權而舉事，當聳動于四方；逮茲居位以陳謀，首建明于二策。罔燭厥理，殊乖素期。念方委聽之專，更責寅恭之效。而乃憑恃其黨，排擠所憎，豈實汝心，殆爲衆誤。顧竊弄于威柄，慮或長于姦朋。」檜既免，帝乃諭朝廷終不復用，仍榜朝堂。檜入相凡一年。【考異】秦檜罷相，史不詳，洪邁所編中興玉堂制草亦無罷相制，王明淸以爲皆檜擅政時焚滅，今從趙甡之遺史。

38 詔：「珍禽花木毋入臨安諸門。」

39 夜四更，彗出于胃，帝憂之，命大官進素膳。

40 乙卯，詔：「防秋屆期，建康修大內可罷。」

41 九月，戊午朔，觀文殿學士、提舉江州太平觀秦檜落職。

時言者論：「陛下憤中國之未振，付檜以內修之事。而檜不知治體，信任非人，不以寬大之故〔政〕輔陛下仁厚之德，乃以苛刻爲務，事圖減削，過爲裁抑，人心大搖，怨讟在路。又引用程瑀等，布列要路，黨與旣植，同門者互相借譽，異己者力肆排擠。檜爲宰相，兼此二罪，尚何俟而不譴之乎？」故有是命。【考異】揮麈後錄云：秦檜之褫職告詞云：「聳動四方之聽，朕志爲移；建明二策之謀，爾材可見。」謝仁伯之文也，秦憾之。考此時謝克家以前執政領京祠，不知制詞何人所作，明清蓋誤。

42己未，罷修政局，以議者言修政所講多刻薄之士，失人心，致天變故也。

43龍圖閣待制、知溫州洪擬試吏部尚書，徽猷閣待制、提舉臨安府洞霄宮鄭滋試尚書兵部侍郎。

44詔：「雩祀上帝，復以太宗配。」按雩祀，舊以神宗配。

45辛酉，以彗星出，赦天下，應盜官物入己，罪抵死者不赦。內外臣庶，許直言時政闕失。行在和糴軍糧，自今並用一色見錢銀絹充糴本。免民間牛稅一年。應盜賊嘯聚去處，限十日出首，免罪，補官。川、陝豪戶輦運軍儲，數多者與補承信郎至進義副尉。陝西諸叛將，許令自新，前罪一切不問。

46朝奉郎、充河東大金軍前通問使王倫至行在，帝嘉其勞，詔：「倫去國五年，奉使有稱，特遷右朝奉大夫、充右文殿修撰、主管萬壽觀。」倫言宇文虛中奉使日久，守節不屈。時虛中子右朝奉郎師瑗，奉其母居閩中，乃添差師瑗福建路轉運判官。于是尚書左僕射呂頤浩議，當再遣使人以驕敵意。

47壬戌，以左迪功郎潘致堯爲左承議郎、假吏部侍郎，爲大金奉表使兼軍前通問；秉義郎高公繪爲武經郎、假武功大夫、忠州刺史，副之。命倫作書與其近臣耶律紹文，且附香藥、果茗、縑帛、金銀進兩宮，二后又減半；遺都元帥宗翰金二百兩，銀千兩；遺右監軍希尹，賜宇文虛中半之；遺耶律紹文銀三百兩，縑、幣百匹，通問副使朱弁已下亦皆賜金。三省勘問，路由東京，乃令頤浩作書，以果茗、幣帛遺劉麟。致堯、公繪，各官其家二人，賜金帛甚厚。

48 集英殿修撰、知平江府席益試尙書吏部侍郎，尋兼侍講。

49 乙丑，觀文殿學士、左宣奉大夫、提舉醴泉觀兼侍讀朱勝非守尙書右僕射、同中書門下平章事。

50 初命沿江岸置烽火臺以爲斥堠，自當塗之褐山東，采石、蕪湖、繁昌、三山至建康之馬家渡、大城堙、池州之鵲頭山，凡八所，旦舉煙，暮舉火各一以爲信，有警即望之。

51 丙寅，軍賊李通受都督府招安，傅崧卿以通爲修武郎、本府親兵前軍統領。

52 辛未，詔：「自今應批降處分，係親筆付出身者，並依舊作御筆行。」

53 甲戌，彗星沒。

54 乙亥，御筆：「尙書兵部侍郎兼直學士院綦崈禮爲翰林學士。」自靖康後，從官以御筆除拜自此始。

55丙子，詔：「近降御筆處分事，多係寬卹及軍期等事，與前此指揮事體不同，並經三省、樞密院。如或不當，自合奏稟，仍許給、舍繳駁，臺諫論列，有司申審。若奉行違慢，止依違聖旨科罪。」是日進呈，帝謂輔臣曰：「今日批降處分，雖出朕意，必經由三省、密院，與已前不同。」朱勝非曰：「不經鳳閣、鸞臺，蓋不謂之詔令。」呂頤浩曰：「所以別于聖旨者，欲上下曉然知陛下德音所向也。」遂批旨行下。

56戊寅，罷鎮江府織御服羅。帝諭輔臣：「方軍興，有司匱乏，豈可以朕服御之物爲先！且省七萬緡，助劉光世軍費也。」

57辛巳，太尉、神武左軍都統制、福建、江西、荆湖等路宣撫副使韓世忠爲江南東、西路宣撫使，置司建康府。沿江三大帥劉光世、李回、李光，並去所領揚、楚等州宣撫使名，其節制淮南諸州如故。惟荆湖、廣東宣撫使李綱，止充湖南安撫使，湖北、廣東並還所部。自分鎮以來，前執政爲帥者，例充安撫大使，至是右司諫劉裴屢言綱跋扈，呂頤浩將罷綱，故帥銜比江東、西減大字。

世忠言提舉官董旼，招馬友、曹成之衆得八萬人，詔戶部侍郎姚舜明往衡、邵、辰、沅等州揀其軍，仍應副沿路糧食。世忠還建康，乃置背嵬親隨軍，皆鷙勇絕倫者。

58壬午，權尚書禮部侍郎趙子晝充徽猷閣待制、樞密都承旨。自改官制後，都承旨除文臣自子晝始。

59丙戌，顯謨閣直學士、知興元府王似爲端明殿學士、川陝等路宣撫處置副使，與張浚相見，同治事。

始，浚出使，第以宣撫處置爲名，至是始帶川陝及等路字。浚在川、陝，凡事雖以便宜行之，然於鄉黨親舊之間，少所假借。于是士大夫有求于宣司而不得者，始起謗議于東南，大略謂浚殺曲端、趙哲爲無辜，而任劉子羽、趙開爲非是。朝廷疑之，將召歸，先爲制〔置〕副。時似已復還成都，而行在未知也。【考異】朱子撰浚行狀：謗者謂浚任劉子羽、吳玠、趙開爲非是。考浚用玠時，人皆以爲宜；所以謗子羽及開者，指子羽驕踞，開聚斂耳，于玠無所與也，今删去。

60丁亥，初，劉忠既爲韓世忠所破，復聚衆走淮西，駐于蘄陽口，世忠前軍統制解元以舟師奄至，襲忠，大破之。忠與其徒數十人遁走北去，附于劉豫；以忠爲登、萊、沂、密等州都巡檢使。忠之將文廣，率所部詣江西安撫大使李回降，回即以廣爲武翼郎、閤門宣贊舍人，充本司統領軍馬。

61資政殿大學士宇文虛中在雲中，聞金將侵蜀，遣使臣相偁間行，以告宣撫處置使張浚，且齎帝所賜御封親筆押字爲信，兩傍細字作道家符籙隱語云：「善持正教，有進無退。魔力已衰，堅忍可對。虛受忠言，寧殞無悔。」虛受忠言者，蓋隱虛中之名也。又遺其家人書，言：「中遭迫脅，幸全素守。惟期一節，不負社稷。一行百人，今存者十二三人。有人使行，可附數千緡物來，以救艱厄。昨有人自東北來，太上亦須茗藥之屬，無以應命。甚恨甚貧。」于是虛中妻黎氏奏以縑、帛、茗、藥附通問使潘致堯，而致堯已行矣。

62 僞齊長星見。僞太后翟氏死，謚曰慈獻。

63 是秋，金主如燕山，都元帥宗翰、右副元帥宗輔、右監軍希尹、左都監宗弼皆會。留右都監耶律伊都(舊作余覩。)守大同府，左監軍昌守祁州。

伊都久不遷，頗怨望，遂與燕山統軍稿里(舊作高六。)謀爲變，盡約燕、雲之郡首〔守〕，契丹、漢兒，令悉誅女直之在官、在軍者。天德知軍僞許之，遣其妻來告。時希尹微聞其事而未信，偶獵居庸關上，遇馳書者，覺而獲之。宗翰族稿里，命希尹誅伊都于大同。伊都微覺，父子以遊獵爲名，乃奔達勒達。(舊作達達。)達勒達先受希尹之命，其首領詐出迎，具食帳中，潛以兵圍之。達勒達善射，無衣甲，伊都出敵不勝，父子皆死。

西京副留守李處能坐累誅。南京留守郭藥師、河東南路步軍都統〔總〕管蕭某皆下獄，既而獄〔獲〕免。處能，燕人，遼宰相儼之子，宣和末，自平州來歸，拜延康殿學士，賜姓名趙敏修；金人交燕，復取以去。宗翰以藥師家富于財，謂其可以動衆，悉奪而囚之。

宗翰次室蕭氏，本天祚之元妃，希尹殺之，謂宗翰曰：「彼與兄實爲仇讎，然忍死事兄者，蓋有待也。今事既不成，他日帷間，寸刃不測，可以害兄矣。希尹以愛兄故擅殺之。」宗翰泣謝。于是宗翰令諸路盡殺契丹。

金主聞伊都叛，未至燕而歸。大赦。

彰德軍節度副使高景山告知相州杜充陰通江南。先是充之孫自南方逃歸，充不告官而擅納之，遂下元帥府掠治。宗翰問之曰：「汝欲歸江南邪？」充曰：「元帥敢歸江南，監軍敢歸江南，惟充不敢歸也。」諸帥相顧而笑。踰年乃釋。

64 冬，十月，戊子朔，置孳生馬監于饒州，命守臣提領，括神武諸軍及郡縣官牧馬隸之，仍選使臣五人專主其事。

時言者以爲「軍旅之事，馬政爲急；多事以來，國馬爲強敵所侵，盜賊所有，其在諸軍者無幾。乞講求孳生之利，于江東、西擇水草善地，置地以牧之。」故有是命。

65 辛卯，朝議以坑冶所得不償所費，悉罷監官，以縣令領其事。

至是江東轉運副使馬承奏存饒、信二州銅場，許之。二場皆產膽水，浸鐵成銅。元祐中，始置饒州興利場，歲額五萬餘斤。紹聖三年，又置信州鉛山場，歲額三十八萬斤。其法以斤鐵排膽水槽中，數日而出，三鍊成銅，率用鐵二斤四兩而得銅一斤云。

66 癸巳，詔湖北安撫司後軍統制官顏孝恭以所部還鄂州。孝恭初奉詔討石陂軍賊余照，照爲官軍所殺，其次李寶等百餘人皆就招。

67戊戌，呂頤浩言：「建康米斗不及三百，欲于鎭江上下積粟三十萬斛，以助軍用。」帝曰：「若精選兵十五萬，分爲三軍，何事不成！祖宗取天下，兵數不過如此。」

68庚子，直徽猷閣淩唐佐爲僞齊所殺。

初，唐佐既降，事見建炎三年九月壬子。劉豫因以唐佐知歸德府。有尙書郎李亘者，乾封人，建炎末避地不及，豫使守大名。時通問副使宋汝爲亦以豫命同知曹州。事見建炎四年，冬末。三人素相厚，汝爲知豫無改悔意，與唐佐等疏其虛實，遣人持蠟書告于朝。唐佐、亘募得卒劉全、宋萬、僧惠欽，汝爲募民王現、邵邦光，皆十餘往返。尙書左僕射呂頤浩之過常州也，得唐佐從孫憲，授保義郎、閤門祗候，俾持帛書遺之。憲至睢陽，唐佐妻田氏使與館客張約同食，憲疑不出，田氏曰：「無傷也。」既而爲約所告，豫遣人捕唐佐幷其家至京師，憲走得免。唐佐諫豫，責以大義，豫怒，斬唐佐于境上，下令曰：「唐佐結連江南謀反，斬首號令。其家屬當從坐，貸死，送潁昌府拘管。」時全、萬、惠欽爲邏者所得，事泄，亘亦坐誅。先是武顯大夫孫安道爲應天府兵馬鈐轄，城陷，不得歸，後謀挺身還朝，爲人所告而死。事聞，贈安道忠州刺史；爲亘立祠，名愍忠。

69丁未，以孟冬薦饗太廟于溫州。是月也，先祫祭。祠部員外郎、神主神御提點向宗厚言：「祭不欲數，乞用故事權罷時饗。」禮官援政和五禮新儀，不從。于是祫祭、孟饗薦新、朔祭兼行于一月之間，非故事也。

70 己酉，詔：「帥臣、統兵官以公使酒酤賣者，取旨論罪。」

先是李綱爲湖廣宣撫使，請于所在州軍造酒，許之。及是呂頤浩因進呈言：「茶鹽榷酤，今日所仰養兵。若三代井田、李唐府兵可復，則此皆可罷。不然，財用捨此何出！」朱勝非曰：「榷酤自漢武時因兵興而有。」帝曰：「行之千餘年，不能改革，可見久長之利。」故有是旨。

71 詔湖北安撫使劉洪道、知鼎州程昌寓併力招捕湖寇楊太。

時太據洞庭，有衆數萬，又有周倫、楊欽、夏誠、劉衡之徒，大造車船及海鰍船，多至數百。車船者，置人于前後，踏車進退，每舟載兵千餘人。又設拍竿，長十餘丈，上置巨石，下作轆轤，遇官軍船近，即倒拍竿擊碎之，官軍以此輒敗。大率車船如陸戰之陣兵，海鰍如陸戰之輕兵。又，倫、欽雖各有寨，而專倚舟以爲強，誠、衡雖各有舟，而專倚寨以爲固，此其所恃也。韓世忠之在湖南也，遣使臣朱實往招之，太不聽命。至是昌寓以奏，乃命趣捕之。

72 是月，尚書右僕射朱勝非上經營淮北五事：一謂：「國家屯軍二十萬，月費二百萬緡，倘無變通，必致坐困。逆豫方行什一稅法，聚以資敵，若王師不出，豫計得行。今當渡江取

彼所積以實邊圉，淮南既實，民力自寬。」二謂：「逆豫招到淮北山寨及知名賊二十六項，所
以然者，彼謂官兵不敢出，逆賊能驟來耳。宜分爲三軍，聲言取徐、邳而實取淮陽，聲言趣
京師而實取陳、蔡，聲言入濱海而實取青、密，使豫聞之，必分兵拒守，然後大軍出廬、壽，直
擣宋、亳，豫必成擒矣。」三：「慮賊併力南下，今敵使既行，未有要約，不若先破豫兵，去其
一助。」四：「大軍一出，所得金帛，當明諭將帥，悉以賞軍。」五：「淮北有土豪助順者，就以
爲守將，俾自爲備，則兵勢益張。如此，則不三二年，中原可定。」帝納之。

73 十一月，戊午朔，右諫議大夫徐俯入對，言大臣不可立威，宜與諸將論事；又言杜充一
向威嚴，諸將不敢議事，其敗以此。帝曰：「朕命大臣與諸將會食供職，卿特未知。」呂頤浩
曰：「將相和則國安，豈可人情不通！」自頤浩、張浚執政，始與諸大將共食于朝堂，論者謂
諸將便衣密坐，視大臣如僚友，階級之法廢矣。

74 己未，尚書工部侍郎韓肖胄，移吏部侍郎，仍兼工部；權吏部侍郎章誼，移刑部侍郎，
仍兼工部。

75 金遷趙氏疏屬于上京。

76 辛酉，僞齊劉豫召武功郎、河南鎮撫司都統制董先至汴京，以爲大總管府先鋒將。
先是金房鎮撫使王彥在金州，威聲頗著，宣撫處置使張浚以彥節制商、虢、陝、華州。

彥遣屬官高士瑰率諸將以圖商、虢，至紫嶺，與先遇，官軍敗，統制官劉琦戰死。然先以困迫，遂棄商州，彥以統制官邵隆知州事。

77 乙〔己〕巳，呂頤浩屢請因夏月舉兵北向以復中原，且謂：「人事天時，今皆可爲。何者？昨自維揚之變，兵械十亡八九，未幾敵分三路入侵，江、浙兵散而爲盜。自陛下專意軍政，揀汰冗兵，修飭器甲。今張俊兵三萬，有全裝甲萬副，刀鎗弓箭皆備。韓世忠軍四萬，岳飛軍二萬三千，王𤫊軍一萬三千，雖不如俊之軍，亦皆精銳。劉光世軍四萬，老弱頗衆，然選之亦可得其半。又，神武(中)軍楊沂中，後軍巨師古，皆不下萬人，而御前忠銳如崔增、姚端、張守忠等軍亦二萬。臣上考太祖之取天下，正兵不過十萬，況今有兵十六七萬，何憚不爲！且向者邵青擾通、泰，張琪劫徽、饒，李成破江、筠，范汝爲據建、劍，孔彥舟、馬友、曹成等爲亂於江、湖，朝廷枝梧不暇，今悉已定。又，自敵之南牧，莫敢攖其鋒者；近歲張俊獲捷于四明，韓世忠扼于鎭江，陳思擊于長橋，而張榮又大捷于淮甸。良由敵貪殘太甚，天意殆將悔禍。又，敵以中原付之劉豫，而豫煩碎不知國體，三尺童子知其不能立國，事固可料。觀宇文虛中密奏，雖未可盡信，然敵騎連年不至淮甸，必有牽制。今韓世忠已到行在，臣願睿斷早定，命世忠、張俊與臣等共議，決策北向。令世忠由宿、泗，劉光世由徐、曹以入，又于明州留海船三百，只令范溫、閻皋乘四月南風北去，徑取東萊。此數路皆有糧可因，不必調民饋運。大兵既集，豫必北走。所得諸郡，就擇土豪爲守，敵舉兵來爭其地，則彼出我入，彼入我出，擾之數年，中原可復。況今之戰兵，其精銳者皆中原之人，恐久而銷磨，異時勢必難舉，此可爲深惜者也。」

78庚午，詔：「自今御筆並作聖旨行下。」時右諫議大夫徐俯言：「宣和以來所以分御筆、聖旨者，以違慢住滯，科罪輕重不同也。今明詔許繳駁論列，當依祖宗法作聖旨行下。方其批付三省，合稱御筆，三省奉而行之，則合稱聖旨，然後名正言順。」上從之。

79壬申，帝諭輔臣曰：「自昔中興，豈有端坐不動于四方者！將來朕撫師江上。朕觀周宣王修車馬，備器械，其車攻復古一篇可見。若漢世祖起南陽，初與尋、邑之戰，以少擊衆，大破昆陽。其下如唐肅宗雖不足道，而能用郭子儀、李光弼以復王室。朕謂中興之治，無有不用兵者。卿等與韓世忠曲折議此否？如朝廷細事，姑待〔付〕有司，卿等當熟講利害。朕前日與世忠論至晚膳過時，夜思至四更不寢。朕與卿等固有定議，昨日批出，可更召侍從，日輪至都堂，給劄條對來上，朕將參酌以決萬全。」

吏部侍郎韓肖胄言：「今日之勢，終當用兵，如晁錯之論七國，以爲削亦反不削亦反。金人猶是也。」繼因賜對，面奏：「賊豫盜據中原，人心不附，宜出不意遣兵將鼓行進討，聲言翠華再幸金陵，督使過江。願賜睿斷，克成大勳。」時頤浩亦召世忠至都堂，諭以焚毀劉豫糧草事，世忠曰：「此乃清野之法，不可不行。」

禮部尚書洪擬獨言：「國勢強則戰，將士勇則戰，財用足則戰，我爲主彼爲客則戰。陛下前年幸會稽，今年幸臨安，興王之居未定，如唐肅宗之在關中，光武之在河內也。又，邇者諸將雖有邀擊小勝，未見雷合電發以取大捷。又，江、浙農耕未盡復，淮甸鹽筴未盡通，平日廩給尚艱，緩急將何以濟？又，千里餽糧，士有飢色，今使千里出戰，則彼逸我勞，凡此皆未可言戰也。」擬歸家，語人曰：「吾知迎合可取高位，然豈以一身之故誤國事耶！」

80 甲戌，潭、鼎、荆、鄂帥守李綱等四人約日會兵，收捕湖寇。

初，綱以湖廣宣撫使赴湖南，聞曹成將自邵入衡以趨江西，而韓世忠所留提舉官董旼親兵纔數百人，勢不足以彈壓，即駐師衡陽，遣使諭成，使散其衆。成至衡，綱召與語，俾率其餘衆四萬詣建康。時馬友之將步諒，有兵二萬，掠衡山，泊吳集市。綱留統制官韓京屯茶陵以扼賊，而親帥大軍自白沙潛涉江，諒不虞其至，遂出降。至是以聞，詔綱精加揀汰，得七千餘人，隸諸軍。

綱尋入潭州，械右朝奉郎、知醴陵縣張覿屬吏，權攝官以漸易置，贓吏稍戢。綱延見長老，問民疾苦，皆以盜賊、科率爲言。乃檄州縣，非使司命而擅科率者，以軍法從事；應日前科須之物，並以正賦準折。又遣統制官郝晸降潰將王進于湘鄉，吳錫擒王俊于邵。自是湖南境內潰兵爲盜者悉平，惟湖寇楊太據洞庭，文榜指斥，言詞不遜。綱命統領官李建、馬準、吳錫分屯湘陰、益陽、橋口以備之。

湖南無水軍，綱乃拘集沿江魚戶，得三千人，屯潭州，言于朝，乞合兵討蕩。詔湖北安撫使劉洪道、知鼎州程昌寓、荆南鎮撫使解潛，遣兵會之，仍權聽綱節制。

81 壬午，龍圖閣直學士、知湖州汪藻言：「自太上皇帝、淵聖皇帝及陛下建炎改元，至今三十餘年，並無日曆。本朝宰相皆兼史館，故書榻前議論之辭，則有時政記；柱下聞見之實，則有起居注。類而次之，謂之日曆；條而成之，謂之實錄；所以備記言，垂一代之典也。苟曠三十年之久，無一字之傳，何以示來世！望許臣編集元符庚辰至建炎己酉三十年間詔旨，繕寫進呈，以備修日曆官采擇。」許之。

自軍興，史官記錄，靡有存者。藻嘗於經筵面奏，乞命史官纂述三朝日曆；會朝廷多事，未克行。比出守湖，而湖州不被寇，元符後所受御筆、手詔、賞功、罰罪等事皆全，藻因以爲張本，又訪諸故家士大夫以足之，凡六年乃成。

82 十二月，丁亥朔，詔：「閩盜范忠竊發，令神武前軍左部統領申世景、御前忠鋭第六將單德忠以所部二千速捕之，毋致滋長；如不即捕獲撲滅，其帥守監司及應捕盜官，並重置憲典。」既而處州復告急，乃命忠鋭第一將張守忠以精兵二千會之，權聽守臣宋伯友節制；賊遂平。世景以勞自武功大夫加榮州刺史。

83甲午，御筆嚴銷金之禁。帝因覽韓琦家傳論戚里多作銷金事，且聞都人以爲服飾者甚衆，故禁之。

84觀文殿學士、知潭州、充湖南安撫使李綱罷，以龍圖閣直學士折彥質爲湖南安撫使。

85夜，行在臨安府火，燔吏、工、刑部、御史臺及公私室廬甚衆，乙未旦乃滅。太常博士趙霈言：「國家以宋建號，用火紀德。今駐蹕以來，未舉大火之祭，望詔有司舉行。」從之。

86戊戌，端明殿學士、江東安撫大使趙鼎，始至建康視事。時參知政事、權同都督江·淮·荆州諸軍事孟庾，太尉、江南東西路宣撫使韓世忠，皆駐軍府中；軍中多招安強寇，鼎爲二府，素有剛正之風，庾、世忠皆加禮，兩軍肅然知懼，民既安堵，商賈通行焉。

87辛丑，給事中賈安宅試尚書工部侍郎。

88宣撫處置使張浚，即成州置院，類試陝西(發)解進士，得周漢等十三人。浚承制賜漢進士出身，餘同出身。癸卯，以聞。

89甲辰，詔張浚罷宣撫處置使，依舊知樞密院事，徽猷閣直學士知夔州盧法源爲龍圖閣學士、川陝宣撫處置副使，與王似同治事。

先二日，命駕部員外郎李愿往川、陝，因使持詔召浚還朝，且令與參贊公事劉子羽、主管機宜文字馮康國俱還，仍以親兵千人護送。時法源奉祠居蜀，浚承制以法源代韓迪，言于朝；閱四日，遂有是命。壽以浚于國有功，久勞于外，令學士院降詔召赴樞庭，仍命學士撰蠟書十通，付宣撫副使王似書塡賜諸叛將，略曰：「昨宣司參議劉子羽弄權用事，不通人情，今已召張浚還朝，更命王似，無復嫌隙，其早自歸。」浚聞，乞祠，不許。

90 是日，帝謂大臣曰：「近引對元祐臣僚子弟，多不逮前人，亦一時遷謫，道路失教。元祐人才，皆自仁宗朝涵養，燕及子孫。自行經義取士，往往登科後再須修學，所以人才大壞，不適時用。」

91 辛亥，襄陽鎭撫使李橫敗僞齊于楊石店，遂復汝州。

先是僞河南尹孟邦雄發永安陵，鎭撫使翟琮憤不能平，思出奇以擒之；知虢州董振，亦與僞將先密謀以所部應琮。時襄陽糧乏，橫不能軍，乃引兵而北。敵自入中國，少能抗之，不意其猝至。橫至汝州城下，守將武德大夫彭玘以城降。

92 金人攻商州。

初，都元帥宗翰在雲中，使陝西經略使完顏杲哀五路兵，與劉豫之招撫使劉夔來侵。時秦鳳路副總管吳璘以兵駐和尙原，敵懼不得進，欲以奇取蜀，乃令叛將李彥琪駐秦州，窺仙人關以要吳玠，別將以游騎出熙河綴關師古，而大軍由商於以進。師古與別將遇，敗之。

完顏杲至商州，斥堠將望風退走。守將邵隆度不能守，即退屯上津。

93丙辰，知鼎州程昌寓令兵馬副總管杜湛率將士冒雪入沅江縣境，盡焚賊寨，奪舟取糧。

94初，進士薛筇嘗詣金國上書言事，金人執之以歸劉豫。筇至汴京，復以醜言訐豫，欲令「繫頸以組，與大臣同詣闕下，臣子之義，雖死猶生，或得以全其宗族。若夫緩一時之誅，忘終身之患，他日受擒，與妻子磔身東市，悔無所及。」豫大怒，欲斬之，張孝純救解得免。

95是歲，宗室賜名、命官十有八人。

96大理寺言斷大辟三百二十四。